Mosel

Gisela Atteln · Ingeborg Scholz

DUMONT
Reise-Taschenbuch

Inhalt

Schnellüberblick 6

Moselfahrt aus Lebensfreude 8

Lieblingsorte 10

Reiseinfos, Adressen, Websites

Informationsquellen 14
Wetter und Reisezeit 16
Rundreise planen 17
Anreise und Verkehrsmittel 18
Übernachten 21
Essen und Trinken 22
Aktivurlaub und Sport 24
Feste und Veranstaltungen 28
Festkalender 30
Reiseinfos von A bis Z 31

Panorama – Daten, Essays, Hintergründe

Steckbrief Mosel 36
Geschichte im Überblick 38
Wasserstraße Mosel – ein gefährdetes
  Ökosystem 42
Klasse statt Masse – Wiederentdeckung
  des Terroirs 45
Kleine Weinkunde für Weinkunden 48
Mit einem Moselwinzer im Steilhang
  (Ingeborg Scholz) 50
Klettersteige durch den Mosel-Canõn
  (Ingeborg Scholz) 53
Schiefe(r) Dächer 55
Moselfische 58
Genuss beim Kochen 60
Zu Besuch bei den Rittern (Ingeborg Scholz) 62

Johann der Blinde und die Klause von
    Kastel-Staadt   64
Hexenzauber   66
Europa grenzenlos   68
Sieben Fußfälle zum Petersberg *(Ingeborg Scholz)*   70
Moselmusik   72

Unterwegs an der Mosel

Trier   76
Alte junge Stadt – Trier   78
Altstadt   78
Thermen und Theater   94
Drei Abteien   97
Pfalzel, Igel   98
Trier von oben, Butzerbachtal, Petrisberg   99

Südliche Wein-Mosel im Dreiländereck   106
Kultur ohne Grenzen   108
Elblingroute und Wäistrooss   109
Perl, Schengen   109
Schwebsange, Remich   110
Nennig   111
Ehnen, Wormeldange   112
Wincheringen, Nittel   113
Grevenmacher   114
Konz   115
Im Saartal   117
Saarburg   117
Serrig   119
Mettlach   120
Im Ruwertal   121
Auf Tour durch die Flur   122
Im Sauertal   127
Echternach   127

Mittelmosel: Schweich bis Veldenz   130
Auf römischen Straßen   132
Schweich   132
Umgebung von Schweich   138
Neumagen   143

Inhalt

Piesport	145
Die ›Grafschaft Veldenz‹	148
Mittelmosel: Bernkastel-Kues bis Wolf	156
Auf der Sonnenseite	158
Bernkastel-Kues	158
Lieser	170
Von Graach bis Wolf	173
Graach, Zeltingen-Rachtig	173
Erden	176
Ürzig	178
Kröv	180
Mittelmosel: Traben-Trarbach bis Zell	184
Malerische Moselmäander	186
Traben-Trarbach	186
Reil	197
Pünderich	198
Ausflüge in die Eifel	200
Zell	204
Terrassenmosel: Alf bis Bruttig-Fankel	208
Reinste Moselromantik	210
Alf, Bullay	210
Neef	211
Kloster Stuben	213
Bremm	217
Ediger-Eller	219
Beilstein	222
Ellenz-Poltersdorf	225
Bruttig-Fankel	226
Terrassenmosel: Cochem bis Burg Eltz	228
Schatztruhe der Mosel	230
Cochem	231
Klotten	239
Im Schutz des Martbergs	241
Pommern, Treis-Karden	241
Burgen und Dörfer	245
Terrassenmosel: Hatzenport bis Winningen	250
Chöre und Cañons	252
Hatzenport	252
Burgen	255
Brodenbach, Ehrenburg	259
Alken	260

Kobern-Gondorf	262
Winningen	266
Koblenz	268
Stadt an Rhein und Mosel	270
Stadtgeschichte	270
Unterhalb der Festung	271
Altstadtpfade	276
Spaziergang mit Görres	279
Register	286
Abbildungsnachweis/Impressum	288

Auf Entdeckungstour

Zu Besuch bei Karl Marx	88
Auf dem Jakobsweg	124
Anders wandern mit Andres	134
Vom Maar zur Mosel	150
Mit Cusanus durch Kues	166
Kidnapping im Mittelalter – Loretta gegen Balduin	
(Ingeborg Scholz)	194
Auf den Spuren der Antike (Ingeborg Scholz)	214
Mosel-Farben auf William Turners Palette	
(Ingeborg Scholz)	236
Durchs Baybachtal zur Waldeck	
(Gisela Atteln und Ingeborg Scholz)	256
Peter Ludwigs Lust – Kunst am Deutschen Eck	280

Karten und Pläne

Trier	82
Bernkastel-Kues	161
Traben-Trarbach	188
Cochem	232
Koblenz	272

▶ Dieses Symbol im Buch verweist auf die
Extra-Reisekarte Mosel

Schnellüberblick

Mittelmosel:
Bernkastel-Kues bis Wolf
Berühmte Weinlagen wie
Bernkasteler Doctor, Zeltin-
ger Himmelreich, Erdener
Prälat, Ürziger Würzgarten
oder Wolfer Kloster zeugen
vom sonnigen Klima dieser
Gegend. S. 156

Mittelmosel:
Schweich bis Veldenz
Spuren römischer Kultur
finden sich hier überall, da
schon die Römer die geo-
grafischen Lagen am Fluss
zu nutzen wussten. S. 130

Trier
Deutschlands vielleicht
älteste Stadt ist eine
geglückte Mischung aus
attraktiven Altertümern
und urban pulsierender
Lebendigkeit. S. 76

Südliche Wein-Mosel
im Dreiländereck
Europa wächst zusammen –
und das Dreiländereck im
Großraum SaarLorLux
besinnt sich auf sein
gemeinsames Erbe. S. 106

Koblenz
Selbstbewusste und gesellige Stadt an Rhein und Mosel, die am ›Deutschen Eck‹ zusammenfließen. S. 268

Terrassenmosel: Hatzenport bis Winningen
Steil ragen auf der Eifelseite die terrassierten ›Chöre‹ auf, mit dem Natur- und Kulturdenkmal Uhlen als Höhepunkt. S. 250

Terrassenmosel: Cochem bis Burg Eltz
Herrliche Burgen wie aus dem Bilderbuch, die zum Teil noch wenig touristisch entdeckt sind. S. 228

Terrassenmosel: Alf bis Bruttig-Fankel
Eine großartige Landschaft tut sich auf mit idyllischen Ortschaften, antiken Spuren – und Europas steilstem Weinberg Calmont. S. 208

Mittelmosel: Traben-Trarbach bis Zell
Malerische Aussichten von den Höhen über der Mosel konkurrieren mit vielfältiger Architektur und historischen Stätten. S. 184

Die Autorinnen

**Mit Gisela Atteln und
Ingeborg Scholz unterwegs**
Gisela Atteln, im Bild rechts, freie Journalistin und Autorin, kommt aus der Bierregion
Frankens und lebt in der Weinregion der
Pfalz. Neben der Arbeit für die Tagespresse
und der Publikation belletristischer Texte ist
sie in der Kunst- und Kulturförderung tätig.
Zuletzt war sie am Reise-Taschenbuch
Rhein-Neckar beteiligt.
Dr. Ingeborg Scholz, freiberufliche Kulturwissenschaftlerin und Fachjournalistin
(DFJS). Geboren in Aachen, ist sie in Moselkern aufgewachsen, wo sie nach Studienjahren in Marburg, Bonn und Köln jetzt
lebt und arbeitet.

Moselfahrt aus Lebensfreude

Lassen Sie sich einladen auf eine Moselfahrt aus purer Lebensfreude! Begleitet von Reisenden, die ihre Eindrücke aufschrieben, wie jener Magnus
Decimus Ausonius, römischer Dichter,
Prinzenerzieher und erster Hymniker
auf Fluss und Menschen mit Worten,
die nach über 1600 Jahren noch immer
gelten: »Wenn im blaugrünen Strom
sich spiegelt ein schattiger Hügel, da
scheint es, als ob sich des Flusses Fluten begrünten, der Strom auch selbst
bepflanzt sei mit Reben.« Die Mosel
macht süchtig – süchtig nach dem ultimativen Blick auf den Fluss von den
vielen Höhe-Punkten aus, die sich
schon bei der Anfahrt erschließen,
wenn man hoch oben vom Hunsrück
oder der Eifel die teilweise halsbrecherischen ›alpinen‹ Spitzkehren ins
Tal hinabrollt. Auf Wanderungen können Sie mit ähnlichen Aha-Erlebnissen
rechnen – irgendeine Superaussicht ist
garantiert dabei! Auf einem Ausflugsschiff entdecken Sie die Landschaft
neu aus der Wasserperspektive.

Auf einer Radtour entlang des stark
mäandrierenden Flusses tauchen Sie in
eine faszinierende Landschaft ein. Hinter jeder der Schleifen oder Krampen
wartet eine neue Überraschung, ob
sich nun die Reichsburg Cochem den
Blicken zeigt, die Marienburg bei Zell
und Pünderich auf dem Bergrücken erscheint, die Hunsrück- und Eifelberge
bei Piesport, Ürzig und Hatzenport
den Fluss in die Zange nehmen. Sanfte
Hänge, z. B. an der südlichen Wein-Mosel, lösen sich ab mit stark terrassierten
Felswänden, auf denen die Rebstöcke
in den Abgrund zu ragen scheinen, wie
auf dem Calmont. Aus dem Gestein
wachsen Burgen und Ruinen, Kirchtürme tasten den Himmel über den
Weinbergen ab, Kardens ›Moseldom‹
setzt sich in Szene.

Der Fluss und die Menschen
Einmal dagewesen – und die Mosel
lässt Sie nicht mehr los, sofern Sie sich
auf die Menschen einlassen, persönliche Begegnungen mit Gastgebern,

auf Touren, bei Weinproben etc. zulassen. Es fällt leicht, Kontakte zu knüpfen, denn Sie haben es mit einem offenen, zuweilen verschmitzten Menschenschlag zu tun. Der Winzer Christoph Gassen in Kröv erstellt dazu eine augenzwinkernde Analyse: »Von den Italienern (Römern) die Schlamperei, von den Iren (Kelten) den Konservativismus, von den Deutschen das Irrationale – und somit ist der Moselaner der lebendige Beweis, dass sich im Mischvorgang die positiven Eigenschaften maximieren.« Der Clou steckt in der unerwarteten Schlussfolgerung ›positiv‹!

Der Fluss und der Wein

Eine Volksweisheit, die nicht nur für die Mosel gilt, sondern für alle Weingegenden der Welt, sagt: »Wenn der liebe Gott gewollt hätte, dass wir nur Wasser trinken, hätte er nicht so viel davon versalzen«. Sie werden auf Ihrer Reise die ›Pillenform‹ dieses Göttergetränks in Überfülle an den Hängen reifen sehen. Und selbst wenn Sie das gekelterte Ergebnis menschlichen Fleißes nicht kosten wollen, sind Sie unter Garantie von dieser unglaublich abwechslungsreichen Landschaft begeistert, die im Wechsel von Wein, Wald, Fels, Dorf und Stadt nie einförmig wirkt.

Sie finden überwiegend Menschen vor, die direkt oder indirekt vom Wein leben. Sie werden, je nach Urlaubsplanung, mit Winzern ins Gespräch kommen und eine große Ehrfurcht vor der harten Arbeit entwickeln, mit der sie ihr tägliches Brot verdienen. Sie werden das Produkt dieser Arbeit schätzen lernen – ob als Wein, Traubensaft, Traubengelee etc.

Die Römer brachten den Wein an die Mosel, sie zogen nie wirklich ab, sind auf ewig in den Köpfen präsent. Sie hinterließen eine bildschöne Kulturlandschaft. Ein Besuch Triers lohnt sich in jedem Fall, Cochem und Bernkastel-Kues ziehen Besucher magnetisch an. Neben Koblenz und den ›Stars‹ wie Beilstein gibt es viele kleine Dörfer und Städtchen mit romantischem Flair, in denen man sich auf Anhieb wohlfühlt.

Sie werden – und damit stehen Sie nicht allein – immer wiederkommen wollen!

Wie im Weinkontor: die Weinstube
Kesselstatt in Trier, S. 100

Wincheringen – Horizonte der Stille,
S. 116

Lieblingsorte!

Vom Fluss umspült: die Marienburg
bei Pünderich, S. 201

Mischung aus Macht und Kontemplation:
der Moseldom in Treis-Karden, S. 244

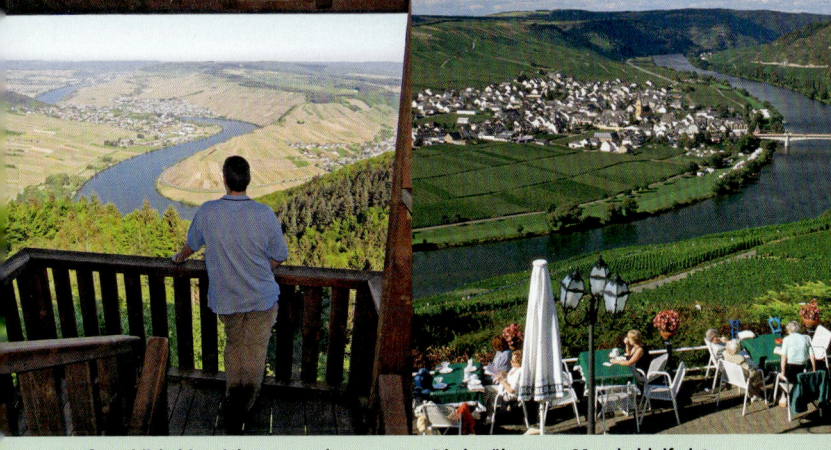

Fünfseenblick: hier sieht man mehrere Moselschleifen zugleich, S. 136

Die berühmteste Moselschleife ist diejenige über Trittenheim, S. 141

Lieblingsorte entdeckt man mitunter durch Zufall. Sie verlocken dann dazu, sie immer wieder aufzusuchen. Das kann ein gemütliches Lokal in Trier oder Koblenz sein, unterwegs an der Mosel mit ihren abwechslungsreichen landschaftlichen Facetten auch ein besonders attraktiver Aussichtspunkt oder eine architektonische Kostbarkeit – Wohlfühlorte, die wir anziehend finden, abseits vom touristischen Mainstream. Etwas ganz Besonderes eben!

Architektur-Juwel: die Matthiaskapelle über Kobern-Gondorf, S. 263

Kaffeehaus-Kultur in Koblenz: die Kaffeewirtschaft, S. 285

Reiseinfos, Adressen, Websites

Entspannter Naturgenuss auf einem Ausflugsschiff nahe Wehlen

Informationsquellen

Infos im Internet

www.mosellandtouristik.de
Die wichtigste Informationsquelle, wenn man sich über Reisethemen informieren und Veranstaltungen besuchen will oder spezielle Unterkünfte (z. B. barrierefrei) sucht.

www.msr-wein.de
Mosel-Wein e. V. deckt ein breites Spektrum ab, von Veranstaltungsterminen über Weingüter bis zur Initiative ›Der Beste Schoppen‹. Unter ›Köche und Weine‹ stellen Meisterköche sich und ihre Lieblingsrezepte vor.

www.strasse-der-roemer.eu
Die einzelnen Stationen (Villen, Keltern, Kultplätze usw.) der Touristenroute ›Straße der Römer‹ werden hier optimal dargestellt; außerdem präsentiert die Website Gastronomen römischer Küche.

www.mosel.de
Das Internetportal bringt nicht nur touristische Themen, sondern auch Nachrichten aus der Region. Die Rheinland-Pfalz Tourismus GmbH zeichnete diese Website für ihre Servicequalität aus (www.servicequalitaet-rlp.de).

www.der-gruene-pfad.de
Auf der vom Land, ›NatURLAUB‹ und der EU geförderten Website stellen sich Direktvermarkter und Gastronomen vor.

Fremdenverkehrsämter

In Österreich
Deutsche Zentrale für Tourismus e. V. (DZT): Schubertring 12, 1010 Wien, Tel. 01 513 27 92, www.deutschland-touris mus.de.

In der Schweiz
Deutsche Zentrale für Tourismus e. V. (DZT): Talstraße 62, 8001 Zürich, Tel. 044 213 22 00, www.deutschland-tou rismus.de.

Infostellen zur Region
Rheinland-Pfalz Tourismus: Löhrstraße 103–105, 56068 Koblenz, Tel. 0261 91 52 00, www.rlp-info.de. Infos zum Ferienland Rheinland-Pfalz, mit Verweisen auf Angebote, Anreise (z. B. FlyHahn) und regionale Infostellen.

Mosellandtouristik: Kordelweg 1, 54470 Bernkastel-Kues, Tel. 06531 973 30, www.mosellandtouristik.de. Ergiebig für fast jedes Thema, etwa in der Rubrik ›Moselland von A–Z‹. Broschüren können heruntergeladen werden.

Saar-Obermosel-Touristik: Granastr. 22, 54329 Konz, Tel. 06501 77 90; Graf-Siegfried-Str. 32, 55439 Saarburg, Tel. 06581 99 59 80, www.saar-obermosel. de. Beide Tourist-Infos kümmern sich gut um potenzielle Gäste. Die Seite ist klar gegliedert. Hinweis: Statt ›Obermosel‹ wird in diesem Buch meist ›südliche Wein-Mosel‹ verwendet; den Begriff favorisieren die jungen Winzer, analog zu ›Terrassenmosel‹ statt ›Untermosel‹.

Weitere nützliche Infostellen
Mittelmoseltouristik: Gestade 18a, 54470 Bernkastel-Kues, Tel. 06531 30 75, www.bernkastel-kues.de.
Tourist-Info Sonnige Untermosel: Bahnhofstraße 44, 56330 Kobern-Gondorf, Tel. 02607 49 27, www.sonnige-untermosel.de.

Moseleifel Touristik e.V.: Neustraße 18, 54516 Wittlich, Tel. 06571 40 86, www.moseleifel.de.
Hunsrück-Touristik: Gebäude 663, Hahn-Flughafen, Tel. 06543 50 77 00, www.hunsruecktouristik.de.

Spezialreiseveranstalter

Bodensee-Radweg Service: www.mosel-radweg.de bietet ausgearbeitete Radreisen in der Moselregion an.
Schneckenhaus: www.mosel-genusser lebnis.de organisiert von Zell aus Ausflüge per Paddel, Pedal und Pedes.
Abenteuer- und Erlebnisparcours: FlusS e.V., Tel. 02654 88 28 28, www.fluss-ev.de, Erlebnispädagogik u.a. im Waldgelände des Brodenbachtals, für Gruppen, Schulklassen usw.
Erlebnistage für Jugend und Familie: Mit Sack und Pack, Tel. 06507 70 33 81, www.mit-sack-und-pack.de. Für alle Altersgruppen: Survival-Erlebnis-Tage, Floßbau, ›Leben wie in der Steinzeit‹ – und das alles nahe Schweich.

Lesetipps

Stefan Andres: Von seinem umfangreichen Werk sind die Romane ›Der Knabe im Brunnen‹ (dtv) und ›Die Sintflut‹ (Wallstein Verlag) sowie die Novellen ›Wir sind Utopia‹ (dtv) und ›El Greco malt den Großinquisitor‹ (dtv) auf dem Markt. Der Wallstein Verlag publiziert unter dem Titel ›Gäste im Paradies. Moselgeschichten‹ so ergreifende Novellen wie ›Die Vermummten‹, ›Der Menschendieb‹ oder ›Wirtshaus zur weiten Welt‹.
Das Kochbuch der Römer: Elisabeth Alföldi-Rosenbaums 1999 bei Artemis & Winkler erschienene Rezeptsammlung des antiken Genießers Apicius überzeugt mit vorbildlicher Überset-

zung, Zitaten und Vorschlägen für heutige ›Küchenchefs‹.
Ausonius: Mosella. Der römische Schriftsteller, der um 365 in Trier zum Erzieher des Kaisersohns Gratian berufen wurde, preist die Mosel in leuchtenden Farben und Versen. Reclam hat im Jahr 2000 eine gute und preiswerte Ausgabe in der Übersetzung von Otto Schönberger vorgelegt.
Jacques Berndorf: Seine Eifel-Krimis sind Kult! Held Siggi Baumeister wird zwar mindestens einmal pro Band von Bösen verprügelt, brachte Verlag und Autor aber viel Glück. Tipp: Berndorfs ›Tatort Eifel‹ mit eigenen Kurzkrimis und denen von Kollegen aus der Region.
Carsten Klemann: Der Verfasser von Romanen und Sachbüchern debütierte mit ›Moselblut‹ (Rowohlt 2007) kundig-spannend im Genre ›Wein-Krimi‹.
Mischa Martini: Die Mosel-Krimis, von ›Akte Mosel‹ bis zu ›Tango Mosel‹ (Weyand Verlag), sind auch für Trier-Einsteiger spannend geschrieben und besitzen in Kommissar Walde Bock einen sympathischen Serienhelden.
Friedrich Spee: In dem Gedichtzyklus ›Trvtz Nachtigal‹ (Reclam, 1985) zeigt sich der Barockdichter von der poetischen, aus Kirchenliedern vertrauten Seite.
Clara Viebig: In dem Roman ›Die goldenen Berge‹ schildert die Dichterin (1860–1952) die Not der Moselwinzer in den 1920er-Jahren. ›Unter dem Freiheitsbaum‹ spielt an Mosel-Schauplätzen zur Zeit der Französischen Revolution. In leidenschaftlich-kraftvoller Sprache schrieb Viebig packende Milieuschilderungen. Ihre Bücher sind im Rhein-Mosel-Verlag erschienen.
Josef Zierden: Der Spezialist für literarische Spurensuche verfasste neben dem ›Eifel Krimi-Reiseführer‹ (KBV, 2005), der Jacques-Berndorf-Romane lokalisiert, eine ›Krimi-Tour Rheinland-Pfalz‹ (emons, 2006).

Wetter und Reisezeit

Klima

Ein mildes, gemäßigtes Klima unter atlantischem Einfluss kennzeichnet das Moseltal. Ohne heftige Schwankungen, bietet es optimale Bedingungen für den Weinbau in einem der weltweit nördlichsten Anbaugebiete. Vorwiegend Westwind, Hangneigung, Bodenbeschaffenheit (Schiefer) und der Fluss wirken sich günstig auf die Qualität des Weins und des Urlaubsgebiets aus. Die Jahrestemperatur liegt im Mittel bei ca. 9 °C, fällt auch im kältesten Winter kaum unter 2 °C. Längere Frostperioden sind, anders als im benachbarten Hunsrück oder in der Eifel, selten.

Die beste Reisezeit

Im zeitigen Frühjahr darf man nicht allzu enttäuscht sein, wenn Restaurants und Museen nur eingeschränkt geöffnet sind und Fähren Winterschlaf halten. Ab April/Mai beginnt die Hauptsaison, alle touristischen Highlights sind zugänglich, Straußwirtschaften öffnen. Erste touristische Spitzenwerte sind ab Juni zu erwarten, wenn ›Happy Mosel‹ an den Fluss lockt und die Quecksilbersäule hochschnellt. Die beste Zeit an der Mosel ist sicher September bis Mitte Oktober zur Weinlese, wenn buntes Weinlaub die Sinne verzaubert, das Licht über dem Fluss seine volle Leuchtkraft entfaltet und die Abende mild, aber nicht mehr so heiß sind.

Gut zu wissen

›Alte Hasen‹ von Kurzurlaubern wissen um die Attraktivität der Weinlese, Quartiere im Sept./Anfang Okt. sind rar, eine Buchung ein Dreivierteljahr vorher empfehlenswert. Nicht alle Gastgeber kalkulieren die Preise für Vor-, Haupt- und Nebensaison unterschiedlich, wenn aber, dann ist Ende Aug. bis Mitte Okt. am teuersten. In manchen Häusern gelten am Wochenende höhere Preise. Viele gewähren Nachlass bei mehreren Übernachtungen – alles durch einen Anruf oder unter der Internetadresse im Reiseteil zu erfahren.

Kleidung und Ausrüstung

Ein Pullover kann auch im Sommer nie schaden, da es nachts in unseren Breitengraden empfindlich kühl werden kann. Regenkleidung sollten in jedem Fall Leute dabei haben, die im Urlaub grundsätzlich Pech mit dem Wetter haben. Für Klettersteige festes Schuhwerk in den Koffer packen – bitte nicht in Badelatschen aufsteigen!

Klimadaten Trier

	J	F	M	A	M	J	J	A	S	O	N	D
Mittlere Tagestemperaturen in °C	3	5	9	13	18	21	23	23	20	14	7	4
Mittlere Nachttemperaturen in °C	-1	-1	1	4	8	11	12	12	10	6	2	0
Sonnenstd./Tag	1	3	4	5	7	7	7	6	5	3	2	1
Regentage/Monat	12	10	12	10	12	11	10	10	9	9	12	12

Rundreise planen

3-Tages-Radtour mit Schifffahrt

Die Kombination Rad/Schiff ist ein Landschaftserlebnis aus zwei Perspektiven. Die Mittelmosel-Tour von rund 70 km mit Wechseln aufs linke und rechte Ufer beginnt in Trittenheim und endet in Traben-Trarbach. Der Radweg verläuft an beiden Ufern, rechts teilweise auf der Trasse des stillgelegten ›Saufbähnel‹. Rückfahrt mit dem Linienschiff.

Anreise

Per Pkw kommt man über die A 1 bzw. B 269 auf Stichstraßen zur Mosel. Mit Bahn/Bus geht es von Bullay bzw. Trier mit dem Radelbus (Linie 333) weiter, was aufwendig, aber machbar ist. Die Busse verkehren von April bis Okt. bis Trittenheim nur 1–2 x tgl., meist mit längerem Aufenthalt in Bernkastel-Kues. Busplätze buchen, Tel. 06531 968 00!

Streckenplanung

Die zweitägige Tour führt zunächst von Trittenheim nach Zeltingen (ca. 40 km). Am zweiten Tag erreicht man nach ca. 30 km Traben-Trarbach. Am dritten Tag ist von Traben-Trarbach bis Trittenheim die Fahrt mit dem Linienschiff angesagt (www.moselfahrplan.de, Mai–Okt. 11.45 Uhr ab Traben-Trarbach, 1 ½ Std. Umsteigen/Aufenthalt in Bernkastel-Kues, Sa/So 15 Uhr ohne Umsteigen).

Tourverlauf

(li = linkes Ufer, re = rechtes Ufer)
Von Trittenheim fährt man re 8 km nach Neumagen-Dhron, li 8,5 km nach Piesport, re 10,5 km nach Brauneberg und ca. 3 km nach Mülheim, wo sich ein Abstecher zur Römerkelter Brauneberg am linken Ufer anbietet. Auf dieser Seite bleibend, kommt nach 5 km Lieser in Sicht, nach 4,5 km Bernkastel-Kues, nach 8 km folgt der Uferwechsel nach Zeltingen. Bis Kinheim gibt es

Voll im Trend – Radwanderern bietet die Mosellandschaft ein ideales Terrain

zwei Routen: linksseitig von Zeltingen 3,5 km nach Ürzig, 1 km zur Römerkelter Erden, 2,5 km nach Kinheim oder rechtsseitig 6,5 km bis Kindel. Von Kinheim-Kindel aus sind es re 4,5 km nach Wolf und 4 km nach Traben-Trarbach.

Übernachten

Optimalen Service bieten Bett-&-Bike-Quartiere (Hauptreisezeit beachten!) in Trittenheim, Zeltingen-Rachtig und Traben-Trarbach. www.bettundbike.de.

Rast

Direkt am Radweg liegt die idyllische Straußwirtschaft Moselgarten in Piesport. In Brauneberg empfiehlt sich der Brauneberger Hof, in Bernkastel-Kues z. B. die Straußwirtschaft Dillinger. Für eine süße Rast bietet sich in Kinheim die Konditorei Hünnekens an.

Interessante Plätze

Die Tour durch eine der schönsten Landschaften der Mosel streift Highlights wie das ehemalige Römerkastell Neumagen sowie die Römerkeltern in Piesport, gegenüber Brauneberg und Erden. Beeindruckend sind die Sonnenuhren in den Weinbergen bei Neumagen, Brauneberg, Wehlen, Zeltingen und Ürzig. Zum Sightseeing fordern Bernkastel-Kues und Traben-Trarbach auf.

Anreise und Verkehrsmittel

Einreisebestimmungen

Angehörige der ›Schengen-Staaten‹ brauchen kein Visum (s. S. 68). Für alle anderen Besucher gilt die Visapflicht, sofern sie sich nicht schon innerhalb des Schengen-Gebiets aufhalten.

Anreise

... mit dem Flugzeug

Info: www.hahn-airport.de
Vom Billigflieger zum Metropolentaxi: Der Flughafen Hahn im Hunsrück mausert sich. Linien-Shuttles verbinden ihn u. a. mit Trier und Koblenz.

... mit der Bahn

Info: www.bahn.de
Zwischen Koblenz und Bullay verläuft eng am Ufer die Moselstrecke der Deutschen Bahn mit den Bahnhöfen Moselweiß, Güls, Winningen, Kobern-Gondorf, Lehmen, Kattenes, Löf, Hatzenport, Moselkern, Müden, Treis-Karden, Pommern, Klotten, Cochem, Ediger-Eller und Neef. Nach Bullay weicht sie in die Südeifel mit Stationen in Bengel, Ürzig, Wittlich, Föhren, Schweich, Ehrang, Pfalzel bis Trier ab. Von Trier Hbf aus kann man die Reise nach Luxemburg-Stadt verlängern.

Zwischen Koblenz und Trier halten Intercity-Züge in Cochem, Bullay und Wittlich. Seit Ende 2005 bummelt ein ICE Berlin–Trier die Mosel entlang. Von Bullay fährt die Moselwein-Bahn nach Traben-Trarbach ab. Trier wird über RB- und RE-Züge der Saarstrecke mit Saarbrücken und über die Obermoselstrecke mit Perl verbunden. Von Köln aus kommt man auf der Eifelstrecke nach Trier. Koblenz ist entweder über Trier oder durchs Rheintal zu erreichen.

Fahrräder dürfen in Regionalbahnen (RB) und Regionalexpress-Zügen (RE) teilweise kostenlos mitgenommen werden. Der Transregio der Strecke Bullay-Traben ist ebenfalls darauf eingestellt, Gleiches gilt für speziell gekennzeichnete ICs.

... mit dem Bus

Die Busse der Moselbahn verkehren auf der Strecke Trier–Bullay mit Anschluss an die Bahn. Linienbusse fahren außerdem nach Koblenz, in den Raum Bitburg und den Saargau. Die Moselbahn betreibt auch die Radelbusse (Tel. 06351 968 00, www.moselbahn.de, bei den Tourist-Infos oder www.bahn.de). Auskunft geben der Verkehrsverbund Region Trier (www.vrt-info.de), der Verkehrsverbund Rhein-Mosel (www.vrm-info.de) und die Rhein-Mosel-Verkehrsgesellschaft (www.rmv-bus.de).

... mit dem Auto

Die Moselregion ist gut in das deutsche Autobahnnetz integriert: Stichstraßen führen ins Tal hinab oder aber man überquert es über Brücken wie bei Schweich bzw. Winningen. So kann man von Norden, z. B. von Köln, über die A 61 Koblenz und Umgebung ansteuern, dann auf die A 48 bzw. die A 1 wechseln und durch die Vulkaneifel ins Tal hinabstoßen. Von der aus Belgien kommenden A 60 wechselt man am Kreuz Wittlich auf die A 1 oder schon vorher auf die B 51. Von Luxemburg führt die A 1 auf die A 64 und nach kurzer Unterbrechung bei Schweich auf die A 1/A 48. Vom rheinland-pfälzischen Süden bzw. dem Saarland aus bietet sich in Richtung Trier die A 1 an, in Richtung Koblenz die A 61. Die Hunsrückhöhenstraße (B 327) bildet hier das Bindeglied zwischen beiden Städten.

... mit dem Schiff

Mit dem Schiff von Trier bzw. Perl (französische Grenze) oder Koblenz anzureisen, ist fast durchweg nur von Frühjahr bis Herbst möglich. Im Juli und August kreuzen die meisten Linien- und Ausflugsschiffe auf dem Fluss. Stark frequentierte Strecken auf der Mittelmosel ermöglichen die Anreise zu Orten, die nicht mehr per Bahn erreichbar sind.

Verkehrsmittel vor Ort

Öffentliche Verkehrsmittel

Das Moselgebiet teilen sich zwei Verkehrsverbunde: Der Verkehrsverbund Region Trier (VRT, www.vrt-info.de) bedient Trier und die Landkreise Trier-Saarburg, Bernkastel-Wittlich, Bitburg-Prüm und Daun, der Verkehrsverbund Rhein-Mosel (VRM, www.vrminfo.de) verbindet Koblenz mit den Landkreisen Mayen-Koblenz, Cochem-Zell, Ahrweiler, Neuwied, dem Rhein-Hunsrück-Kreis und dem Rhein-Lahn-Kreis.

Bahn

Mit dem Rheinland-Pfalz-Ticket können bis zu fünf Personen bzw. Eltern mit allen Kindern (bis 14 Jahre) einen Tag lang ab 9 Uhr durchs Bundesland und das Saarland mit Nahverkehrszügen fahren (28 €, Alleinreisende 20 €), an Wochenenden und Feiertagen ab 0 Uhr. Weitere Sonderaktionen findet man unter www.der-takt.de.

Bus

Über die Häufigkeit der Busverbindungen kann man selbst auf dem Land nicht klagen. In Trier versorgen Stadtbusse die entferntesten Stadtteile und das Ruwertal. Koblenz hat ebenfalls ein sehr gutes Verbindungsnetz und als Sonderform des Sightseeings die Linie 1 vom Hauptbahnhof zum Deutschen Eck.

Rad

RegioRadler-Buslinien transportieren Fahrgäste und -räder (im Spezialanhänger) mehrmals tgl. (mit Zwischenstopps) zu attraktiven Zielen: RegioRadler Moseltal (333) fährt von Trier über Bernkastel-Kues und Traben-Trarbach nach Bullay. RegioRadler Maare-Mosel (300) erschließt den Maare-Mosel-Radweg von Bernkastel-Kues nach

Daun, RegioRadler Ruwer-Hochwald (R200) den Ruwer-Radweg, RegioRadler Sauertal (441) den deutsch-luxemburgischen Grenzfluss. Regio-Radler Untermosel (630) verbindet Treis-Karden mit Emmelshausen. Fahrplan-Info: www.moselbahn.de.

Taxi

Auskunft für ganz Deutschland: www.taxi.de. Ein Taxi zu rufen, ist in der Stadt meist kein Problem. In kleinen Orten sollte man die Situation vorher prüfen.

Schiff

Wichtig: Steigende Kraftstoffpreise wirken sich auf die Fahrpläne aus! Im Juni ist die Linienschifffahrt während der Wartung der Schleusen für etwa eine Woche eingeschränkt.

Köln-Düsseldorfer (KD): Zentrale: Tel. 0221 208 83 18, www.k-d.com; an der Mosel: Tel. 0261 310 30, 02671 98 00 23. Mai–Okt. tgl. Koblenz–Cochem, Koblenz–Winningen Mai–Sept. nur Mo. Gegen Vorlage der Bahnanreise-Tickets gibt es 20 % Ermäßigung auf die KD-Linienpreise. Weitere Vergünstigungen beispielsweise für Radfahrer am Di und Do.

Personen-Schifffahrt Kolb: Briedern, Tel. 02673 15 15, www.moselfahrplan.de, April–Okt. Liniendienste zwischen Wasserbillig u. Karden, Trier und Saarburg.

Entente Touristique de la Moselle Luxembourgoise: Tel. 00352 75 82 75, www.moselle-tourist.lu, Ostern bis Sept. Linienfahrten auf der berühmten ›M.S. Princesse Marie-Astrid‹ (s. S. 68).

Mosel-Personenschifffahrt: Bernkastel-Kues, Tel. 06531 82 22, www.mosel-personenschifffahrt. de, Mai bis Okt. Traben-Trarbach–Bernkastel-Kues.

Bonner Personenschifffahrt: Tel. 0228 63 63 63, www.B-P-S.de, Juni bis Aug. Di, Fr, So Bonn–Koblenz–Winningen.

SPS Saar Personen-Schifffahrt: Saarburg, Tel. 06581 991 88, Mai bis Okt. Merzig–Saarburg.

Moselfähren

Autofähren: Oberbillig–Wasserbillig: tgl., im Winter nicht So; Pünderich–Marienburg: Mitte März–Okt. Mo/Mi/Fr–So; Briedel–Reil: März–Mitte Nov. Di/Do/ Sa; Ellenz–Beilstein: April–Okt. tgl.; Klotten–NSG/Cochem, ab Ostern Fr–So, Juli–Okt. tgl.

Personenfähren: Enkirch–Kövenig: tgl. Ostern–Okt.; Alf–Bullay, März–Mitte Nov. Do–Di; Cochem-Cond: Ostern-Okt.; Rheinfähre Deutsches Eck–Ehrenbreitstein: tgl.; Koblenz Deutsches Eck–Koblenz Lützel, Mai–Mitte Sept.

Autofahren/Verkehrsregeln

Dem Alkoholkonsum sind auch am Weinfluss Mosel Grenzen gesetzt: 0,5 Promille in Deutschland und Frankreich, 0,8 in Luxemburg.

Die Höchstgeschwindigkeit beträgt in Deutschland in Ortschaften 50 km/h, auf Landstraßen 100 km/h, auf Autobahnen streckenweise 130 km/h, ansonsten freie Fahrt. In Luxemburg sind es 50 km/h innerorts, 90 km/h außerorts, 120 km/h auf Autobahnen. Frankreich schreibt 50 km/h innerorts und 90 km/h außerorts vor, 110 km/h auf Schnellstraßen, 130 km/h auf Autobahnen.

Manche Moselorte werden durch Umgehungsstraßen vor Durchgangsverkehr geschützt. Autofahrten durch alte Ortskerne sollte man sich vorher genau überlegen – das kann ungemütlich eng werden.

Die Straßen über Eifel und Hunsrück erinnern häufig an Alpenpässe. Es macht Spaß, durch extrem enge Spitzkehren zu kutschieren und auf abenteuerlich steilen Straßen die Berge zu erklimmen, zumal immer wieder einmalige Ausblicke auf den Fluss geliefert werden.

Übernachten

Ein klassisches Urlaubsland

Die Moselregion verfügt über eine breite Palette an Unterkünften. Hotels in den Zentren gibt es reichlich, in den Dörfern reiht sich eine Privatunterkunft an die andere. In der Hauptreisezeit muss man, wenn überhaupt noch ein Quartier zu finden ist, in der Ortswahl flexibel sein – oder rechtzeitig buchen.

Internetseiten

www.mosellandtouristik.de: Hier kann man online buchen.
www.bettundbike.de: Für Urlaub mit dem Fahrrad listet die ADFC-Broschüre ›Bett & Bike‹ zertifizierte Unterkünfte.
www.motorradhotelguide.de: Der ›BikerHotelGuide‹ hilft Bikern, motorradfreundliche Hotels aufzuspüren.

Hotels & Pensionen

Der Standard ist hoch, die Pension mit ›fließend Wasser‹ und Etagendusche die Ausnahme (hier nicht berücksichtigt). Das Bemühen der Hotels, die gastronomische Seite zu bedienen, ist auch am erstarkten Renommee einheimischer Köche abzulesen, die nach Lehrjahren jenseits des engen Tals bodenständig zurückkehren. Bewertungen im Internet: www.hotelkritiken.de. Zur Orientierung dienen auch www.booking.de, www.hotel.de und www.hotelbewertungen.de.

Ferienwohnungen

Ferienwohnungen bedeuten für immer mehr Winzer ein zweites finanzielles Standbein – und für die Gäste ein Urlaubserlebnis mit Einblick in den Familienalltag. Vor dem Anmieten lieber fragen, ob die Endreinigung im Preis inbegriffen ist, sonst wird manches günstige Angebot doch zur Mittelklasse. Einige Gastgeber vermieten nicht für nur eine Nacht.
Im Internet: www.urlaub-bei-freunden.de: ›NatURLAUB bei Freunden‹, Ferien auf dem Bauernhof in zertifizierten Betrieben, Freizeitprogramm häufig inklusive, www.fewo-direkt.de: reichhaltiges Angebot an Ferienwohnungen.

Jugendherbergen

Moderne Gästehäuser mit Komfort bei zivilen Preisen und einem guten Freizeitangebot für Familien mit Kindern: Trier, Bernkastel-Kues, Cochem, Traben-Trarbach, Koblenz-Ehrenbreitstein, Saarburg, Manderscheid und Daun. Adressen Reiseteil (außer Daun, Manderscheid). DJH Landesverband Rheinland-Pfalz-Saarland, In der Meielache 1, 55122 Mainz, Tel. 06131 37 44 60, www.DieJugendherbergen.de.

Camping & Wohnmobile

Camping- und Wohnmobilplätze gibt es wie Schiefer an der Mosel. Die meisten sind wegen der Hochwassergefahr nicht ganzjährig geöffnet.
›Camping & Caravaning im Moselland‹: www.mosellandtouristik.de. Die Broschüre (download) listet die Plätze auf.
www.touring24.info: Bei der Stellplatz-Suche hilft diese Website. Die Suche nach ›Mosel‹ ist etwas umständlich, für Details muss man sich registrieren.

Essen und Trinken

Landgasthöfe & Weingüter

Kleine Landgasthöfe und intime Weinstuben erleben derzeit einen unglaublichen Boom – und zahlen das mit hoher Qualität zurück. Eine Besonderheit sind Weingüter mit Beherbergung, die zum Frühstück meist auch spezifische Leckereien anbieten, etwa Weingelee (Rieslinggelee), Weinbergpfirsich-Marmelade, Traubensaft, Sekt, an der südlichen Wein-Mosel (Obermosel) auch hauseigenen Apfelsaft als Nebenprodukt von Viez (Apfelmost).

Alles römisch

Graben Archäologen römische Gebäude aus, so tun Gastronomen das Gleiche mit römischer Küche, z.B. nach dem Kochbuch des Apicius (s. S. 220). Das macht Sinn in einer Landschaft, die ein beinah südländisches Lebensgefühl hat.

Moselküche

Die traditionelle moselanische Küche ist deftig und reichlich, als Nationalgericht gilt ›Gräwes‹, ein Sauerkrauteintopf, den die Trierer ›Kappes Teerdisch‹ nennen. Haute Cuisine pflegen eine wachsende Zahl von Landgasthöfen, Weinstuben und Restaurants, die mitunter ein eigenes Weingut begleitet.

Winzervereinigungen

Die jungen Winzer an Mosel, Saar und Ruwer halten offensichtlich nicht mehr allzu viel von der einst charakteristischen Eigenbrötelei der Väter. Traditionsreiche Vereine wie der bundesweite VDP (www.vdp.de, Die Prädikatsweingüter; die historische Bezeichnung des VDP Mosel war ›Der Große Ring‹) und der regionale Bernkasteler Ring (www.bernkasteler-ring.com) werden flankiert von Winzervereinigungen der jungen Generation. In Anspielung auf die Ringweingüter entstand ›Der klitzekleine Ring‹ (www.klitzekleinerring.de). Unter dem Motto ›Die neue Mosel startet durch‹ agieren die ›MoselJünger‹ (www.moseljuenger.de). ›Junger Süden‹ (www.junger-sueden.de) nennt sich eine Jungwinzervereinigung der südlichen Wein-Mosel.

Moselvielfalt

Für Weinliebhaber bedeutet ein Urlaub an der Mosel eine unglaubliche Vielfalt

---

Kulinaria-Informationsquellen
Heimat schmeckt! Dem Verein sind landwirtschaftliche Direktvermarkter und Gastronomen angeschlossen, die das Vertrauen der Verbraucher in heimische Produkte stärken wollen. Kontakt/Info: www.heimat-schmeckt.de.
Regional Erste Wahl ist eine Initiative von Betrieben und Gastronomen in Bernkastel-Kues und Umgebung. Kontakt/Info: www.regional-erste-wahl.de.
›Köche und Winzer von der Terrassenmosel‹ (www.kulinarische-terrassenmosel.de) oder überregional **›Die Tafelrunde‹** (www.tafelrunde-landrestaurants.de) sind Kooperationen, die einen hohen gastronomischen Standard vertreten.
›Köche und Weine‹: Unter diesem Stichwort findet man Rezepte und Meisterköche im Internetportal von www.msr-wein.de.

Weinprobe beim Winzer – für jeden Geschmack den richtigen Tropfen

und zuweilen Ratlosigkeit. Das ist auch ein Dilemma dieses Buches: Stellvertretend Betriebe zu nennen, tut hundert anderen Unrecht. Im Grunde muss jeder ›seinen‹ Winzer finden – eine Sache des Vertrauens. Deshalb sind selbst Winzer, die den Sprung an die Spitze geschafft haben, ›nur‹ vor Ort genannt, werden weitere renommierte Weingüter im Zusammenhang mit Gästehaus oder Ferienwohnung empfohlen.

Straußwirtschaften

Die heimlich heimelige Spezialität weinseliger süddeutscher Länder findet immer mehr Anhänger, denn hier lässt sich bei einheimischen Spezialitäten ein Weingut bestens testen. Durch ausgehängte Kränze, Besen oder Sträuße gekennzeichnet, wird hier ausschließlich von Winzern eigener Wein ausgeschenkt. Maximal vier Monate (erlaubt ist die Aufteilung auf zwei

Mal) im Jahr darf geöffnet sein, sagt das Gesetz.

Traditionelle Spezialitäten

Debbekooche (Scholes): überbackener Auflauf aus Kartoffeln, Brötchen, Lauch, Zwiebeln, Eiern, Milch und Dörrfleisch
Flieten: gebratene Hähnchenflügel
Gebroaden Muuselfisch: gebratene kleine Moselfische (Weißfische)
Schwenkbroaden: Spießbraten
Saure Stambes: Pfannkuchen, mit durch Essig gesäuertem Kartoffelpüree gefüllt
Grumberschnietscher: Kartoffelpuffer
Gräwes oder Kappes Teerdisch: Sauerkraut mit Kartoffelpüree (u. Speck, gepökeltem Schweinefleisch od. Eisbein)
Tresterfleisch: in Riesling und Trester (Traubenschnaps) mit Gemüse marinierte Schweinefleischwürfel
Moselaal: meist geräuchert

Aktivurlaub und Sport

Angeln

Liegt ein gültiger Bundesfischereischein vor, so berechtigt der Erwerb eines Erlaubnisscheins bei einem Berufsfischer, im Fachgeschäft, bei einer Tourist-Information u. Ä. zum Angeln an festgelegten Stauhaltungen. Auf der Luxemburger Seite stellen die Distriktkommissariate Tagesscheine aus.
Anlaufstellen: Lieser (Tel. 06531 32 53), Ürzig (Tel. 06541 95 74), Burg (Tel. 065 41 29 56), Treis-Karden/Müden (Tel. 02672 71 37), Echternach (für die Sauer: Tel. 00352 72 00 29) und Remich für die Mosel (Tel. 00352 23 66 90 23).
Weitere Informationen gibt's vor Ort oder bei Mosellandtouristik (www.mo sellandtouristik.de).
An der Sauer erfreut sich das Fliegenfischen großer Beliebtheit.

Baden

Frei- und Hallenbäder verteilen sich entlang des Flusses: In Cochem-Cond ist das Freizeitzentrum mit Wellenbad und ›Kinderland‹, im Ortsteil Wildstein von Traben-Trarbach die ›Moseltherme‹ attraktiv. Die Trierer verknüpfen gerne das Vergnügen im Freibad von Mertes-

dorf mit einem Ausflug ins Ruwertal. In Zell-Kaimt macht das Erlebnisbad Zeller Land Spaß, in Treis-Karden das Spiel- und Spaßbad, in Bernkastel-Kues das Moselbad. In Kröv öffnete 2008 das sanierte Freibad ›Kröver Reich‹ mit neuen Attraktionen, darunter Wasserspiele für Kleinkinder. Frei- und Hallenbäder gibt es in Konz, Schweich, Alf, Winningen, in Saarburg (Erlebnis-Freibad und Hallenbad), Wittlich (sehr schönes Vitelliusbad) und Bad Bertrich (Thermal-, Hallen- und Freibad).
Baden in der Mosel ist möglich, ob zu empfehlen eine andere Sache, weniger wegen eventueller Unappetitlichkeiten als wegen der vom Schiffsverkehr ausgehenden Gefahr für Schwimmer. Ein Tipp für Eingeweihte: der schnuckelige Strand bei der Klosterruine Stuben, allerdings ohne jede sanitäre Einrichtung und mit Badetuch als Umkleidekabine.

Drachen- und Gleitschirmfliegen

An Mosel und Saar lässt sich mit Drachen- und Gleitschirmfliegen der uralte Menschheitstraum verwirklichen.
Die Moselfalken: www.moselfalken. de, Gelände Schoden (Saar), Maring-Noviand, Graach, Klüsserath, Rivenich, Zeltingen-Rachtig, Erden/Ürzig, Meerfelder Maar (Eifel), Burgen. Tagesmitgliedschaft ab B-Schein, Registrierung als Gastpilot auf der Homepage. Tandemflüge: Tel. 06532 932 37, www.Mit telmoseltandem.de.
Drachenflieger-Club Trier: www.dfc-trier.de, Gelände Serrig (Saar), Longuich, Riol, Föhren, Mehring, Neumagen, Klüsserath, Maring-Noviand. Tagesmitgliedschaft möglich, auch Tandemflie-

Sportliche Aktivitäten
Die ›Mosel.Erlebnis.Route‹ vernetzt Themen- und Kulturwege beiderseits der Mosel per ›Pedes, Paddel und Pedale‹. Eine ›Wasserwanderroute Mosel‹ ergänzt mit Kanu-Anlegestellen die Aktivitäten zu Fuß und per Rad (Info/Broschüren: Mosellandtouristik, www.mosellandtouristik.de).

gen (Moseltandem) mit speziell ausgebildeten Piloten (Kontakt: dfc-trier@gmx.de).

Drachen- und Gleitschirmfliegerfreunde Rhein-Mosel-Lahn: Tel. 02642 901 15 90, www.thermik4u.de. Gelände an der Mosel: Lasserg, Bremm (Calmont).

Flugschule: Flugschule Saar-Mosel, Drachen- und Gleitschirmausbildung, Paul Loch, Altheck 18, 54472 Longkamp, Tel. 06531 946 77, www.flugschule-saar-mosel.de, Tandemflug, Schnupperkurse und alle Luftfahrerscheine.

Radfahren

Radeln ist Sport Nummer eins! Die Wege entlang des Flusses sind durchweg gut gepflegt. In der Saison geht hier die Post ab. Mehrere Premiumrouten führen als Bestandteile eines großräumigen Radwegenetzes entlang der Flüsse Mosel, Saar und Lieser. Der Mosel-Radweg ist dank minimaler Steigungen auch für weniger Geübte zu bewältigen. Der schönste Teil verläuft auf der ehem. Bahntrasse des ›Saufbähnchens‹ an der Mittelmosel, der Randstreifen an der Bundesstraße von Cochem nach Kobern fällt dagegen ab. Auch neue Radwege werden zum Teil auf alten Bahnstrecken geführt, wie der Ruwer-Hochwald-Radweg (www.ruwer-hochwald-radweg.de) und der Maare-Mosel-Radweg (www.maare-moselradweg.de).

Zahlreiche Fachgeschäfte, Hotels, Weingüter usw. verleihen Räder. Einige sind jeweils im Reiseteil vor Ort angegeben oder in der Liste der Mosellandtouristik aufzustöbern (www.moselland touristik.de, Stichwort Moselland A–Z).

Bei der Mosellandtouristik findet man auch Radrouten, Tourenplaner und Rad-Erlebnistage als eine gemeinsame Plattform von www.moselland

radtouren.de und der Landes-Website www. radwanderland.de.

Mit der Bahn (www.bahn.de) lassen sich Start- und Zielorte gut kombinieren. Radelbusse bedienen den Mosel-Radweg, den Maare-Mosel-Radweg sowie weitere Eifel- und Hunsrück-Regionen. Siehe dazu die Raderlebniskarte Eifel-Mosel-Hunsrück mit aktuellen Fahrplänen (www.der-takt.de, Stichwort Raderlebniskarte).

Auf den Linienschiffen können Fahrräder ebenfalls mitgeführt werden.

Passionierte Mountainbiker zieht es nach Bekond zu ausgefeilten Routen mit Singletrails (Karte: www.gis-sch weich.de). Ein Besuch beim MTB-Club Zell ist ebenfalls zu empfehlen (www.mtbclub-zell.de, Tel. 06542 42 76).

Autofreie Events: ›Happy Mosel‹ (So nach Pfingsten), ›Saar Pedal‹ (3. So im Mai), ›Ruwertal Aktiv‹ (3. So im Aug.), Schromb macht Spaß (alle 2 Jahre im Schrumpftal/Terrassenmosel).

Karten: Normalerweise reichen die Tourenangaben in diesem Buch aus, evtl. kombiniert mit einer Radwanderkarte (z. B. Top-Stern-Karte 1:50 000 oder Kompass-Karte 1:125 000). Wer die Gegend ausgiebig und öfters im Sattel erkunden will, fährt gut mit den folgenden Radtourenbüchern/Broschüren:

Moselland-Radwanderführer: www.mosellandtouristik.de.

Bikeline-Radtourenbücher: Mosel-Radweg (1:50 000) und Radatlas Eifel (1:75 000).

Radwandern an der Mittelmosel: Mittelmoseltouristik (s. S. 178) mit Karten und Tourenbeschreibungen.

Nützliche Internetadressen

www.radwege-online.de: Informationen zu Themenwegen mit Hinweisen zu Karten, Adressen usw.

www.adfc-trier.de: Routenempfehlungen des ADFC mit Tipps und Kartenvorschlägen für die Region um Trier.

Segeln

Der Landesseglerverband Rheinland-Pfalz vereint Segelvereine an der Mosel unter seinem sportlichen Dach und gibt Auskünfte zu Revieren, Ausbildung, Regeln. Erste Kontakte z. B. zu Trier, Konz, Traben-Trarbach, Brodenbach, Oberfell und Koblenz vermittelt eine Liste auf der Homepage (www.landesseglerverband.de).

Wandern

Themen-, Kultur- und Erlebniswege gibt es in der eher entspannten Form als Wanderpfade und sportlich anspruchsvoller als Klettersteige bzw. Kletterwanderwege (s. auch den Essay ›Klettersteige durch den Mosel-Cañon‹ S. 53). Die Routen in der von Mosellandtouristik herausgegebenen Broschüre ›Mosel.Erlebnis.Route‹ können auch im Internet unter www.mosel-erlebnis-route.de angesehen werden.

Mehrere Kapitel im Reiseteil stellen Wandertipps vor, die Entdeckungstour auf S. 134–135 schildert den Stefan-Andres-Wanderweg, die auf S. 124–126 eine Teilstrecke des in Santiago de Compostela endenden Jakobswegs.

Wanderer laufen gut mit dem ›Moselland-Wanderführer‹ (www.mo

Gleitschirmflieger finden in den Moselbergen optimale Bedingungen

sellandtouristik.de), der wegen des Maßstabs 1:50000, des handlichen Formats und der Ringbuch-Heftung ideal ist.

Nützlich sind auch topografische Wanderkarten, die das Moselgebiet von der französischen Grenze bis Güls (ohne Koblenz), zum Saargau sowie Teile der Eifel, des Hunsrücks, der Saar und der Sauer (ohne Echternach) auffächern.

Beim Eifelverein (Tel. 02421 131 21, www.eifelverein.de) und Hunsrückverein (Tel. 06785 791 52, www.hunsru eckverein.de) kann man sich über Ortsgruppen, Wanderwege, Programme und Karten informieren.

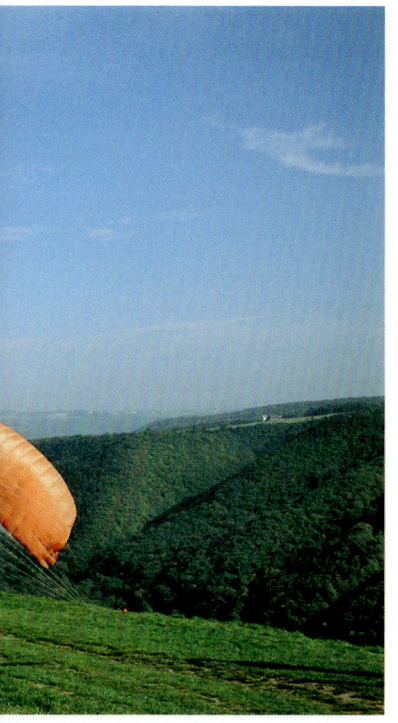

Wanderreiten

In der Eifel und im Hunsrück ein meditatives Erlebnis, zumal man sich auf Stationen verlassen kann, die ›Eifel zu Pferd‹ (www.eifelzupferd.de) und ›Hunsrück zu Pferd‹ (www.hunsrueck-zu-pferd.de) auf Qualität geprüft haben. Auf den beiden Internetseiten finden Sie eine Liste und Karte der Stationen sowie Tipps zur Reisevorbereitung.

Wasserski

Schilder weisen gekennzeichnete Strecken aus. Die Sportart boomt, wie die regelmäßig ausgebuchten Kurse und Camps des Wasserskivereins Schweich-Issel zeigen. Ein Erlebnis, wenn man die Mosel aus anderer Perspektive erleben will! Kontakt: Ulf Unbehaun, Tel. 06841 97 91 42, www.waterski.com.

Wasserwandern und Kanufahren

Bootsschleusen und Bootsgassen sind gratis und müssen von April bis Oktober benutzt werden, außerhalb der Saison die zumeist kostenpflichtigen Schiffsschleusen. Die Mosellandtouristik informiert umfassend zur Wasserwanderroute, www. mosellandtouristik.de.

Kanus vermieten: www.kanu-xxl.de in Kinheim, www.mosel-kanutours.de in Ernst, www.derbootsplatz.de in Klotten, www.moselboot.de in Burgen. Spezialtipp: Reizvoll für geübte Wildwasserfahrer ist die Prüm in der Eifel, im Unterlauf bei den Irreler Wasserfällen von Oktober bis März ein tolles Trainingsrevier. Hier hat sie ein Gefälle von 80 m auf 800 m Strecke und fordert am ›Treppenhaus‹ mit Schwierigkeitsgrad III–IV das ganze Können.

Feste und Veranstaltungen

Weinfeste

Am Galaabend ›Schäumendes Rokoko‹ im Kurfürstlichen Palais zu **Trier** hebt sich für vier Wochen im März/April der Vorhang zu einem genussvollen Festival an Mosel, Saar und Ruwer, veranstaltet von dem Moselwein e. V. und der Mosellandtouristik. Auf dem **Wein-&Gourmet Festival International** gehen Moselwein- und internationale Esskultur eine harmonische Verbindung ein. Veranstalter sind der Moselwein e. V. (www.msr-wein.de) und die Mosellandtouristik (www.mosellandtouristik.de).

Das Straßenfest **Rund um den Lieser Marktplatz** am 2. Septemberwochenende findet dank der anheimelnden Atmosphäre, der guten Weine, der Winzer-Spezialitäten und des Höhenfeuerwerks (Sa, 22 Uhr) große Resonanz (www.strassenfest-lieser.de).

Am ersten Wochenende im September lockt mit dem **Weinfest der Mittelmosel** das populärste Winzerfest der Region nach **Bernkastel-Kues**. Dafür sorgen Weinstände, ein Vergnügungspark, Festzug, Großfeuerwerk von der Burg Landshut und ein Kunsthandwerkermarkt (www.bernkastel.de).

In **Neumagen** wurde das steinerne ›Weinschiff‹ ausgegraben – ein Replikat steht im Ort, das Original ist im Rheinischen Landesmuseum in Trier zu bewundern. Am neuen Weinschiffhafen liegt seit 2007 die originalgetreu nachgebaute, schiffbare ›Stella Noviomagi‹ vor Anker. Immer im Juli wird das **Weinschiff-Fest** gefeiert (www.neumagen-dhron.de).

Während des **Wein- und Heimatfests des Ediger Osterlämmchen** (2. Augustwochenende) ziehen Einheimische und Gäste mit mitgebrachten Stühlen, Essen und Getränken am Montag zum **Edschara Stohlgang** durch **Edigers** Gassen, setzen sich gemütlich zum Plausch, tanzen, hören unterwegs Live-Bands oder im Festzelt dem Karaoke-Nachwuchs zu. Ein auch bei jungen Leuten beliebtes Fest (www.edschara-stohlgang.de).

Das **Moselfest** ist das älteste Winzerfest Deutschlands; es wird Ende August/Anfang September in **Winningen** zehn Tage lang am Weinhexbrunnen und ringsum in den Gassen und Lokalen gefeiert, mit Krönung der Weinkönigin und Weinhex (Di) und einem Höhenfeuerwerk (2. So., www.winningen.de).

Das **Winzerfest Bruttig** wird am zweiten Augustwochenende gefeiert: Am Samstag steigt Gott Bacchus mit Gefolge von der Weinlage Götterlay zum Ufer hinab, setzt in einem Nachen nach Bruttig über und gibt im Festzelt das Signal zum ›Teufelstanz‹. Am Sonntag folgt der Festzug (www.bruttig.de).

Alljährlich Ende August trifft man sich in der Burgstraße bei Live-Musik an Ess- und Weinständen – das **Straßenweinfest Kinheim** ist nichts Spektakuläres, aber vielleicht gerade deshalb so gemütlich (www.kinheim.de).

Traben-Trarbachs zweitägiges **Altstadtfest** im Juni lebt von der charmanten Szenerie rund um den sanierten Stadtturm im Ortsteil Trarbach (www.traben-trarbach.de).

Kulturelle Veranstaltungen

Von Mai bis Oktober fördert die Landesstiftung unter einem jährlich wechselnden Motto einen bunten Kranz kultureller Veranstaltungen, viele davon an der Mosel. Infos und Programm des **Kultursommers Rheinland-Pfalz** findet man im Internet unter www.kultursommer.de.

Von Juni bis Oktober treffen sich Klassik-Freaks zum **Mosel Musikfestival (Mosel Festwochen)** zwischen Saarburg, Trier und Koblenz an unterschiedlichen Orten – vom Kloster über die Burg bis zum Wingert. Tel. 06531 30 00 (www.moselmusikfestival.de).

Kaiserthermen und Amphitheater sind im September Hauptschauplätze für das Römerspektakel **Brot und Spiele**. Das Rheinische Landesmuseum klinkt sich mit ein, an der Porta Nigra marschieren Legionäre auf (www.brotundspieletrier.de).

Unter dem Motto ›Kunst & Kultur, Küche & Keller‹ sichert sich die regionale Kulturförderung bei der **Hatzenporter Sommersonnenwende** auf Wanderungen, Ausstellungen, kulinarischen und musikalischen Weinverkostungen ungewöhnliche Schauplätze wie Mühlen, Weinkeller, Kirchen oder den freien Himmel – mit Wein als kongenialem Begleiter. Hatzenport, verschiedene Termine (Infos: Fremdenverkehrs- und Heimatverein, Tel. 02605 95 23 71, www.hatzenport.de).

Die **Koblenzer Nacht der offenen Kirchen,** eine Initiative des Ökumenischen Arbeitskreises City-Pastoral, überzeugt alljährlich kurz vor oder nach Ostern mit Angeboten wie dem Raum der Stille und des Gebets, Klangcollagen, Lichtinstallationen, geistlicher Musik, Gespräch und Information (20–24 Uhr, Eintritt frei, www.koblenzer-nacht-der- offenen-kirchen.de).

Der **Trierer Sommertreff** in der wunderschönen Atmosphäre des Brunnenhofs an der Porta Nigra bringt von Mai bis September Musikgenuss mit Sommertreff Specials, Jazz im Brunnenhof, Sonntagsmatineen der Chöre, Sonntagskonzerten der Musikvereine (www.trier.de/Kulturbuero).

Zu Wasser und zu Land

Mit einem Großfeuerwerk wird alljährlich in **Piesport** Anfang Juli die **Moselloreley in Flammen** gesetzt (www.piesport.de).

Das **Internationale Trachtentreffen** ist ein farbenfrohes Fest am 1. Juliwochenende in **Kröv** mit Folklore-Ensembles aus aller Welt. Am Samstagabend erscheint die Festkönigin Mosella auf der schwimmenden Mosel-Bühne. Am Sonntag lassen sich die Gruppen beim tanzenden Umzug durchs Dorf beklatschen (www.kroev.de).

In **Ürzig** gehen am Fastnachtssamstag die Lichter aus, wenn um 18.33 Uhr auf der Ürziger Höhe der **Fast-NACHTumzug** mit Light-Show, Wagen und glitzernden Kostümen ins Dorf startet, um dann in der Würzgartenhalle die ›After-Zuch-Party‹ zu feiern (www.uerzig.de).

Ein heißer Tipp auf kühlem Wasser ist die von der Zeltinger Rudergesellschaft und dem Bernkasteler Ruderverein ausgerichtete **Langstreckenregatta** um den **Grünen Moselpokal**. Immer am letzten Samstag im September wird auf einem 4 km langen Rundkurs von Kues aus mit Wende bei Graach gerudert. Die Mischung aus Wettkampf und Fest zieht Zuschauer und Ruderer aus der gesamten Großregion an (www.regatta-gruener-moselpokal.de).

Am 1. So nach Pfingsten erkunden Tausende Radfahrer, Inline-Skater und Wanderer am autofreien Erlebnistag **Happy Mosel** das Moseltal zwischen Schweich und Cochem auf 140 km aus einer entspannten Perspektive (www.happy-mosel.com). Getränke- und Essstände, kulturelle Angebote und Volksfeste sorgen für Stimmung. Das gilt ebenso für die Events an den beiden Nebenflüssen: Saar-Pedal (Mitte Mai) von Konz bis Merzig (www.saarpedal.de) und Ruwertal Aktiv (Mitte August).

Festkalender

Februar/März/April
Schärensprung: Fasnachtsdienstag in Trier-Biewer
Moosemannfest: Alken, 3. Fastensonntag auf dem Moselvorplatz
Ostermarkt: Cochem, 14 Tage vor Ostern
Eierkibben: Winningen, Ostersonntag am Weinhexbrunnen

Mai
Pfarrfest: Paulskirche in Lieser, 1. Mai
Junger Wein in alter Kelter: Erden, 1. Mai, Jungweinprobe in der Römerkelter
Weinhöfefest: (Zeltingen-) Rachtig, Anfang Mai.
Fest der Roemischen Weinstraße: Schweich, Anfang Mai
Historisches Schöffenmahl: Briedel, Mai
Tag(e) der offenen Weinkeller: An vielen Orten, häufig an Christi Himmelfahrt
Straßenweinfest: Pünderich, So nach Christi Himmelfahrt
Internationale Orgeltage: Dom zu Trier, Mai/Juni

Pfingsten
Mitternachtslauf: Kröv, Sa vor Pfingsten, Breitensportspektakel
Frühlingsfest: Kinheim, Pfingsten, mit internationalem Oldtimertreffen
Mühlenhof-Fest: Schweich, Molitorsmühle, 2. So nach Pfingsten

Juni
Weinblütenfest: Neumagen, 3. Wochenende, mit Festzug
Weinfest Zeller Schwarze Katz: Zell, letztes Wochenende
Altstadtfest: Koblenz, Juni/Juli

Juli
Moselloreley in Flammen: Piesport, Anfang Juli, Großfeuerwerk

Bordfest: Zell-Merl, Anf. Juli
Moselfest: Trier, Zurlaubener Ufer, Juli
Weinfest: Brauneberg, Mitte Juli
Weinfest: Hatzenport, Ende Juli
Operettenfestspiele Zeltinger Himmelreich: Zeltingen, alle 2 Jahre
Internationales Gaukler- und Kleinkunstfestival: Koblenz, Ende Juli/Anfang Aug.
Weltkulturfestival HORIZONTE: Koblenz, Juli/Aug.

August
Weinkirmes: Zeltingen, Anfang Aug.
Zeller Schwarze Katz MTB-Marathon: Zell, Aug.
Römerstraßenfest: Zell, Aug.
Brot und Spiele: Sept., Trier, Römerfest (Kaiserthermen/Amphitheater)
Weinfest: Zell-Merl, 2. Wochenende
Harley & Wein: Ürzig, mit Panoramafahrt
Weinhöfefest: Piesport, 3. Wochenende
Heimat- und Weinfest: Cochem, letztes Wochenende

September
Nacht der Museen: Koblenz, Anf. Sept.
Koblenzer Schängelmarkt: Sept., Innenstadt
Radtouristik-Fahrt ›Im Herzen der Mittelmosel‹: Erden, Ende Aug.
Straßenfest in der Nussbaumallee: Brauneberg, Ende Sept.

Oktober
Römisches Kelterfest: Piesport, 2. Wochenende im Okt., s. Unser Tipp S. 146.

Dezember
Trierer Silvesterlauf: Rundkurs in der Innenstadt mit internationaler Besetzung

Reiseinfos von A bis Z

Apotheken

In Trier und Koblenz gibt es über 40 Apotheken, in den Kleinstädten Konz, Bernkastel-Kues, Traben-Trarbach, Zell, Cochem, Saarburg, Wittlich, Bad Bertrich, Daun, Münstermaifeld jeweils mindestens zwei, und auch in den Dörfern sind Apotheken vorhanden. Die Adressen findet man in den Lokalausgaben der Zeitungen und/oder in den Broschüren der Verkehrsämter. Apotheken in Luxemburg erkennt man am grünen ›P‹ oder Kreuz.

Ärztliche Versorgung

Krankenhäuser

Trier: Tel. 0651 94 70
Saarburg: Tel. 06581 820
Wittlich: Tel. 06571 150
Daun: Tel. 06592 71 50
Bernkastel-Kues: Tel. 06531 580
Traben-Trarbach: Tel. 06541 70 70
Bad Bertrich: Tel. 02674 18 20
Zell: Tel. 06542 970
Cochem: Tel. 02671 98 50
Koblenz: Tel. 0261 49 90

Diplomatische Vertretungen

Botschaft der Republik Österreich
Stauffenbergstraße 1, 10785 Berlin, Tel. 030 20 28 70, Fax 030 229 05 69, berlin-ob@bmeia.gv.at, www. bmeia. gv.at.

Botschaft der Schweiz
Otto-von-Bismarck-Allee 4a, 10557 Berlin, Tel. 030 390 40 00, Fax 030 391 10 30, info@botschaft.schweiz.de, www. eda.admin.ch.

Im Großherzogtum Luxemburg:
Botschaft der Bundesrepublik Deutschland, 20–22, avenue Emile Reuter, L–2420 Luxemburg, Tel. 00352 453 44 51, Fax 00352 45 56 04, deutschebotschaft@luxe.auswaertiges-amt.de, www. luxemburg.diplo.de.
Botschaft der Republik Österreich, 3, rue des bains, L–1212 Luxemburg, Tel. 00352 47 11 88, Fax 00352 46 39 74, lux emburg-ob@bmeia.gv.at, www.aussen ministerium.at/luxemburg.
Botschaft der Schweiz, Forum Royal, 25A, Boulevard Royal, L–2449 Luxemburg, Tel. 00352 22 74 741, Fax 00352 22 74 74 20, lux.vertretung@ eda.admin.ch, www.eda.admin.ch/lu xembourg.

Feiertage

1. Januar
Rosenmontag (Luxemburg)
Karfreitag (Deutschland)
Ostern
1. Mai (Tag der Arbeit)
8. Mai (Tag des Waffenstillstands 1945, Frankreich)
Christi Himmelfahrt
Pfingsten (Deutschland, Luxemburg)
Fronleichnam (Rheinland-Pfalz und Saarland)
23. Juni (Nationalfeiertag, Luxemburg)
14. Juli (Nationalfeiertag, Frankreich)
15. August (Mariä Himmelfahrt, Saarland und Luxemburg)
3. Oktober (Tag der Deutschen Einheit, Deutschland)
1. November (Allerheiligen)
11. November (Tag des Waffenstillstands 1918, Frankreich)
25. Dezember (Weihnachten: Deutschland, Luxemburg, Frankreich)

26. Dezember (St. Stephanstag: Deutschland, Luxemburg)

Geld

In den Städten stehen Bankautomaten bereit. Kreditkarten werden in den meisten Hotels akzeptiert. Beim Besuch von Restaurants sollte man sich allerdings nicht darauf verlassen, ›mit Karte‹ zahlen zu können. Dank des Euros machen im Dreiländereck spontane Grenzwechsel ohne Geldwechsel richtig Spaß.

Gesundheitsvorsorge

Schiefer speichert die Wärme – ausreichende Wasserzufuhr, Sonnenschutz und Pausen sind an heißen Tagen für Aktivurlauber, aber auch auf einer Schiffstour unerlässlich.

Medien

Radio und Fernsehen
Alle deutschen Fernsehsender können an der Mosel empfangen werden.
Die Frequenzen der gängigen und lokalen Rundfunksender auf UKW:
SWR 1 (88,3/96,1/97,7 Mhz), die ›größten Hits aller Zeiten‹
SWR 2 (89,4/93,0/94,0/95,1 Mhz), Kulturradio
SWR 3 (90,0/91,6/92,6/98,2 Mhz), traditionsreicher Pop-Sender
SWR 4 (97,4/107,4 Mhz), mehr fürs Gemüt
Deutschlandradio Kultur (94,3/105,3/106,2 Mhz)
Deutschlandfunk (88,7/99,8/104,6 Mhz), umfassende Informationen aus Politik, Wirtschaft und Kultur
Saarländischer Rundfunk
SR 1 Europawelle Saar (91,9 Mhz)

SR 2 KulturRadio (88,6 Mhz)
RPR Hit-Radio (102,9/102,6/101,5 Mhz)
RTL Radio (93,3/97,0 Mhz)
Radio Trier (88,4 Mhz)
Rockland Radio (105,8/107,9 Mhz)
Radio Aktiv Echternach (106,5 Mhz)

Zeitungen und Zeitschriften
Die Leserschaft der Moselregion teilen sich zwei Zeitungen: der ›Trierische Volksfreund‹ aus Trier (www.volksfre und.de) und die ›Rhein-Zeitung‹ aus Koblenz (www.rhein-zeitung.de).

Notruf

Die 112 passt in Deutschland und Luxemburg immer!

Deutschland
Polizei: Tel. 110
Notarzt, Feuerwehr: Tel. 112
DRK-Rettungsleitstelle: Tel. 192 22 (per Festnetz ohne, per Handy mit Ortsvorwahl, z. B. Trier 0651, Koblenz 0261)

Luxemburg
Polizei: Tel. 113
Unfallrettung: Tel. 112
Automobile Club du Grand Duché Luxembourg: Tel. 00352 260 00

Frankreich
Polizei und Unfallrettung: Tel. 17

Pannenhilfe
ADAC: Tel. 01802 22 22 22

Öffnungszeiten

Geschäfte: Das Ladenschlussgesetz erlaubt bundesweit Öffnungszeiten Mo–Sa 6–22 Uhr. In der Praxis schließen viele Einzelhändler jedoch nach wie vor um 18 bzw. 18.30, an Samstagen um 14 Uhr. Bäcker und Metzger öffnen weiterhin als erste ab 6 Uhr, während Boutiquen zwischen 9 und 10 Uhr einlassen.

Gastronomie: Restaurants halten üblicherweise Mittagsruhe zwischen ca. 14.30 und 17 Uhr, Weinstuben und Straußwirtschaften öffnen ab 17 bzw. 18 Uhr, Cafés und Konditoreien schließen nicht selten schon um 18 Uhr.

Selbst in touristisch stark frequentierten Orten vertreibt die ›Küchenpolitik‹ mancher einheimischer Wirte die Gäste: Während der Grieche ›der Grieche‹ beispielsweise noch um 23 Uhr die ganze Speisenpalette anbietet, ist beim deutschen Kollegen oft schon um 22 Uhr die Küche kalt. Das ist jedoch ein bundesweites Problem.

Reisende mit Handicap

Die Broschüre ›Barrierefreie Unterkünfte im Moselland‹ der Mosellandtouristik (www.mosellandtouristik.de) ist ein nützlicher Katalog überprüfter Unterkünfte (Hotels, Pensionen, Ferienwohnungen) mit detaillierten Angaben über das Innenleben der Häuser und Zimmer inkl. Preise und Freizeitangebote.

Eine von Rollstuhlfahrern selbst empfohlene Seite ist www.rollstuhlurlaub.de. Hier findet man Angebote mit spezieller Handicap-Ausstattung. Ebenfalls detaillierte Objektbeschreibungen gibt www.traum-ferienwohnungen.de.

Sicherheit

Radlern seien Unterkünfte mit einem abschließbaren Raum empfohlen. Bett-&-Bike-Betriebe sind zu einem solchen Service verpflichtet. Mit der Sperrnummer 116 116 können bundeseinheitlich EC- oder Kreditkarten, Handys, Tankkarten usw. gesperrt werden.

Souvenirs

Den Lieben zu Hause und sich selbst kann man mit einer guten Flasche Wein eine Freude machen. Adressen von Winzern sind im Reiseteil vor Ort angegeben.

Ein flüssiges Mitbringsel für Biertrinker wäre eine gestylte Flasche, gefüllt mit dem köstlichen Bier der Hausbrauerei in Mannebach, s. S. 118, www.mannebacher.de.

Bronze- und Messingglocken aus der Eifeler Glockengießerei in Brockscheid (Glockenstraße 5, Tel. 06573 990 33 14, www.glockengiesser.de) stellen etwas Einmaliges dar.

Salzglasierte Eifelkeramik entdeckt man in Speicher (20 km nördlich von Trier) als Rarität. Im Mittelalter war Speicher das Zentrum der deutschen Steinzeugproduktion, wovon das Töpfereimuseum kündet. Besichtigung der Töpfereiwerkstatt und Verkauf in den Plewa-Werken, Michael Plein, Tel. 0651 436 14 27, www.eifelkeramik.de).

Mit kostbarem Geschirr kann man sich im Outlet von Villeroy & Boch in Mettlach eindecken, s. S. 120, www.villeroy-boch.com.

Telefonieren

Handys haben im engen, steilen Tal ab und zu keinen Empfang. Bei Verlust, Diebstahl usw. kann man die Handynummer bundesweit unter Tel. 116 116 sperren lassen (vom Ausland 0049 vorwählen).

Trinkgeld

An der deutschen Mosel ist wie im restlichen Bundesgebiet bei Zufriedenheit ein Trinkgeld von etwa 10 % üblich, in Luxemburg 5–10 %.

Panorama – Daten, Essays, Hintergründe

Von der Sonne verwöhnt – in den Weinbergen der Mittelmosel nahe Brauneberg

Steckbrief Mosel

Daten und Fakten

Lage: Das deutsche Moseltal trennt das Rheinische Schiefergebirge in Eifel und Hunsrück. Höchster Berg in Rheinland-Pfalz: Erbeskopf (818 m)
Staat: Bundesrepublik Deutschland
Bundesland: Rheinland-Pfalz (größtenteils) und das Saarland (Teile der Obermosel)
Städte: kreisfreie Städte Koblenz (108 000 Einw.) und Trier (103 000 Einw.). Außerdem an der Mosel: Konz, Bernkastel-Kues, Cochem, Traben-Trarbach, Zell; Saarburg an der Saar
Einwohner: ca. 500 000 (deutsche Moselregion)

Geografie und Natur

Die Mosel entspringt in den Vogesen, fließt 278 km durch Frankreich zum Dreiländereck, bildet auf einer Länge von 36,2 km die deutsch-luxemburgische Grenze und mündet nach insgesamt 520 km bei Koblenz in den Rhein. Beinah von Beginn an ist la Moselle ein ›Weinfluss‹. Im granitenen Quellgebiet der Südvogesen gibt es nur sporadisch Weinbau, im lothringischen Schichtstufenland bei Nancy und von Metz flussabwärts starb der Römer- und die Klostertradition nie ganz aus. Der grenzübergreifende Rebenbesatz an der Obermosel (südliche Wein-Mosel) ist von Sierck-les-Bains nach Perl und Schengen noch lückenhaft, prägt dann aber die Landschaft umso stärker.

In der Trierer Bucht hat der Fluss wenig Mühe, sich in dem vor 248 Mio. Jahren aus Buntsandstein, Muschelkalk und Keuper geformten Tal zwischen Luxemburger Gutland und Saargau einen Weg zu bahnen. Nach der Trierer Talweitung vollzieht die Mosel einen Knick mitten ins Rheinische Schiefergebirge hinein, dessen Trennung in Eifel und Hunsrück sie vollzieht. Tonschiefer des Unterdevon (Hunsrückschiefer) prägt die Böden der Mittelmosel. Das ca. 417 Mio. Jahre alte Gestein wurde wegen seiner leichten Spaltbarkeit und Qualität in Bergwerken des Hunsrücks und der Eifel als Dachschiefer abgebaut. Im Tertiär verlandete das Urmeer und begleitet vom Feuerwerk des Vulkanismus hob sich das Schiefergebirge. Die Mosel fixierte ihr Bett zu bizarren Mäandern mit Prall- und Gleithängen, nutzte die Eis- und Warmzeiten wechselweise zum Transport von Geröll und zur Eintiefung in einen bis zu 300 m tiefen Cañon. Durch Erosion und Ablagerung schliff das Gebirge sein Profil, um vor 500 000 Jahren in einer Hebungsphase den derzeitigen Stand einzuleiten: Haupt-, Mittel- und Niederterrasse rückten an ihren Platz.

An der Untermosel (Terrassenmosel) ist die Bodenstruktur auf Schieferbasis komplizierter, worauf u. a. die Steilterrassen hindeuten; hier spielte der Vulkanismus eine bedeutsame

Rolle. Quer durch die Eifel lässt sich an den Bergkuppen die Spur mehrerer Hundert ›Feuerspeier‹ verfolgen. Charakteristisch sind die Maare, die zumeist 11 000 Jahre auf dem Buckel haben. Im Osten lehrten zur gleichen Zeit heftige Eruptionen des Laacher Vulkans unsere Urahnen das Fürchten.

Geschichte und Kultur

Die antiken Traditionen sind allgegenwärtig, nicht nur in den Baurelikten. Die Klöster im Mittelalter und insbesondere die Trierer Kirchenfürsten prägten die Region nicht minder. Das einstige Herzstück Europas sieht sich wieder in der Rolle eines kulturellen Bindeglieds zu den angrenzenden Nationen.

Staat und Politik

Landeshauptstädte sind Mainz (Rheinland-Pfalz) und Saarbrücken (Saarland). Den Landkreisen Mayen-Koblenz, Trier-Saarburg, Bernkastel-Wittlich und Cochem-Zell ist die Aufsichts- und Dienstleistungsdirektion (ADD), Zentralstelle Trier, als Mittelbehörde vorgeordnet. Der Landkreis Merzig-Wadern vertritt einige wenige Kommunen. Im grenzenlosen Europa gewinnt die Großregion Saar-Lor – Lux – Rheinland-Pfalz – Wallonie, in der etwa 11,3 Mio. Menschen leben, immer mehr an Bedeutung.

Wirtschaft und Tourismus

Industrie und Berufspendler konzentrieren sich auf Trier, Koblenz, Wittlich und Luxemburg. Weinbau ist trotz rückläufiger Tendenz im Weinanbaugebiet Mosel (umfasst Mosel, Saar und Ruwer) bei etwa 8 900 ha bestockter Rebfläche der Hauptwirtschaftszweig. Die Rebsorte Riesling (60 %) ist Spit-

zenreiter, in weitem Abstand gefolgt von Müller-Thurgau (14,5 %) und Elbling (6 %) als Spezialität der südlichen Wein-Mosel (Obermosel). Rote Rebsorten gewinnen seit der Freigabe 1987 an Terrain und liegen derzeit bei ca. 10 %. Die Vermarktung erfolgt ab Betrieb, in der Gastronomie und durch den Tourismus.

Tagesgäste und Kurzurlauber dominieren. Der Weintourismus verschiebt sich mehr und mehr zum Natur- und Kultur-, Familien- und Sporturlaub. Triers Antike hält die Spitzenposition im Städtetourismus. Unter dem Qualitätsbegriff ›Dachmarke Mosel‹ soll künftig die Region (in Kooperation mit Luxemburg) u. a. in den Bereichen Tourismus und Natur besser vermarktet werden und ein Wir-Gefühl unter einem gemeinsamen Logo entstehen (www.weinkulturland.de).

Bevölkerung, Sprache und Religion

Eine Völkermixtur – auch in der Sprache: Von Koblenz bis zur Saarmündung bestand bis ins 12. Jh. eine romanische Sprachinsel, die vom Moselfränkischen überlappt wurde. Manches hat sich mundartlich erhalten wie Pund für Fähre. Moselfränkisch zählt zur mittelfränkischen Sprachfamilie, machte daher die zweite Lautverschiebung nicht mit. Es ist verwandt mit dem ripuarischen Platt. Bis auf Winningen, Traben-Trarbach und die ehemalige Grafschaft Veldenz, die durch kurpfälzisches Erbe eine protestantische Enklave bildeten, blieb die Region in dem vom Kurfürstentum Trier und Klöstern beherrschten Landstrich überwiegend katholisch. Wallfahrten zeugen von tiefer Volksfrömmigkeit, am bekanntesten ist die zu Triers Heiligem Rock.

Ur- und Frühgeschichte

5000 v. Chr. Funde u. a. in Wehlen, Treis und Bremm belegen für die Endphase der Mittelsteinzeit Sammelplätze und erste Siedlungen.

ab 3000 In der bäuerlich geprägten Jungsteinzeit häufen sich die Funde im Moseltal, u. a. in Trier, Kues, Zell und Karden.

ab 500 Keltische Völker erschaffen die vom Mittelmeerhandel beeinflusste Hunsrück- und Eifelkultur. Die Treverer bauen infolge germanischer Übergriffe befestigte Höhensiedlungen, u. a. auf dem Martberg.

Kelten und Römer

58–50 Caesar okkupiert das Land der Treverer, gliedert es der Provinz Gallia Belgica ein. Die Römer nutzen die Mosel als Handelsstraße.

um 16 Trier wird als Augusta Treverorum unter Kaiser Augustus gegründet.

um 9 Aus dem römischen Lager Confluentes am Zusammenfluss von Rhein, Mosel und Lahn entwickelt sich Koblenz.

70 n. Chr. Nach dem Sieg der Römer bei Riol nehmen die Treverer die römische Zivilisation an. Eine gallorömische Kultur entsteht. Bei Koblenz wird die Rheingrenze gegen die Germanen neu organisiert.

258 Germanische Völker überrennen den Limes.

275 Franken und Alamannen zerstören Trier, das nun befestigt wird.

235–84 Wie fast alle Soldatenkaiser wird Postumus (reg. 260–269) ermordet, der ein gallisches Sonderreich mit Trier als Hauptstadt ausruft. Probus (reg. 276–282) lässt Rebkulturen anlegen, um die Versorgung der Truppen sicherzustellen, und löst damit eine Blütezeit des Weinbaus aus.

286–324 Diocletians Reichsreform teilt das Imperium durch vier (Tetrarchie). Maximian wählt Trier 286 zur Hauptstadt im Westen, Constantius Chlorus macht es 293 zur Kaiserresidenz, Kaiser Konstantin ab 305 zur Baustelle. Als Alleinherrscher verlegt er ab 324 den Wohnsitz nach Konstantinopel.

327 Die Kaisermutter Helena bringt von einer Wallfahrt ins Hl. Land den Heiligen Rock Christi nach Trier.

332–349 Der hl. Maximin ist Bischof von Trier. Sein Schüler, der hl. Castor, missioniert von Karden aus die Untermosel.

406	Die römische Administration an Rhein und Mosel geht im Ansturm von Alanen, Sueben und Vandalen unter.
451	Attilas Hunnen überrennen alles, Trier wird zerstört.
475–496	Die Franken gliedern die Moselregion in ihr Reich ein. König Chlodwig tritt mit seinem Volk zum Christentum über.
526–566	Nicetius, Bischof von Trier, lässt den Dom wieder aufbauen.

Kaiser und Kurfürsten

687	Unter dem fränkischen Majordomus Pippin II. (679–714) verschiebt sich das politische Gewicht hin zu Mosel, Maas und Niederrhein.
689	Der hl. Willibrord gründet Kloster Echternach zur Bekehrung der Friesen.
815	Triers aus der Antike abgeleiteter Status als Erzbistum wird erneuert.
843	Im Vertrag von Verdun wird das Reich dreigeteilt. Kaiser Lothar erhält das Mittelreich, die ›Kegelbahn‹ von Italien zur Nordsee.
870	Im Vertrag von Mersen wird Lotharingien geteilt, die Moselregion kommt zum Ostreich Ludwigs des Deutschen.
882	Die Normannen segeln nach Trier und brennen es nieder.
925	König Heinrich I. gliedert das Herzogtum Lothringen ins Ostreich ein. Rhein und Mosel rücken wieder stärker in die Reichsmitte.
1016–1047	Erzbischof Poppo restauriert den Trierer Dom und baut die Porta Nigra zur Kirche um. Heinrich II. schenkt dem Bistum den Königshof Koblenz.
1129	Die Grafschaft Veldenz ist eine Keimzelle der Pfalzgrafen-Dynastie, aus deren Wittelsbacher Linie später Bayerns Könige hervorgehen.
1138	Konrad III. wird in Koblenz zum König gewählt.
1257	Der Trierer Erzbischof ist einer der sieben Kurfürsten für die Königswahl.
1307–1354	Balduin von Luxemburg erweitert Kurtriers Territorium, Gräfin Lorettas Gegenwehr verhindert die Annexion pfalzgräflichen Besitzes.
1458	Kardinal Nikolaus von Kues (1401–1464) stiftet in Kues das St.-Nikolaus-Hospital, das seit 1466 alte Menschen versorgt.

1512	Auf Bitten Kaiser Maximilians I. wird in Trier der Heilige Rock gezeigt.
1522	Reichsritter Franz v. Sickingen belagert erfolglos das ›Pfaffennest‹ Trier.
um 1550	Herrschaft und Untertanen der Grafschaft Veldenz werden evangelisch.
1631	Der Jesuit Friedrich Spee prangert in der ›Cautio Criminalis‹ die Hexenprozesse an. 1635 stirbt Spee in Trier.
1618–1648	Im Dreißigjährigen Krieg werden Städte und Dörfer verwüstet.

Franzosen und Preußen

1675	Während des Holländischen Kriegs werden die Truppen des französischen Königs Ludwig XIV. besiegt und aus Trier vertrieben.
1688–1697	Durch den Pfälzischen Erbfolgekrieg will Ludwig XIV. den Rhein als Grenze etablieren. Nach dem Frieden von Rijswijk (1697) müssen die Franzosen ihre Festung Mont Royal über Traben schleifen.
um 1740–1770	Unter Kurfürst Franz Georg von Schönborn und seinem Nachfolger Johann Philipp v. Walderdorff erlebt die Region eine Zeit der Blüte.
1794	Kurfürst Clemens Wenzeslaus flieht vor den Revolutionstruppen aus Koblenz, der Kurstaat Trier untersteht französischem Recht.
1797	Im Frieden von Campio wird der Rhein zur Grenze zwischen Frankreich und dem Deutschen Reich.
1801	Das Moselgebiet wird in die Departements Rhin et Moselle, de la Sarre, des Forêts (Luxembourg) und de la Moselle untergliedert – das ist das Ende des Kurstaats Trier.
1815	Das Königreich Preußen herrscht an Mosel und Saar, Koblenz wird Sitz der Provinzialregierung, die Festung Ehrenbreitstein wird renoviert.
1839	Der erste Raddampfer, die ›Ville de Metz‹, befährt die Obermosel.
1879	Die Bahnstrecke Koblenz–Trier wird eröffnet.
1892–1903	Das exzellente Image des Moselweins beflügelt den Weinhandel.

Vom Ersten zum Zweiten Weltkrieg

1923–1930	Die französische Besetzung fordert den passiven Widerstand der Bevölkerung heraus, Separatisten fordern den Anschluss an Frankreich.

1926	Erboste Winzer stürmen das Bernkasteler Finanzamt und verbrennen die Steuerlisten. Auch die Inflation trägt zur Verarmung bei.
1936–1940	Der Bau des Westwalls soll der NS-Diktatur den Rücken für den Krieg im Osten freihalten.
1939/44	Die Bevölkerung der ›Roten Zone‹ (10 km Westwallnähe) im Saargau und in der Eifel wird zweimal in weiter östlich gelegene Gebiete evakuiert.
1944	Die Basilika von Echternach (Luxemburg) wird während der Ardennenoffensive von deutschen Truppen gesprengt.
1945	In der ›Hölle am Orscholzriegel‹ im Saargau sterben Tausende Soldaten. Trier erleidet schlimme Zerstörungen, die Altstadt von Koblenz geht im Bombenhagel unter. Nach der Besetzung im März durch US-Truppen kommt die Moselregion unter französische Verwaltung.

Von Bonn nach Berlin

1946	Die Moselregion wird Teil von Rheinland-Pfalz. Der Landtag hält seine konstituierende Sitzung in Koblenz ab (bis 1950 Landeshauptstadt).
1964	Die Großschifffahrtsstraße Mosel wird eingeweiht.
1970	Trier, von 1473 bis 1798 Universitätstadt, erhält diesen Status wieder.
1986	Triers antike Kulturdenkmäler, Dom und Liebfrauenkirche werden UNESCO-Welterbe.
1990	Die Universität Koblenz-Landau nimmt den Lehrbetrieb auf.
1993	Am Deutschen Eck in Koblenz wird ein Nachguss des Reiterstandbilds Kaiser Wilhelms I. auf den Sockel gestellt.
2002	Das Obere Mittelrheintal ist UNESCO-Welterbe.
2004	In Trier kultiviert die Landesgartenschau, die zweite in Rheinland-Pfalz, den vom französischen Militär verlassenen Petrisberg.
2005	Das ehemalige KZ Hinzert (Hunsrück) wird zur Gedenkstätte.
2007	Luxemburg ist Kulturhauptstadt Europas, die Großregion feiert mit.
2010	Koblenz im BUGA-Fieber: Diverse Bau- und Gartenprojekte geben der Stadt zur Bundesgartenschau 2011 ein neues Gesicht.

Wasserstraße Mosel – ein gefährdetes Ökosystem

Das Neumagener Weinschiff, Bekrönung eines römischen Grabmals aus dem 3. Jh., ist mehr als eine Skulptur. Es belegt die Nutzung der Mosel als Wasserstraße mindestens seit der Zeit, in der sich eine gallorömische Kultur entwickelte, die nur über einen intensiven Fernhandel denkbar ist. Die Kanalisierung 1964 machte den Fluss für moderne Schubverbände attraktiv.

Pläne eines Wasserwegs vom Mittelmeer bis zur Nordsee verwirklichten sich nicht. Nach dem Transport auf Rhône und Saône mussten die Versorgungsgüter für die Bevölkerung und die Truppen auf dem Landweg über die Vogesen nach Epinal geschafft und von dort aus auf der Mosel weiterbefördert werden. Eine wichtige Rolle spielten Steine für den Haus-, Straßen- und Denkmalbau, Salz aus Lothringen, Stoffe für feine Herrschaften – und natürlich Wein. Als technische Daten der Schiffe lassen sich rekonstruieren: Länge bis zu 50 m, ca. 40 cm Tiefgang, Tragfähigkeit 5–6 t. Flussabwärts wurde gerudert, gegen den Strom musste gestakt und mit Seilen getreidelt werden.

Treideln im Mittelalter

Könige, Kaiser, Kurfürsten und Territorialherren setzten die antike Tradition fort, ließen sich und ihren Tross befördern, wichtige Gäste, Güter und Wein.

Das Segel trat an die Stelle des Ruders, getreidelt wurde zu Berg mit Pferden. Schifferzünfte bildeten sich, ab dem Spätmittelalter verkehrten Marktschiffe nach einem festen Fahrplan, wickelten von Trier bis Frankfurt den Frachtverkehr ab. Ungebetene Gäste gab es natürlich auch, so die Normannen, die im 9. Jh. mit ihren Drachenbooten Stadt und Land überfielen.

Neue Berufe entstanden. Die Schröter übernahmen das Verladen und Befördern, die Halfen das Treideln mit ihren zuweilen als Zubrot zur Landwirtschaft. Immer wieder aber zogen fremde Truppen durch, machten Land und Infrastruktur kaputt, in Fehden und Scharmützeln, im Dreißigjährigen Krieg und den Kriegen zwischen den ›Erbfeinden‹ Deutschland und Frankreich. Landesherrliche Zölle und Stapelrecht (befristete Kaufvorrechte bestimmter Städte) behinderten den Handel zusätzlich.

Das erste Dampfschiff

1839 gab es eine kleine Sensation: Der erste Raddampfer, die ›Ville de Metz‹, schlug Wellen auf der Obermosel und nahm 1841 den Linienverkehr zwischen Metz, Trier und Koblenz auf. Reisende aus dem In- und Ausland entdeckten die romantische Mosel. Der Frachtverkehr verlagerte sich auf Schwerlasten wie Kohle aus dem Ruhrgebiet und im Gegenzug Stahl aus Lothringen und dem Saarland. Dadurch geriet die Schifffahrt jedoch in ein Dilemma, das die Konkurrenz der Eisenbahn noch verschärfte: Zu geringe und stark variierende Wassertiefen verboten den Einsatz größerer Schiffe als die üblichen Moselkähne mit 350 t Tragfähigkeit. Bei Niedrig-, Hochwasser und Eisgang lief gar nichts mehr.

Großschifffahrtsstraße

Ausbaupläne machten die Runde durch die Anrainerstaaten, aber erst der Montanvertrag 1952 gab dem Moselvertrag zwischen Frankreich, Luxemburg und Deutschland den entscheidenden Impuls. Am 26. Mai 1964 wurde die Großschifffahrtsstraße zwischen Koblenz und Thionville auf einer 270 km langen Strecke eröffnet, 1979 bis zum französischen Neuves-Maisons auf insgesamt 394 km mit 28 Staustufen erweitert. 1987 gesellte sich die untere Saar dazu.

In Zusammenarbeit mit Landschaftsarchitekten und Ingenieuren wurde versucht, das Charakterbild des Flusses möglichst wenig zu beeinträchtigen. Negative Folgen zeitigten Globalisierungsprozesse, in denen lokale Schiffseigner im Wettbewerb mit großen Unternehmen untergingen.

Als Regelschiff galt zum Zeitpunkt des Ausbaus der 1500-Tonnen-Kahn mit 2,50 m Tiefgang, den 110 m lange Großmotorgüterschiffe (GMS) mit bis zu 2,80 m Tiefgang und 2500 t Tragfähigkeit bzw. Schubverbände ablösten. Die Fahrrinne wurde auf 3 m vertieft. Von der 731 m hohen Quelle in den Vogesen fällt die Mosel auf 60 m über NN ab und mündet nach insgesamt 520 km

Ausflugsschiffe vor dem malerischen Bernkastel-Kues

in den Rhein. 394,10 km des Flusslaufs sind zur Wasserstraße mit 28 Staustufen ausgebaut. 17 Kraftwerke liefern Strom, die zehn deutschen betreibt die SolarWindWasserkraft (SWW) der RWE, deren Turbinen im Jahr etwa 800 000 Megawattstunden produzieren.

Die Mosel trägt das amtliche Siegel ›von internationaler Bedeutung‹. Neben ca. 14 000 Güterschiffen passieren z. B. bei Zeltingen ca. 3000 Fahrgastschiffe jährlich die Schleusen. Zur Vermeidung langer Wartezeiten werden die deutschen Schleusen sukzessive auf eine zweite Kammer umgerüstet. Der Ausflugsverkehr auf dem Wasser boomt!

›Pegel Trier 8,40 m‹

Ab diesem Pegelstand runzeln Moselaner besorgt die Stirn. Höchste Alarmstufe! Überfallartige Fluten häufen sich, selbst nach mäßigen Regenfällen. Die Schifffahrt muss des Öfteren pausieren, das Wasser kommt immer schneller! Beobachter sehen darin Folgen der Flurbereinigung, Bodenversiegelung und Uferbebauung. Ist das Wasser in die Häuser gelaufen, hilft nur eines: Mit fallendem Pegel schnell klar Schiff machen, denn wenn die Mixtur aus Schlamm und Dreck sich festbackt, wird sie hart wie Beton.

Labiles Ökosystem Mosel

Als im Herbst 2003 der französische Konzern EdF, Betreiber des Atomkraftwerks Cattenom bei Thionville, eine Erhöhung der Wasserentnahme und die Einleitung radioaktiver Stoffe in die Mosel ankündigte, regte sich im Dreiländereck sofort heftiger Protest. Das Ökosystem der Mosel werde empfindlich gestört, hieß es aus Kreisen empör-ter Anrainer, die eine weitere Verringerung der Schadstoffe anmahnten.

Bei der Internationalen Kommission zum Schutz der Mosel und Saar, die seit 1956 als Teil des Ausbauvertrags ihren Sitz in Trier hat, schrillen die Alarmglocken ziemlich oft. Sorgen bereiten auch Einlagerungen von Schwermetallen, die sich auf das Ökosystem verheerend auswirken und deren Herkunft scheinbar nicht zu klären ist. Die Behörden aller beteiligten Länder betonen jedoch unisono, die Wasserqualität habe sich seit den 1970er-Jahren stark verbessert, was auf den Bau von Kläranlagen und den sorgfältigeren Umgang mit Düngemitteln zurückzuführen sei.

Die Kanalisierung hat der Energiewirtschaft und der Schifffahrt Vorteile, der Umwelt aber Probleme beschert, denn selbst bei noch so naturnaher Ufergestaltung verändert sich das Gefüge des Flusses. Die Stauregelung verringert die Fließgeschwindigkeit, für manche Organismen ist das (fast) stehende Gewässer tödlich. Nimmt aber die Fähigkeit zur Selbstreinigung ab, bildet sich Plankton, der Sauerstoffhaushalt wird labil, die letzten Fische schnappen nach Luft. Dennoch ist Optimismus angebracht. Immerhin ist die Mosel offiziell in die Güteklasse II, also nur mäßig belastet, eingestuft worden.

Im Internet
Wasser- und Schifffahrtsamt: Infos der Ämter Trier (www.wsa-trier.de) und Koblenz (www.wsa-koblenz.de) zu Geschichte, Wassersport, Bootshäfen.
Das Hafenhandbuch im Internet: www.nv-portpilot.de, exzellente private Website zu Häfen/Liegeplätzen, mit Adressen, Stadtplänen, Navigationshinweisen.

Klasse statt Masse – Wiederentdeckung des Terroirs

Am Anfang ist das Staunen, wenn man inmitten eines dieser Steilhänge steht und das störrisch abweisende Gestein sieht, diesen im Aussehen stark variierenden Schiefer, je nach Eisenanteil von rostigrot bis anthrazit. Entstanden ist das Gestein über einen Zeitraum von rund 400 000 Jahren im Erdzeitalter Devon vor 420 Mio. Jahren. Dem Staunen folgt der Respekt für die Arbeit im Weinberg, die vor allem in den Steillagen so hart ist wie das Gestein.

Die Rebe wird ›erzogen‹

Da müssen Löcher für neue Rebstöcke mit dem Bickel gegraben, Pfähle mit der Ramme eingehauen werden. Nach dem Schneiden und ›Grubbern‹ (Auflockern des Bodens) werden bei der traditionellen Moselpfahlerziehung die Bogreben im Frühjahr in Herzform an den einzelnen Holzpfahl gebunden, was bei Steillagen unbedingt ein Vorteil ist, da unbehindert um den Stock herum gearbeitet werden kann. Die Drahtrahmenerziehung hat den Vorteil besserer Durchlüftung, ist auch die Grundbedingung für den Einsatz von Seilzuggeräten und Raupentechnik im Steilhang. Egal welche Erziehung ein Winzerbetrieb wählt, die Triebe müssen auf- und mehrmals hochgebunden werden, bis sie ›gegipfelt‹, d. h. eingekürzt werden können, nachdem die Reben ihre Blüten, die ›Gescheine‹, angesetzt haben. Jetzt können die Trauben reifen!

Lob des Rieslings

Den Winzern sei Tribut gezollt, die vor mindestens 2000 Jahren die Rieslingrebe kultivierten! Womöglich schon von den Römern aus der Wildrebe selektiert, bevorzugt diese Anpassungskünstlerin nördlichere Klimazonen, kommt mit den unwirtlichsten Böden klar.

Ehrfurcht vor einer Pflanze stellt sich ein, die so raffiniert ist, dass sie Felsen spaltet, nicht sofort ans Licht strebt, sondern mit der Wurzel in die Tiefe geht. Auf diese Weise verkraften alte Rebstöcke Trockenheit sehr gut, frisch angelegte Weinberge litten unter dem ›Jahrhundertsommer‹ 2003 viel mehr. Ideal jedenfalls für eine Region, die ihrerseits dem Charakter dieser Rebsorte optimal entgegenkommt, da diese jede Bodennuance und damit das Gemenge des Schiefers (z. B. Kalium) begierig aufsaugt und in Aromastoffe transformiert. Würzkräuter wie Ysop, Thymian, Oregano und wilde Laucharten steuern so ihren Anteil bei. Daraus wird der typische Moselriesling, der eine einzigartig feine Erdigkeit bis in die Blume hinein entfaltet. In letzter Konsequenz kann das bei gealterten Weinen bis zum früher erwünschten, heute verpönten ›Petrolton‹ führen.

Der aus Frankreich importierte Begriff ›Terroir‹ passt exakt auf die Spezifika des Moseltals, denn er bezeichnet nicht allein die geologische Struktur, Hangneigung, Klassifikation der Lage und das Kleinklima wie Sonneneinstrahlung, Nebelbildung oder eventuelle Nachtfröste, sondern eben auch die Leistung des Menschen, der aus all diesen Faktoren Wein macht. Für die Moselwinzer mit nicht selten Minibetrieben von 2,5–5 ha waren solche Terroir-Kriterien eigentlich selbstverständlich, sofern sie nicht Fasswein an Kommissionäre abgeben mussten. Erst die lagenlosen ›Himmlischen Moseltröpfchen‹, perlsprudelnden ›Kellergeister‹ und im Gefolge dieser süß-süffigen Kreationen zeitweise auch missbrauchte Renommierlagen wie ›Zeller Schwarze Katz‹, ›Kröver Nacktarsch‹ und ›Piesporter Michelsberg‹ haben viel Imageschaden angerichtet. Selbstvermarkter und Betriebe, die z. B. dem VDP oder dem ›Bernkasteler Ring‹ angehören oder ökologischen Landbau betreiben, machen allmählich wieder Boden gut – man kann also guten Mutes sein, dass alle Kellergeister dieser Welt dem Moselwein letztlich nichts werden anhaben können.

Der lebendige Weinberg

Die Erkenntnis, dass Pflanzen- und Tierfamilien sich im Laufe der Jahrtausende optimal an ihre Umgebung an-

Winzervereinigungen

Ecovin: Zusammenschluss ökologischer Weingüter, www.ecovin.org.

VDP: Die Prädikatsweingüter, seit 1910, bundesweit Naturwein-Qualität, jetzt inkl. Naturland, www.vdp.de.

Bernkasteler Ring: Renommierte Mosel-Weingüter für naturreinen Wein, seit 1899, www.bernkasteler-ring.de.

Vinissima: Netzwerk von Fachfrauen zum Thema Wein, www.vinissima-ev.de.

Einkaufstipp: Um in den Genuss guten Weins zu kommen, sind im Reiseteil Adressen für den Einkauf vermerkt.

passten und nicht einfach aus ihren Lebensräumen gerissen werden dürfen, nistet sich allmählich wieder in die Köpfe ein. Naturnaher Landbau geht von dieser Einsicht aus, wissend, dass alle Natur in unseren Breitengraden eine von Menschen geschaffene Kulturlandschaft ist – ob nun Wald, Wiese oder Weinberg.

Vom Winzer gehegt, ist die Rieslingrebe einmalig abgestimmt auf ihr spezifisches Terroir, nimmt jeden Gesteinsnerv auf, setzt Boden und Kleinklima in Geschmacksnuancen um. Sie duldet die elendsten Wachstumsbedingungen, ist aber durchaus wählerisch bei angestrebten Topqualitäten, weil sie sensibel auf jede massive Störung reagiert. Das kann Verbuschung ebenso sein wie abrupte Veränderung einer Landschaft durch Dämme, Versiegelung durch Straßen, Bauland und Riesenbrückenprojekte. Winzer mit Leib und Seele lenken Reifeprozesse intuitiv wie beobachtend und schütteln insgeheim den Kopf über Kollegen, die ihre Weinberge nur zu unbedingt notwendigen Arbeiten aufsuchen. Ein echter Moselaner lebt mit seinen Stöcken und erntet, gleich einem Imker, den Honig der Natur. Für ihn ist der Wingert tatsächlich ein Weingarten.

Flora und Fauna des Weinbergs existieren in Symbiose mit der Rebe schon 2000 Jahre lang und schlagen als Indikator Alarm, wenn die Mischung nicht mehr stimmt. Felsige, schwer zugängliche Lagen, zuvörderst aber Steillagen der Untermosel, deren Terrassen mundartlich auch ›Chöre‹ genannt werden, sind im Idealfall ökologische Nischen. Die in Weinbergsmauern brütende scheue Zippammer verrät sich durch ihr monotones ›Zipp‹. Der Orpheusspötter hingegen kann den Gesang fast aller seiner Artgenossen imitieren und liebt Weinbergbrachen an Saar und Obermosel. An der Uferböschung nistet der Eisvogel und taucht nach Kleinfischen und Insektenlarven.

Pilz hemmende Mittel werden vom Hubschrauber aus gespritzt, gegen Insekten schützen Pheromonfallen vor Ort. Immer mehr Winzer denken um, langsam beginnt man die Zusammenhänge wieder zu begreifen: Die Raupe des Apollofalters z. B. schätzt die Weiße Fetthenne, die wiederum Wasser speichert und Herbizide verkraftet. Die Niederwälder oberhalb der Weinberge sorgen durch Verrottung für Humus.

Weinbergpfirsich

Rosa Farbtupfer im Frühling setzt ein Begleiter der Rebe, der in einer beispiellosen Pflanzaktion wieder eingebürgert wird, um der Verbuschung entgegenzuwirken. Der kleinwüchsige rote Weinbergpfirsich lockt Nützlinge an und schmeckt vorzüglich zum Dessert, als Marmelade und hochprozentig flüssig.

Neuer Wein

Im Gärungsprozess ist neuer Wein zuerst ein Süßer (eher Traubenmost, wenig Alkohol, leicht prickelnd, bernsteinfarben), dann ein Bitzler (noch süß, mehr Kohlensäure, prickelnd, cremig-gelb), ein Federweißer (weniger süß, mehr Alkohol, hohe Kohlensäurewerte, weißlich) und schließlich ein Jungwein (Hefe abgesetzt, Zucker völlig vergoren).

Federweißer ist Kult – aber tückisch! Der Kellermeister warnt: Er gärt im Körper nach. Exzessiver Genuss verursacht revoltierende Gedärme und einen dicken Kopf.

Kleine Weinkunde für Weinkunden

Das Moselland hat eine große Wein-tradition, im Anbau von Riesling hält es weltweit die Spitzenposition. Der Wein als Kulturgut stimmt in eine faszinierende Landschaft ein.

»Wir wechseln immer ab – zwei Jahre machen wir den Wein lieblich, ein Jahr lang trocken.« Für jenen Moselwinzer in den 1960er-Jahren war die Sache einfach. Sicher ist der Griff in die Trick-kiste nicht immer so krass. Aber die Ver-führung lauert, denn vieles, was dem Konsumenten nicht unbedingt gefällt, kommt ganz legal in Fass und Flasche.

Die Klassifizierung der preußischen Regierung von 1868 hat noch immer Gültigkeit, denn sie berücksichtigt in der Wertung der Weinberge an der Mosel Bodenbeschaffenheit und klima-tische Bedingungen gleichermaßen. Nicht jede Lage ist für Spitzenweine prädestiniert, sofern nicht kräftig im Keller nachgeholfen wird. Heutzutage spielt die ›Philosophie‹ eines Betriebs eine große Rolle, die aber manchmal weder kundenfreundlich noch weise ist. Da scheiden sich dann die Mosel-Geister! Wo wird Wein in erster Linie ›gemacht‹ – im Weinberg oder im Kel-ler? Der Winzer hat Entscheidungen zu treffen, die Erfahrung, Können, ein glückliches Händchen und Kenntnis der gesetzlichen Vorschriften voraussetzen.

Im Herbst entfalten die Weinberge ihr unvergleichliches Farbenspiel

Weinerzeugung

Ein chemischer Vorgang, aber nicht nur. Was ist mit der ›Seele‹ des Weins? Immerhin ist er auch Teil einer kultischen Handlung. Greife ich als Winzer in die Gärung ein und wann? Durch Gärung entsteht Hitze, kühle ich schnell oder behutsam? Setze ich, wenn überhaupt, Natur- oder Reinhefe zu? Füge ich Enzyme bei, die den Geschmack verändern können und die Tester zu fantasievollen Vergleichen animieren? Lasse ich den Wein durchgären oder hilft ihm ein Schuss Süßreserve (Traubenmost) auf die Sprünge? Gemäß dem Restzuckeranteil wird Wein als trocken, halbtrocken und lieblich eingestuft.

Das Mostgewicht (Öchslegrad) entscheidet über die Güteklasse des Produkts. Tafelwein und Landwein, aber auch der nächsthöhere Qualitätswein bestimmter Anbaugebiete (QbA) darf vor der Gärung (noch) chaptalisiert, also durch Trockenzuckerung angereichert werden. Qualitätswein mit Prädikat (QbP) kann nur Traubenmost (Süßreserve) zugesetzt werden. Davon wurde an der Mosel sicher ausgiebig Gebrauch gemacht. In Zeiten des Klimawandels macht man sich hier nun eher Gedanken, ob die kühle Regionen gewohnte Rieslingrebe die Erwärmung akzeptiert.

Die Öchslegrade regeln die Stufung in Kabinett, Spätlese, Auslese, Beerenauslese (von Edelfäule befallene Beeren), Trockenbeerenauslese (zu Rosinen geschrumpft) und Eiswein (in gefrorenem Zustand gepresste Beeren).

Wein-Etikette

Etikette sind die Visitenkarte eines Winzers, zeigen den subtilen Grad an Originalität eines Weinguts. Der Trend geht auch an der Mosel vom Bildchen zum Design. Güteklasse, Erzeuger bzw. Abfüller (bei zugekauften Weinen) und Mengenangabe des Flascheninhalts sind obligatorisch, Alkoholgehalt und Angaben zu Weinbaugebiet, Rebsorte, Jahrgang und Geschmacksrichtung üblich, die amtliche Prüfnummer Pflicht.

Wein-Kriterien

Um dem Verbraucher Verunsicherung zu ersparen, hat man mit neuen Kriterien neue Verwirrung geschaffen, beide im trockenen Spektrum: ›Classic‹ (QbA-Wein bis 15 g Restzuckergehalt, ohne Lagenangabe) und ›Selection‹ (festgelegte Lage, geringer Ertrag der Rebstöcke, Handlese) sollen neue Konsumenten an das Kulturprodukt heranführen. Doch damit nicht genug: Die VDP-Weingüter schufen inzwischen eigene Kriterien. Hier gehen Qualitäten von Gutsweinen über klassifizierte Lagenweine bis zu den großen Gewächsen.

Da bleibt dem Verbraucher letztlich nur der eigene Geschmackssinn und die Erkenntnis, dass er für den täglichen Genuss nicht auf Spitzenweine setzen muss, sondern die Vorzüge des Mosels auch in einem vernünftigen Preisspektrum findet: im einfachen Riesling (oder Elbling) mit niedrigem Alkoholgehalt, sehr bekömmlich und spritzig frisch.

Zum guten Schluss

Das Image aus der Billigfuselzeit des Niedergangs der Marke Mosel in den 1980ern ist zum Glück passé – solange nicht wieder Leute schnelle Kasse machen wollen. Der Stoßseufzer der Operette ›Zeltinger Himmelreich‹ möge das verhindern: »Gebe Gott, dass der Wein auch in Zukunft die herrliche Mosellandschaft prägt.«

Die Mosel ist ein Weinland der Superlative: das größte zusammenhängende Riesling-Anbaugebiet und das größte Steillagen-Weinbaugebiet der Welt, das älteste deutsche Weinbaugebiet und mit 524 Einzellagen auch das differenzierteste. Viele Winzer, aber auch die ›Kultur- und Weinbotschafter‹ nehmen ihre Gäste gerne mit in den Weinberg.

Der steilste Weinberg Europas

Die Märzsonne scheint blass auf den graubraunen Schiefer, das Mosaik aus bewahrt haben. In den 1920er-Jahren war der Berg mit 25 ha bis an die Waldkante bebaut. Heute stehen nur 12 ha unter Kultur, dafür aber die besten Stücke.

Mit der Monorackbahn geht es hinauf zu einem neu angelegten ›Wingert‹. Die Bahnen, ein Transportmittel mit Zahnradantrieb, wurden aus der Schweiz übernommen. Mit ihrer Hilfe ist es möglich, die Terrassenlagen der Mosel weiterhin rentabel zu bewirtschaften. Sie transportieren Geräte und Arbeitskräfte hinauf und geerntete Trauben hinunter. Knapp 7000 Reben auf 1,5 ha Fläche haben allein die Franzens zwischen 2002 und 2008 hier oben

Mit einem Moselwinzer im Steilhang

Mauern, Pfaden und Treppen fängt an zu leuchten. Die Felsen strahlen die erste zaghafte Wärme ab. Mit Schwung legen die Schiffer sich in die enge Kurve zwischen Ediger und Neef. Die Mosel hat hier einen steilen und mächtigen Prallhang ausgewaschen, den Calmont, 400 m hoch, ehrfürchtig bestaunt als ›steilster Weinberg‹ Europas. Das Dorf Bremm schmiegt sich zu seinen Füßen. Hier ist auch das Weingut Franzen beheimatet. Es gehört zu den Calmont-Enthusiasten, die den Weinberg bewirtschaften. Zwischen 30 und 40 Winzer sind es, vom Haupterwerbsbetrieb bis zum Liebhaber, die den Calmont neu entdeckt und vor der Verbuschung

Weinlese am Calmont

neu angelegt. Natürlich Rieslingreben – es wäre pure Verschwendung, auf diesem Terroir etwas anderes zu pflanzen! Der Steinanteil von bis zu 70 %, quarzitischer Sandstein und Tonschiefer, ist dafür ebenso kennzeichnend wie das einzigartige Mikroklima. Noch nach Sonnenuntergang strahlen die Felsklüfte, in die die Wingerte eingebettet sind, merklich Wärme ab. Dieser Wechsel von Felsrippen und ›Kaulen‹ (Kuhlen) gibt dem Calmont sein charakteristisches Aussehen. Der Steinanteil verleiht dem Wein seine berühmte mineralische Note. Das Klima ermöglicht die lange Reifephase, die der Riesling benötigt. Es ist die Traube, die zuletzt gelesen wird, von Anfang Oktober bis in den November hinein.

Wandern in Steilstlage

Bis dahin liegt ein Stück harter Arbeit vor den Winzern. Gut, dass die Touristiker deutlich sagen: »Steillagen-Winzer sind Helden!« 10–12 Mal muss ein Winzer im Jahr zu jedem Stock gehen. 2000 Arbeitsstunden rechnet man pro Hektar Terrassenlage (Arbeiten wie Rodung oder Mauersanierung nicht mitgerechnet). In der Bewirtschaftung sind die Terrassen damit noch anspruchsvoller als die Steillagen. Von einer Steillage spricht man bei einer Hangneigung von mind. 30 %, von einer ›Steilstlage‹ bei mind. 50 %. Insgesamt waren 1994 ca. 50 % aller Rebflächen an der Mosel als Steillagen ausgewiesen. Hier bleibt Handarbeit angesagt. Gespritzt wird vom Hubschrauber aus. Machen Sie sich übrigens keine allzu großen Sorgen um die Belastung durch Spritzmittel – sie sind schnell abbaubar.

Warum tun die Moselwinzer sich diese harte Arbeit an? Für Winzer Ulrich Franzen war es von Anfang an Enthusiasmus und Emotion. Eine Leidenschaft, die für jeden Gast zu spüren und zu erleben ist: im Weinberg selbst, zwischen sorgfältig beschnittenen Rebstöcken oder akkurat gezogenen Drahtanlagen ... Und in der Flasche: wenn der Wein nach Monaten der Kellerdunkelheit seine diffizile Gärung beendet hat und abgefüllt ist, wenn Sonnenwärme, Regenfeuchte, Frucht- und Steinaromen auf der Zunge prickeln.

In aller Munde

Die Herausforderungen lauten: kostendeckend produzieren und das Image des Moselweins verbessern. In beiden Bereichen wurde in den letzten zehn Jahren viel Arbeit geleistet. Riesling ist modern, der Moselweinbau auf einem gesunden Weg.

Dazu hat der von manchen geschmähte Begriff ›Terroir‹ wohl beigetragen. Angeödet von ganzen Seen eintöniger Massenweine, haben die wahren Kenner angefangen, die Zusammenhänge zwischen Boden, Klima und der Arbeit des Winzers zu ergründen. Das subtile Zusammenspiel dieser drei Faktoren macht den Charakter des Weines aus – und davon hat gut gemachter Moselwein reichlich zu bieten. Wein aus der Steillage ist handwerklich hergestellter Wein, Wein mit einem eigenen Gesicht, nicht zu vergleichen mit den nichtssagenden Produkten aus dem Supermarkt. Man muss keine teuren Flaschen bei einem der angesagten ›Top-Winzer‹ kaufen, um in diesen Genuss zu kommen. Probieren geht über Studieren, sagt der Volksmund zu Recht!

Unser Tipp

Es muss nicht immer der Calmont sein ...
Wenn Sie Urlaub auf dem Winzerhof gebucht haben, fragen Sie einfach Ihre Gastgeber, ob Sie mal in den Weinberg mitkommen können. Die Tourist-Informationen geben Auskunft über geführte Wanderungen im Weinberg. Eine gute Adresse sind die ›Kultur- und Weinbotschafter‹ (www.wein erlebnisbegleiter.de). Sie bieten Wanderungen mit Weinproben an. Hier verkosten Sie die Weine im Idealfall also genau in der Lage, in der sie gewachsen sind.

Klettersteige durch den Mosel-Cañon

Moselaner witzeln, sie seien mit nach oben geklappten Füßen geboren, die ihnen das Stehen im Steilhang erleichtern. Geografen bezeichnen das enge Kerbtal als ›Cañon‹ – Assoziationen zum ›Grand Canyon‹ in den USA kommen da nicht von ungefähr. Wer die Mosellandschaft von ihrer spektakulären Seite kennenlernen will, sollte die neuen ›Klettersteige‹ gehen. Schwindelfreiheit, gute Schuhe und Trittsicherheit sind dafür notwendig.

Während andere Flüsse breit und behäbig durch die Landschaft ziehen, windet sich die Mosel durch ein enges Felskorsett. Die Ur-Mosel floss noch nicht durch einen solchen Cañon, sondern über die Eifel. Als die sich jedoch durch den Vulkanismus zu heben begann, änderte die Mosel ihren Lauf. Sie schnitt sich nun mit der Hebung tief in den devonischen Schiefer ein. Die Hauptphase der Einschneidung begann in geologisch relativ junger

Lohn des Kletterers – die Mosellandschaft vom steilsten Weinberg Europas aus gesehen

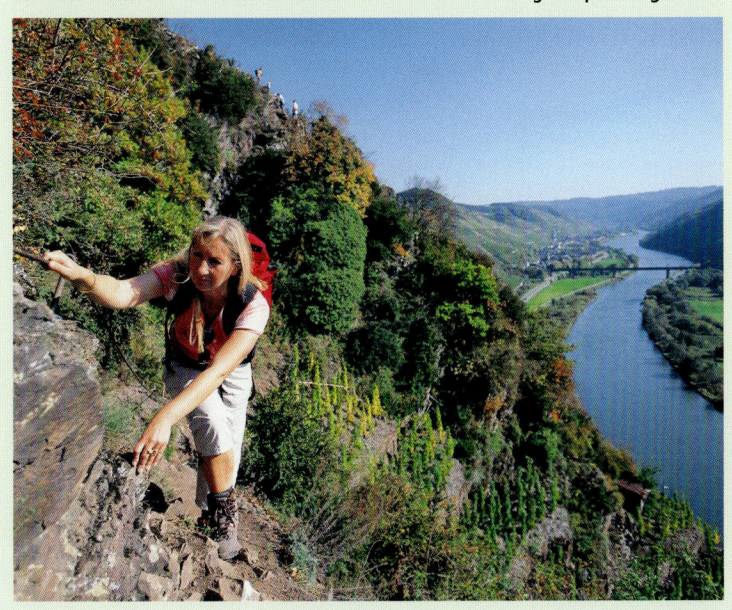

Zeit: vor 2,5 Mio. Jahren. Der Wechsel zwischen Warm- und Eiszeiten brachte Frost und Erosion. Verschiedene Terrassenniveaus und die markant ausgeprägten Prall- und Gleithänge entstanden.

Flora und Fauna

Für Wanderer hat die Geologie also in jahrtausendelanger Arbeit abwechslungsreiche Panoramen geschaffen, deren Flora und Fauna man am besten auf den Klettersteigen erleben kann. Über die sonnenbeschienenen Felsen huschen Eidechsen. Typisch für die Moselhänge ist ein Niederwald aus Traubeneichen. Es sind alte ›Lohhecken‹, die zur Gewinnung von Eichenlohe für die Gerberei dienten. Die Winzer verschafften sich durch das Abschälen der Eichenrinde einen Nebenverdienst, bis in den 1920er-Jahren Tropenholz und synthetische Stoffe in der Gerberei Einzug hielten.

Mit etwas Glück sieht man im Frühsommer zwischen Bremm und Winningen den Apollofalter fliegen – den ›Star‹ der Mosel. Diese Schmetterlingsart, die eigentlich im Hochgebirge beheimatet ist, hat an der Mosel eine eigene Unterart ausgeprägt (Parnassius apollo vinningensis). Wirtspflanze für seine Raupe: Weißer Mauerpfeffer (Sedum album). Auch andere Arten dieser Sukkulente sind an der Mosel verbreitet. Weitere wärme- und trockenheitsresistente Pflanzen sind Sonnen-Wolfsmilch, Goldlack und Ehrenpreis. In den Wingerten wachsen auch aromatische Wildkräuter: Feldsalat (›Mausohren‹ genannt), Blauer Lattich, Knoblauchsrauke, wilder Lauch, Dost, Vogelmiere und Beifuß.

Der Weg führt vorbei an Weinbergbrachen, weil in den Boomphasen des

Die Mosel-Erlebnis-Route
Die Klettersteige sind Teil der ›Mosel.Erlebnis.Route‹: Calmont-Klettersteig, Rioler Klettersteig und der Felsenpfad Kastel-Staadt, Valwiger Herrenbergweg (BREVA Wein & Weg) und der Kletterwanderweg Erdener Treppchen-Prälat. Unter www.mosel-erlebnis-route.de können Sie Informationen zur Vorbereitung abrufen, etwa Luftbilder, Höhenprofile und den Wegverlauf. Vor Ort sind Broschüren bei den Tourist-Infos erhältlich.

Weinbaus viele Rebflächen erschlossen wurden, die weniger guten Wein ergaben – doch gerade im Bereich der Terrassenmosel liegen auch viele hervorragende Lagen brach, weil sie aufgrund der Terrassen nicht in die ›klassischen‹ Flurbereinigungsverfahren einbezogen wurden. Auf den Brachstandorten vorherrschend sind Waldrebe (Clematis), mit ihren weißen Samenbüscheln im Winter auffallend, Brombeeren und Schwarzdorn (Schlehen) – ideale Rückzugsgebiete für Wildschweine, die sich im Herbst gerne an den Trauben laben.

Auch das Mosel-Klima in all seinen Facetten kann man auf den Klettersteigen erleben. Der alte Spruch »Im August muss die Traube kochen und im September braten« spiegelt die Bedeutung des Klimas für die Zuckerbildung in der Traube: warm und feucht soll der Sommer sein, sonnig der Frühherbst. Im Oktober kann jeder Sonnentag noch 2–3° Oechsle mehr bringen. Das heißt für den Wanderer: Auch im Herbst noch Sonnenschutz auftragen, Käppi und Sonnenbrille sowie ein guter Wasservorrat sollten auf der Wanderung mit dabei sein.

Schiefe(r) Dächer

Eine Reise an die Mosel im Frühjahr – das kann im ersten Moment etwas trist wirken: kahle Hänge, grau und bläulich, dazwischen rostrot. Alles Schiefer! Schieferterrassen, Schieferbruchsteinhäuser, Schieferdächer, Schieferweinberge ... Karg, dunkel, mondlandschaftlich, abweisend – dann aber mittendrin der Fluss, dieses mäandernde Band, das nur im ersten Anschein grau schimmert wie die Hänge, in das es sich genagt hat, vor Jahrmillionen, das blieb, während das Urmeer verlandete und das Gebirge sich hob. Eine Reise an die Mosel im zeitigen Frühjahr kann eine Entdeckung sein, denn dann zeigt sich die Landschaft noch ohne ihr grünes Kleid.

Im späten Frühjahr sollte man wiederkommen, wenn das Tal erst zartgrün, dann blumenbunt wird. Die Weinstöcke treiben aus im grau-blauen Schiefer, dessen Geröll sich unter der leuchtendgelben Pflanzendecke zwischen den Rebzeilen versteckt, an den Bruchsteinhäusern legen die Hausreben los, Blumenkästen hängen an den Fenstern, deren rote Sandsteineinfassungen nun kräftiger leuchten, Oleanderbüsche verlassen ihr schützendes Winterquartier. Der Fluss färbt sich grün im Widerschein der Natur. Die Schieferdächer bleiben dunkel, aber nun nicht mehr trist, sondern als der Kick, damit nicht alles zu schreiend bunt erscheint.

Die üppiger werdende Vegetation auf sich wirken und sich setzen lassen –

Formschön und witterungsbeständig – schon die Römer kannten Schieferschindeln so wie sich im Urmeer Tonschlamm, Glimmer und Quarz absetzte, sich mit kohlensaurem Kalk und Kieselsäure verkittete, unter enormem Druck verhärtete, um in komplexen erdgeschichtlichen Prozessen zu diesem grandiosen Gebirge aus Schiefer zu werden.

Rom baut nicht an einem Tag

Über antike Bauten stolpert man an der Mosel auf Schritt und Tritt. Die Römer brachten Schiefer auch auf die Dächer, sie verarbeiteten ihn vor allem als Sichtmauerwerk oder mit Mörtel verputzt für ihre Villen. Sie erfanden außerdem den Gusszement als beliebig formbares Material und setzten seit dem 1. Jh. aus lokaler Produktion riesige Glasfenster in die Thermen ein. In den Quadraten herrschte eine Mischbebauung zwischen *domus* (Wohnhaus) und *insula* (Wohnblock). Die Landschaft am Fluss außerhalb der Residenz säumten Villen des Typs *villa rustica* (landwirtschaftliche Güter), im städtischen Einzugsbereich die des repräsentativen Typs *villa urbana*.

Schnaps gegen Staub

Im Mittelalter ging man beim Schieferabbau unter Tage, trieb Stollen in den Berg, zum Teil auch sogenannte Treppenschächte, eine Art Wendeltreppe, wenn man wieder tiefer in den Bauch des Gebirges musste. Bei Grundwasser war regelmäßig Schluss mit der Ausbeute. Zumeist Kleinpächter mit wenig Kapital brachen den Schiefer, mussten auf Teufel komm raus Gewinn machen. Für die Bergleute hieß das: Schieferstaub schlucken unter Tage, Schnaps nach Feierabend, um die Behausung in

Bretterbuden und das Knochen brechende Schleppen der Blöcke für ein paar Stunden zu vergessen.

Schiefer fühlen?

Von Longuich aus in den Hunsrück hinauf nach Fell, geht es ins Nosserntal zum Besucherbergwerk Barbara-Hoffnung. Eine Ausstellung informiert über die durch einen Stollen verbundenen Dachschiefergruben, bevor es 70 m in die Tiefe geht, hin zu Halden, Stollen, Bergemauern und dem ›Dom‹. Seit dem 19. Jh. investierten größere Unternehmen in das ›blaue Gold‹, die Produktion wurde auch in Fell auf Rentabilität, Maschinen und Technik umgestellt, das Grundwasserproblem gelöst. Leyenbrecher nannte man die Bergleute, auf ›lay‹, ›lei‹ oder ›ley‹ endet eine ganze Reihe von Bergnamen und Weinlagen und benutzt damit das alte Wort für Schieferfels. Lay heißt ein nach Koblenz eingemeindetes Dorf. Die Loreley und ihre kleinere Moselschwester bei Piesport lassen grüßen!

Fachwerk und Bruchstein

Vor dem Kunststoff-Zeitalter gewann jede Landschaft ihr spezifisches Flair durch regionaltypische Baustoffe. An der Mosel überwog ab dem Mittelalter kunstvolles Fachwerk mit den gängigen Schmuckformen. Charakteristisch sind in manchen Orten vor Witterung schützende Schwebegiebel, d. h. weite Dachüberstände in Verlängerung der Pfetten. Brände im 19. Jh. forcierten die Massivbauweise. In den Dörfern war das traufseitige Quereinhaus, das Wohnhaus, Scheune und Stall mit jeweils separatem Eingang unter einem Dach vereint, wegen des Speichers im Obergeschoss extrem feuergefährdet. Hier bot sich heimischer Schieferbruchstein als Lösung an. Eine freundliche Wirkung erzielen selbst schmucklose Winzerhäuser im Kontrast von Schiefermauerwerk mit leuchtend rotem Sandsteingewände. Bruchstein bestimmt noch heute das Bild der Dörfer und Kleinstädte, untermischt mit fränkischem Fachwerk.

Bruchstein fürs Gesamtkunstwerk

Im 19. Jh. entdeckten die Architekten Bruchstein als gestalterisches Element. Der Koblenzer Johann Claudius von Lassaulx (1781–1848) baute eindrucksvolle Kirchen in spätklassizistischen, neuromanischen und neugotischen Formen, wobei er Bruchstein bewusst wegen der optischen Qualitäten einsetzte – außen blank und bloß mit zumeist sparsamer Gliederung, innen verputzt, ornamental ausgemalt, von geometrischen Mustern bis hin zu Blumen- und Weinlaubranken. Die Innenausstattung wurde vom Orgelprospekt bis in die letzte Kirchenbank dem Raum angepasst, wobei Lassaulx fast mystische Effekte durch das Spiel mit dem Lichteinfall erzielte, besonders eindrucksvoll in Valwig, Treis und der St. Salvatorkirche in Ernst, einer Kreuzkuppelkirche.

Bruno Möhring (1863–1929) setzte Schiefer ebenso sparsam wie wirkungsvoll ein, meist zur Markierung von Türmchen, Ornamenten und allerlei Blickfang. Der Berliner Architekt hatte nach dem Bau der Brücke in Traben-Trarbach zwischen 1901 und 1910 eine ganze Reihe von Folgeaufträgen an Land ziehen können, die seine Entwicklung vom Historismus zum Jugendstil dokumentieren.

Schiefer auf die Dächer?

Die Firma Rathscheck fördert in Mayen ›Moselschiefer‹. Dieser alte Qualitätsbegriff beschreibt den früheren Transportweg durch die Eifel nach Klotten, wo er verschifft wurde. Im hochmodernen Bergwerksbetrieb in der Eifel wird das Material für die Altdeutsche Deckung gesägt, gespalten und zugerichtet – für steile, flache oder schiefe Dächer. Selbst vom ökologischen Standpunkt aus spricht viel für den ›Moseler Leistein‹, wie er in einer Chronik des 16. Jh. genannt wird. Er ist witterungsbeständig, langlebig und unbedenklich in der Entsorgung.

Und sollte er wirklich mal runter müssen, könnte man im Garten eine kleine Mosellandschaft anlegen, als Langzeitdünger sozusagen, Wärme speichernd für kalte Nächte, Sonnenlicht absorbierend. Nur die Steilhänge fehlen dann. Und der Fluss, natürlich.

Infos und Adressen
Besucherbergwerk Barbara-Hoffnung: Fell, Tel. 06502 98 85 88, www.besucherbergwerk-fell.de, April-Okt. tgl. 10–18 Uhr, stdl. Führungen.
Deutsches Schieferbergwerk: Mayen, Tel. 02651 49 85 08, www.deutsches-schieferbergwerk.de. Im Eifelmuseum unter der Genovevaburg Hightech zum Anfassen.
Moselschiefer-Straße: Touristenroute, Infos im Haus Moselschiefer in Klotten, www.schiefer.de.
Schiefergrubenweg: Wanderung im Lützbachtal, s. S. 243.

Moselfische

In seinem Gedicht ›Mosella‹ preist der römische Dichter Ausonius den Artenreichtum an damals in der Mosel beheimateten Fischen – vom Döbel und Barsch übers Neunauge bis zum Lachs. In der Aufzählung kommt der Aal nicht vor, der in der antiken Küche durchaus als Delikatesse galt. Er ist heute neben Zander und Rotauge für die Fischer noch immer einer der wichtigsten Brotfische, während manch andere die zeitweise immense Wasserverschmutzung und die Kanalisierung von 1964 nicht überlebten. Mit durchgängig Güteklasse II gilt die Mosel heute als ›gering belastet‹.

Die Wanderung der Aale

Mit der Wanderung zu den Laichplätzen in der Sargassosee nahe Kuba beginnt für den an sich robusten Aal die Tragödie. Ab dem Alter von acht Jahren geschlechtsreif, machen sich Jahr für Jahr Tausende Blankaale, zumeist Weibchen, von der Mosel auf in Richtung Rhein, um im Brackwasser an der Mündung in die Nordsee auf ihre männlichen Artgenossen zu treffen. Seit der Kanalisierung ist das ein riskantes Abenteuer. Stauanlagen sind nicht die gefährlichsten Hindernisse, da Fischtreppen den findigen Aalen einen Ausweg bieten. Die Turbinen der Wasserkraftwerke, gegen deren Sog die Tiere verzweifelt ankämpfen, um dann doch durch die Strömung in die rotierenden Propellerblätter getrieben und regelrecht zerhackt zu werden, sind als Todesfallen das eigentliche Problem. Da eine technische Lösung nicht in Sicht ist, vereinbarte das Land 1995 mit dem Betreiber RWE Power

Entschädigungsleistungen, womit auch die Aalschutzinitiative Rheinland-Pfalz finanziert wird. Eine der Sofortmaßnahmen ist eine etwas kuriose Sammel- und Transportaktion: Berufsfischer fangen die schlangenförmigen Tiere vor den Wasserkraftanlagen der Mosel mit Reusen ein. Anschließend werden sie mit speziellen Containern zum Rhein bei Linz gefahren, ausgesetzt und ihrem Wandertrieb überlassen. Gemeinsam schwimmen sie 7000 km übers offene Meer im den Westatlantik, wo sie sich fortpflanzen und nach dem Ablaichen sterben. Die Brut treibt als weidenblattförmige Larven im Golfstrom zurück zu den europäischen Küsten und wird dabei im Verlauf von ein bis drei Jahren zu Glasaalen, die dann als Steigaale in die ›elterlichen‹ Flüsse zurückgelangen. Sofern nicht an den Küsten als Nachschub für die riesigen Aalfarmen in Fernost abgefangen, werden sie als Besatz in die Mosel-Freiheit entlassen und haben eine Chance, vom Jungaal zum Blankaal erwachsen zu werden. Frisch geräucherter Moselaal ist eine Delikatesse. Wegen hoher Belastung des Flussschlamms mit PCB darf der Fisch derzeit zwar geangelt, nicht aber verkauft werden. Manche Betriebe (wie die Aalräucherei Barden) meistern mit ihren Zuchtteichen die Situation.

Noch mehr Moselfische

Die Kanalisierung war ein riesiger Eingriff in den Artenreichtum. Der Hecht hat sich aus der Mosel fast verabschiedet, ihm fehlen die natürlichen Laichplätze in den Hochwasserwiesen. Die Barbe braucht wie Nase und Forelle dringend den von der Strömung mitgeführten Kiesgrund des Wassers, ihr Bestand schwankt.

Döbel und Rapfen bevorzugen zwar schnell fließende Gewässer, den meisten Weißfischen jedoch behagt die langsamere Strömung. Dazu zählen Brasse, Karpfen und das köstliche, allerdings grätenreiche Rotauge. Im Untergrund des Flusses lauern der Raubfisch Barsch und sein ebenfalls begehrter enger Verwandter Zander.

Räuberischer Zander

Der spindelförmige Zander mit den zwei großen ›Hundszähnen‹ ist ein recht junger Moselbewohner, er wurde erst in den 1980ern in den Fluss besetzt. Das Schicksal des Aals trifft den ›bodenständigen‹ Räuber nicht, der Laichplätze auch an künstlich angelegten Ufern akzeptiert, im tiefen, trüben Wasser Jagd auf Artgenossen macht – und dabei auch schon mal den eigenen Nachwuchs auffrisst. Das sollte aber kein Grund zur Abstinenz sein. Der Zander ist mit Recht ein absoluter Hit auf der Speisekarte.

Frischen Fisch fischt der Fischer

In den 1950er-Jahren warfen um die 80 Fischer ihre Reusen aus. Jetzt üben nur noch wenige den Beruf aus, die meisten als Zubrot. Verkauft wird der Fang an Fachgeschäfte und an die Gastronomie. Im Direktverkauf gibt es Fisch frisch und geräuchert bei:
Edelfischräucherei Harry Schneider: Moselstr. 38, Burg, Tel. 06541 29 56, Mai–Okt. zur Öffnung der Straußwirtschaft, ganzjährig per telefonischer Anmeldung; Aalräucherei Barden: Moselwehr (an der Müdener Schleuse), Treis-Karden, Tel. 02672 71 37, www.mosel aal.de, Mitte Feb.–Dez. tgl. 9–18 Uhr.

Genuss beim Kochen

Kochen ist Leidenschaft und Können. Kochkurse als echte Alternative zu TV-Koch-Shows gibt es auch an der Mosel. Hier können Sie Meisterköchen über die Schulter schauen, erhalten Tipps im Zubereiten, Anrichten und Servieren. Als Zutat gibt es das Erlebnis gemeinsamen Kochens und anschließenden Genießens.

Mit der Kochschule, die 2007 in Nittel an der südlichen Wein-Mosel ihre Pforten für alle öffnete, die gutes Essen schätzen, verwirklichte sich Walter Curman einen Lebenstraum. In Kursen will er möglichst vielen Menschen ›Genuss leben & erleben‹ vermitteln. In einem ›Crash-Kochkurs‹ lernen wir einen Abend lang die Kunst der Zube-reitung eines Vier-Gang-Menüs. Eine gemischte Gruppe! Die Skala reicht vom freimütig Bekennenden, er sei übers Kaffeekochen und das Abziehen der Alufolie von der Pizza nicht hinausgekommen (und der sich dann als Naturtalent entpuppt), bis hin zu begeisterten Hobbyköchen, die neue Anregungen erwarten. Alle sind gespannt darauf, wie ein Küchenprofi es fertigbringt, so fantastisch fantasiereiche Gerichte zu zaubern und dieses Können zu vermitteln. Curmans Bemerkung, die regelmäßige Versorgung der Familie sei nicht hoch genug einzuschätzen, tut der Hausfrauenseele gut.

Im Unterschied zu TV-Kochserien können wir kräftig mitwirken. Es geht nicht darum, stundenlang Zwiebeln zu

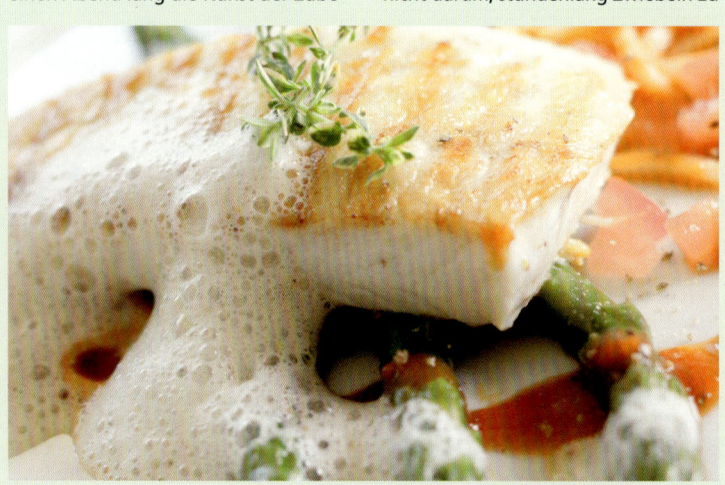

schneiden, meint der Maître. Das könne gezeigt werden, geübt wird zu Hause. Aber z. B. angebratene Rumpsteaks bei Niedertemperatur im Backofen langsam garen, um sie für Gäste auf den Punkt genau schön rosa zu servieren, ohne Stress – das ist einer der vielen wertvollen Tipps. Alles müsse im richtigen Zustand vorbereitet sein: »Das Endprodukt darf nicht darunter leiden«. Die neue Küche an der Mosel präsentiert sich leicht, ausgewogen und raffiniert zugleich. Ein bisschen Zauberei spielt aber doch mit, und wenn's ein ›Zauberstab‹ fürs Süppchen ist. Das Handwerkszeug muss die Arbeit erleichtern – Messer, Schüsseln, technische Geräte bis hin zum Herd. Unter Abstrichen natürlich, denn mit einer derart optimal ausgestatteten Küche kann keine in einer Privatwohnung mithalten.

Kochen als Kunst auf hohem Gaumenniveau. Unser Küchenchef hält zwar viel von der Haute Cuisine, aber nichts von sparsam verteilten Häufchen auf dem Teller. Niemand steht hungrig auf. Salat, Serviettenknödel, Lachstascherl, alles wird schön garniert, die Raffinesse zeigt sich beim Menü mit dem asiatisch gewürzten Touch. Der Tisch nebenan ist für uns eingedeckt, wir tragen die einzelnen Gänge auf. Zum Menü gibt es Elbling in Rot und Weiß vom Weingut Matthias Dostert und einen Cuvée der Winzervereinigung ›Junger Süden‹, der auch Carina Curman angehört, die deutsche Weinkönigin von 2000/2001.

Ein wahres Märchen: Koch und Königin lernten sich bei einem Fernsehtermin kennen. Sie (re)präsentierte deutschen Wein, der gebürtige Steirer leitete Johann Lafers Kochschule. Dennoch: Im ›Culinarium‹ kommen neben der Landhaus-Küche auch die Moselklassiker auf den Tisch.

Rom zog nie ab

Klassiker ganz anderer Art bietet die Römische Küche. Die von Marcus Gavius Apicius aus dem 1. Jh. n. Chr. überlieferten Rezepte erleben vielerorts eine regelrechte Renaissance, etwa in der ›Taverne‹ in der Villa Borg (s. S. 124), im ›Domstein‹ in Trier (s. S. 102), im ›Brauneberger Hof‹ in Brauneberg (s. S. 153), in der ›Ältesten Weinstube‹ und der ›Doctor Weinstube‹ in Bernkastel-Kues (s. S. 169) sowie im ›Christoffel‹ in Ediger-Eller (s. S. 220).

Adressen
Kochschule im Culinarium: Walter Curman, Nittel, www.culinarium-nittel.de
Weinhaus Becker: Wolfgang Becker, Trier, www.beckers-trier.de
Kochschule Wein- & Tafelhaus: Alexander Oos, Trittenheim, www.wein-tafelhaus.de
Restaurant L'Auberge du Vin: Ingo Beth, Cochem, www.lohspeicher.de. Konditionen erfragen, auch für Gastesser!

Buchtipps
Maria Gietzen und Iris Franzen: Noch mehr Lust auf Mosel, 100 neue Rezepte der Weingüter, Leinpfad, 2009
Elisabeth Alföldi-Rosenbaum: Das Kochbuch der Römer, Artemis & Winkler, 1999
Annette Köwerich: Genießen wie die Römer. Eine kulinarische Reise entlang der Straße der Römer, Editions Guy Binsfeld, 2007
Ruth Oster: Römische Frühlings- und Sommerküche, hrsg. v. Förderverein Römerkelter Erden e. V. 2007

Zu Besuch bei den Rittern

Wie im Mittelalter – Schmiedewerkstatt auf der Ehrenburg

Viele spannende Burgen hat die Moselregion zu bieten. Sie liegen hoch über dem Fluss oder versteckt in Seitentälern. Manche sind einen kurzen Spaziergang wert, auf anderen kann man sich einen ganzen Tag aufhalten. Vor allem für Familien mit Kindern sind die Burgen lohnende Ausflugsziele.

Wie viel Mittelalter steckt heutzutage eigentlich in einer Burg? Diese seltsam erscheinende Frage ist berechtigt: Denn viele Burgen an der Mosel wurden im 19. und 20. Jh. wieder aufgebaut. Auch der Begriff ›Ritterburg‹ kann in die Irre führen. Denn die Ritter waren meist nicht die Erbauer, sondern ›nur‹ die Bewohner der Burgen. Die meisten Moselburgen wurden im 12. oder 13. Jh. von mächtigen Landesherren erbaut, also von den Erzbischöfen oder den Pfalzgrafen. Die Ritter versahen den militärischen Dienst oder sorgten als Stellvertreter ihrer Herren für Recht und Ordnung. Nur wenige waren Eigentümer der Burg wie die Herren Eltz. Ihre Burg ist seit mehr als 850 Jahren im Besitz der Familie! Ob auf Eltz, Burg Metternich oder Ehrenburg: gegenüber mächtigen Landesherren bestehen, Heiratsallianzen schmieden und Nachkommen produzieren gehörte zum politischen Tagesgeschäft. Den Status quo wahren – das bedeutete ein ›stressiges‹ Leben für die Ritter und ihre Ehefrauen!

Bis die Burgen im 16. Jh. langsam unmodern wurden, spielte sich in ihren engen Mauern bunt gedrängtes Leben ab: laut und wohl auch geruchsintensiv. Burgen waren ›multifunktional‹: repräsentativer Wohnsitz für den Adel mit Behausungen für Bedienstete, Wächter und Handwerker, Verteidigungsanlage, Verwaltungssitz. Auch wenn die Burgenforscher heute die alten Klischees um Belagerungen und Kriegszüge sehr zurückhaltend beurteilen: fest steht, dass Burgen Gegenstand kriegerischer Auseinandersetzungen waren. Zur ›Tagesordnung‹ allerdings gehörten Belagerungen keineswegs. Nicht jede Rittergeneration musste eine erleben.

Romantischer Neubeginn

1689 fielen die meisten Burgen der destruktiven Eroberungspolitik des Sonnenkönigs zum Opfer. Sie schlummerten über 100 Jahre, bis die Romantiker sie neu entdeckten. Die Begeisterung der preußischen Könige für die Burgenromantik, die das Mittelrheintal geprägt hat, streifte die Mosel nur kurz. Hier erwarben die Könige die Ruine Landshut über Bernkastel, gingen jedoch nur halbherzig an einen Wiederaufbau. An der Mosel wurde das Bürgertum im 19. Jh. zum Burgen-Erbauer: So konnte man ein bisschen von dem Adelsprestige ergattern, das in der wilhelminischen Epoche noch notwendig war, um gesellschaftlich voranzukommen. Die Ruinen Cochem, Arras und Thurant wurden wieder zu bewohnbaren Burgen ausgebaut. Robert Allmers, Generaldirektor des Borgward-Konzerns, hatte seit 1911 seinen Feriensitz auf Burg Thurant. Zu Karneval soll er gerne in einer ›echten‹ Ritterrüstung mit dem Auto ins Tal gefahren sein, um mit den Moselanern zusammen zu feiern. Egal also, wie viel Mittelalter nun drinsteckt: Die Burgen sind ›Zeitmaschinen‹ in weit entfernte Epochen und zugleich Spiegelbilder unserer Sehnsüchte nach Abenteuer und Romantik.

Moselburgen erleben

Neben der Besichtigung (eigenständig oder im Rahmen einer Führung) bieten folgende Burgen zusätzliche Attraktionen:

Ehrenburg: Tel. 02605 30 77, Brodenbach, www.ehrenburg.de. Die Burg bietet ein reichhaltiges Programm: ›Sonntags auf der Burg‹ sind Handwerker, im Juli und Aug. Ritterkämpfe und buntes Treiben zu bestaunen. Ganzjährig gibt es Feste, Konzerte namhafter Mittelalter-Gruppen und Erlebnisgastronomie (s. Veranstaltungskalender). Geheimtipp: Kleiner Hotelbetrieb (5 DZ, Reservierung erforderlich). Die Burg ist auch für Firmenfeste und Hochzeiten zu buchen.

Reichsburg Cochem: Schlossstraße 36, Tel. 02671 255, www.burg-cochem.de. Burgführungen, zum Angebot gehören u. a. Gastereien und Nachtwächterführungen in der Stadt. Für Kinder ›Geisterführung mit Räuberessen‹. Standesamtliche Trauungen. Sylvia Bente und Axel Schröder betreiben die Falknerei (während der Saison 4 x tgl. Flugvorführungen, Schnupperkurse ›Falkner für einen Tag‹, Tel. 0160 99 12 73 80, www.falknerei-reichsburg-cochem.de).

Burg Pyrmont: Roes, Tel. 02672 23 45, www.burg-pyrmont.de. Standesamtliche Trauungen, Gastereien, Veranstaltungen.

Burg Arras: Hotel Burg Arras, Alf, Tel. 06542 222 75, www.arras.de. Das einzige Burg-Hotel an der Mosel.

Burg Thurant: Alken, Tel. 02605 20 04, www.thurant.de. Bietet ein Ferienhaus für bis zu 6 Pers. (Dauer mind. eine Woche).

Johann der Blinde und die Klause von Kastel-Staadt

Ein fantastischer Ort ist die Klause auf schroffem Buntsandstein hoch über dem Saartal, eine wahrhaft königliche Stätte! Trotz des atemberaubenden Blicks sind die meisten Bewohner dieser Felsenlandschaft »schon längst wieder abgereist«, die Kelten aus ihrem *oppidum*, die Römer aus ihrem Kastell, die fränkischen Siedler, der Franziskaner-Eremit (17. Jh.) – und zuletzt Johann der Blinde, König von Böhmen, Graf von Luxemburg aus der eigens für ihn erbauten Grabeskirche. Geblieben sind die vielen jungen Soldaten auf dem Ehrenfriedhof, Opfer einer europäischen Tragödie, die sich hoffentlich nie mehr wiederholen wird.

»Schon längst wieder abgereist«, bekam Johanns des Blinden (1296–1346)

Stafette oft zu hören, wenn sie dem König Nachrichten überbringen sollte. Johann durchmaß die Lande hoch zu Ross, vor der einen Intrige fliehend, die nächste selbst anzettelnd, als Schlachtenheld allzeit bereit. Der Sohn Kaiser Heinrichs VII. aus dem Hause Luxemburg wird als 14-Jähriger mit der vier Jahre älteren Elisabeth von Böhmen vermählt und 1311 auf der Prager Burg gekrönt. Selbst nicht für die Nachfolge des Vaters als deutscher König nominiert, unterstützt Johann 1314 mit seinem Großonkel Balduin, Erzbischof von Trier, die Kandidatur Ludwigs des Bayern. Als treuer Gefolgsmann schlägt er des Kaisers Schlachten – und versucht bei all dem auch seine eigenen Süppchen zu kochen. Johanns Ehe ist ein Fiasko, hat aber weitreichende

Ein Ort für historische Rückblicke und grandiose Ausblicke

Folgen, denn ihr entstammt einer der bedeutendsten Herrscher des Spätmittelalters, Kaiser Karl IV., der Prag zur europäischen Metropole ausbaute und die dortige Universität gründete.

1337 erblindet Johann auf einem Auge, drei Jahre später verliert er bei einer Operation in Montpellier die Sehkraft auf beiden Augen. Auf Seiten des französischen Monarchen und Kindheitsgefährten Philipp VI. greift der blinde König in den Hundertjährigen Krieg mit England ein. Am 26. August 1346 lässt er sich von seinem Sohn Karl und engsten Getreuen hoch zu Ross in die Schlacht von Crécy führen und findet dort einen Tod nach seinem Geschmack. Des Toten Schild mit den drei Federn und dem Motto ›Ich dien‹ nimmt der siegreiche englische Thronfolger Edward, der Schwarze Prinz, an sich und führt es seither als eigenes Wappen – wie jeder Prince of Wales nach ihm.

Rast in der Klause

Der in Luxemburg beigesetzte Leichnam ist in allerlei Kriegswirren mehrmals verschollen. Anfang des 19. Jh. erwirbt der luxemburgische Industrielle Jean-François Boch die adeligen Knochen. Und so entdeckt nach 500 Jahren der spätere preußische König Friedrich Wilhelm IV. seine Bewunderung für den Urahn des Hauses Hohenzollern. Boch schenkt ihm die Gebeine. Der Kronprinz revanchiert sich mit einem gusseisernen Brunnen nach einem Entwurf Carl Friedrich Schinkels (s. S. 120).

Schinkel findet auch die geniale Lösung für die Grabeskirche. 1838 werden am Jahrestag der Schlacht von Crécy Johanns Gebeine in einem Sarkophag aus schwarzem Marmor in der Klause scheinbar für die Ewigkeit beigesetzt. Doch 1946 kehrt Johann der Blinde heim nach Luxemburg in die Kathedrale Notre-Dame.

Heute ist die Klause ein Ort, der zum Nachdenken über Gott und die Welt auffordert, ein Ort auch, der zum Wandern einlädt, am schönsten auf dem ausgeschilderten Felsenpfad unterhalb der Klause. Besichtigung der Klause: Feb.–Nov., Di–So, 10–13 und 14–17 Uhr.

Hexenzauber

Der Pfeifenkann's sie zornig zwang

Die ›Winninger Weinhex‹ – Geschichte einer Demütigung

Ein Gerücht geht um im Dorf, dass die Zauberin »das Kind an dem linken Daumen berührt haben solle, worauf dort eine schwarze Blase entstanden sei. Daran habe das arme Kind ein ganzes Vierteljahr gelitten und sei schließlich auch daran gestorben.« Das ist kein Zitat aus einem Harry-Potter-Band, sondern aus dem Protokoll eines Hexenprozesses. Die des ›Schadenzaubers‹ verleumdete Agnes Comes aus Wolf wurde 1653 hingerichtet, nachdem sie unter Folter das Verbrechen gestanden hatte.

Harry Potter kann so etwas nicht passieren, damals allerdings wäre er samt seiner Autorin längst auf dem Scheiterhaufen verbrannt, geköpft oder bei lebendigem Leib begraben worden. Denn genau das, was er in Hogwarts

lernt, Zaubertränke und Besenreiten, Flüche und Tierzauber, wurde in mehreren Prozesswellen vielen beklagenswerten Menschen angedichtet, mindestens 60 000 wurden gequält und getötet, weit über 2000 allein im Bereich des Kurfürstentums Trier.

Harry Potter lebt in einer abgeschotteten Welt, die es ihm verbietet, die ›Muggel‹ selbst nach Provokation mit Zauber zu belegen. Den angeblichen Hexen und Zauberern konnte im 16.–18. Jh. schon ›der böse Blick‹ zum Verhängnis werden. Üble Nachrede schuf – gestützt auf korrupte Richter und Schöffen, Schweigen, Angst und Aberglauben – ein hochexplosives Klima. Auf dem Territorium der Trierer Reichsabtei St. Maximin, wo besonders eifrige Hexenjäger am Werk waren, wurden zwischen 1586 und 1596 fast

400 Menschen umgebracht, nicht nur Frauen, wenn auch mehrheitlich. Die Rhein-Mosel-Region war eines der Zentren der Verfolgung, basierend auf der Volksmeinung und der Gesinnung einzelner Fürsten. In Winningen traten Baden und die Kurpfalz jedoch im 16. Jh. auf die Bremse. Hinter dem Lagennamen ›Winninger Weinhex‹, den Motiven des Brunnens am Marktplatz und der banalen Story vom süffelnden Weib, das vom Ehemann gezüchtigt

Publikation der ›Cautio Criminalis‹ kosten können, wäre er als Verfasser von ›Rechtliches Bedenken wegen der Hexenprozesse‹ enttarnt worden. Ein hochbrisantes Thema packte der 1591 in Kaiserswerth geborene Jesuit an. Im Noviziat (1610–12) machte Spee Bekanntschaft mit Trier und gewiss auch mit den Folgen der schlimmsten Mordorgie im Kurfürstentum, die der 1598 gestorbene Weihbischof Peter Binsfeld auf dem Gewissen hatte. Spees Hin-

wird, stecken Hexenverfolgungen zwischen 1631 und 1656, denen 19 Menschen zum Opfer fielen.

Wetterkapriolen in der ›Kleinen Eiszeit‹ ab 1560 führten zu Missernten, Teuerung, Massenarmut, Hunger und Pest, Profiteure vergifteten das soziale Klima. Furchtbare Kriege, der Dreißigjährige (1618–1648) als Höhepunkt, und eine allgemeine Verunsicherung der Menschen in jenen Zeiten des Umbruchs begünstigten Ausgrenzung und Denunziation. Betroffene trugen durch erpresste Besagung (Nennung von Komplizen) unfreiwillig dazu bei. Teufelspakt, Hexensabbat, Seelenverkauf, das Reich des Bösen – Esoterik hat nicht erst heute Konjunktur.

Friedrich Spee

Kopf und Kragen hätte es Friedrich Spee von Langenfeld 1631 nach der

gabe an ›Jesu Lieb alleine‹ ließ ihn nicht schweigend die Verurteilung der ›Sagas‹ (Hexen) hinnehmen, die er in Köln zeitweise als Beichtvater zur Hinrichtung begleiten musste. In der *Cautio* führt er durch kluge Argumentation den Leser zu der Erkenntnis, dass es Hexen nicht gibt. Das rhetorisch geschliffene Traktat machte Gleichgesinnten Mut zum Protest gegen Hexenjagden.

Friedrich Spee starb 1635 in Trier bei der Pflege pestkranker Soldaten. In der Gruft der Jesuitenkirche ist er beigesetzt. In Liedertexten wie ›O Heiland, reiß die Himmel auf‹ lebt er weiter. Friedrich-Spee-Gesellschaft Trier: www.friedrich-spee.de. Spee-Gruft in der Jesuitenkirche: Infos/Schlüssel an der Pforte, www.ps-trier.de. Moselfest in Winningen rund um den Weinhex-Brunnen, Anfang Aug.; zur Weinhex-Geschichte Infos im Internet unter www.pfeifenhannes.de.

Europa grenzenlos

Europarat in Brüssel, Europäisches Parlament in Straßburg, Europäischer Gerichtshof in Luxemburg, Europäische Zentralbank in Frankfurt/M. – große Städte, große Namen. Aber: Schengener Abkommen? Schengen? Schengen im Dreiländereck, ein luxemburgisches Winzerdorf, ist Geburtsstätte eines Europas ohne Binnengrenzen.

Das Fundament erstellten fünf Kernlande des europäischen Gedankens, alles Gründungsmitglieder der EWG (Europäische Wirtschaftsgemeinschaft): Vertreter der Benelux-Wirtschaftsunion (Belgien, Niederlande, Luxemburg), Frankreichs und Deutschlands heckten am 14. Juni 1985 an Bord des luxemburgischen Fahrgastschiffs ›Princesse Marie-Astrid‹, das am Quai de Schengen vor Anker lag, ein Abkommen mit weitreichenden Folgen für die Einigung Europas aus. Auf der Place de l'Accord de Schengen erinnert das ›Monument de l'Accord de Schengen‹ an die Willenserklärung zum schrittweisen Abbau der Binnengrenzkontrollen. Die drei Stahlstelen stehen für die Anfänge des modernen Europas in der Montanunion von 1952 (Zollfreiheit für Kohle und Stahl), drei Messingsterne symbolisieren Frankreich, Deutschland und die Beneluxstaaten.

Im Jahr 1990 kamen in Schengen die Vertreter der fünf Staaten einem grenzenlosen Europa einen weiteren wichtigen Schritt näher: Das Schengener Durchführungsübereinkommen (SDÜ) regelte die praktischen Details des 1985er Abkommens. Der Gedenkstein an der ›Place de l'Europe‹ in der Ortsmitte artikuliert in den Sprachen der beteiligten Länder die damit verknüpften Hoffnungen der Menschen auf ein friedvolles Miteinander: Accord de Schengen – Europa ouni Grenzen – L'Europe sans frontières – Grenzenloses Europa. Tatsächlich! Die Schlagbäume an den gemeinsamen Grenzen der fünf Erstunterzeichner wurden im März 1995 gefällt, die zum sechsten EWG-Gründungsmitglied Italien 1997.

Das Haus Europa wächst

Die Skulptur ›M 2000‹ am Moselufer nahe dem Relais Europe Direct thematisiert den Ausbau Europas. Seit dem 21. Dezember 2007 gehören 24 Staaten – 22 aus der EU sowie Norwegen und Island – dem Schengen-Raum an. Neu hinzu kamen fünf osteuropäische, drei baltische Länder und Malta. Der Wegfall der Passkontrollen galt zunächst für den Land- und Seeweg, seit dem 30. März 2008 auch für die Einreise durch die Luft. Nicht, dass man sich nun gänzlich ohne Pass bewegen kann, die Identität wird beim Einchecken und bei Sicherheitsüberprüfungen weiterhin kontrolliert. Die getrennten Bereiche für EU und Nicht-EU auf den Flughäfen lassen aber eine raschere Abfertigung zu.

Die Inneneinrichtung

Der Amsterdamer Vertrag (1997) machte den Weg frei für eine Überführung des Abkommens in die Kompetenz der EU, und damit in EU-Recht. Seit 1999 muss daher jedes Beitrittsland die Bedingungen zur Sicherung der Außengrenzen akzeptieren. Der ›Schengener Grenzkodex‹ löste 2006 das SDÜ ab, weiterhin kann z. B. bei Großveranstaltungen wie Fußball-Europameisterschaften das Abkommen kurzzeitig außer Kraft gesetzt werden.

Info
Am Moselufer steht in Schlossnähe das ›Relais Europe Direct Schengen‹, ein Informationsbüro der EU für die Bürger. An drei Multimediasäulen kann man europäische Geschichte in Dokumenten und Videos erleben. Relais Europe Direct (Centre Européen): Rue Robert Goebbels, L–5444 Schengen, Tel. 0352 26 66 58 10, www.schengen-tourist.lu, Mo–Fr 9–18, Sa, So 14–18 Uhr.

Festung Europa?

Gegner des Abkommens treffen sich in der Ablehnung, nicht immer in der Argumentation. Für die einen ist mit jeder Erweiterung kriminellen Banden aus dem Nicht-Schengen-Ausland Tür und Tor geöffnet, andere sehen in den scharfen Kontrollen im 30-km-Bereich der Außengrenzen eine totale Abschottung und beurteilen die Abschiebepraxis als restriktiv und inhuman gegenüber Flüchtlingen, Asylsuchenden und ›illegalen Zuwanderern‹. Alle, die nicht zum Schengen-Raum gehören, müssen bei der Ein- und Durchreise ein Visum vorweisen. Die Binnengrenzen sind weggefallen, ein mit der Fahndungsdatei des Schengener Überwachungssystems (SIS) gefütterter Zentralcomputer erlaubt jedoch raschen Zugriff auf Daten und Menschen. Gefahr für die Bürgerrechte?

Grenzkontrollen sind in der Moselregion seit 1995 passé

Sieben Fußfälle zum Petersberg

›Christus in der Kelter‹ – Nachbildung des Steinreliefs aus dem 16. Jh.

Unaufdringlich, aber fest verwurzelt ist das religiöse Brauchtum an der Mosel. Mit Hartnäckigkeit und Stolz pflegen die Moselaner ihre Bräuche. Ihrem etwas eigenbrötlerischen Naturell würde nie in den Sinn kommen, sie zu einem touristischen Event ›aufzumotzen‹. So brauchen die Besucher einen geradezu ethnologischen Beobachterblick. In einer Art ›Zeittunnel‹ erleben sie dann eine Welt, die vielerorts längst untergegangen scheint.

Als Lieblingsheiliger der Moselaner gilt der heilige Martin, der ehemalige Patron der fränkischen Könige. Das Martinsfeuer am 11. November sehen die Volkskundler als ursprünglich kölnischen Brauch an. Im westlichen Moselland, also in der Westeifel und dem Trierer Umland, brannten stattdessen früher nach Karneval die ›Fastenfeuer‹. Der Martinsabend ist traditionell der Tag, an dem die Pacht gezahlt wird. Davon leitet sich die Martinsgans ab, die von den sparsamen Moselanern durch den Deppekooche oder Scholes ersetzt wird. Das deftige Gericht besteht im Wesentlichen aus einem Berg geriebener Kartoffeln, der in einem Bräter im Ofen gebacken wird. Das Gericht ist in einer speckfreien Variante auch in der jüdischen Küche beheimatet – und mag ein kleines Relikt christlich-jüdischer Symbiosen sein, wie sie früher in vielen Moselorten bestanden. Gäste, die noch im November am Fluss unterwegs sind, finden den Deppekooche (Topfkuchen) zu dieser Saison auf den Speisekarten traditionsbewusster Lokale.

Den Martinszug für Kinder haben im 20. Jh. Lehrer und Klerus reaktiviert. Ursprünglich war es ein sogenannter Heischebrauch, bei dem die Kinder singend durch den Ort zogen und um Süßigkeiten baten.

Die Weihnachtsbäume stehen bei vielen Familien bis Maria Lichtmess am 2. Februar, dem Ende der Weihnachtszeit in der katholischen Kirche. Es folgt der Karneval, der begeistert gefeiert wird. An den Kartagen gehen die Kinder kleppern. Mit Ratschen und Holzklappern ziehen sie durch den Ort. Eine wichtige Rolle spielen zudem die Prozessionen zu Fronleichnam und die Marienprozession am Vorabend des 1. Mai, wenn die Häuser mit Blumen, Lichtern und Heiligenstatuen geschmückt werden. Direkt nach der Marienprozession ist ›Hexennacht‹. Cliquen von Jugendlichen machen Unsinn, den manche Eltern am nächsten Morgen teuer bezahlen müssen. Lieber gesehen sind da die Klassiker unter den ›Hexenkunststücken‹: etwa Fensterläden aus den Angeln heben und beim Nachbarn verstecken. An Allerheiligen und bei Beerdigungen gehen die Gläubigen in Prozession, den Rosenkranz betend, zum Friedhof.

Nischen mit Heiligenfiguren sind in den Orten fast immer mit Lichtern und Blumen geschmückt. Auch für die Kapellen fühlen sich bestimmte Familien oder Vereinigungen verantwortlich. In fast jedem katholischen Ort zieht sich ein ›Kreuzweg‹ mit 7 oder 14 Stationen die steile Bergflanke hinauf. Die ›sieben Fußfälle‹ erinnern an den Leidensweg Christi in Jerusalem. Früher wurden junge Mädchen zum Beten auf den Weg geschickt, wenn jemand aus der Nachbarschaft krank darniederlag.

Zum alten Brauchtum gehört auch ein wenig Spott: über die Eifelbewohner, die Hunsrücker und die Nachbarorte. So haben viele Dörfer ihre Beinamen: die Cochemer sind z. B. die Schmandelecker (von Schmand), weil sie es verstehen, sich das Leben angenehm zu machen. Die Pündericher sind die ›Gesetzeskrämer‹ und die Edigerer ›Edschara Stihkroo‹, weil sie mit dem Stehkragen in den Weinberg gehen. Zu den Dörfern gehört auch ein blühendes Vereinsleben: Fußballverein, Schützenbruderschaft, Freiwillige Feuerwehr – alle feiern im Sommer ihre Feste.

Unser Tipp

Auf dem Kreuzweg
Der ›Kulturweg der Religionen‹ in Ediger führt zur Kreuzkapelle mit dem berühmten Relief ›Christus in der Kelter‹ (Replik, Original in der Pfarrkirche). Der Weg dorthin ist der drittälteste Kreuzweg Deutschlands (1484). Eine in dieser Region ungewöhnliche 15. Station zeigt die hl. Helena nach Auffindung des Kreuzes in Jerusalem. Infos: www.ediger-eller.de, www.moselerlebnis-route.de.

Moselmusik

Beethovens ›Freude schöner Götter-funken‹ und Guildo Horns ›Piep, piep, piep‹ sind ganz sicher zwei Paar Stiefel – und gehören doch zur kleinen musikalischen Ausbeute an der Mosel. Schade wäre auch, Komponisten von Rang wie Georg Schmitt und Hermann Schroeder zu unterschlagen, ganz abgesehen von Orgeln und heimischen Instrumenten.

Titan und Barde

Ein Musikgenie wurzelt hier, der Titan überhaupt, einer der Stars im internationalen Komponistenhimmel: Ludwig van Beethoven. Die Mutter Maria Keverich wurde in Koblenz-Ehrenbreitstein geboren, ihre Familie stammt aus Köwerich an der Mosel. Aus Trier kommt ein Schlagerbarde, der mit einer exzellenten Live-Show 1998 beim Grand Prix de la Chanson auf den siebten Platz hüpfte: Guildo Horn stutzte mit dem Song ›Guildo hat euch lieb‹ den Wettbewerb auf sympathische Art zurecht. Der Naturschutzbund (Nabu) nominierte ihn daraufhin zum ›Vogel des Jahres‹. Der ›Meister‹ ist vom Trierer Altstadtfest nicht wegzudenken (www.guildo-horn.com).

Schmitt und Schroeder

Zwei angesehene Komponisten waren für kurze Zeit Organisten am Trierer Dom. Georg Schmitt, 1821 in Trier geboren, 1900 in Paris gestorben, hielt es nur von 1835–1842 an der Hohen Domkirche aus: Er provozierte seine Entlassung und machte nach einem musikalischen Intermezzo in New Orleans (USA) Karriere in Paris als Lehrer spanischer Königskinder, Hofkapellmeister Kaiser Napoleons III. und Organist von St. Sulpice. Charles Widor und Camille Saint-Saëns gehörten zu seinen Schülern. Trotz Georg-Schmitt-Platz und Gedenktafel am Geburtshaus in Trier-Zurlauben kennt kaum jemand mehr seinen Namen, und doch ist er in aller Moselaner Munde, denn er komponierte die Melodie zum Mosellied ›In weiten deutschen Landen‹.

Hermann Schroeder ist der Platz in Bernkastel gewidmet, auf dem der Doctorweinbrunnen steht, das Heimat-Museum Graacher Tor dokumentiert Leben und Werk. Der 1904 in der Bärenstadt geborene Komponist legte 1923 am Trierer Friedrich-Wilhelm-Gymnasium das Abitur ab, war 1938/39 Domorganist in Trier und ab 1946 Professor an der Kölner Musikhochschule. 1984 starb er in Bad Orb. Für Schroeder war die mittelalterliche Gregorianik Quelle der Inspiration und Basis musikalischer Strukturen. Die Hermann-Schroeder-Gesellschaft lobt seit 1999 in zwei- bis dreijährigem Turnus einen Orgelwettbewerb zu Ehren des Komponisten aus, aktuell im September 2011 (www.hermann-schroeder.de).

Orgel und Orchester

Die Orgelbauerfamilie Stumm aus Sulzbach im Hunsrück stellte über Jahrhunderte hinweg die genialen Handwerker für die Musiker. Nur wenige ihrer Instrumente sind noch komplett original erhalten. Verschleiß, Zerstörung, Modernisierung oder eine neue Musiksprache zerstörten wertvolles Kulturgut, der Prospekt ist aber vielen Kirchen erhalten geblieben. Dem 1688 verblichenen Stammvater Hans Stumm folgten bis zur Auflösung der Firma 1920 mehrere Generationen hervorragender Orgelbauer, die den unverwechselbaren, fein singenden Stumm-Stil der molligen Flötentöne und machtvollen Zungen pflegten (www.stummorgel.de).

Trier und Koblenz reichen sich als Kulturstädte über alle Windungen der Mosel hinweg die Hand. Tufa (Trier) und Kufa (Koblenz) etablierten sich als Spielorte innovativen Theaterschaffens. Die traditionsreichen Orchester beider Städte müssen hingegen befürchten, dass die Theater- und Konzertkultur eines Tages vor den Sparmaßnahmen kapitulieren könnte.

Musik und Mosel

Aus einem lokalen Festival 1985 wurde eine Erfolgsstory: Das Mosel Musikfestival (Mosel-Festwochen) prägt alljährlich die sommerliche ›WeinKulturLandschaft‹ durch ein breites Konzertprogramm (www.moselmusikfestival.de).

Mosel-Exotik zum Schluss: Zurück zu den Wurzeln, den Weinstöcken, sagen sich die ›Wéngert Stompers‹, setzen mit Winzergeräten als Schlag- und Dröhninstrumente das hippe Volk in Bewegung, singen dazu moselfränkisches Platt und kreieren einen Jazz, den nur eine Weingegend hervorbringen kann (www.wengert-stompers.de).

Guildo Horn fehlt auf keinem Trierer Altstadtfest

Unterwegs
an der Mosel

Entspannung und Genuss in Bernkastel-Kues

Karl Marx

Trier

Highlight!

Trier: Die uralte Stadt an der Mosel ist schon allein dank ihrer antiken Ruinen von der Porta Nigra über die Konstantinbasilika bis zu den Kaiserthermen und dem mächtigen Dom ein einziges Highlight. S. 78

Auf Entdeckungstour

Zu Besuch bei Karl Marx: Der Trierer Philosoph und Ökonom hat die Welt verändert. Viele Touristen, sehr viele aus Fernost, besuchen sein **Geburtshaus**, in dem eine Ausstellung über Leben und Werk des berühmten Sohns der Stadt informiert. **18** S. 88

Trier

Zu Besuch bei Karl Marx

Kultur & Sehenswertes

Höhepunkt eines jeden Trier-Besuchs: Dom St. Peter. 8 S. 85

Boomtown der Antike: Die **Konstantinbasilika**, ehemals römische Palastaula und jetzt evangelische Kirche, dokumentiert Tirers Aufstieg zur Kaiserresidenz und Hauptstadt des Weströmischen Reichs. 12 S. 91

Sammlung von Weltrang: Bei längerem Aufenthalt ist das **Rheinische Landesmuseum** ein Muss – umso mehr nach Abschluss der Umstrukturierung der Dauerausstellung. 14 S. 92

Aktiv & Kreativ

Per Pedes und Pedale: Wanderungen und Radtouren an der Mosel oder auf die Eifel- und Hunsrück-Höhen sind überaus reizvoll, z. B. ins **Butzerbachtal** oder nach **Pfalzel**. 2 S. 98 und 99

Genießen & Atmosphäre

Café Weisshaus: ein fantastischer Blick auf die Stadt. 4 S. 99

Café Raab: Triers beste Torten gibt es in dem ›Oma‹-Café, in dem sich Jung und Alt wohlfühlen. 4 S. 102

Abends & Nachts

Kultur und Genuss: Das **Astarix** und das **Miss Marple's** machen nach dem Besuch des gegenüber liegenden Theaters Appetit auf Pasta, Pizza & Co. 8 S. 103.

Trierer Institution: Die Atmosphäre des **Luckys Luke** ist vor allem geprägt von dem studentischen Publikum. 3 S. 104

Studentenfutter: Im ehemaligen Franzosen-Kino **Forum Nuovo** treten Bands auf, der AStA feiert. 2 S. 104

Alte junge Stadt – Trier!

Die uralte Stadt an der Mosel mit ihren faszinierenden antiken Ruinen von der Porta Nigra bis zu den Kaiserthermen, dem mächtigen Dom und einer Menge Mittelalter hat eine junge Aura – dank ihrer lebendigen Innenstadt, der Universität, des grünen Petrisbergs, vieler Kultur- und Freizeitaktivitäten und einer regen Kneipenszene.

Jeder Schritt macht über 2000 Jahre Geschichte spürbar und trotzdem ist der Stadt ihr hohes Alter nicht anzumerken: Trier ist eine geglückte Mischung aus attraktiven Altertümern und urban pulsierender Lebendigkeit. Das geht vor allem auf das Konto einer jungen

Generation, die in dieser ›Geradesoeben‹-Großstadt (103 000 Einwohner) neben allen Bildungseinrichtungen eine 1970 wiedergegründete Universität vorfindet. Zudem hat man die Altstadt von allzu wucherndem Autoverkehr befreit. Eine Stadt mit Flair und Zukunft, überzeugt europäisch aus uralten Wurzeln, eine antike Schatztruhe des UNESCO-Welterbes.

Trier erhebt den stolzen Anspruch, Deutschlands älteste Stadt zu sein, und sieht sich damit im Wettstreit mit Worms, Kempten, Augsburg oder Köln. Auf 16. v. Chr., den Bau der ersten Römerbrücke unter Kaiser Augustus, lässt sich das Gründungsdatum festzurren. Wenn auch vielleicht nicht die älteste, so war Augusta Treverorum aufgrund des herausragenden Status als eine der Residenzen des römischen Imperiums zeitweise die bedeutendste Stadt auf deutschem Boden. Kaiser wohnten hier, von Konstantin bis zu Gratian, dessen Lehrer Ausonius die ›Mosella‹, eine Hymne auf Land und Leute, schrieb. Einst Zentrum des Handels vom Mittelmeerraum bis zur Nordsee, ist man heute Mitglied der QuattroPole, eine von vier Hauptstädten der Region SaarLorLux-Rheinland-Pfalz.

Altstadt

Stadtanlage

Die antike Stadt war schachbrettartig angelegt und wurde von zwei Hauptachsen durchschnitten, die sich am Forum kreuzten: Der *decumanus maximus* verlief westöstlich von der Römerbrücke zum Amphitheater. Der *cardo maximus* verband als Nord-Süd-Achse die Stadttore *Porta Nigra* und *Porta*

Media miteinander. Das Schachbrettmuster ist nur mehr beschränkt an den beiden Hauptachsen erkennbar, auf welche die opulente antike *urbs* ausgerichtet war. Die mittelalterliche Stadt gab die strenge quadratische Straßenstruktur auf, sie entwickelte sich vom Dom und dem Marktplatz aus. Römische Relikte mischten sich nun mit den noch heute typisch verwinkelten Gässchen. Reste der mittelalterlichen Befestigung finden sich nur spärlich, meist sind sie Alleen gewichen.

Porta Nigra 1

Erlebnisführung/Info: www.trier.de
Besichtigung: April–Sept. 9–18, Okt.–
März 9–17, sonst 9–16 Uhr

Triers Wahrzeichen und schon der erste antike Superlativ: die Porta Nigra, besterhaltenes römisches Stadttor nördlich der Alpen. Das ›schwarze Tor‹ entstand um die Mitte des 2. Jh. aus hellem Sandstein, den erst die Umweltverschmutzung späterer Epochen nachdunkeln ließ. Die Unfertigkeit des anfänglich sorgfältig ohne Mörtel aus Steinquadern gefügten Bauwerks, das mit Eisenklammern verankert war, deutet auf unerwartet kriegerische Irritationen hin, möglicherweise auf eine Pestepidemie.

Die Römer hatten Tor und Stadtmauer zunächst nicht als Ausdruck einer akuten Bedrohung gebaut, sondern um die herausragende Bedeutung Triers zu betonen. ›Urbs opulentissima‹, eine sehr reiche Stadt, lautete das Urteil des Geografen Pomponius Mela schon 44. n. Chr., lange bevor der Kaiser und ›Weinpapst‹ Postumus (258–268) sie zur römischen Residenzstadt ausrief. Zu Triers antiker Blütezeit im 4. Jh. lebten hier über 80 000 Menschen, eine Zahl, die erst wieder im 20. Jh. erreicht wurde.

Vielleicht hätte der Porta Nigra nach der Völkerwanderung im Mittelalter ein ähnliches Schicksal geblüht wie den anderen Toren: Steinbruch, totale Abtragung. Ein christlicher Fundamentalist verhinderte das. Simeon, der nach Trier geratene Gesandte des Sinai-Klosters, begleitete Erzbischof Poppo auf einer Pilgerreise ins Heilige Land, kehrte mit ihm zurück, ließ sich als Eremit im Ostturm einmauern, wurde wunschgemäß 1035 hier bestattet und heiliggesprochen. Nach einer Altarweihe 1042 war die ehemals heidnische Porta Martis (Marstor) vorerst gerettet und seiner Sukzession zur Simeonskirche umgebaut. Die Maßnahmen reichten bis in die Barockzeit, mit Aufschüttungen zum Stadtzentrum hin und großer Freitreppe.

Französische Revolutionstruppen begannen 1794 mit der systematischen Verwertung des Materials, dem erst Napoleon Einhalt gebot. Die imperiale Größe vor Augen, ließ er unantike Zutaten abtragen, was wiederum die preußische Regierung nach 1815 stoppte. Wir erleben die Porta Nigra seither in einem Zustand, der die großartigen Proportionen und die Jahresringe dieser altehrwürdigen Diva offenlegt – die Apsis etwa oder den Steinschatten, den die Orgel der Wallfahrtskirche an der Wand hinterließ.

Stadtmuseum Simeonstift 2

www.museum-trier.de, Di–So
10–18 Uhr

Im Jahr 2004 feierte das Stadtmuseum Simeonstift, wie die Tourist-Information im ehemaligen Chorherrenstift Poppos untergebracht, sein hundertjähriges Bestehen. Pünktlich zur Konstantinausstellung 2007 stellte sich das Museum nun neu konzipiert und um einen Erweiterungsbau bereichert vor. Die zeitgemäß aufbereiteten Sammlungen umfassen alle Facetten des Stadtlebens von der Antike bis zur Gegenwart, Originalfiguren öffentlicher

Plätze und Gebäude (z. B. der Steipe) ergänzen die Präsentation. Im Café Brunnenhof können Sie sich anschließend entspannt zurücklehnen.

Entlang der durch Säulenstümpfe angedeuteten antiken **Kolonnaden** führen nun die ersten Schritte in eine faszinierende Stadt. Die Fußgängerzone in der Simeonstraße ist mit der antiken Nord-Süd-Achse identisch. Sie zeigt ein Spektrum der Baukunst aller Epochen bis in die Moderne.

Trierer Wohntürme

Wie von selbst stoppt man zunächst am **Dreikönigenhaus** ❸, dem vielleicht im 17. Jh. ein Wirtshaus ›Zu den drei Königen‹ den Namen gab. Im Erdgeschoss des 1230 erbauten, frühgotisch umgemodelten Wohnturms hielt bis Ende 2007 das Café Bley die gutbürgerliche Tradition aufrecht, ehe es der Kette ›coffee fellows‹ Platz machte. Auch jetzt werden den Gästen keine Klimmzüge ins höhergesetzte Portal zugemutet, das zu Zeiten, als Trier keine Stadtmauer besaß, dank einer flexiblen Zugtreppe Angriffe erschwerte. 1938 wurde die Fassade mit Rundbogenfriesen, Lisenen und Zwillingsfenstern rekonstruiert, 1944 beschädigt, 1973 farbig gefasst.

Zur Kategorie mittelalterlicher Wohntürme zählen auch der Turm Jerusalem (s. S. 91) auf dem Domfreihof und der **Frankenturm** ❷ des Franco von Senheim (11. Jh.) nahe dem Hauptmarkt. Letzterer ist seit einem Bürgerfest 2007 zu besichtigen (s. S. 102, Anmeldung zur Gruppenführung bei der Tourist-Information).

Hauptmarkt

Ständiger Markt: Mo–Fr ca. 7–18.30, Sa bis 13 Uhr

Die Porta Nigra ist das besterhaltene römische Stadttor nördlich der Alpen

Hat sich auf dem kurzen Stück von der Porta Nigra ins Zentrum der Eindruck einer besonderen Stadt verfestigt, und das nicht nur, weil Tausende Touristen, in deren Pulk man mittrabt, sich nicht irren können, so überrascht die bunte Schönheit des Hauptmarkts dennoch. Außer dem ständigen Markt tragen die reizvollen Bürgerhäuser ringsum dazu bei – ob nun Massivbauten wie die Münze (Hauptwache), die Löwen-Apotheke mit dem Anspruch, die älteste deutsche zu sein, oder die Marktfront des Palais Walderdorff. Blicke auf sich ziehen das reich verzierte Fachwerk-Triumvirat (16./17. Jh.) und der wegen seiner Dachform so genannte Stadtparapluie mit der klassizistischen Fassade.

Steipe und Rotes Haus ❹

Am Hauptmarkt fällt die spätgotische **Steipe** ins Auge, das eigentliche Herz der Stadt unter steilem Walmdach. Ihre Steipen (Stützen) tragen Spitzbogenarkaden. Hier tagte einst das Marktgericht, hier bewirteten die Ratsherren sich und ihre Gäste. Weder alle (Stadt-)Heiligen der Fassade – die Apostel Petrus, Paulus, Jakobus, die hl. Helena – noch die beiden Rolande (Ritter) konnten die Steipe im Dezember 1944 vor den Bomben schützen, die sie und die nebenstehenden Häuser zerfetzten.

Für Junge und Junggebliebene bietet die Steipe »Spielzeugträume vergangener Zeiten«, denn hier präsentiert das Spielzeugmuseum Trier seine beeindruckende Sammlung (April–Dez. 11–18, sonst bis 17 Uhr, Tel. 0651 758 50, www.spielzeugmuseum-trier.de).

1970 rekonstruiert, beherbergt sie ein Café mit Übergang ins barocke **Rote Haus**. Auf die Gründungssage bezieht sich an dessen Fassade die mit dem Wunsch nach ewigem Frieden verknüpfte Behauptung, Trier habe schon vor Rom bestanden. Ein assyri-

Trier

Sehenswert

1 Porta Nigra
2 Stadtmuseum Simeonstift
3 Dreikönigenhaus
4 Steipe und Rotes Haus
5 Marktkreuz und Petrus-
  brunnen
6 St. Gangolf
7 Judenpforte
8 Dom St. Peter
9 Liebfrauenkirche
10 Bischöfliches Dom- und
   Diözesanmuseum
11 Palais Walderdorff
12 Konstantinbasilika
13 Kurfürstliches Palais
14 Rhein. Landesmuseum
15 Kaiserthermen
16 Jesuitenkirche
17 St. Antonius
18 Museum Karl-Marx-Haus
19 Thermen am Viehmarkt
20 Barbarathermen
21 Zollkran und Alter Kran
22 Amphitheater
23 Universität Trier
24 St. Matthias
25 St. Maximin
26 St. Paulin

Übernachten

1 Hotel Alte Villa
2 Hotel Frankenturm
3 Hilles Hostel
4 Jugendherberge

Übernachten, Essen

5 Hotel Eurener Hof
6 Klosterschenke
7 Berghotel Kockelsberg

Essen & Trinken

1 Trattoria Rossini
2 Zum Domstein
3 Weinstube Kesselstatt
4 Café Raab
5 Blesius Garten
6 Aom Ecken
7 Fischers Maathes
8 Astarix
9 Textorium
10 HAUPTMANNS
11 Bitburger Wirtshaus
12 Walderdorff's
13 Familiencafé Löwentatze
14 Nikos Café
15 Café Delikat
16 Zurlaubener Ufer

Einkaufen

1 Friedens- und Umwelt-
  zentrum
2 Trier-Shop
3 Wochenmarkt
  am Viehmarkt

Aktiv & Kreativ

1 TUFA
2 Radtour nach Pfalzel
3 Ausflug nach Igel
4 Café Weisshaus
  (Wanderung)
5 Wandern rund um den
  Petrisberg

Abends & Nachts

1 Theater
2 Forum Nuovo
3 Luckys Luke
4 Sternwarte Trier

scher Königsohn namens Trebeta soll es der Sage nach um 2000 v. Chr. gegründet haben. Des Pudels wahrer Kern: Funde belegen eine jungsteinzeitliche Besiedlung des Moseltals. Die keltischen Treverer wurden in der Region ab dem 2. Jh. v. Chr. aktiv, in den Fokus der Römer gerieten sie durch Caesars Raubzüge ab 58 v. Chr. Die gallorömische Zivilisation war letztlich das Ergebnis anfänglich unfreiwilliger Kooperation.

Das Marktkreuz und der Petrusbrunnen 5

Als Reaktion auf ein Wunder soll Erzbischof Heinrich 958 das Marktkreuz an der Grenzlinie zur Domfreiheit errichtet haben. Das einzigartige Monument mit dem Lamm Gottes, dem hl. Petrus und der Sonnenuhr auf dem Tatzenkreuz sei demnach nicht nur Zeichen des Marktfriedens und geistlicher Hoheitsrechte. Winzige Kreuze habe es vom Himmel herabgeregnet, die an

Gepflegte Eleganz – der Trierer Marktplatz mit einer Replik des berühmten Marktkreuzes

den Kleidern der zutiefst erschrockenen Menschen haften blieben, ehe sie sich auflösten, berichtet die Inschrift des Kapitells in Anlehnung an mittelalterliche Chroniken. Den Hauptmarkt schmückt eine Nachbildung, das Original, dessen Granitsäule wohl aus Kaiser Gratians Dombau stammt, ist im Stadtmuseum Simeonstift untergebracht. Das gilt auch für die Originalfiguren der

Kardinaltugenden Weisheit, Gerechtigkeit, Mäßigung und Zivilcourage, die den Petrusbrunnen (1595) des Bildhauers Hans Ruprecht Hoffmann mit dem Stadtpatron obenauf bevölkern.

St. Gangolf 6
tgl. 7–18 Uhr
In der kath. Stadtpfarrkirche St. Gangolf hat Hans Ruprecht Hoffmann künst-

seite schmiegen sich die ›Gädemcher‹, offene Verkaufsbuden, und sorgen seit dem 14. Jh. für ein buntes Bild.

Judenpforte 7

Vom Hauptmarkt gelangt man durch die Judenpforte und die Judengasse ins Karree Jakobstraße, Stockplatz und Stockstraße und damit ins mittelalterliche Getto, das bis zur ›Vertreibung‹ von Triers jüdischer Bevölkerung 1418 bestand. Die *cleynen Juden porten* wurde, eine demütigende Einschränkung der Bewegungsfreiheit, nach Läuten der ›Lumpenglocke‹ von St. Gangolf nachts mit einer Kette verschlossen. Open End hingegen nun für Nachtschwärmer, die in der lebhaften Kneipen- und Barszene hängengeblieben sind.

Dom St. Peter 8

Dom-Information: Domfreihof, tgl., Nov.–März Mo–Sa; Dom: offen, Führung 14 Uhr; Domschatzkammer: April –Okt./Dez. Mo–Sa 10–17, So ab 12.30, sonst Di–Sa 11–16, So/Mo ab 12.30 Uhr Die quirlige Sternstraße öffnet sich unvermittelt zur Begegnung mit dem Dom St. Peter. Im Chaos der Völkerwanderung (um 500) und der Normannenüberfälle (882) blieben die junge Kirche und ihr bischöfliches Oberhaupt die Garanten der Kontinuität. Sie sicherten das Überleben während der wilden Fahrten auf der Achterbahn der Geschichte, verkrafteten die vielen Zerstörungen, und nach dem Aufstieg zum Erzbistum im Mittelalter durch prominente Kurfürsten die Demütigung, als tumbe Provinz, gar als ›Pfaffennest‹ verschrieen zu sein.

Kaiser Konstantins Mutter, die hl. Helena, soll Anfang des 4. Jh. Bischof Agritius ihren Palast geschenkt haben, um darauf ein Gotteshaus zu bauen. Die Sage erhielt nach 1945 eine indirekte Bestätigung, als man unter der

lerische Spuren mit einem steinernen Altaraufsatz hinterlassen. Das auf Vorgängerbauten aus dem 10.–14. Jh. basierende, 1459 geweihte Gotteshaus erreicht man durch ein prachtvolles Barockportal. Die in Konkurrenz mit dem Dom stehende Bürgerkirche baute ihre marktbeherrschende Stellung 1507 mit der Aufstockung des Westturms auf 62 m aus. An die Ost-

Vierung Fragmente der Deckenbemalung eines Prunksaals mit Motiven der kaiserlichen Familie freilegte, die im Museum am Dom ausgestellt sind. Die Anlage mit zwei parallel angeordneten Basiliken und angrenzenden Atrien und Vorhöfen reichte bis fast an den heutigen Marktplatz heran.

Kaum 50 Jahre später errichtete Kaiser Gratian auf Fundamenten der Nordkirche einen Quadratbau, dessen Mitteljoch später als Vierung Maß aller Um- und Anbauten werden sollte. Vier Stützen aus Odenwälder Granit trugen die Flachdecke, zerbrachen im 5. Jh. unter der Wucht der einfallenden Franken und wurden von Bischof Nicetius (525–66) durch Kalksteinsäulen ersetzt. »Om Duhmstaan sem mer romgerötscht« lernten Generationen Trierer Schulkinder und wetzten sich die Hose auf dem ›Domstein‹ ab, dem Säulenstumpf, der das Portal markiert.

Die Erweiterung des antiken Quadratbaus in das vom Wechsel rechteckiger und quadratischer Joche bestimmte Langhaus war die Antwort auf die Normannenüberfälle. Erzbischof Poppo und seine Nachfolger schufen im 11. Jh. die großartige Westfassade mit der Apsis, den Portalnischen, runden Treppentürmen und den Glockentürmen, die auf zierlichen Galerien ruhen. Im 12. Jh. wurde der Ostchor angefügt, das Flachdach auf Mauerhöhe eingewölbt, was den Dom ohne direkten Lichteinfall in ein mystisches Dunkel tauchte. Erzbischof Richard von Greiffenclau (1511–1531) erhöhte den Südwestturm als Machtdemonstration gegenüber den Bürgern, die es gewagt hatten, den Turm der Gangolfkirche höher ragen zu lassen. Im Barock brachten Fenster Helle in die Halle, gab Hofbaumeister Jörg Judas dem Bauwerk durch das Querhaus eine Kreuzform.

Wer die Geschichte des Doms näher in Augenschein nehmen möchte, dem

sei eine Führung durch die Ausgrabungen unterhalb des Besucherzentrums empfohlen, bei der einzigartige Zeugnisse des frühchristlichen Kirchenbaus bestaunt werden können (Tel. 0651 979 07 90, www.dominformation.de).

In der Französischen Revolution teilte der Dom als Proviantmagazin das Schicksal aller Sakralbauten. Neugotischer Purismus beseitigte um 1900 die barocken Altäre und die Zwiebeltürme, die Sakristei wurde umgebaut. Die Renovierung 1968–1974 stabilisierte die wacklige Statik und modifizierte den Innenraum im Sinne des Vaticanum II, wozu auch Ferdinand Gehrs (1896–1996) Fresken ›Alpha‹ und ›Omega‹ über den Westportalen gehören.

Den Dom zum Klingen (samt flötendem Teufelchen!) bringen die 1974 und 1996 erbauten **Schwalbennestorgeln** von Johannes Klais (Bonn), wobei das Hauptinstrument über der Kanzel aufgehängt wurde, so wie es vom 13./14. Jh. bis 1794 übliche Praxis war. Erfreulich für Domorganist Josef Still, dessen Vorgänger Georg Schmitt (1835–1842) und Hermann Schroeder (1938/39) sich mit einem stehenden Ersatz auf der Empore begnügen mussten.

Drei Krypten unter dem Ostchor des Doms geben eine Stufung vor, die in die **Heilig-Rock-Kapelle** als Höhepunkt mündet. Die Statuen der hl. Helena und Kaiser Konstantins bewachen die kostbarste Reliquie des Bistums, die sich auf das Johannesevangelium beruft: »Der Leibrock aber war ohne Naht, von oben an im Ganzen gewebt« (Joh. 19,23). Mittelalterliche Chroniken berichten, dass die 79-jährige Mutter Kaiser Konstantins, die hl. Helena, 324 auf ihrer Wallfahrt nach Palästina nicht nur das Kreuz, sondern auch die Tunika Christi aufgespürt habe. Die im Bistum innigst verehrte Heilige erschien als glaubwürdige Zeugin für die Echtheit des Heiligen Rocks, der am

Der Trierer Dom und die älteste gotische Kirche in Deutschland, die Liebfrauenkirche

1. Mai 1196 aus dem Dunkel der Geschichte auftauchte. Alljährlich zu den Heilig-Rock-Tagen ist die Kapelle geöffnet. Der Rock aber bleibt im klimatisierten Schrein den Blicken verborgen, nur zu besonderen Anlässen wird er den Gläubigen gezeigt.

Erstmals geschah das anno 1512. Erzbischof Richard von Greiffenclau war dem Vernehmen nach nicht gerade begeistert vom Wunsch Kaiser Maximilians I., der anlässlich des Reichstags das nahtlose Gewand Christi sehen wollte. Er zögerte lange, den Hochaltar der Hohen Domkirche öffnen zu lassen, worin die Reliquie seit 1196 eingeschlossen war. Pilger von überallher strömten zusammen – das war der Auftakt der Wallfahrten zum Heiligen Rock. Um 1700 schuf der Bildhauer Johann Wolfgang Fröhlicher im Auftrag des Erzbischofs Johann Hugo

von Orsbeck die Heiltumskammer zur Verwahrung der Reliquie. 1996 konnte Altbischof Hermann Spital zur letzten großen Wallfahrt vor der Jahrtausendwende mit der Präsentation des Heiligen Rocks über eine Million Pilger willkommen heißen. Nicht die Echtheit sei entscheidend, betont man heute, sondern der symbolische Gehalt. Das nahtlose Gewand stehe für die Einheit der Kirche.

Ein eher schlichtes Symbol ziert die Öffnung der Heilig-Rock-Kapelle: Es bildet den **Trierer Sternenhimmel** vom 1. Mai 1974 ab. An diesem Tag wurde nach langer Restaurierung erstmals wieder ein Gottesdienst im Dom gefeiert.

Alljährlich gefeiert wird an den **Heilig-Rock-Tagen,** dem zentralen Bistumsfest: 10 Tage ab dem Freitag nach dem Weißen Sonntag lädt das Bistum u. a.

Auf Entdeckungstour

Zu Besuch bei Karl Marx

Im Stadtbild tritt der große Sohn Triers kaum in Erscheinung. Eine Gedenktafel am Wohnhaus der Familie in der Simeonstraße 8 weist auf ihn hin. Eine Straße ist nach ihm benannt. Keine Schule, die seinen Namen trüge, geschweige denn die Universität. Zum Glück gibt es das Museum Karl-Marx-Haus – erfrischend aktuell wie die Analysen des Philosophen, Historikers und Ökonomen.

Planung: April–Okt. tgl. 10–18, Nov.– März Di–So 10–13 und 14–17, Mo 14–17 Uhr, Eintritt 3 €, ermäßigt 2 €, Familien 6 €

Start: Karl-Marx-Haus, Brückenstr. 10

»Wir stehen alle auf den Schultern von Karl Marx«. Das Zitat des katholischen Sozialtheologen Oswald von Nell-Breuning eröffnet auf einer Art riesigem Gong mit weiteren Statements großer Persönlichkeiten den Gang durch die multimediale Ausstellung im Karl-Marx-Haus. Das Geburtshaus wurde 1928 von der SPD gekauft, 1933 von den Nazis zwangsenteignet, nach Kriegsende an die SPD zurückgegeben, 1968 der Friedrich-Ebert-Stiftung anvertraut. In diesem Barockgebäude tat der Philosoph, Historiker und Jurist Karl Marx am 5. Mai 1818 seinen ersten Schrei. Angesehene Rabbiner finden sich in der Ahnenreihe. Vater Heinrich Marx konvertierte mit der Familie zum Protestantismus, weil er sonst seinen Beruf als Rechtsanwalt in der damals preußischen Provinz nicht mehr hätte ausüben können.

Marx neu entdecken

Nur spärliche Dokumente sind aus der Jugendzeit von Marx erhalten, der in seinen ›Thesen über Feuerbach‹ sagte: »Die Philosophen haben die Welt nur verschieden interpretiert, es kommt darauf an, sie zu verändern«. Die Zeit sei reif dafür, Marx neu zu entdecken, hob Museumsleiterin Prof. Dr. Beatrix Bouvier in einer Diskussionsrunde anlässlich des 125. Todestags am 14. März 2008 hervor. Die Ausstellung gibt dazu wertvolle Hilfestellung. Sie wird auch dem jungen Marx gerecht, dem »lustigen Kerl«, dem Abiturienten am Gymnasium zu Trier (heute Gebäude des Priesterseminars), dem Romantiker, der seiner Verlobten Jenny Liebesgedichte schrieb und eine Volksliedersammlung verfasste. Weg vom grimmigen Rauschebart-Image also!

Menschliches Leben in Würde für alle – diese zentrale Forderung von Karl Marx zielte auf eine Änderung des Status quo. Er traf damit den politischen Nerv des Systems, was er Anfang der 1840er im preußischen Köln als Redakteur der ›Rheinischen Zeitung‹ zu spüren bekam. Nach einer Artikelserie zur verzweifelten Situation der Moselwinzer verbot die Zensur 1843 das links-liberale Blatt, das der Berliner Regierung ein Pfahl im Fleisch war. Im gleichen Jahr heiratete Marx die Jugendfreundin Jenny, Tochter des Geheimen Regierungsrats Ludwig von Westphalen, und siedelte nach Paris über, wo er 1844 erstmals mit Friedrich Engels in Kontakt kam.

»Proletarier aller Länder, vereinigt euch«

»Religion ist Opium des Volkes«, formulierte er in ›Zur Kritik der Hegelschen Rechtsphilosophie‹ und wird wie so oft verkürzt und damit falsch zitiert. Dem 1841 in Jena zum Dr. phil. promovierten Wissenschaftler ging es in erster Linie um den Missbrauch von Religion, die den Menschen alle Freuden für das Jenseits verspreche, während das Diesseits die Hölle bleibe. Er prangerte sie als fundamentales Hindernis für die Umsetzung sozialer Gerechtigkeit an. Die Rolle des Vorreiters maß er den Arbeitern zu, die im Ständestaat des 19. Jh. an unterster Stelle rechtlos dahinvegetieren: Der 4. Stand, das ›Proletariat‹, sollte die Utopie einer klassenlosen Gesellschaft vorantreiben. Erstaunlich aktuell analysiert Marx zusammen mit dem Freund und Weggefährten Friedrich Engels im ›Kommunistischen Manifest‹ (1848) die Mechanismen des Frühkapitalismus. Schautafeln im Museum beschäftigen sich mit dieser ›Geburtsurkunde der Arbeiterbewegung‹.

Mehrmals zum Ortswechsel gezwungen, schrieb er im Londoner Exil weitere maßgebliche Werke wie ›Das Kapital‹. Die Grundzüge seiner politischen Ökonomie sind ein wichtiges Thema der Ausstellung: Die Ausbeutung der Arbeiter bringt den Industriellen Profit (Mehrwert), was technischen Fortschritt ermöglicht und damit zum Abbau von Arbeitsplätzen führt. Die industrielle Reservearmee der Arbeitslosen drückt auf die Löhne und lässt die Massen weiter verelenden. Immer mehr Kapital häuft sich in immer weniger Händen an (Monopolbildung), die Kaufkraft sinkt weiter, während gleichzeitige Überproduktion die Krise verschärft. Revolution und kurzzeitige Diktatur des Proletariats führen durch Enteignung zu Gerechtigkeit, Freiheit und Humanität, also zum Kommunismus.

»Die Wahrheit des Marxismus ist ewig«

Wie diese klassenlose Gesellschaft ohne Privateigentum an Produktionsmitteln konkret aussehen soll, darauf gibt Marx selbst keine Antwort. Er sagte einmal: »Ich lege großen Wert darauf, dass ich kein Marxist bin.« Er war, wie in der Ausstellung deutlich wird, Analytiker und Visionär – kein Vollstrecker. Daher können sich viele auf ihn als Stammvater berufen – von sozialstaatlichen Demokratien bis zu Diktaturen. Im Museumsshop ist die Kopfbüste – in knallrot – der absolute Renner. Für Chinesen steht das Geburtshaus auf einer Europareise an erster Stelle. Neben Einträgen ins Gästebuch wie »Die Wahrheit des Marxismus ist ewig« werden unter den Besuchern aus Fernost bei aller Verehrung des großen Vorbilds die Stimmen zunehmend nachdenklicher und differenzierter.

1883 stirbt Karl Marx in London. Bis heute wirkt er in seinen Ideen nach, auch nach dem Zusammenbruch der kommunistischen Systeme. Im Finale der ZDF-Show ›Unsere Besten‹ Ende November 2003 wählten ihn die Zuschauer immerhin zum drittbesten Deutschen, dicht hinter dem Reformator Martin Luther und mit einigem Abstand zu Konrad Adenauer, dem ersten Bundeskanzler.

Gang durch die Geschichte im Karl-Marx-Haus

zu Konzerten, Gottesdiensten und Vorträgen ein (www.heilig-rock-tage.de).

Liebfrauenkirche 9
Wegen Renovierung bis 2011 geschl.
Die Liebfrauenkirche, das älteste gotische Gotteshaus auf deutschem Boden und der älteste Zentralbau dieser Epoche, gab im Frühjahr 2008 einen mittelalterlichen Münzschatz preis. Die päpstliche *basilica minor* (seit 1951) ist als Werk einer lothringischen Bauhütte des 13. Jh. stark von der französischen Baukultur beeinflusst. Aus der Vierung entwickelt sich ein Kranz von zwölf Kapellen in Form einer *rosa mystica* als Sinnbild Mariens.

Bischöfliches Dom- und Diözesanmuseum 10
www.museum.bistum-trier.de, April–Okt. Mo–Sa 9–17, So 13–17 Uhr, sonst Di–So, Tel. 0651 710 53 93
Das Museum in der Windstraße zeigt seine kostbaren Sammlungen in einem ehemals preußischen Gefängnis. Ausgerechnet hier wird man auf einem Deckengemälde aus Helenas Palast, das die Archäologen aus Bruchstücken rekonstruierten, mit einem Verbrechen des Jahres 226 konfrontiert. Pikanterweise ist nämlich Kaiser Konstantins zweite Frau Maxima Fausta darauf abgebildet. Merkwürdig, dass Konstantin vier Jahre nach dem Mord an ihr, die er des Ehebruchs verdächtigte, und an seinem Sohn den Palast abreißen ließ. War hier etwas zu vertuschen? Wie auch immer: An dessen Stelle steht jetzt der Dom.

Kurienviertel
Das Kurienviertel rund um den Dom ist eine eigene Welt. Die Domfreiheit bedeutete für Verfolgte Zuflucht vor weltlicher Gewalt, wenn sie sich z. B. bis zur Gasse Sieh um Dich retten konnten. Als geistliches Pendant zu welt-

lichen Adelshöfen zeugen die Domherrenkurien vom Prunk und Willen zur Repräsentation, beispielhaft dafür ist das barocke **Palais Walderdorff** 11. Im Innenhof versteckt sich hier als seltenes Beispiel eines romanischen Wohnturms die Kurie Jerusalem, die zum Standesamt wurde. Diese Baugruppe wurde in den 1990er-Jahren von Grund auf saniert und dient u. a. kommunalen Zwecken.

Die sogenannte **Geel Box** (›gelbe Hose‹) nebenan mit dem französisch klassizistisch inspirierten Portal war der Torbau der Philippskurie und ist Teil einer Kanzlei. In der **Kurie Zolvern** residiert der Dompropst.

Das **Palais Kesselstatt** erbaute Reichsgraf von Kesselstatt, Verwalter der Kurfürstlichen Weingüter, 1746 auf den Grundmauern einer antiken Glasbläserei. Ihm gegenüber residieren seit 200 Jahren im barocken **Bischofhof** die katholischen Oberhirten. Auf Reinhard Marx (kein Trierer und nicht verwandt mit Karl) folgte 2009 Stephan Ackermann. Der Torbogen mit der Kreuzigungsgruppe in der Liebfrauenstraße signalisiert das Verlassen der Domimmunität.

Konstantinbasilika 12
www.konstantin-basilika.de, tgl. offen, Tel. 0651 20 90 00
Anno 293 startete die Stadt in ihr goldenes Jahrhundert. Begleitet von fieberhafter Bautätigkeit, wurde sie unter den Kaisern Diocletian, Maximian, Constantius, Konstantin, Valentinian und Gratian zur Kaiserresidenz und Hauptstadt des Weströmischen Reichs. In der Neuordnung des Imperiums spielte Trier eine bedeutende Rolle, in einem Atemzug genannt mit Rom, Mailand, Thessaloniki und Konstantinopel.

Die Römische Palastaula, auch Basilika oder Konstantinbasilika genannt, und ihre Umgebung sind beispielhaft für ein Bauprogramm auf engstem Raum. Unter dem Augustus Maximian wird Trier ums 4. Jh. zur Boomtown, was sein Nachfolger Konstantius Chlorus noch forciert. Dessen Sohn Kaiser Konstantin vollendet den Rohbau, orientiert sich aber dann Richtung Osten des Imperiums. Erst Kaiser Gratian stattet die Palastaula wohnlich aus mit Marmor, Malerei und Mosaiken.

Als König Friedrich Wilhelm von Preußen die Basilika 1844–56 »in ursprünglicher Größe und Stilreinheit« restaurieren lässt und der evangelischen Kirche als Gotteshaus schenkt, kann er die Zerbombung des klassizistischen Dekors 1944 nicht voraussehen, auf dessen Wiederherstellung 1956 verzichtet wird. Statt dessen beschwor man bewusst die schmucklose Urform, die es sicher so nie gab.

Kurfürstliches Palais 13

Besichtigung von Saal, Treppe, Innenhof während der Sommermonate; Infos/Termine: Tourist-Information Trier (s. S. 78)
›Schäumendes Rokoko‹ meint zwar nicht die kurfürstliche Architektur, sondern die Sektgenüsse zum Auftakt des moselweiten Wein&Gourmet Festivals, trifft aber ins Schwarze: Johannes Seiz, Schüler Balthasar Neumanns, schuf in Kooperation mit dem Bildhauer Ferdinand Tietz ab 1756 im Auftrag von Erzbischof Johann Philipp von Walderdorff ein Rokokojuwel voll überbordender Formenlust. Das war die zweite Verzahnung von Basilika und Schloss seit dem 17. Jh.

Das 1944 zerstörte Niederschloss kennzeichnet Karl-Jakob Schwalbachs Brunnen ›Sonnenuhr‹ auf dem von Oswald Mathias Ungers konzipierten Willy-Brandt-Platz. Das Palais ist Sitz der Landesbehörde Aufsichts- und Dienstleistungsdirektion (ADD), eine

Besichtigung daher nur eingeschränkt möglich.

Rheinisches Landesmuseum 14

www.landesmuseum-trier.de, Di–So 10–17 Uhr, Weimarer Allee 1, Tel. 0651 977 40, Führungen (Buchung) bei Tourist-Information Trier (s. S. 78)
Im barocken Palastgarten des Kurfürstlichen Palais lustwandelnd, sollten Sie, vorbei an Statuen und Brunnen des Bildhauers Ferdinand Tietz aus dem 18. Jh., unbedingt das Landesmuseum aufsuchen, um den ›Mutterboden‹ der Region zu begreifen.

Seit Ende 2009 präsentiert sich die neue Dauerausstellung, in der die archäologische Funktion des Museums stärker inszeniert wird. Vergangene Epochen werden so lebendig, Museumsdidaktik und -pädagogik spielen eine wichtige Rolle. In den Sammlungen spiegelt sich die Geschichte einer einzigartigen Kulturregion – von der Steinzeit bis zum letzten Trierer Kurfürsten. Römische Mosaiken und die imposanten ›Neumagener Grabmäler‹, so benannt nach dem Fundort (s. S. 143), stimmen optimal auf Triers antike Stätten ein.

Konstantins Füße

Originell die Riesenfüße, die während der Konstantin-Ausstellung 2007 an markanten Plätzen für Aufsehen sorgten. Mittels eines Laserscanners hatte man die originalen Fragmente der Kaiser-Skulptur in Roms Kapitolinischen Museen in digitale Daten umgesetzt, die Formen detailgetreu in Styroporblöcke gefräst, mit einer Kunststoffschicht überzogen und einem marmorähnlichen Anstrich versehen. Mittlerweile lassen sich von ursprünglich sechs noch drei Riesenfüße orten, sie sollen bleiben. Ein Fuß wurde 2008 im Hof des Friedrich-Wilhelm-Gymnasiums aufgestellt, ein zweiter behauptet sich vor dem Rheinischen Landesmuseum, ein dritter markiert den Eingang zu den Kaiserthermen.

Kaiserthermen 15

Erlebnisführung/Info: www.trier.de, April–Sept. 9–18, Okt./März 9–17, Nov.–Feb. 9–16 Uhr

Die Kaiserthermen waren nie mit Wasser gefüllt. Um 300 n. Chr. unter Niederlegung von vier Insulen (Wohnbezirke) als Demonstration von Reichtum und Macht der neuen Residenz in Auftrag gegeben, blieben sie wie die Basilika lange Zeit eine Bauruine, weil Kaiser Konstantin sich von Trier ab und seine Energie Konstantinopel zuwandte. Erst Valentinian und Gratian (375–383) vollendeten das Bauwerk, nun aber vermutlich als Kaserne der kaiserlichen Leibgarde. Später waren die Thermen Fluchtort für die Bevölkerung, Kloster, Burg und Stadtmauer. So überstand ihr Wahrzeichen, das imposante Warmwasserbad, die Zeiten, da es zur Exerzierhalle umfunktioniert und zuletzt in die mittelalterliche Eckbastion integriert worden war. Heute werden die Thermen als Kulisse für ›Brot und Spiele‹ genutzt (www.brotundspiele2010.de).

Kurz vor seinem Tod 2007 vollendete Stararchitekt Oswald Mathias Ungers den in klarer Formensprache faszinierenden neuen Eingangsbereich aus Ziegelmauerwerk. Vom Treppenturm aus kann man die Ausgrabung wunderbar überblicken.

Jesuitenkirche 16

www.ps-trier.de; Kirche: Mo–Fr 8.30–19 (Sommer), 8.30–17 Uhr (Winter), Sa: an der Priesterseminar-Pforte fragen (Tel. 0651 948 40); Spee-Gruft: Schlüssel an der Pforte, Mo–Fr offen wie Kirche, Sa 8.30–13.30 Uhr

Der Jesuitenpater, Hexenanwalt und Barockdichter Friedrich Spee und der Staatswissenschaftler, Sozialrevolutionär und Philosoph Karl Marx liefern beide für die Hauskirche des benachbarten Priesterseminars ein Stichwort. Kurfürst Jakob zu Eltz hatte das Franziskanerkloster 1570 der Societas Jesu zugewiesen, 1610 begann Friedrich Spee in Trier sein Ordensleben, 1635 beschloss er hier sein Erdenleben. Sein Denkmal steht im südlichen Schiff der Jesuitenkirche, das Grab in der Krypta ist durch ein ebenerdigen Oculus einsehbar (weitere Infos: Friedrich-Spee-Gesellschaft Trier, www.friedrich-spee.de).

200 Jahre später, als Trier preußisch und nicht mehr rein katholisch war, wurde Karl Marx (s. S. 88) in der damals

Unser Tipp

Ein breites Spektrum der Kultur

Als Trier in den 1980er-Jahren die ehemalige Tuchfabrik erwarb, war nicht abzusehen, dass aus dem maroden Gemäuer eine Institution werden würde, die weit über die Stadtgrenzen hinaus einen hervorragenden Ruf als Kommunikationszentrum besitzt. ›Der Meister‹ Guildo Horn startete in der **TUFA** 1 seinen Siegeszug in die Charts (Wechselstr. 4, Tel. 0651 718 24 10, www.tufa-trier.de). Ausstellungen, Tanzprojekte, Workshops und Live-Musik sorgen im ›Mutterhaus‹ des **Jazz-Clubs Trier** und Aktionsort des **Jazzclubs EuroCore** für Kultur, das **Textorium** für gute Laune (s. S. 103; www.jazz-club-trier.de: Konzerte, Sessions, Workshops; www.jazz club-eurocore.de: Konzerte und Workshops mit überwiegend europäischen Musikern).

protestantischen Kirche konfirmiert. Im Gymnasium zu Trier nebenan, dem späteren Friedrich-Wilhelm-Gymnasium, machte er sein Abitur; seit den 1960er-Jahren logiert hier das Bischöfliche Priesterseminar. Im FWG schätzte man den Geist im Klassenzimmer und im Wein: Seit 1561 besaß das Gymnasium ein Gut mit Spitzenlagen an Mosel und Saar. Seit 2004 bewirtschaften die Bischöflichen Weingüter Trier die Wingerte der finanziell ins Trudeln geratenen Landesstiftung (Bischöfliche Weingüter: Gervasiusstr. 1, Tel. 0651 14 57 60, www.bwgtrier.de).

Tipp: Neben der Jesuitenkirche schenkt das stilvoll in Holz gestaltete Weinrestaurant Cumvino, das dem Bistum gehört, zu herzhaften Speisen göttlich gute Tropfen der Bischöflichen Weingüter aus (Weberbach 75, tgl.).

Einkaufsmeile Altstadt

Im **Friedens- & Umweltzentrum** 1 in der Pfützenstraße, einer Seitengasse nahe der Jesuitenkirche, haben diesem Thema verpflichtete Gruppen ihre Bleibe, u. a. kann man hier im Weltladen einkaufen. Die geschäftige **Brotstraße** entlangschlendernd, ist an St. Gangolfs Souvenirbuden der Hauptmarkt wieder erreicht. In diesem Viertel der Altstadt, das den Fußgängern vorbehalten ist, bieten sich von der Porta Nigra bis zu den Thermen am Viehmarkt zahlreiche Möglichkeiten, angesichts unterschiedlichster Angebote in den Einzelhandelsläden schwach zu werden. Von der Brotstraße aus lohnt sich ein Schwenk zum **Kornmarkt**. Im 18. Jh. Triers erster öffentlicher Platz, erhielt er um die Jahrtausendwende ein neues Gesicht. Interbook zog 2004 in ein Glasfronthaus ein. Der Abzug der französischen Truppen 1999 brachte den Immobilienmarkt in Bewegung, auch das 1825 nach Plänen des Stadtbaumeisters Johann Georg Wolff er-

richtete, klassizistische **Casino** konvertierte friedlich zur Yuppie-Gastronomie mit Freiterrasse. Der **St. Georgsbrunnen**, den die Stadt 1750 Erzbischof Franz Georg von Schönborn verehrte, erstrahlt nach gründlicher Restaurierung wieder in neuem Stein- und Goldglanz.

Attraktive Läden in der **Fleischstraße** nisten in Gründerzeit-Fassaden, auffallend häufig zeigt sich blumiger Jugendstil. Willi Hahns **Heuschreckbrunnen** zieht amüsierte Blicke auf sich. 1977 von der gleichnamigen Karnevalsgesellschaft gestiftet, verewigt er Originale wie Fischer's Maathes, der Witz und Zivilcourage im Clinch mit preußischen Autoritäten nicht nur zur Fasnacht bewies.

Gegenüber wirkt der barocke Herkules-Brunnen auf dem Vorplatz der **kath. Pfarrkirche St. Antonius** 17 fast schüchtern. Ein meditatives Gotteshaus übrigens, abseits der Touristenströme, wo man meist mit sich allein ist unter dem Sterngewölbe des Hauptschiffs (um 1480). Ganz in der Nähe, im heutigen **Museum Karl-Marx-Haus** 18, wurde Karl Marx geboren, der Friedrich Hegels Philosophie vom Kopf auf die Füße stellte und damit die Welt kopfstehen ließ (s. Entdeckungstour S. 88).

Thermen und Theater

Theater Trier 1

www.theater-trier.de, Am Augustinerhof, Infotel. (Karten) 0651 718 18 18
Das Trierer Theater hat seine Wurzeln in der römischen Epoche. Intendant Heinz-Lukas Kindermann griff 1998 das Erbe auf und kreierte mit den Antikenfestspielen ein Erfolgsevent, das sein Nachfolger Gerhard Weber fortführt. Allerdings geschieht das alles nicht am angestammten Ort in den

Oswald Mathias Ungers konzipierte das Gebäude, das die Thermen am Viehmarkt schützt

Tempelbezirken, der nicht ergraben ist, sondern in den Ruinen des Amphitheaters und der Kaiserthermen.

1802 überzeugte ein Gastwirt die französische Präfektur, dass ein Theater der Bildung der Bevölkerung diene. Er erhielt die Konzession für eine Bühne im Kapuzinerkloster am Viehmarkt. Pleiten, Höhepunkte und Aufbruch zu neuen Ufern kennzeichnen die Folgezeit – 1919 ging das Theater dauerhaft in kommunale Regie über. Als Glanzzeit gilt die Ära Heinz Tietjen (1881–1967), der von 1907 bis 1922 als Intendant mit diversen Inszenierungen Furore machte, bevor er seine große Karriere in Berlin, Bayreuth und anderswo fortsetzte. 1965 zog das Drei-Sparten-Theater in eine neue Bleibe am Augustinerhof.

Eine antike Stadt ohne Forum – undenkbar! In Trier verbirgt es sich auf dem Gelände der Musikkneipe *Forum nuovo* in der Hindenburgstraße – ohne Ortskenntnis kaum zu finden, trotz des Namens, den der in den 1950er-Jahren erbaute, eher unscheinbare Baukubus schon als Kino für die französischen Besatzungstruppen trug.

Thermen am Viehmarkt 19

www.viehmarktthermen.de; Museum Di–So 9–17 Uhr, Wochenmarkt Di/Fr, April–Sept. 7–14, Okt.–März 8–14 Uhr
Eigentlich sollte sich die Tiefgarage über den gesamten Platz erstrecken, doch dann tauchten mit Geburtshilfe der Archäologen vom Rheinischen Landesmuseum Ende der 1980er-Jahre die Thermen am Viehmarkt aus der Tiefe der Vergangenheit auf. Ein gläserner Kubus, von den Trierern in Anspielung auf den Architekten ›Ungers-Vitrine‹ genannt, sitzt seit 1998 über der Ausgrabung und löst geradezu genial das Problem der Raum-

nutzung als versenkter Veranstaltungsraum und begehbares Museum. Der Rundgang streift Reste der insula (Wohnblock), des Bads aus dem 3. Jh. und des Kapuzinerklosters (17. Jh.) sowie jüdische Grabsteine, ehe man oben wieder auf dem im 19. Jh. angelegten Marktplatz steht, den Oswald M. Ungers als römische Straßenkreuzung markierte.

Barbarathermen [20]

Zur Bestandssicherung derzeit geschl., Einsicht von der Besucherplattform: Friedrich-Wilhelm-Straße
Die Barbarathermen lagen im Bereich der antiken Stadtanlage, die sich bis zur Töpferstraße im Süden erstreckte. Als Urbild der römischen Zivilisation des 2. Jh. zählten sie zu den größten des Imperiums. Auf diese älteste Badelust Triers mit verschieden temperierten Sälen und Schwimmbecken, Ruhebänken und Saunen spielt Ausonius in der ›Mosella‹ an, wenn er »die dampfenden Bäder« beschreibt, »wo Gott Vulcanus, heraufgezwungen aus kochender Tiefe, sausende Flammen empor durch der Stuckwände Höhlungen wirbelt«. Gediegenes Marmordesign, lichtdurchflutet dank des im 1. Jh. erfundenen Fensterglases, ein ausgeklügeltes Heizsystem, das Komfort groß schrieb, dienten die Thermen der Körperpflege und dem Nachrichtenaustausch gleichermaßen.

An der Mosel

An der **Römerbrücke** stammen die Basaltpfeiler aus dem 2. Jh. Die Brücke, die mit der Gründung der Stadt gleichgesetzt wird, überspannte die Mosel etwas weiter flussabwärts. Linker Hand geht im Verkehrsgewühl trotz ihrer Höhe die **Konstantinsäule** (1846–1876) fast unter, Rest eines Zolltores mit dem Standbild des Kaisers, dem die Stadt ihre Universalität verdankte.

Wenig spektakulär wirken am Moselufer **Zollkran** und **Alter Kran** [21], sind aber technische Denkmäler ersten Ranges, gehören sie doch zur vom Altertum bis ins 18. Jh. verbreiteten Spezies der Tretradkräne, die durch Menschenkraft wie in einem Hamsterkäfig angetrieben, schwere Güter verluden. War der Alte Kran (Moselkran) in der Erbauungszeit im 15. Jh. und nach der Modernisierung um 1630 mit einem Ausleger unter dem drehbaren Kegeldach ausgestattet, so hievte sein nächst der Römerbrücke stehender barocker Bruder die Lasten mit zwei Auslegern.

Die Bedeutung der Mosel als Wasserstraße belegt der stark frequentierte Hafen am Zurlaubener Ufer, das man nach einer Uferwanderung erreicht, die von Aussichten auf den Stadtteil Pallien mit der Mariensäule gegenüber begleitet ist. Dann kann man sich in einer der lauschigen Lauben (Wein- und Biergärten) im Stadtteil **Zurlauben** erholen.

Auf dem Petrisberg

*Erlebnisführung/Info: www.trier.de
Amphitheater: April–Sept. 9–18, Okt./ März 9–17, Nov.–Feb. 9–16 Uhr*
Bleibt noch, den *decumanus maximus* zu Ende zu gehen, die west-östliche Linie von der Römerbrücke zum **Amphitheater** [22] zu ziehen. Wo einst Gladiatoren und Tierhatz das Volk belustigten, unterhalten heute Stars ihr Publikum – Kulisse für Open Airs, bis 2010 auch für die Antikenfestspiele. Das Zeug zum Wahrzeichen hat der ›Turm der Träume‹, ein Geschenk der Stadt Luxemburg zur Landesgartenschau 2004. Der Sage nach ist auf dem Petrisberg das Grab des assyrischen Königsohns Trebeta zu suchen, der Trier Namen und Existenz gegeben haben soll. Grabungen bestätigten neuerdings ein römisches Lager, das auf 30 v. Chr. zu datieren ist und damit vor die

Siedlung im Tal. Das ehemalige französische Militärgelände der Nachkriegszeit wurde in die Landesgartenschau 2004 einbezogen. Ein neuer Stadtteil mit Wissenschaftspark ist im Entstehen. Im Mittelalter sollen hier Hexen getanzt haben.

Die intellektuelle Elite sitzt nicht weit davon in den Startlöchern: Die **Universität Trier** 23, 1473–1798 aktiv am Geistesleben beteiligt, legte seit der Wiedergründung 1970/75 sowohl räumlich als auch bzgl. der Studentenzahlen (ca. 14 000) und des Images mächtig zu.

Drei Abteien

Gemeinsame Klammer für die Heiligenverehrung in den drei Abteien St. Matthias, St. Maximin und St. Paulin auf den Gräberfeldern jenseits der Mauern war die Kaisermutter Helena (ca. 255–330), die hohes Ansehen genoss, da ihr die Auffindung des Hl. Kreuzes bei der Wallfahrt nach Palästina zugeschrieben wird.

Benediktinerabtei St. Matthias 24
www.abteistmatthias.de, 8–19 Uhr, außer So Vormittag; Führung: frühchristliche Grabanlagen nach Vereinbarung, Tel. 0651 170 90
Neben dem Reliquiar eines Kreuzpartikels (Staurothek) sind die Gebeine des hl. Matthias der bedeutendste Schatz der Abtei in Triers Süden. Der Apostel ersetzte nach Jesu Tod den Verräter Judas, der Legende nach wurde er enthauptet. Helena soll die Gebeine nach Trier gebracht haben, wo man sie erst 1127 entdeckte. Die 1160 fertiggestellte Basilika erhielt um 1500 die leuchtenden Chorfenster und 1719/20 die barocken Portalvorbauten. Nach der Säkularisierung 1802 entging das Kloster dem Abriss nur durch die Umwidmung zur Pfarrkirche. Seit 1922 erfüllen es wieder

Benediktinermönche mit einem der Gemeinschaft verpflichteten Leben.

Auf die Witwe Albana verweist die Albanagruft unter der Quirinuskapelle auf dem Friedhof. In ihrem Haus versammelte sich die junge frühchristliche Gemeinde mit ihrem Vorsteher. Und so sind auch Triers erste Bischöfe Eucharius und Valerius in der Krypta unter der Kirche beigesetzt. 2007 fand der Sarkophag mit den Gebeinen des Apostels Matthias während der umfassenden Restaurierung der Kirche ebenfalls in der Krypta eine Bleibe. Die steinerne Liegefigur (1480) markiert in der Basilika den Standort des Sarkophags. Das einzige Apostelgrab nördlich der Alpen ist ein wichtiger Treffpunkt für die Jakobspilger nach Santiago de Compostela. Auf dem Freihof zeigt das Tatzenkreuz die Entfernung zu den beiden nächsten Apostelgräbern an.

Informationen zu den Wallfahrten, die die Matthias-Bruderschaften organisieren, findet man unter www.smb-buettgen.de.

Die Reichsabtei St. Maximin 25
www.dominformation.de, Führung durch die Ausgrabungen nach Anmeldung bei der Dom-Information, Tel. 0651 979 07 90
Das Schicksal von St. Maximin nördlich der Porta Nigra war turbulent. Auf Bischof Maximins Grab (seit dem 7. Jh.) entstand die mächtige, mit Gütern reich gesegnete Reichsabtei nahe der in römischer Zeit von Grabmälern gesäumten Ausfallstraße. Nach Zerstörungen im 10. und 17. Jh. wurde die Kirche neu erbaut. Bis in die frühe Neuzeit hinein spielten die Benediktineräbte eine einflussreiche, aber immer vorbildliche Rolle, etwa in der Zeit der Hexenverfolgungen. ›Hexenzauber‹ (s. S. 66) schildert die Verstrickung kirchlicher Würdenträger in diese grausame Praxis. 1802 säkularisiert, wird die

renovierte Kirche von den Bistums-schulen als Mehrzweckhalle für Sport, Spiel und Kultur genutzt.

Kath. Pfarrkirche St. Paulin 26
Thebäerstraße, Tel. 0651 27 08 50, März–Sept. Mo/Mi–Sa 9–18, Di/So 11/10–17, Okt.–Feb. bis 17 Uhr, Führungen für Gruppen: Tourist-Information s. S. 78
Einladend, fantasiereich, im Innern prachtvoll überquellend – so stellt sich die kath. Pfarrkirche St. Paulin im Norden Triers dar. 1674 sprengten die Franzosen die romanische Stiftskirche, 1757 wurde der barocke Saalbau der Gottesmutter, Paulin und den Trierer Märtyrern geweiht. Das Innere, dessen plastische und farbliche Fülle fast blendet, trägt Balthasar Neumanns Handschrift. Er gestaltete auch den Prospekt zu Romanus Nollets Orgel, die Johannes Klais 1991 restaurierte. Das flammende Deckengemälde zeigt das Geschick des verbannten Bischofs Paulinus, dessen Gebeine nach seinem Tod 358 hierher überführt wurden, und das der Trierer Märtyrer (Mitglieder der christlichen Thebäischen Legion), die um 300 von Kaiser Maximian auf dem Marsfeld angeblich hingerichtet wurden. Die ›Trierer Märtyrertage‹ mit der jährlichen Ratsherrenmesse um den 6. Oktober erinnern an diese historisch angezweifelte Untat, die die Mosel bis vor Neumagen blutrot gefärbt haben soll.

Radtour nach Pfalzel 2

▶ D 5/6

Triers Stadtteil Pfalzel ist eine Entdeckung, überschaubar, liebenswürdig und einfach schön. Man kann problemlos von Trier hierhin radeln, von Pallien immer auf dem Radweg entlang, ohne große Anstrengung, even-tuell mit dem ›Bötchen‹ (Linienschiff) nach Trier-Zurlauben zurückschippern. Die römische Gründung, ein auf einer hochwassersicheren Terrasse errichtetes Palästchen *(palatiolum)*, hat Ausmaße, die das Diminutiv eigentlich nicht rechtfertigen. Da die Mauern recht gut erhalten sind, kann man sich ein Bild von der Anlage machen, die, erstmals im 4. Jh. umgearbeitet, fränkisches Königsgut wurde.

Adula, Tochter der hl. Irmina von Oeren (auf die das Irminenkloster in Trier und die Schenkung an Willibrord zur Gründung der Abtei Echternach zurückgehen), gründete auf römischem Grund ein Stift für adelige Frauen, das Bischof Poppo 1027 wegen Zuchtlosigkeit in ein Kanonikerstift umwandelte. Pfalzel war bevorzugte Residenz der Erzbischöfe, vor allem dann, wenn in Trier der Konflikt mit der Bürgerschaft mal wieder hochkochte. Die Stiftskirche St. Marien wurde nach drohendem Verfall 1962 wieder geweiht und dient heute in teils originaler Ausstattung als katholische Pfarrkirche (tgl. 9–17 Uhr, Tel. 0651 60 37).

Ausflug nach Igel 3 ▶ C 6

Auf antikem Terrain bewegt sich, wer das luxemburgisch-deutsche Grenzflüsschen Sauer (Sûre) über Igel ansteuert, was als Radtour auf überwiegend gesicherten Wegen ein besonderes Erlebnis ist. Das hübsche Dorf im Westen Triers wird leider stark vom Durchgangsverkehr beeinträchtigt. Die berühmte **Igeler Säule** aus dem 3. Jh. steht im Original (Kopie im Rheinischen Landesmuseum) etwas versteckt oberhalb der B 49 und imponiert dank der großartigen Kraft ihrer religiösen Bilder und Alltagsszenen. Das ca. 23 m hohe Grabmal einer treverischen Tuchhändlerfamilie, die sich offenbar stark der römischen Kultur angenähert hatte, wird nur noch von der alten kath. Pfarrkirche auf dem Hügel über Igel überragt. Zu dieser sollte man hochsteigen, einfach zum Wohlfühlen und Ausgucken auf den Fluss, Wasserliesch und Oberbillig am anderen Ufer.

Eine Rast wert ist auch das **Grutenhäuschen**, ein römischer Grabtempel aus dem 3./4. Jh. in den Weinbergen westlich von Igel, von dessen rekonstruierter Säulenfront aus Kommissar Walde Bock, Mischa Martinis Trierer Serienheld, den Blick nicht nur aufs Moseltal genoss.

Trier von oben

Zauberhaft ist die Stadtansicht von der Terrasse des **Cafés Weisshaus** `4` aus, das sich nach einem Spaziergang zum Forsthaus Drachenhaus (mit Drachen als Wasserspeier) und dem Wildpark für eine Jause empfiehlt. Höhenluft schnuppert man auch oberhalb Palliens an der **Mariensäule**, die fromme Bürger 1866 anlässlich Mariens ›unbefleckter Empfängnis‹ errichteten. Man erreicht sie per Auto die Römerstraße hinauf, von der Katholischen Akademie aus Richtung Markusberg, nach kurzem Fußmarsch linker Hand über Holztreppen. In 300 m Höhe eröffnet sich ein großartiger Blick über Trier.

Tageswanderung ins Butzerbachtal ▶ D 5

Länge: ca. 20 km, Karte: Trier u. Trier-Land, topografische Karte 1:25 000
Nach der Bahnfahrt von Trier nach Kordel wandern wir ins Kylltal zur Burg Ramstein und vom dortigen Parkplatz teilweise auf dem Archäologischen Rundwanderweg ins Butzerbachtal mit Wasserfällen, Hängebrücke und römischem Kupferbergwerk. Nach einem Abstecher zur Klausenhöhle werden die Genovevahöhle und die Schutzhütte Eifelkreuz angepeilt. Danach schmecken im ›Nikla‹ (Gasthaus Lenerz, Mi–So, Tel. 0651 698 76) in Lorich echter Viez (Apfelwein) und eine deftige Brotzeit. Über Altenhof, Schusterskreuz und eine evtl. weitere Rast im wegen seiner Lage, Atmosphäre und guten Küche geschätzten Restaurant-Café Weisshaus `4` (www.weisshaus.de, Di–So) oder – nach Abzweigung – im Hotel-Café Kockelsberg (s. S. 102) kommen Sie nach Trier-Pallien.

Tipp: Vom Café Kockelsberg ca. 1 km zur B 51 laufen, wo die Buslinie 2002 Laufmüde nach Trier transportiert; Archäologischer Rundwanderweg: Flyer bei der Deutsch-Luxemburgischen Tourist-Information, www.lux-trier.info.

Wandern rund um den Petrisberg `5`

Vom Petrisberg aus bieten sich einige schöne Wandertouren ins Aveler Tal nach Tarforst an, eventuell kombiniert mit einem Wechsel ins Nachbartal nach Olewig. Ausflugslokale, in denen man bei Viez und ›Schinkeschmier‹ (Schinkenbrot) sitzt, und eine Hausbrauerei vermitteln ländlich-kernige Idylle. In Tarforst tut das nahe der Universität die Weinstube im **Weingut Gehlen**, Am Hötzberg 3, Tel. 0651 104 62, www.weingut-gehlen.de, Di–So, oder das **Gasthaus Wollscheid** in der Tarforster Str. 43, Tel. 0651 104 42, Di–So. Einkehren lohnt sich auch in der Kneipe **Zum Rostijen Haoken**, Olewiger Str. 118, Tel. 0651 993 05 12, Di–So, wo die im Volkstheater und Karneval aktive und fußballbegeisterte Wirtin Gaby Hahn den Zapfhahn bedient.

Lieblingsort

Wie im Weinkontor …
Weinstube Kesselstatt **3**: Große
Klasse – ob im entspannten Wein-
kontor-Ambiente oder im stim-
mungsvollen Garten am Domfrei-
platz! Neben Brotzeiten à la carte
zeigt eine Tafel Tagesgerichte
(ab 8 €) und offene Kesselstatt-
Weine an. Für den Heimbedarf
wählt man durch einen Griff ins
Flaschenregal den Wein selbst aus.
(Liebfrauenstr. 10, Tel. 0651 411 78,
www.weinstube-kesselstatt.de,
tgl. 10–24 Uhr.)

Übernachten

Heiter barock – **Hotel Alte Villa** **1**: Saarstr. 133, Tel. 0651 93 81 20, www.hotelaltevilla.de, DZ ab 85 €, Suite ab 125 €. Das im Trierer Süden gelegene 3-Sterne-Hotel in der Barockvilla verfügt über 2 Suiten und 17 individuell eingerichtete Zimmer.

Angenehm – **Hotel Frankenturm** **2**: Dietrichstr. 3, Tel. 0651 97 82 40, www.hotel-frankenturm.de, 6 DZ Du/WC ca. 90 €, 6 DZ Etagenbad 55 €, Nähe Marktplatz.

Backpacker-Preise – **Hilles Hostel** **3**: Gartenfeldstr. 7, Tel. 0651 710 27 85, www.hilles-hostel-trier.de, Übernachtung mit Selbstversorgerküche, im 2-Bett-Zi ca. 25 € p. Pers. (im 6-Bett-Zi 15 €), alle Du/WC. Das Backpacker Network Germany angeschlossene Hostel bietet im Sinn der Völkerverständigung preiswerte Unterkünfte für Rucksack-, Radtouristen und Globetrotter.

Modern an der Mosel – **Römerstadt-Jugendherberge** **4**: An der Jugendherberge 4, Tel. 0651 14 66 20, trier@die jugendherbergen.de, ca. 19 € p. Pers. Ü/F. Jugendgästehaus mit vielen Spiel- und Sportmöglichkeiten an der Mosel nahe der Altstadt.

Übernachten, Essen

Vornehm – **Hotel Eurener Hof** **5**: Eurener Str. 171, Tel. 0651 824 00, Stadtteil Euren, www.eurener-hof.de, DZ ab ca. 90 € im 4-Sterne-Hotel der Familie Haag mit Wellness à la Rom. Marktfrische Hauptgerichte ab ca. 13 € in der Grillstube. Preisgünstig: die ›Ländlich-Deftig Speisekarte‹ (Mo–Fr). Snacks in der Bar 1906, E-Bike-Verleih.

Erstklassig individuell – **Klosterschenke** **6**: Hotel, Restaurant, Garten, Klosterstr. 10, Stadtteil Pfalzel, Tel. 0651 96 84 40, www.hotel-klosterschenke.de,

DZ ab 85 €, tgl., Mitte Okt.–April Di–So, hausgemachter Flammkuchen ab 7 €, ›Pilgergerichte‹ ab 10 €. Leckerleichte Speisen asiatisch-mediterraner Mixtur im Landhaus-Ambiente, Terrasse am Moselufer, ›Bett & Bike‹-Gastbetrieb.

Angesagtes Ausflugslokal – **Berghotel Kockelsberg** **7**: Kockelsberg 1, Tel. 0651 824 80 00, www.kockelsberg.de. DZ ab 61 €, Hauptgerichte ab 9 €. Schlafen in Wiener Flair in der ›Cafékirche‹ (Trierer Spitzname wegen der Form). Schöner Blick auf die Stadt.

Essen & Trinken

Italienisch fein – **Trattoria Rossini** **1**: Nagelstr. 21, Trier, Tel. 0651 436 20 97, www.trattoriarossini.de, Mo–Sa, Hauptgerichte ab ca. 10 €.

Römische Küche – **Zum Domstein** **2**: Hauptmarkt 5, Tel. 0651 7 44 90, www.domstein.de, tgl., Hauptgerichte ab 8,50 €. Sehr reichhaltige Karte gutbürgerlicher Speisen, Trendsetter für römische Menüs nach Apicius (ab 17 €, S. 61).

Große Klasse – **Weinstube Kesselstatt** **3**: Liebfrauenstr. 10, Tel. 0651 411 78, www.weinstube-kesselstatt.de, s. Lieblingsort, S. 100.

Kultiger Klassiker – **Café Raab** **4**: Karl-Marx-Str. 14, Tel. 0651 741 86, www.confiserie-raab-trier.de. Klassische Conditorei und Confiserie mit Polstermobiliar, großer Theke voll köstlicher Kuchen/Torten und Gästen jeden Alters lässt gute Vorsätze vergessen!

Kraftvoll regional – **Blesius Garten** **5**: Olewiger Str. 135, Stadtteil Olewig, Tel. 0651 360 60, www.blesius-garten. de. Das ›Kraft Bräu‹ ist naturtrübes Bier, die Weinkarte gut sortiert, der Biergarten sehr schön.

Urig-echt – **Aom Ecken** **6**: Maarstraße 45, Mo–Fr. Tel. 0651 264 44, ab 16 Uhr, abseits der Touristenpfade, besser per

Rad bzw. motorisiert anfahren oder mit der Besichtigung von St. Paulin verbinden. Unverfälschtes Trier. Vorsicht, Platzmangel! Urlaub während der Schulferien. ›Bei Rosi‹ gibt es Kappes Teerdisch (Sauerkraut mit Püree) oder ›gebroaden Muuselfisch‹ mit einer Porz Viez (Apfelwein im Tonkrug).
Urig freundlich – **Fischers Maathes** **7**: Weberbach 53, Tel. 0651 994 37 45, www.fischersmaathes.de, gegenüber Kaiserthermen. Schmackhafte Aufläufe ab 5,50 €, originelles Ambiente.

Trendy Bistros, Cafés, Restaurants in der Altstadt, zu Fuß erreichbar:
Unser Favorit – **Astarix** **8**: Karl-Marx-Str.11, Tel. 0651 722 39, tgl., ab ca. 5 €. Einer AStA-Initiative entsprungen. Treffpunkt von Schülern, Studis, abends Theaterbesucher, Schauspieler und Trier-Schwärmer bei Pizza und Aufläufen – nach Gusto variabel! Das **Miss Marple's** nebenan gehört zum gleichen Laden.
Cool und originell – **Textorium** **9**: TUFA, Wechselstr. 4–6, Tel. 0651 474 82, www.textorium.de, Sa, So 18–22.30, Mo–Fr auch 12– 14.30 Uhr; Aufläufe (ca. 7,50 €), Pizzen (ca. 6 €). Bunt durchmischtes Publikum, Biergarten, Live-Musik in der TUFA (s. S. 93).
Stylish – **HAUPTMANNS** **10**: Kornmarkt, Tel. 0651 436 21 20, www.hauptmanns.net, tgl., wurde 2004 im ›Casino‹ eröffnet – Mittagstisch ab 7 € und gut sortierte Weinkarte!
Bodenständig – **Bitburger Wirtshaus** **11**: 2005 im ›Casino‹ eröffnet, Tel. 0651 436 18 80, www.bitsburger-wirtshaus.de. Trierer Flieten (Hähnchenflügel) ab 5,10 €.
3 Locations in 1 – **Walderdorff's** **12**: Domfreihof, Tel. 0651 994 44 12, www.walderdorffs.de. Beste Weine, Kaffees, Tapas um 4 € in der Resto-Bar (Rauchen erlaubt) und im Cafe-Resto. Live-Musik, DJs, Partys im Club Toni.

Spielbereich – **Familiencafé Löwentatze** **13**: Neustr. 39, Tel. 0651 460 88 74, tgl., Kinderkarte.
Empfehlenswert – Ebenfalls empfehlenswert sind die Bistros **Nikos Café** **14** am Kornmarkt 11 (Tel. 0651 436 26 91, tgl.), **Café Delikat** **15**: (Mo–Sa, Tel. 0651 431 12) in der Neustr. 77.
Eine Welt für sich – **Zurlaubener Ufer** **16**: Im ehemaligen Fischerviertel am Moselufer ist zur Saison Hochbetrieb. Radler machen hier gerne Pause, tanken frische Kräfte z. B. in den Biergärten von En den Lauben, Alt Zalawen, Ente in Zurlauben oder Mosellied.

Einkaufen

Weltladen – **Friedens- & Umweltzentrum** **1**: s. S. 94.
Souvenirs – **Trier-Shop** **2**: Reichhaltiges Souvenir-Angebot in der Tourist-Information, z. B. Karl-Marx-Wein aus dem Ruwertal.
Öko von der Saar – **Wochenmarkt auf dem Viehmarkt** **3**: Produkte des Hofguts Serrig, Di, Fr 7–13 Uhr.
Info im Internet – **www.einkaufen-trier.de**: Überblick über verkaufsoffene Sonntage, Öffnungszeiten, Parken.

Aktiv & Kreativ

Kultur aller Art – **TUFA (Tuchfabrik)** **1**: s. S. 93.
Radfahren – **Radtour nach Pfalzel** **2**: s. S. 98.
Auf antikem Terrain – **Ausflug nach Igel** **3**: s. S. 98.
Trier von oben – **Terrasse des Cafés Weisshaus** **4**: s. S. 99.
Wandern – **Rund um den Petrisberg** **5**: s. S. 99.
Stadtführungen – **kreativkultours**: Tel. 0651 979 01 56, www.kreativkultours.de, ›Wein und Kulturgenuss‹ bei the-

matisch orientierten Stadtführungen (auch nachts), Schlemmermenüs und künstlerischen Weinproben.

Abends & Nachts

Dreisparten-Tradition – **Theater Trier** **1**: Tel. 0651 718 18, Info/Karten: www.theater-trier.de. Das renommierte städtische Dreisparten-Theater (Oper, Schauspiel, Ballett) mit festem Ensemble setzt, derzeit unter der Intendanz Gerhard Webers, trotz knapper Kassen kontinuierlich weiter auf Qualität. Das Festival Antikenfestspiele, bisher ein sommerliches Open-Air-Aushängeschild des Theaters, findet ab 2011 nicht mehr statt, s. S. 94.

Lifestyle – **Forum Nuovo** **2**: Hindenburgstr. 4, Tel. 0651 710 37 80 00, www.forum-trier.com, Mi–Sa. Im früheren Franzosen-Kino Reggae, House, Soul & Funk, Indie usw. als Livemusik, Disco-Parties – und der AStA feiert.

Trierer Institution – **Luckys Luke** **3**: Luxemburger Str. 6, Tel. 0651 834 53, www.luke.de, tgl. ab 20 Uhr. ›Die Luke‹ ist eine coole ›technofreie‹ Mixtur aus Programmkino, Szenekneipe, Disco und Cocktailbar.

Himmelsgucker – **Sternwarte Trier** **4**: Beobachtungskuppel Uni Trier, Gebäude B (5. Stock) und Außenstelle Trier-Irsch. Gäste sind willkommen, Tel. 06 51 96 79 74 40, www.sternwarte trier.de.

Infos & Termine

Veranstaltungen

Schärensprung: Fasnachtsdienstag in Trier-Biewer, alter ›Faosicht‹-Brauch, bei dem alle Hand in Hand durch den Ort springen.

Orgel: Internationale Orgeltage im Trierer Dom, Mai/Juni; 30 Min. Orgel-musik aus dem Schwalbennest mit Auftritt des Orgelteufelchens, Aug.–Okt. Sa 11.30–12 Uhr. Sommerliche Orgelkonzerte in der Konstantin-Basilika, Juli/Aug., www.trierer-orgelpunkt.de.

Altstadtfest: Letztes Juniwochenende – ›Der Meister‹ Guildo Horn ist meist dabei.

Moselfest: am Zurlaubener Ufer, Juli. Auf nao Zalaawen!

Brot und Spiele: September, Infohotline: 09005-10 21 12, Kaiserthermen und Amphitheater, Römerfest mit Gladiatorenkämpfen usw.

Brunnenhof: Sommertreff Mai–Sept. Sonntagskonzerte und -matineen, Jazz im Brunnenhof, Kulturbüro Trier, www.trier.de/Kulturbuero.

Trierer Silvesterlauf: seit 1990 jeweils am 31. Dezember, ein Rundkurs in der Innenstadt mit internationaler Besetzung.

Verkehr

Flugzeug: Flughäfen Luxemburg, Saarbrücken und Frankfurt-Hahn Frankfurt-Hahn, Info: Tourist-Information, Tel. 0651 97 80 80.

Bahn: IC/ICE-Moselstrecke Koblenz–Trier, Anschlüsse nach Luxemburg und Saarbrücken, die Eifelstrecke führt Richtung Köln.

Busse: Moselbahn-Busse; Stadtbuslinien; VRT-Info-Tel. 01805131619, www.vrt-info.de, Infos zu Bus und Bahn in der Region Trier.

Taxi: Tel. 0651 120 12 und 480 48

LOGO Fahrrad-Taxi: Martin Kästle, Tel. 0176 25 46 71 92, www.rikscha-trier.de.

Schiff: Trier-Bernkastel-Kues, Trier-Saarburg, Fahrplan-Infos: Tourist-Information.

Autofähre: Oberbillig–Wasserbillig.

Ort der Ruhe und Entspannung – der Palastgarten des Kurfürstlichen Palais'

Südliche Wein-Mosel im Dreiländereck

Highlight❗

Saarburg: Das Städtchen ist schon auf den ersten Blick eine Augenweide, wenn man sich dem Städtchen mit dem idyllischen Ortskern und dem Wasserfall von Beurig aus nähert – und sich dann immer mehr bestätigt fühlt. S. 117

Auf Entdeckungstour

Auf dem Jakobsweg: Ein Stück Richtung Santiago de Compostela wandern durch die wechselhafte Geschichte des Saargaus, entlang bedeutender Zeugnisse verschiedener Jahrhunderte, mit deftiger Wegzehrung für die Pilger. S. 124

Kultur & Sehenswertes

Schengen: Historische Stätten, an denen Europa laufen lernte. S. 109

Nennig: Die historische Dimension der Region zeigt sich auch durch das Mosaik der römischen Villa in Nennig. S. 111

Aktiv & Kreativ

Ruwertal-Radtour: Von Hermeskeil bzw. Kell am See geht es zum großen Teil auf der stillgelegten Bahnstrecke bis zur Mosel. S. 122

Wasserski auf der Sauer: Bei Rosport gibt es optimale Bedingungen für diese Sportart. S. 127

Genießen & Atmosphäre

Weites Land: Der Aufstieg oder die Fahrt hinauf nach Wincheringen belohnt mit entzückenden Blicken auf das Luxemburger Koeppchen und das Band der Mosel. S. 113

Abends & Nachts

Klassik & Jazz: Wenn im Mai und Juni in der luxemburgischen Grenzstadt das **Festival International Echternach** stattfindet, kommen Musikliebhaber voll auf ihre Kosten. S. 129

Kultur ohne Grenzen

Europa wächst zusammen und das Dreiländereck Deutschland-Luxemburg-Frankreich macht es vor. Einen zusätzlichen Schub erhielt dieser Entwicklungsprozess durch das gemeinsame Fest, das die Großregion 2007 feierte, als Luxemburg Kulturhauptstadt Europas war. Nicht mehr allein vom Großraum SaarLorLux spricht man inzwischen hier in den Grenzlanden, die sich bewusst als europäische Herzlande verstehen. Politik, Gesellschaft, Wirtschaft und Kulturträger Luxemburgs, Lothringens, des Saarlands, des Trierer Raums in Rheinland-Pfalz und des belgischen Walloniens finden in der Besinnung auf ein gemeinsames Erbe wieder zusammen. Das ist umso bemerkenswerter, als die Beziehungen durch nationalstaatliches Denken im 19. und 20. Jh., vor allem aber durch die beiden Weltkriege nicht eben unbelastet sind. Ganz selbstverständlich werden nun die gallorömischen (und germanischen) Vorfahren mit ins Boot von Mosel, Saar und Sauer genommen. Das Netzwerk der QuattroPole, der vier Städte Trier, Saarbrücken, Metz und Luxemburg, hat hierzu entscheidende Weichen gestellt.

Infobox

Office national du Tourisme: P. O. Box 1001, Luxembourg, Tel. 00352 428 28 20, www.visitluxembourg.lu.

Saar-Obermosel-Touristik: Tourist-Information Saarburg, Tel. 06581 99 59 80, und Konz, Tel. 06501 77 90, www.saar-obermosel.de.

Südliche Wein-Mosel auf neuen Wegen

An der Untermosel erfanden Winzer die ›Terrassenmosel‹, um ihre Produkte gegenüber der Mittelmosel, der ›klassischen‹ Weinregion, abzugrenzen. An der Obermosel hob man nun die ›südliche Wein-Mosel‹ aus der Taufe. Der Fluss bildet hier die unsichtbare und – seit Einführung des Euro – ohne Geldwechsel wechselbare Grenze zwischen Deutschland und dem Großherzogtum Luxemburg. Eine lange Zeit ausgebremste Entwicklung nimmt an Fahrt auf, denn jetzt spielt es keine Rolle mehr, dass die meisten Orte zu Rheinland-Pfalz gehören, Nennig und Perl saarländisch sind, der nächste Ort schon das französische Apach. Selbst Chancen und Probleme teilt man sich: Aus der Ferne grüßen das Industriegebiet Thionville, Zentrum der französischen Stahlproduktion, und der nukleare Kraftwerksblock von Cattenom. Und wie in allen Regionen, in denen Grenzen keine Rolle mehr spielen, findet ein reger kultureller und sozialer Austausch statt. Deutsche arbeiten im lukrativen Luxemburg, Luxemburger siedeln sich an der Obermosel an.

Der Fluss konnte sanftere Hänge formen, schrammt bei Nittel allerdings an schroffem Dolomit entlang. Auf Buntsandstein-, Muschelkalk- und Keuperböden des Trias-Erdzeitalters (vor etwa 200–250 Mio. Jahren) schiebt sich als Teil des Lothringischen Schichtstufenlands das Plateau des Saargaus keilförmig zwischen die Obermosel und die schiefrige Saarmündung. Auf Luxemburger Seite erstreckt sich das fruchtbare Gutland mit einer ähnlichen geologischen Struktur.

Elblingroute und Wäistrooss

Elblingroute heißt der Teilabschnitt der Moselweinstraße auf deutscher Seite, Wäistrooss oder Route du Vin auf dem Luxemburger Ufer. Über vier Brücken müssen wir geh'n, um hüben wie drüben Landschaft, Dörfer, Städtchen und Menschen an der südlichen Wein-Mosel zu beschnuppern. Für Ausflüge mit dem Rad empfiehlt sich vorzugsweise das deutsche Ufer, das die Route fernab der Hauptstraßen hält.

Perl ▶ B 8

Im geeinten Europa blüht das saarländische Perl am südlichsten Zipfel des Dreiländerecks sichtlich auf. Und so ist im Zentrum das Barockgartenparterre im Park von Nell eine einzige Blütenpracht (Barockgartenparterre im Park von Nell ganzjährig geöffnet). Die kath. Pfarrkirche St. Gervasius und die Quirinuskapelle (um 1700), heute eine Gedenkstätte für die Toten der beiden Weltkriege, ergänzen das Ensemble.

Übernachten

Originell – **Masseria Rosa dei Venti:** Am Dreiländereck 3, Tel. 00352 621 40 10 11, www.masseria-rosadeiventi.com, DZ Ü/F ab 55 €, originelle ›Windrose‹-Zimmer.
Solide – **Hotel-Restaurant Winandy:** Biringerstr. 2, Tel. 06867 364, Fax 15 01, DZ ca. 61 €, mit Metzgerei.

Infos

Tourist-Information
Trierer Str. 28, Perl, Tel. 06867 660, www.perl-mosel.de.

Verkehr
Bahn: Bf. Perl, Elbling-Bahn Trier-Perl.

Schengen ▶ B 8

Nur die Mosel trennt Perl von Schengen im Großherzogtum Luxemburg und dem kunstvollen Barockgarten und aromatischen Kräutergarten auf dem Gelände von ›Schlass Schengen‹. Anfang des 19. Jh. trug Jean-Nicolas Collart die alte Wasserburg bis auf den mittelalterlichen Turm ab und errichtete auf den Grundmauern ein neues Gebäude. Die malerische Szenerie gefiel 1871 dem Schriftsteller Victor Hugo so sehr, dass er den Turm zeichnete. Die Skizze Château de Schengen schmückt nun Etiketten des Weinguts Thill (Kellerei Bernard-Massard).

Unser Tipp

Gärten ohne Grenzen
Sichtbares Zeichen eines kulturell verwurzelten Miteinanders sind die nach historischen Vorbildern rekonstruierten Gärten, die in der SaarLorLux-Region inzwischen ein touristisches Netzwerk bilden. Dazu zählen u. a. das Barockgartenparterre im Park von Nell in Perl, der Barock- und Kräutergarten am Schloss in Schengen, der Renaissancegarten in Nennig, die Römischen Gärten der Villa Borg und der Bauerngarten des Freilichtmuseums Roscheider Hof über Konz. Koordiniert wird das grenzüberschreitende Projekt durch administrative und touristische Institutionen in Kooperation mit den Besitzern (Infos: www.gaerten-ohne-grenzen.de).

Dreiländereck

In diesem Winzerdorf ging 1985 Europa vor Anker, als auf dem Fahrgastschiff ›Princesse Marie-Astrid‹ die ersten Kontroll- und Zollschranken fielen – mit Auswirkungen, die man sich damals sicher nicht hätte träumen lassen. Den grenzübergreifenden Gedanken verfolgt auch das Europa-Museum, das der zeitgenössischen Kunst des Kontinents ein Gesicht gibt (www.EuropaMuseum.org, Koch'haus, Place de l'Europe, Schengen, Tel. 00352 26 66 71 21, Mo–Fr 10–16 Uhr, s. Essay S. 68–69).

Schwebsange ▶ B 8

Trotz bester Weinlagen kann Schengen nicht mit dem rund 6 km nördlichen Schwebsange konkurrieren, denn hier wird alljährlich am ersten Septembersonntag ein Wunder zelebriert, wenn aus dem Weinbrunnen kostenlos Wein statt Wasser fließt. Die Kirche mit ihren Schiefertürmen schaut dem Treiben zu, das sich dann auch in die sonst so stillen Dorfgassen verlagert.

Übernachten, Essen

Im Kloster – **Jugendherberge Schengen/Remerschen:** 31, Wäistrooss, Remerschen, Tel. 00352 266 67 31, www.youthhostels.lu, Ü/F p. Pers. ca. 18 €, Essen ab 6 €, 2007 eröffnet im renovierten Kloster und einem Neubau, nahe einem Badeweiher und der Mosel, barrierefrei.

Infos

Tourist-Information
Centre touristique régional: Rue Robert Goebbels, Schengen, Tel. 00352 26 66 58 10, www.schengen-tourist.lu. Im Tourismusbüro der ›Schengen asbl‹ ist auch das ›Relais Europe Direct Schengen‹ untergebracht.

Remich ▶ B 8

Vor Lebensfreude strotzt der Bacchusbrunnen des Luxemburger Bildhauers Will Lofy an der südländisch wirkenden Esplanade in Remich. Im Sommer ist die auf dem Weinfass reitende opulente Figur kaum mehr wahrzunehmen, weil dann der Ort schier überquillt vor Gästen, am Quai sich die Ausflugsschiffe drängen und Surfer und Segler die Szene beherrschen. Im Winter flaniert man dagegen unbehelligt durch die engen Gassen der Altstadt, hinein in die Rue St-Cunibert mit dem vorgeblichen Geburtshaus des Trierer Archidiakons und Erzbischofs von Köln Kunibert und durch die von der mittelalterlichen Befestigung gebliebene Porte St. Nicolas, die den Schutzpatron der Fischer und Küfer auf dem Torbogen zeigt.

Am Ufer erinnert ein Denkmal an Luxemburgs Nationaldichter Edmond de La Fontaine (1823–1865), der als erster Theaterstücke in Lëtzebuerger Sprache schrieb. Der wegen seiner Leibesfülle ›Dicks‹ genannte Poet und zeitweilige Bürgermeister von Stadtbredimus lebte in diesem Nachbarort auf dem Château der Familie (18. Jh.). Heute sind auf dem Gelände die Cunibert-Weinbruderschaft, die Winzergenossenschaft Vinsmoselle und das Restaurant An der Tourelle angesiedelt.

Essen & Trinken

Geschmackvoll – **An der Tourelle:** Stadtbredimus, Château de Stadtbredimus, 12, route du Vin, Tel. 00352 23 69 85 11, sehr geschmackvoll, gute Weine.

Aktiv & Kreativ

Fischen: Fischereierlaubnisscheine durch das Distriktkommissariat Remich, 2, rue de la Gare, Tel. 00352 23 66 90 23.

Infos

Tourist-Information
Tourist-Info: Esplanade, Remich, Tel. 00352 23 69 84 88, www.remich.lu, s. auch Infobox S. 108.

Nennig ▶ B 8

Das berühmte Fußboden-Mosaik der im 19. Jh. ergrabenen römischen Villa ist einfach überwältigend. Wenn auch unklar bleibt, wie viel davon tatsächlich original ist, lohnt sich die Auseinander-setzung mit römischen Alltagsszenen in künstlerischer Perfektion (April–Sept. Di–So 8.30–12, 13–18, März/Okt./Nov. Di–So 9–11.30, 13–16.30 Uhr, Tel. 06866 13 29). Hier Münzen ins Marmorbecken zu werfen, bringt vielleicht Glück, für das Casino auf **Schloss Berg** braucht man schon mehr Kleingeld. Neben Luxushotel und Gourmet-Restaurant im Schloss sowie Landgasthaus in der Scheune ist der Renaissancegarten die eigentliche Attraktion (www.victors.de, Renaissancegarten offen).

Schloss Thorn
www.schloss-thorn.com, Vinaria: Mo–Fr 9–11 Uhr, Tel. 06583 433
Auf halbem Weg nach Palzem erhebt sich Schloss Thorn hoch über dem Tal auf felsigem Grund. Sein Name geht auf einen römischen Wachtturm *(turris)* zurück. Das älteste Schlossweingut an der

Die eigentliche Attraktion von Schloss Berg ist der Renaissancegarten

Mosel, seit 1534 in Familienbesitz, bewirtschaftet der überregional anerkannte Elbling-Winzer Baron Dr. von Hobe-Gelting. Genuss verspricht eine Weinverkostung.

Übernachten

Angenehm – **Landgasthaus Birkenhof:** Saarbrücker Str. 9, Sinz, Tel. 06866 202, www.birkenhof-sinz.de, DZ 60 €, Mi–Mo, ca. 5 km von Nennig an der B 406.

Infos

Verkehr
Bahn: Bf. Nennig, Elbling-Bahn Trier–Perl.

Ehnen und Wormeldange ▶ B 7

Weinmuseum Ehnen: April–Okt. Di–So 9.30–11.30, 14–17 Uhr

Das malerische **Ehnen** lockt mit Mittelaltergassen rund um die Rundkirche, die einzige in Luxemburg. Zu den renommierten Weinkellern gesellt sich als Attraktion das Weinmuseum im ehem. Wellensteinschen Anwesen am Moselufer.

»Wein vom Koeppchen heißt Weinkauf mit Köpfchen« – könnte man als Slogan für das Riesling kultivierende **Wormeldange** und seine hervorragendste Lage erfinden, aus dessen Muschelkalkböden Winzer mit viel Sachverstand einen Grand Premier Cru herauskitzeln. Hier sind auch Spezialisten für den ›Crémant de Luxembourg‹ am Werk, die Sekt-Spitzenklasse der luxemburgischen Mosel.

Übernachten, Essen

Komfortabel – **Hotel-Restaurant Bamberg's:** 131, route du Vin, Ehnen, Tel. 00352 76 00 22, DZ ca. 90 €, Mi–Mo, bekannt für lëtzebuergesch-französische Küche.

Einfach malerisch – die Mosel bei Nittel

Wincheringen ▶ B 7

Das deutsche Wincheringen liegt nicht direkt an der Mosel und steckt auch sonst voller Überraschungen. Schon die alpinen Spitzkehren hinauf zum Ort bescheren entzückende Blicke auf das Luxemburger Koeppchen gegenüber und das Band der Mosel gen Norden. Die herrlich ornamental ausgemalte kath. Pfarrkirche St. Peter (1883) des Trierer Dombaumeisters Reinhold Wirtz, eine der sehenswerten neugotischen Kirchen der Region, ›verlor‹ ihren Turm bei Bombardements Ende 1944.

Der Bergfried des Warsberghauses daneben blieb provisorischer Glockenturm und damit Sinnbild einer geglückten Allianz von Kirche und Kommune, der die ehem. Wasserburg gehört.

Einkaufen

Für Genießer – **Weingut Stephan Steinmetz:** Am Markusbrunnen 6, Wehr, Tel. 06583 234, www.der-wein macher.de. Nicht nur aus der Elbling-Traube erzeugt das Mitglied der Vereinigung ›MoselJünger‹ hervorragende Weine – auch aus der Burgunder- und Auxerrois-Traube.

Nittel ▶ C 7

Wer von Köllig oder Nittel aus durch die Weinberge hinauf zur spätgotisch-barocken Rochuskapelle inmitten des Friedhofs wandert, wird mit einem tollen Blick auf die Mosel und das Luxemburger Gutland belohnt. Nittel lebt von der Rebe und wird wegen seiner guten Lagen und Produzenten von der Fachwelt als Mittelpunkt des Elbling-Weinbaus an der Obermosel gewürdigt. Kalk bestimmt das Leben hier. In Nittel sorgt er für die Bodenwürze, im benachbarten Wellen seit 1881 für Arbeit, wenn auch immer mehr reduziert. Die Trierer Kalk-, Dolomit- und Zementwerke bauen unter Tage den Rohdolomit ab und bereiten ihn für die Baustoff-, Stahl- und Düngemittelindustrie auf.

Unser Tipp

Elbling – ein alter Bekannter
Eine lang unterschätzte Rebsorte rückt wieder ins Gesichts- und Geschmacksfeld, seit regionale Spezialitäten Trumpf sind. Die Rede ist vom Elbling, der den Muschelkalk als Untergrund liebt. Sein Urahn ist wahrscheinlich *vitis alba,* die weiße Rebe, von den Römern kultiviert, einst europaweit verbreitet, als ›säuerlich‹ bei hohen Herrschaften verpönt. An der südlichen Wein-Mosel können Sie Elbling bester Qualität als echte Entdeckung feiern. Für die prickelnde Variante liefert er Fülle und dezente Säure. Auch gedeihen hier weiße und rote Burgundersorten, Auxerrois, Rivaner und Riesling. Zum Kennenlernen empfohlen: spritzige Cuvées der Jungwinzervereinigung ›Junger Süden‹ (s. S. 22).

Übernachten, Einkaufen

Liebenswürdig niveauvoll – **Culinarium/ Weingut Matthias Dostert:** Weinstr. 5, Tel. 06584 914 50, www.culinarium-nit tel.de, DZ ca. 60 € (Weingut), ca 85 € im Gästehaus ›Schlafgut‹ inkl. Wellness. Restaurant: April–Mitte Dez. Do–So ab 18 Uhr, Hauptgerichte ca. 10–18 €, Kochschule (s. S. 60), Mitglied der ›Tafelrunde‹ (s. S. 22).
Kreativ mit Qualität – **Weingut Hellershof-Zilliken:** Weinstr. 14 u. 18, Tel. 06584 915 00, www.zilliken.com. Gästehaus: DZ ab 70 €. Sektscheune im Weingut: Ostern–Weihnachten, Do–Sa ab 14 Uhr. Bei Ausstellungen und Musik gibt es Sekt und Wein aus eigener Produktion.
Regionales Genießen – **Weingut & Gutsschänke Frieden-Berg:** Weinstr. 19,

Tel. 06584 990 70, www.frieden-berg. de. Gästehaus (NatUrlaub) DZ/Fewo ab ca. 60 €, Gutsschänke Fr–Di ab 17 Uhr, Hauptgerichte ab 11 €. Deftig schlemmen im ehem. Kuhstall.

Infos

Tourist-Information
Heimat- und Verkehrsverein: Im Stolzenwingert 24, Nittel, Tel. 06584 71 04, www.nittel-mosel.de.

Verkehr
Bahn: Bf. Nittel, Elbling-Bahn Trier–Perl.
Bus: Strecke Nittel–Saarburg (241).

Grevenmacher ▶ B/C 6

Grevenmacher, die Weinbau- und Handelsmetropole der Luxemburger Mosel, war wegen ihrer strategischen Bedeutung immer wieder in Grenz- und Kriegswirren verwickelt. Romantisch enge Gassen sind eingerahmt von historischer Architektur. Der Maacher Kulturhuef wurde vom Schlacht- zum Kulturhof mit Museen, Café und Kino (Druck- und Spielkartenmuseum ›Jean Dieudonné‹, 54 route de Trèves, Tel. 00352 267 46 41, Di–So, 14–18 Uhr). Der Jardin des Papillons ist durch seine lebendige Exotenvielfalt eine Attraktion für Jung und Alt. Er wird von der Sektkellerei Bernard-Massard betrieben, die ebenfalls besichtigt werden kann (Route de Trèves, Tel. 00352 75 85 39, April–15. Okt. tgl. 9.30–17 Uhr).

In den Weinbergen lenkt die Heilig-Kreuz-Kapelle (1737) den Blick aufs deutsche Ufer; 1956 wurde sie den Opfern des Zweiten Weltkriegs geweiht. Rechtsmoselanisch empfiehlt sich von Temmels aus ein Abstecher zum römischen Tempelbezirk Tawern (s. Entdeckungstour S. 125).

Essen & Trinken

Europa an Bord – **M. S. Princesse Marie-Astrid:** 10, route du Vin, Grevenmacher, Tel. 00352 75 82 75, www.moselle-tourist.lu. Fahrten auf Mosel und Saar, Restaurant, s. Essay S. 68–69.

Konz ► C 6

Auch wenn Konz seit 1959 Stadt ist und mit Eingemeindungen fast 18 000 Einwohner zählt, spürt man die Nähe zu Trier, nicht nur im lebhaften Gewerbegebiet an der Peripherie. Viel Eigenständigkeit lässt sich im Kern von *Contionacum* bei der kath. Pfarrkirche St. Nikolaus, dem Pfarrhof und Mauerresten der Sommerresidenz Kaiser Valentinians I. (364–376 n. Chr.), entdecken. Die Altarbilder in der als ›Zelt Gottes unter den Menschen‹ zwischen 1957 und 1961 von Hermann Baur erbauten Kirche gestaltete Georg Meistermann. Im Ortszentrum überzeugt die Mischung aus Urbanität, Einzelhandelsangebot und Kultur.

Kloster Karthaus

Infos über die Tourist-Information
Das imposante, im 17. Jh. von den Karthäusern gegründete Kloster erlebte eine wechselvolle Geschichte bis hin zum Teilabbruch. Einzig der Südflügel in der Wiederaufbau-Fassung von 1887 ist erhalten. Der 1963 von der Kommune erworbene und 1978–87 zum Bürgerhaus und Kulturzentrum restaurierte Klosterkomplex wurde zu einer echten künstlerischen Zelle von Konz. Die Klosterkirche dient als kath. Pfarrkirche und ist eine Station auf dem Jakobsweg von Trier über den Saargau.

Roscheider Hof

*Roscheiderhof: www.roscheiderhof.de
Museum Di–Fr 9–18, Sa/So 10–18, Nov.–* März bis 17 Uhr, Häuser des Freigeländes ab Palmsonntag geöffnet, Schänke April–Okt. Di–So 11–23, sonst Di–Sa 18–23, So 12–23 Uhr, Tel. 06501 60 08 76
Ein Ausflug auf die Anhöhe über Konz lohnt sich allemal wegen des seit den 1970er-Jahren zum Volkskunde- und Freilichtmuseum umgebauten Guts, das in regionaltypischen Gehöften, Dauerausstellungen (auch für Kinder) und Aktionen das Alltagsleben von anno dazumal veranschaulicht. Seit 2008 gibt es hier eine neue Attraktion: die aus Nürnberg verpflanzte originale Zinngießer-Werkstatt von Heinrich Harrer. Eine Hofschänke versorgt hungrige Mägen.

Übernachten

Stilvoll – **Weingut & Gästehaus Giwer-Greif:** Neudorfstr. 24, Wasserliesch, Tel. 06501 18 05 22, www.giwer-greif.de. Fewo 65 € inkl. Frühstück bei den überzeugten Elblingwinzern.
Idyllisch – **Weingut Willems-Willems:** Mühlenstr. 13, Konz-Oberemmel, Tel. 06501 158 16, www.weingut-willems. de, Fewo (2 Pers.) ab 30 €. Im Konzer Tälchen kreiert Jungwinzerin Carolin Hofmann exzellente Weine.

Aktiv & Kreativ

Radverleih und Service: Bike-Passion, Konstantinstr. 1, Tel. 06501 121 96, www. bike-passion.de.
Sportboothafen: Mosel-km 200, 28 Gästeliegeplätze.

Infos

Tourist-Information
Granastr. 22, Tel. 06501 77 90 oder 601 80 40, www.konz.de.

Lieblingsort

Horizonte der Stille in Wincheringen
Eine eher stille Entdeckung, nichts Spektakuläres – und doch wirkt das
Ensemble aus ornamental ausgemalter, neugotischer Pfarrkirche St. Peter
(offen), mittelalterlichem Bergfried und sanfter Hügellandschaft gewiss
auch auf Sie ganz bezaubernd.

Verkehr

Bahn: Bf. Konz und Karthaus: Trier–Saarbrücken; Karthaus und Konz Mitte: Elbling-Bahn Trier–Perl; Karthaus und Kreuz Konz: Trier–Luxembourg.
Schiff: Trier–Saarburg.

Im Saartal

Kanzem, Wawern, Wiltingen, Ockfen, Irsch, Ayl, Serrig, Kastel – fremdartig klingende Namen, Orte an der Saar, der rheinland-pfälzischen Saar wohlgemerkt! Natürlich die heimliche Hauptstadt Saarburg nicht zu vergessen, die als Mittelzentrum auch dem Landkreis Trier-Saarburg seinen Namen lieh. Allen ist gemeinsam, dass sie verantwortlich zeichnen für einen fein aromatischen, auf Schieferböden gewachsenen Wein, der den hohen kirchlichen Herrschaften ebenso schmeckte wie den einfachen Mönchen und heute wieder wegen seiner Leichtigkeit und Spritzigkeit in vieler Experten Munde ist.

Die Ayler Kupp, weltberühmte Weinlage auf einer Bergkuppe inmitten eines Trockentals der Saar, steht hier nicht alleine. Der Ockfener Bockstein beispielsweise lässt Weinliebhaber mit der Zunge schnalzen. Wiltingen, das seit der Kanalisierung und damit einhergehenden Verkürzung der Strecke zwischen Hamm und Schoden an einem naturgeschützten Altarm der Saar liegt, begeistert mit Wein vom Gottesfuss und Scharzhofberg. Weingüter wie Van Volxem (Wiltingen), Herrenberg (Schoden) oder Schloss Saarstein (Serrig) sorgen für höchste Qualität. Mit Können und Kreativität formt eine neue Winzergeneration ein modernes Image.

Von Konz aus empfiehlt sich die Nebenstraße abseits des Konzer Tals, die sich nach kurzem Höhenflug in Wiltingen zu Bahnlinie und Fluss hinneigt. Ayl, Schoden, Ockfen, Irsch und Saarburg sind attraktive Stationen auf der Saar-Riesling-Straße zum Weinort Serrig, von wo aus es bis zur Großen Saarschleife nur noch ein Katzensprung ist.

Als Spezialität präsentiert sich im rheinland-pfälzischen und saarländischen Saargau der gute alte Viez, Apfelwein, der sich aus den Obstgärten und Streuobstwiesen bedient, wo traditionell eine Vielfalt an Apfelsorten dominiert. Ihm ist sogar eine Touristikroute zwischen Konz und Merzig gewidmet, Viezstraße oder Route de cidre genannt. Für Biertrinker gibt es spezielle Hopfen-Tropfen im Tal des Mannebach.

Übernachten, Einkaufen

Weinerlebnis – **Hotel Ayler Kupp:** Trierer Str. 49, Ayl, Tel. 06581 30 31, www.riesling-weine.de, DZ ab 65 €, Do–Mo. In der 5. Generation bewirtschaftet Florian Lauer das hoch bewertete Gut, dem Hotel und Restaurant angeschlossen sind.

Saarburg ❗ ▶ C 7

Vom Stadtteil Beurig und der Saarbrücke aus entfaltet sich ein bezaubernd südländischer Anblick! Über dem mittelalterlichen Städtchen mit seinen rund 7000 Einwohnern staffeln sich auf dem Laurentiusberg die kath. Pfarrkirche St. Laurentius (1856) mit dem spätgotischen Turm und auf dem Schlossberg die ev. Kirche (1892/93) und die Burgruine Saarburg, mit Erwähnung anno 964 eine der ältesten deutschen Höhenburgen. Dazwischen klettert die denkmalgeschützte Altstadt die Hänge hoch, unterteilt vom Leukbach, der hier in die Saar mündet. An der Promenade zieht sich der Staden entlang, eine Gasse voller spitzgiebliger, windschiefer, manchmal nur handtuchbreiter Häuschen. Bunte Fischer- und Schifferhütten, Kneipen und lauschige Winkel säumen den steilen Laurentiusberg hinauf in die malerische Oberstadt. Hier stürzt sich der im 12./13. Jh. in den Ort geleitete Leukbach 20 Meter tief als Wasserfall in die Unterstadt und treibt die Räder des Mühlenmuseums in der ehemaligen Hackenberger Mühle an (Mühlenmuseum: Staden 6, Tel. 06581 99 46 42, April–Okt. Mo–Fr 14–17, Sa/So 11–17 Uhr).

Im Heimatmuseum Amüseum, der ehem. Kurfürstlichen Mühle (1657), liefert eine Turbine von 1935 noch immer Strom für den Markt (Am Markt 29, Tel. 06501 99 46 42, So–Fr 11–16 Uhr). Mit freundlichen Bürgerhäusern, kleinen Brücken und Cafés wirkt das Ortszentrum wie ein Mini-Venedig. Ein weiteres Museum gesellt sich mit der Glockengießerei Mabilon hinzu, deren letzter Chef aus Altersgründen die Produktion und eine jahrhundertealte Tradition aufgeben musste (Staden 130, Tel. 06581 23 36, Mo–Fr 10–12, 14–16 Uhr). Der Klang der Glocken bleibt Saarburg mit den Geläuten der Kirchen und des Rathauses erhalten.

Übernachten

Ferienpark – **Landal Warsberg:** Tel. 01805 70 07 30, www.landal.de. Ferien auf dem Warsberg über Saarburg, Preis nach verschiedenen Kriterien.

Übernachten, Essen

Natürlich oben auf dem Berg – **Jugendherberge Saarburg:** Bottelter Str. 8, Tel. 06581 25 55, saarburg@die-jugendherbergen.de, ca. 15 € p. Pers. Ü/F, sehr schöner Saar(burg)blick.

Finesse und familiär – **Hotel Villa Keller:** Brückenstr. 1, Tel. 06581 929 10, www.villa-keller.de, Di–So, DZ ab ca. 95 €. Köstliches in der klassizistischen Villa ab ca. 20 €, z. B. Fischspezialitäten, in ›Kellers Wirtshaus‹ (ehem. Pferdestall) zu abgespeckten Preisen, Biergarten. Mitglied der ›Tafelrunde‹. Bett & Bike am Saarufer, Bahnhofsnähe.

Stilvoll-elegant – **Hotel Restaurant Saarburger Hof:** Graf-Siegfried-Str. 37, Tel. 06581 928 00, www.saarburger-hof.de, DZ um 80 €, Hauptgerichte ab ca. 18 €. Familienhotel in einem der schönsten Winkel Saarburgs, regionalfrische Küche, Bett & Bike.

Kult-Hausbrauerei – **Mannebacher Landhotel Brauhaus:** Hauptstr. 1, Mannebach, Hotel-Tel. 06581 995 80, Brauhaus-Tel. 992 77, www.mannebacher.de. DZ ab ca. 70 €, Hauptgerichte ab 7,50 €, ca. 6 km von Saarburg. Köstlich-frisches Bier, mit Antiquitäten ausgestattete Zimmer und kulturelle Veranstaltungen.

Einkaufen

Käsekreation – **Riedhof:** Mannebach, Tel. 06581 23 76, www.mannebacher-kaese.de, Do/Fr 14–19, Sa 10–16 Uhr, ca. 6 km von Saarburg. Mannebacher Käse im Hofladen, weitere regionale Produkte. Hofcafé.

Aktiv & Kreativ

Schweben und Schauen – **Sesselbahn:** In den Urlaub 1a, Tel. 06581 99 52 18, www.saarburger-sesselbahn.de, Ostern –Okt. Di–Sa 10–18, So 10–19 Uhr, Fahrradtransport inkl. Start am Fuß des Warsbergs.

Rasantes Vergnügen – **Sommerrodelbahn Saar-Rodel:** Tel. 06581 99 66 70, www.sommerrodelbahn-saarburg.de,

Der Leukbach durchfließt die denkmalgeschützte Altstadt von Saarburg

Nov.–Ostern So 12–17 (bei schönem Wetter), Ostern–Juni, Sept./Okt. Di–So 11–18, Juli/Aug. tgl. 11–21 Uhr. Start: Terrasse des Restaurants Warsberg.

Interessant – **Greifvogelpark Saarburg:** Am Engelbach 1, Tel. 06581 99 60 94, www.greifvogelpark-saarburg.de, März–Nov. tgl. 10–18, Vorführung 11 und 15 Uhr.

Nasses Vergnügen – **Kanuverleih in Schoden:** Wassersportzentrum Fun Beach, Saarufer, Tel. 06581 929 50, April–Okt. (Mo) Di–So, mit Biergarten, Beachvolleyball, Minigolf.

Geschichtsträchtig – **Wandertipp:** Wander-Radtour auf dem Jakobsweg, s. Entdeckungstour S. 124.

Infos & Termine

Tourist-Information
Graf-Siegfried-Str. 32, Tel. 06581 99 59 80, Saarburg, www. saar-obermosel. de, im Rathaus.

Sagenhaftes Saarweinfest: Anfang Sept., Info-Tel. 06581 99 46 42, www. saarweinfest.de. Mittelaltermarkt, Ritterturniere (auch für Kinder), Gaukeleien, Unplugged-Musik, Krönung der Saar-Obermosel-Weinkönigin, Festzug usw.

Verkehr
Bahn: Bf. Saarburg, Strecke Saarbrücken–Trier.
Schiff: Mai–Okt.: Saarburg–Mettlach, Merzig–Saarburg.

Serrig ▶ C 7

›Tor zum Saarwein‹ lässt sich Serrig gerne nennen. Hier bewegt man sich schon oder noch im Dunstkreis der Weinseligen von Mosel, Saar und Ruwer, während jenseits dessen Acker und Wiese überwiegen. Als ›Tor zu Touren‹ könnte es für sich werben, denn manche Sehenswürdigkeit lässt sich von hier aus ergründen, etwa die größte Fluss-Staustufe Deutschlands.

Aktiv & Kreativ

Hoch hinauf – **Drachenfliegen:** Tel. 0234 606 05 51, www.dfc-trier.de. Gast- und Tandemflug mögl., Anfahrt: Ortsmitte Serrig Richtung Greimerath, Wanderparkplatz.

Orte der Stille – **Klettersteig:** Hoch über dem Saartal fand König Johann der

---

Unser Tipp

Hofgut Serrig

Oberhalb der Schlösser Saarstein und Saarfels liegt das von der Lebenshilfe-Werkstatt Trier bewirtschaftete Hofgut Serrig mit einem reichhaltigen ökologischen und handwerklichen Angebot. In der ehemaligen Domäne entstand seit 1988 allmählich eine Bio-Insel für Schweine, Kühe und Schafe, Obst und Gemüse, inklusive eigener Töpferei. Die Behinderten erledigen auch Auftragsarbeiten in der Weberei, der Korbflechterei und in den Holzwerkstätten.

Feldbahn: Feldbahnfreunde Serrig, Tel. 0651 168 75, www.feldbahnfreunde-serrig.de, Mai–Sept. So/Fei 11–17 Uhr. Bis 1990 in den Weinbergen eingesetzt, fährt sie heute durchs landwirtschaftliche Gelände des Hofguts.

Hofgut-Laden: Tel. 06581 91 45 30, www.hofgut-serrig.de, Di–Fr 10–12, 15–18, Sa 8–13 Uhr. Verkauf auch auf dem Viehmarkt-Wochenmarkt in Trier (Di/Fr 7–13 Uhr) und in der Gastronomie.

Blinde von Böhmen in der Klause bei Kastel-Staadt eine zeitweilige Ruhestätte (s. Essay S. 64–65).

Mettlach ► C 8

Erlebniszentrum von Villeroy & Boch: Saaruferstr., Alte Abtei, Tel. 06864 81 10 20, Museumscafé: tgl. 9.30–18 Uhr
Mettlach ist ohne die Symbiose mit Villeroy & Boch kaum mehr vorstellbar. Die Alte Abtei, Teil eines Benediktinerklosters, wurde 1842 zum Firmensitz. Davor wacht auf der Mittelsäule des gusseisernen Schinkel-Brunnens König Johann der Blinde mit heruntergelassenem Visier.

In jüngster Zeit gesellten sich nahebei André Hellers Skulptur ›Erdgeist‹ und Stefan Szczesnys ›Weltkarte des Lebens‹ hinzu, beides Elemente des Living Planet der Expo 2000 in Hannover. Das Erlebniszentrum mit Keramikmuseum, Erlebniswelt Tischkultur und Keravision (wo die Unternehmensgeschichte im Spiegel der Zeit am Objekt dargestellt wird) macht es leicht, sich in exquisites Geschirr- oder Badedesign zu verlieben. Neueste Attraktion ist das Museumscafé im Stil des Dresdner Milchladens, den die Firma 1892 gestaltet hatte. Vollends überzeugt, werden sich die Schritte vieler vom ganz allein ins Outlet-Center lenken, um den Tag mit wertvollen Souvenirs zu beschließen.

Große Saarschleife

Vom Aussichtspunkt ›Cloef‹ (franz. *clef* = Schlüssel) an der berühmten Großen Saarschleife bei Orscholz zeigt sich das nördliche Saarland von seiner landschaftlich schönsten Seite. Passionierte Wanderer folgen hier dem aus dem Hochwald kommenden Fernwanderweg E 3, der durch den Saargau nach Perl an die Obermosel führt –

eine von vielen Möglichkeiten, das Natur- und Kulturerlebnis in dieser überaus abwechslungsreichen Landschaft zu nutzen.

Ausflug in die ›Stadt der Wölfe‹

Der Wolfspark bei Merzig, wo Werner Freund seit über 30 Jahren in einem ›Miniaturreservat‹ mit dem Wolf lebt, hat sich zur Attraktion der Stadt entwickelt. Mithilfe öffentlicher Gelder werden die Gehege u. a. arktischer, europäischer und indischer Wölfe modernisiert, mit Aussichtstürmen versehen und erweitert. (www.wolfspark-wernerfreund.de, Tel. 06861 91 18 18, tgl. bis Anbruch der Dunkelheit; Führung: 1. So im Monat 16 Uhr; ab 40 Pers. n. V. Anreise aus Mettlach über die B 51, kurz nach Besseringen ›Auf der Ell‹ links bis zur Waldstraße, dort wieder links.)

Essen & Trinken

Deftig-saarländisch – **Mettlacher Abtei Bräu:** Bahnhofstr. 32, Tel. 06864 932 32, www.abtei-brauerei.de, Di-So, Essen ab 6 €. Serviert werden in der Hausbrauerei z. B. ›Gefillde‹, dazu unfiltriertes Bioland-Märzen-Bier.

Einkaufen

Feines Porzellan – **Villeroy & Boch Outlet Center Mettlach:** Freiherr-vom-Stein-Str. 4–6, Mo–Fr 9.30–19, Sa bis 18, Mitte März–Okt. So 14–18 Uhr.

Infos

Verkehr
Bahn: Bf. Mettlach, Strecke Saarbrücken–Trier.
Schiff: Juli-Sept. Saarburg–Merzig.

Unser Tipp

Narzissenwiesen

Wilde Narzissen, blassgelb und maximal 25 cm hoch, gab es früher im Ruwertal in großen Mengen, heutzutage sind sie nur mehr auf wenige Standorte reduziert. Geführte Wanderungen zu den Narzissenwiesen des Tals sind ein einzigartiges Naturerlebnis. Inzwischen wird in Schillingen sogar ein Narzissenfest zu Ehren der Frühlingsboten gefeiert. (Infos: Tourist-Information Hochwald-Ferienland, Tel. 06589 10 44, www.hochwald-ferienland.de)

Im Ruwertal ► D 6–7

Das Tal östlich von Trier löst sich kaum aus der historischen Verflechtung mit der alten Kaiserstadt. Weine von der Ruwer kann man zur ersten Einstimmung in der Weinstube Kesselstatt am Domfreihof testen. Trotz der hier auf Hunsrückschiefer geernteten Topqualitäten liegt das Ruwertal im touristischen Schatten der Mosel. Dank international anerkannter Weingüter wie dem Dominikaner-Weingut von Nell (Kasel), dem Karthäuserhof (Trier-Eitelsbach), Maximin Grünhaus, Karlsmühle und Erben von Beulwitz (alle Mertesdorf) ist man inzwischen selbstbewusst auf der Sonnenseite angekommen. Die Trierer Klöster, aber auch Domkapitel und Priesterseminar partizipierten vom Anbau, der bis in die Römerzeit zurückreicht. Einer Mode des gehobenen Trierer Bürgerturms im 19. Jh. gemäß, besaßen auch die Eltern von Karl Marx in Mertesdorf einen Weinberg, den der Philosoph jedoch verkaufte.

Hier fand Johann der Blinde vorübergehend eine Ruhestätte – Klause bei Kastel-Staadt

Auf Tour durch die Flur

Ruwer-Hochwald-Radweg: www.ruw er-hochwald-radweg.de

Die Ferienregionen Ruwer und Hochwald bündeln geschickt den Freizeitwert entlang des Flüsschens. Auf der einstigen Bahntrasse zwischen Ruwer und Hermeskeil entstand ein 50,5 km langer ›Ruwer-Hochwald-Radweg‹, dessen letztes Teilstück 2008 vollendet wurde. Für die Hunsrück-Bergwelt und das romantische Tal ein unschätzbarer Gewinn, denn bislang war eine Radtour auf enger Straße angesichts mancher ›Rallyefahrer‹ purer Stress. Ob nun Touren per Rad oder Pkw – von der

Saar aus kann man beide Täler miteinander verknüpfen, wobei das Ruwertal nach Durchquerung des Hochwalds vom Quellbereich aus, von **Kell am See** oder Zerf aus, aufgerollt wird. Eng an der früheren Bahnlinie entlang, umkurvt man bei Lampaden die stattliche **Burg Heid.** Johann Peter Job von Nell aus der berühmten Trierer Familie, der auch Oswald von Nell-Breuning entstammt, hatte im 19. Jh. den einstigen Gutshof des Trierer Domkapitels in ein turmbewehrtes Ritterschloss verwandelt (keine Besichtigung).

Von besonderem Reiz sind auch Orte, in denen die Zeit stille zu stehen scheint, wie das von einer bizarren Burgruine beschützte Sommerau, an

Von hier ist es nicht mehr weit bis zur Ruwerquelle nahe dem Rösterkopf.

Übernachten, Essen

Fein und gediegen – **Hotel Weingut Weis**: Eitelsbacher Str. 4, Mertesdorf, Tel. 0651 956 10, www.hotel-weis.de, DZ ab 100 €. Herbert Weis, Besitzer des Weinguts Erben von Beulwitz und des Weinbergs von Karl Marx, erzeugt Top-weine.

Baubiologische Idylle – **Die Mühle:** Bahnhofstr. 10, Hentern, Tel. 06587 74 76, www.die-muehle-hentern.de, ab 10 Pers., p. Pers. Ü 25 €, ÜF 32 €, VP 50 €. Ferienhaus mit Platz für Gruppen bis zu 25 Pers., Einzelgäste mögl.

Rieslingfein – **Hotel-Restaurant Karls-mühle:** Im Mühlengrund 2, Mertesdorf, Tel. 0651 51 23, www.karlsmuehle.de, DZ ab 70 €. Forellen aus eigener Zucht und Rieslinge vom renommierten Weingut verfeinern den Aufenthalt.

Aktiv & Kreativ

Freibad Unteres Ruwertal: Sehr schönes Gelände in Mertesdorf mit Sprungturm und Plansch-Attraktionen.

Infos & Termine

Tourist-Information
Tourist-Information Hochwald-Ferienland: Alte Mühle, Kell am See, Tel. 06589 10 44, www.hochwald-ferienland.de.

Termine
Deutschland-Rallye des ADAC: WM-kriterium ›Rund um Trier‹, Aug.

Verkehr
Bus: Kell am See über Tarforst, Pluwig (Linie 208); RegioRadler Trier–Hermeskeil (Linie R200), April–Nov.

dessen Hängen plötzlich die ersten Weinberge auftauchen. Ein kleiner Schlenker zu malerischen Viadukten, die den Radweg tragen, führt hierhin.

Bei **Waldrach** wurde ein winziges Stück römische Wasserleitung, die die Metropole an der Mosel versorgte, unter ein Schutzdach gestellt. **Mertesdorf** liegt an der alten Römerstraße Mainz–Trier. Wer die sanften Hügel im Unterlauf der Ruwer liebt, deren Weinlaub im Herbst leuchtet, wer die Wiesen und Waldstücke im mittleren Teil schätzt, ist in der eher unspektakulären Welt dieses Tals goldrichtig. Von besonderem Reiz ist auch die stille Herbheit des Osburger Hochwalds in der Nähe der vom Nebenfluss Riveris gespeisten Talsperre.

Auf Entdeckungstour

Auf dem Jakobsweg

Jakobsmuscheln auf Steinquadern und Wegweisern geleiten von Trier durch den Saargau auf einer 52 km Teilstrecke nach Perl. Immer wieder überraschen herrliche Ausblicke auf die Mosel, Luxemburg und ins Saartal. Vier Fliegen schlägt man mit einer Klappe: den Jakobsweg an sich, die Streuobstwiesen der Viezstraße (Apfelweinstraße), die ihn regelrecht umtänzeln, interessante Spuren jüngster Zeitgeschichte am Wegesrand – und die alte Römerstraße zum Mittelmeer.

Reisekarte: ▶ D 6 – B 8

Zeit: Dreitagestour (ca. 21, 15 u. 16 km).

Planung: Karte Naturpark Saar-Hunsrück, Blatt West 1 : 50 000. Jakobsweg-Flyer: www.lux-trier.info. Römische Villa Borg (mit Taverne), www.villa-borg.de, April–Okt. 11–18 Uhr. Übernachtung in Mannebach, Sinz, Perl.

Start: Trier, Abtei St. Matthias.

Erstmals in diesem Jahrtausend fiel im Jahr 2004 der Namenstag des Apostels Jakobus d. Ä., der 25. Juli, auf einen Sonntag. Für Spaniens Christen und die Jakobuspilger war das ein ›Heiliges Jahr‹. Seit die Jakobuswege 1987 zur ersten europäischen Kulturstraße erklärt wurden, erlebt die Idee der Wallfahrt nach Santiago de Compostela eine unglaubliche Renaissance. Tausende machen sich auf den Weg. Die Tradition gibt es schon seit dem 11. Jh. und sie war für das Erwachen eines paneuropäischen Bewusstseins ungeheuer wichtig.

Von Trier nach Tawern

In Trier strömen die Wallfahrer von Eifel, Mosel und Mittelrhein zusammen und brechen von der Abtei St. Matthias (dem einzigen Apostelgrab nördlich der Alpen) nach Metz und Toul auf, um zu den Hauptrouten bei Vezelay oder Le Puy-en-Velay zu gelangen.

Auf dem Moseluferweg geht es nach Konz, dann über die Saarbrücke nach Tawern und im Süden des Orts durch einen Buchenwald hinauf zum Metzenberg, wo der rekonstruierte gallorömische Tempelbezirk ein besonderes Augenmerk verdient (frei zugänglich). Das dem Gott Merkur geweihte Heiligtum aus dem 1.–4. Jh. schenkte Kaufleuten eine Verschnaufpause – und als Zugabe bei klarem Wetter einen Blick auf die Kaiserstadt.

Manna in Mannebach

Auf dem Bergkamm geleitet die alte Römerstraße nach Kümmern, der Wechsel ins Tal des Mannebachs führt nach Mannebach. Die kurze Abweichung vom Weg lässt sich vollauf rechtfertigen, entstanden doch im Mittelalter entlang der Jakobswege überall Pilgerhospize und Herbergen, nicht nur neue Straßen und Kirchen. Seit 1994

produziert das Brauhaus Mannebach mit Erfolg naturtrübes Bier, schenkt in der anheimelnden Gaststube und im Biergarten aus und hält im Landgasthaus liebevoll eingerichtete Zimmer bereit. Im nahen Riedhof (s. S. 118) kann man sich mit ›artgerecht‹ erzeugtem Käseproviant eindecken. Übernachten: Mannebacher Landhotel Brauhaus, 1,1 km vom Weg, s. S. 118.

Krieg und Frieden

Beim Dorf Fisch reckt sich der romanische Westturm der kath. Pfarrkirche St. Jakobus (Rehlinger Kirche) allein auf weiter Flur inmitten des Friedhofs empor. Sein ursprünglicher Stammort Littdorf existiert nicht mehr.

Jakobspilger wissen um die Legende, die den Jünger Christi so populär machte: Anno 814 führte ein leuchtender Stern einen Eremiten zur Entdeckung der Grabstätte Jakobs in Santiago de Compostela. 844 sei der Apostel in der Schlacht von Clavijo den christlichen Rittern hoch zu Ross erschienen und habe sie gegen die Mauren zum Sieg geführt.

Nach Merzkirchen verläuft der Jakobsweg im offenen Land auf der alten Römerstraße. An der B 406, zwischen Sinz und der Kreuzung zur B 407, errichteten am höchsten Punkt der Kammlinie zwischen den steil abfallenden Tälern von Obermosel und Saar deutsche und amerikanische Weltkrieg-Veteranen 1991/94 ein Friedensdenkmal. Es gedenkt tausender Soldaten auf beiden Seiten, die im Winter 1944/45, nur wenige Monate vor der Kapitulation, auf dem offenen, mit Höckerlinien, Minen und Bunkern durchsetzten Gelände in der ›Hölle am Orscholzriegel‹ einen sinnlosen Tod starben. Das 1935 ›heim ins Reich‹ gekehrte Saarland steckte bis in den nördlichsten Zipfel voll mit über 4000

Bunkern. Der Westwall sollte Hitlers Osteroberung den Rücken freihalten, in der NS-Sprachregelung eine Antwort auf die französische Maginotlinie. Für die Menschen bedeutete das eine neue bittere Grenzlanderfahrung! Die ›Burgen der Neuzeit‹ steckten gut getarnt im Boden.

Obst- und Weingärten waren dafür umgehackt, Straßen verlegt, Aussichtstürme gesprengt worden, die Kirche von Borg musste dran glauben, um die Zahl der möglichen Angriffsziele zu verringern. Die Hoffnung der Bevölkerung auf wirtschaftlichen Aufschwung durch die von überallher angekarrten Westwallarbeiter wich bald der Ernüchterung. Für Hunderttausende hießen die Kriegsspiele an der Westfront 1939 noch eine organisierte Evakuierung in den Reichsosten, ab 1944 war es eine wilde Massenflucht mit unsicherem Ausgang. Hinter der kath. Pfarrkirche St. Remigius von Tettingen-Butzdorf stehen die Drachenzähne einer Panzersperre noch in Reih und Glied.

Friedens- und Lebenszeichen sind heute die Streuobstwiesen, die bei Sinz und Tettingen verstärkt auftauchen. Übernachten: Landgasthaus Birkenhof, Sinz, 1,9 km vom Weg, s. S. 112.

Römer in Borg

Ein massentouristisches Fenster zur Antike öffnete die saarländische Denkmalpflege bei Borg, als sie Ausgrabungen zum Anlass des Neubaus einer römischen *villa rustica* nahm. Nach historischen Vorbildern rekonstruiert, macht die Villa Borg römisches Leben in der Region anschaulich, wenn auch ein Hauch von Disneyland über den knallroten Ziegeldächern schwebt. Trotzdem sehenswert – und das Essen nach Apicius in der Taverne ist vorzüglich.

Grenzenlos

In Perl eingetrudelt, ist die südliche Wein-Mosel erreicht. Mindestens 100 km zu Fuß oder 220 km per Rad müssen zur Anerkennung als Jakobspilger absolviert werden. Es ist noch ein weiter Weg bis Santiago de Compostela. Übernachten: Masseria Rosa dei Venti, (0,5 km) oder Hotel Winandy (am Weg), s. S. 109.

Das Mannebacher Brauhaus serviert ein leckeres naturtrübes Bier aus eigener Produktion

Im Sauertal ▶ B–C 5–6

Immer wieder gibt es im idyllischen Tal Nahrung fürs Auge, überraschende Ausblicke auf das Gewässer mit seinen Wehren, ruhigen und dahineilenden Partien, vielfältige Eindrücke von kleinen Dörfern, Uferidyllen, malerischen Flussschleifen u. v. a. m. Nahrung für den Magen bietet die Sauer Fliegenfischern und Anglern. Attraktiv ist eine Landpartie von Wasserbillig bis Echternach für Radler, wobei die Luxemburger Seite wegen des durchgängigen Radwegs den Vorzug erhalten sollte. Wer der Sauer einige Kilometer weiter flussaufwärts folgt, gelangt nach Bollendorf, wo eine *villa rustica* zur Besichtigung einlädt (www.bollendorf.de).

Ob man in Rosport, dem Sprudelort der einzigen Mineralquelle Luxemburgs, oder in Ralingen, dem Tor zum Deutsch-Luxemburgischen Naturpark, die Boote zu Wasser lässt – jenseits der Talsperre ist dieser Flussbogen ein beliebter Wasserski-Treff.

Essen & Trinken

Gemütlich – **Landgasthof Zum Klimmes:** Im Sauertal 12, Wintersdorf, Tel. 06585 265, www.klimmes.de, Do–Di. Deftige Küche, schmackhafte Flieten (Hähnchenflügel), Viez, Schnaps aus eigener Brennerei, Biergarten.

Einkaufen

Preiswert – **Sprit:** In Luxemburgs Grenzort Wasserbillig ist auch Benzin billig.

Aktiv & Kreativ

Im Trend – **Wasserski:** Tel. 00352 48 56 72, www.waterski.lu. Auf dem Stau-wasser der Sauer bei Rosport Mai–Okt. von Sonnenauf- bis Sonnenuntergang, 15. Juni bis Aug. 9–12 u. 17.30–22 Uhr. *Entspannung pur* – **Fischen:** Fischereierlaubnisscheine erhält man durch das Distriktkommissariat in Echternach, rue du Pont, Tel. 00352 72 00 29.

Infos

Verkehr
Autofähre: Oberbillig–Wasserbillig, Sommer Mo–Fr 7–20, Sa/So ab 9, Winter 7–19, Sa/So ab 10 Uhr.

Echternach ▶ B 5

Echternach ist ein liebenswertes luxemburgisches Städtchen mit einer pulsierenden Fußgängerzone, der ›Haaler Gaass‹. Es liegt am Ufer der Sauer – jenseits der Brücke ist Deutschland. Auch wenn der Baustil auffallend anders ist, ›lëtzebuergesch‹ eben und nicht deutsch, so dachte man hier schon immer grenzenlos. Im Mittelalter wurde europäische Geschichte mitgestaltet. Der angelsächsische Missionar, Erzbischof und Heilige Willibrord (658–739) gründete Klöster in der ganzen Region.

Reichsabtei Echternach
Basilika: offen. Infos: Parvis de la Basilique, Tel. 00352 72 74 72. Krypta: tgl. 9.30–18.30 Uhr
Die Reichsabtei Echternach, zu der die Trierer Äbtissin Irmina von Oeren ihren Grundbesitz beisteuerte, wurde zu Willibrords liebstem Ort. In der merowingischen Krypta der Basilika ist der ›Apostel der Benelux-Staaten‹ begraben, ein Marmorschrein birgt die Reliquien. Bei der Plünderung durch französische Revolutionstruppen wurden die Gebeine des Heiligen gerettet, die

Unser Tipp

Springende Pilger

Zur Echternacher Springprozession strömen an Pfingsten Tausende von Pilgern in die Stadt, auch aus Waxweiler (Eifel), denn auf deren Gelübde soll der Brauch zurückgehen. Vor zahllosen Schaulustigen springen sie am Dienstagmorgen, lose durch Tücher verbunden, vom Ehrenhof der Abtei schräg vorwärts durch die Altstadt. Musikkapellen spielen dazu eine monotone Melodie. Die Prozession tanzt zurück zur Basilika, passiert des Heiligen Sarkophag in der Krypta und erhält den Segen. (Infos: www.willibrord.lu, www.springprozession.de)

barocken Abteigebäude mit der damals noch fast original romanischen Kirche 1797 versteigert, letztere als Fayencefabrik genutzt. Im 19. Jh. komplett erneuert, wurde die Basilika, ein unfassliches Verbrechen am gemeinsamen europäischen Erbe, von deutschen Truppen am zweiten Weihnachtsfeiertag 1944 in die Luft gesprengt.

Abteimuseum

Parvis de la Basilique, Tel. 00352 72 74 72, www.willibrord.lu, Palmsonntag–Mai, Okt. 10–12, 14–17, Juni/Sept. bis 18, Juli/Aug. 10–18 Uhr

Das Musée de l'Abbaye im Kellergewölbe des Abteipalastes lädt ein, sich über die Klostergeschichte und die einstmals weltberühmte Bibliothek zu informieren. Die Echternacher Schreibschule genoss vom 8. bis 11. Jh. einen herausragenden Ruf als Handschriften- und Buchmalerei-Zentrum. Da die Klosterschätze nach 1794 in alle Winde verstreut waren, sind die Codices zumeist als Faksimile ausgestellt, auch das Goldene Evangelienbuch von Echternach.

Trifolion

Centre Culturel, Touristique et de Congrès, 2, Porte S. Willibrord, Tel. 00352 267 23 91, www.trifolion.lu

Das Trifolion (= Drei Blätter) auf dem Klostergelände gegenüber der Basilika fällt architektonisch aus dem Rahmen und damit sofort auf. Im April 2008 eröffnet, bietet das Gebäude für die Kultur der Region enorme Chancen in der Verwirklichung auch größerer Projekte.

Museum der ländlichen Architektur

Ostern–Sept. 10–12, 14–18 Uhr

Die barocke Gartenanlage im ehemaligen Lustgarten hinter dem Ehrenhof der Abtei konzentriert sich ganz auf den Rokokopavillon, den Paul Mungenast 1765 erbaute. Darin ist eine Ausstellung zur Architektur im ländlichen Raum zu sehen.

Römervilla

Ostern–Juni, Sept./Okt. 11–13, 14–17, Juli/Aug. 11–18, Tel. 00352 72 02 30, www.villa-echternach.lu

Auf der Süre (Sauer) tummeln sich Kanuten. In römischer Zeit war der damals schiffbare Fluss Teil des Wasserwegsystems zwischen Mittelmeer und Rhein. Hier verlief auch die Römerstraße. Nicht verwunderlich ist es daher, dass man 1975/76 südwestlich der Altstadt bei Aushubarbeiten für einen künstlichen See einen ummauerten gallorömischen Gutshof ausgrub. Die Wohnanlage *(pars urbana)* kann von einer Terrasse eingesehen werden, das angegliederte didaktische Museum vermittelt in familienfreundlichem Umfeld lebhafte Eindrücke vom antiken Alltag.

Der 30 ha große Echternacher See ist mittlerweile ein beliebtes Freizeitgelände mit Paddel- und Tretbooten, Kinderspielplätzen, Möglichkeiten zum Fischen, Segeln, Minigolf u. v. a.

Übernachten, Essen

Am Echternacher See – **Jugendherberge Echternach:** Chemin vers Rodenhof, Echternach, Tel. 00352 72 01 58, www.youthhostels.lu, Ü/F p. Pers. ca. 18 €, Essen ab 6 €. 2006 eröffnet, mit Cafeteria und Indoor-Kletterwand.

Aktiv & Kreativ

Natur pur – **Naturerkundungsstation Teufelsschlucht:** Tel. 06525 93 39 30, www. teufelsschlucht.de. Angebot der Verbandsgemeinde Irrel für Familien, Kinder und alle, die Natur in Exkursionen, Workshops, Bewegung, Umweltbildung usw. erleben wollen. Mit Jugendgästehaus, Naturerlebniscamp, Imker, Weiher und Erdzeitenhaus.

Abends & Nachts

Klassik & Jazz – **Festival International Echternach:** Info-Tel. 00352 72 83 47, www.echternachfestival.lu, Mai–Juni. Seit 1975 an verschiedenen Orten, jetzt auch im Trifolion; Auftritte renommierter Musiker, Förderung künstlerischen Nachwuchses, Uraufführungen.

Infos

Tourist-Information
Tourist-Info Echternach: Parvis de la Basilique, Echternach, Tel. 00352 72 02 30, www.echternach-tourist.lu. Informationen zur Stadt und zur Region Müllerthal sowie zur Kleinen Luxemburger Schweiz.
Tourist-Information Ferschweiler: Sybilenstr. 1, Tel. 06523 13 08, www.ferschweiler.de, Informationen zum Schloss Weilerbach, zur Teufelsschlucht, zu den Irreler Wasserfällen und zum Ferschweiler Plateau.

Der Marktplatz von Echternach wird beherrscht vom mächtigen Dënzelt, dem Schöffengerichtsgebäude aus dem 15. Jh.

Mittelmosel: Schweich bis Veldenz

Highlight !

Neumagen: Ein einzigartiges Entree in die Antike! Kastellfunde, darunter das berühmte ›Weinschiff‹, untermauern den Anspruch von *Noviomagus*, ältester deutscher Weinort zu sein. S. 143

Entdeckungstouren

Anders wandern mit Andres: Die Tour auf dem ›Stefan-Andres-Wanderweg‹ führt von Mehring zur Zummethöhe und nach Trittenheim zum Stefan-Andres-Denkmal, garniert mit Zitaten aus dem Werk des Dichters, der in den 1950er-Jahren zu den meistgelesenen Autoren gehörte. S. 134

Vom Maar zur Mosel: Auf dem Radweg entlang der Lieser bewegt man sich auch zeitweise auf mörderischen Spuren. S. 150

Kultur & Sehenswertes

Molitorsmühle in Schweich: Demonstration einer alten Technik am Föhrenbach. S. 132

Römische *villa rustica* in Mehring: Sie vermittelt antikes Leben des 2. Jh. S. 135, 138

Besucherbergwerk Fell: Es macht die knochenharte Arbeit der Bergleute im Untertagebau anschaulich, ein Erlebnis auch für Kinder. S. 139

Aktiv & Kreativ

Paradies für Mountainbiker: Attraktive Routen im Umkreis von Schweich. S. 133

Ballonfahrt in Schweich: ›Ballonreisen Moselland‹ bringt Sie in die Lüfte. S. 139

Krippenbau in Klüsserath: Fachleute stimmen Kreative übers Jahr in der einzigen Krippenbauschule Deutschlands auf Weihnachten ein. S. 140

Genießen & Atmosphäre

Schöne Aussichten: Die Wahl zwischen dem **Fünfseenblick** (Mehring) und der **Zummethöhe** (Leiwen) fällt schwer. S. 136 und 141

Straußwirtschaft Moselgarten in Piesport: Ambiente, Mosel-Radweg, Bootsanleger, köstliches Essen, herrlicher Blick! Was will man mehr? S. 147

Brauneberger Hof in Brauneberg: In familiärer Atmosphäre entfaltet sich schmackhafte Küche mit regionalen Produkten. S. 153

Abends & Nachts

Sternwarte Wittlich in Wintrich: Sterngucker sind willkommen, die bei klarem Wetter hier die Gestirne beobachten. S. 149

Auf römischen Straßen

Antike als Werbeträger! Schon zu Römerzeiten wurde Wein von Staatsgütern auf der Mosel verschifft, um die Truppen in Gallien bei Laune zu halten. Die Stadt Schweich setzt voll auf dieses Zugpferd und kreierte daher den griffigen Slogan ›Roemische Weinstraße‹ für sich und 18 zur Verbandsgemeinde gehörende Ortschaften. Am Fluss verlief tatsächlich eine der Römerstraßen von Trier nach Bingen und Mainz. Bei Neumagen schraubte sie sich hinauf in den Hunsrück. Spuren römischer Kultur finden sich überall entlang der Route, auch in der Grafschaft Veldenz.

Schweich ▶ D 5

Bis heute profitieren Schweich und die umliegenden Dörfer von der Nähe zu Trier. Touristikfachleute sorgen dafür, dass die Region aus dem Schatten der Metropole tritt und ihre Schönheiten besser zur Geltung kommen. Was könnte als Wahrzeichen der Stadt gelten? Die mächtige Autobahnbrücke nicht, so bombastisch sie auch das Tal überspannt und erste unvergessliche Blicke auf die Landschaft gewährt. Der Alte Fährturm schon eher, der seit dem 18. Jh., der Ära des Kurfürsten Clemens Wenzeslaus, fünfeckig mit Zeltdach am Moselufer steht und seine Spitze unbeirrt als Eisbrecher ausrichtet.

Niederprümer Hof

Auf jeden Fall aber das ehemalige Klostergut Niederprümer Hof, das nach einem verheerenden Brand in Schweich 1706 wieder aufgebaut und 1802 säkularisiert wurde. Seit 1983 zum Kulturzentrum restauriert, ist es Sitz der Stefan-Andres-Gesellschaft mit Ausstellungsräumen zu Leben und Schaffen des Dichters (Okt.–März Di 14–16, April–Sept. So 15–17 Uhr, Tel. 06502 65 24 (AB); www.stefan-andres-gesellschaft.de, s. S. 134–135).

Alte Synagoge

Eine bewegte und bewegende Geschichte hat die Synagoge in der Richtstraße 40 hinter sich: Bau im 17., Neubau im 19. Jh., Zerstörung 1938, Kriegsgefangenen- und dann Warenlager, nach dem Kauf durch die Kommune 1989 Umgestaltung zur Kultur- und Begegnungsstätte (Di 14–16, Do 10–12 Uhr, Tel. 06502 93 38 26).

Molitorsmühle

www.molitorsmuehle.de, Ostern–Okt. Sa, So 14–18 Uhr
Die 1972 stillgelegte Mühle am Föhrenbach betreiben die Geschwister

Infobox

Tourist-Information Roemische Weinstraße: 54338 Schweich, Brückenstr. 46, Tel. 06502 93 38 10, www.roemische-weinstrasse.de. Infos zu den folgenden Orten liefern auch die lokalen Websites: **Heimat- und Verkehrsverein Kenn:** Tel. 06502 28 25, www.kenn.de. **Heimat- und Verkehrsverein Detzem:** Tel. 06507 938 99 25, www.detzem.com. **Tourist-Information Mehring:** Tel. 06502 14 13, www.mehring-mosel.de. **Tourist-Information Pölich:** Tel. 06507 30 64, www.poelich-online.de. **Tourist-Information Longuich-Kirsch:** Tel. 06502 17 16, www.longuich.de. Die gemeinsame Internetpräsenz von **Wintrich, Brauneberg, Mülheim, Veldenz** ist: www.grafschaftveldenz.de.

Branz, Enkel des letzten Müllers Molitor, seit 1997 als Museum. Mühlentechnik um die Wende zum 20. Jh. wird lebendig, staunend fühlt man sich an die Geschichten aus Kindertagen erinnert – von Max und Moritz bis zu Krabat – wenn zur Demonstration das von der 1999 restaurierten Turbine angetriebene Mahlwerk rattert. (Mühlenhof-Fest: 2. So n. Pfingsten; Deutscher Mühlentag: Pfingstmontag, 14–19 Uhr, Tel. 06502 22 53)

Der geheimnisvolle Meulenwald

Schweich liegt am Rand des Meulenwalds, seinen Mineralbrunnen und der Schwefelquelle Wallenborn, die den Kelten als heilig galt. Die römische Straße nach Andernach führte durch den Forst, dessen Name vielleicht aus lat. *milum* (Meile) entstand. Eine andere Erklärung liefert die Sage vom herrischen Bischof Milo (718–758), den selbst die hl. Bonifatius und Willibrord nicht zu christlicher Demut bekehren konnten. Auf der Jagd im Meulenwald wurde Milo von einem Keiler getötet. Seither spukt er gern in Gestalt eines feuerroten Pferdes, das unvermittelt aus der Erde aufsteigt.

Mountainbike-Paradies

Bekond ist nicht nur für sein idyllisches Schloss bekannt, eine ehemalige Wasserburg aus dem 17. Jh., die Carl Kaspar von Kesselstatt 1709 feudal umbauen ließ. Seit einigen Jahren ist der Ort nördlich von Schweich ein Paradies für Mountainbiker. Auf Strecken mit attraktiven Singletrails zwischen Weinberg und Wald mauserte es sich zur Hochburg für diese Sportart, mit Touren rund um den Hummelsberg; hier wird der Eifel-Mosel-Cup ausgetragen. Der auch im Sinne der Völkerverständigung sehr engagierte Verein ›Bekond Aktiv‹ veranstaltet alljährlich ein Moselhöhenbiking, was im Biker-Jargon des Vorsitzenden Kaspar Portz »Herbstabtrieb für Mountainbiker« heißt. (Infos über alle präparierten Strecken im Umkreis von Schweich: Tourist-Info, Tel. 06502 93 38 10; Routen/Karten anklickbar über: www.gis-schweich.de; Eifel-Mosel-Cup: www.eifel-mosel-cup. de; Bekond Aktiv: www.bekond-aktiv.de)

Fern der Straße genießt man auf dem rechten Ufer von Schweich nach Detzem und umgekehrt immer wieder schöne Mosel-Ansichten.

Übernachten

Angenehm – **Hotel & Restaurant Zur Moselbrücke:** Brückenstr. 1, Tel. 06502 919 00, www.hotel-moselbruecke.de, Saison tgl., DZ ab 68 €, Hauptgerichte ab ca. 11 €.

Im Zentrum – **Hotel Grefen:** Brückenstr. 31, Tel. 06502 924 00, www.hotel-gr efen.de, DZ ab 60 €.

Einkaufen

Frisch vom Hof – **Bauernhofladen Leinenhof:** Tel. 06502 51 62. Di–Do ab 14.30, Fr 9–18.30, Sa 8–13 Uhr, neben Hotel Leinenhof (L 141 Richtung Hetzerath). Direktvermarkter von schmackhaften Fleisch- und Wurstwaren.

Infos & Termine

Feste

Fest der Roemischen Weinstraße: Anf. Mai. Alle zugehörigen Weinorte präsentieren sich in Schweich.

Verkehr

Bahn: Bf. Schweich, Trier–Koblenz (Linie 690).
Bus: Trier–Bullay (Linie 333)
Schiff: Trier–Bernkastel-Kues

Auf Entdeckungstour

Anders wandern mit Andres

Die Tour führt auf einem Teilstück des ›Stefan-Andres-Wanderwegs‹ (Zeichen: grünes Buch) von Mehring zur Zummethöhe und nach Trittenheim zum Stefan-Andres-Denkmal. Zitate aus dem Werk zeigen, aus welchen Quellen sich die schöpferische Kraft des Dichters speiste.

Reisekarte: ▶ D–E 5

Zeit: Tagestour, ca. 12 km

Planung: Topografische Karten Naturpark Saar-Hunsrück, 1:50 000; Zeichen: MV weiß, M weiß (z. B. an Pfosten gemalt), grünes Buch; evtl. Anfahrt mit Bus 333-1, Mo–Fr(!), Trittenheim, Brücke nach Mehring, Römervilla. Verpflegung mitnehmen.

Start: Mehring, *villa rustica*

»Dieser beschaulichste Fluß bewahrt zu beiden Seiten seiner Ufer über und unter der Erde zahllose ausgegrabene und noch im Schlaf der Vergangenheit liegende Denkmäler an jenes Volk, das Europa zusammen mit den Griechen den Wein übermittelt hat«, legt Stefan Andres in seinem Weinpilgerbuch die römischen Wurzeln des Mosellands offen. Ein trefflicher Beginn für eine Wanderung, die von der mitten im Neubaugebiet gelegenen *villa rustica* in Mehring auf die Hunsrückhöhen führt, eine der vielen Moselschleifen abkürzend.

Von der Römervilla zum Fünfseenblick …

Von der Römervilla zum Sportplatz, dann links die K 85 hoch (Zeichen MV), biegt man rechts zum Schützenhaus ein. Von dort steigen wir (Zeichen: grünes Buch) durch den Kammerwald hoch zum Aussichtspunkt mit dem 2008 renovierten Felsenkreuz. Hier mündet auch der Rioler Klettersteig auf den Wanderweg. Beim Verschnaufen bleibt Zeit für die Besinnung auf die formenden Kräfte, die der Dichter 1953 aufschrieb: »Die erste: das bäuerliche Leben, das mich bis zum elften Lebensjahr umgab. Die zweite: die katholische Kirche, in deren formenden Händen ich als Klosterschüler und Klerikernovize bis zum 21. Lebensjahr lag. Die dritte: die antike und humanistische Welt, die mir schon als Kind in der alten Römerstadt Trier entgegentrat und später mich mit ihrer Helle nährte und erzog …«

In ›Der Knabe im Brunnen‹ schildert Andres, wie fasziniert der kleine Steff ist, als er erstmals mit der Mutter die alte Kaiserstadt besucht. Auf Reisen ans Mittelmeer vor 1933 vertieft er diese Eindrücke; während der NS-Diktatur, der er mit seiner Familie 1937 in die Emigration nach Italien entflieht, werden sie Teil des Überlebens. Nach 1945 zählte Andres zu den meistgelesenen Autoren deutscher Nachkriegsliteratur. Der in den 1950er-Jahren aktive Atomwaffengegner, Deutsche-Einheit-Befürworter, überzeugte Europäer und Weltbürger starb 1970 in Rom.

Ein Stück weit wandern wir unterhalb der Autobahn weiter (Zeichen: grünes Buch und M) und verlassen die Route für einen Abstecher zum ›Fünfseenblick‹ auf den Fluss. Dessen Kanalisierung kommentiert Andres so: »Die schiffbar gewordene Mosel mit ihrem breiten beständigen Wasserspiegel ist nun viel schöner und, dies vor allem: dem Weinbau förderlicher geworden.«

… und von der Zummethöhe nach Trittenheim

»Nun kamen wir auf die Höhe, wo der Weg aus dem kleinen Tal der Dhron in das große Moseltal hinüberläuft. Ich fühlte, wie mein Blick, der drunten am Bach immer gegen den Berg anstieß, in die Ferne fliegen konnte, weiter und noch weiter. ›Dat is de Mosel‹, sagte Vater, und sein langer Finger wies in die Tiefe vor uns.« Steff staunt bei seinem ersten bewussten Aufbruch aus der Enge des heimatlichen Dhrontals, fühlt sich »angeschaut vom Fluss und den Bergen«. 1906 wird er in Dhrönchen als 9. Kind eines Müllers geboren. 1910 muss die Familie die Mühle wegen des Baus der Dhrontalsperre aufgeben und zieht nach Schweich.

In Schweich illustriert seit 1978 ein Brunnen den autobiographischen Roman ›Der Knabe im Brunnen‹. Trittenheim errichtete ihm zum 100. Geburtstag am Dorfplatz ein Denkmal mit genau diesem Hauptmotiv: Ein Knabe beugt sich über den Brunnen, sein Spiegelbild für ein vom Wassermann gefangenes Kind haltend. Hier endet die Reise zu den Ursprüngen des Dichters. Lust auf mehr?

Lieblingsort

Fünfseenblick über Mehring
Eine Wanderung von Detzem aus durch die Weinberge auf der alten Römerstraße hoch oder von Mehring aus über die Römervilla auf dem Moselhöhenweg hinauf steigert noch das Erlebnis des einzigartigen ›Fünfseenblicks‹. Vom Aussichtsturm erfasst man mehrere Moselschleifen zugleich. Hier können Sie sich volltanken mit Eindrücken einer mit immer neuen Überraschungen aufwartenden Landschaft!

Umgebung von Schweich

Die römischen Herren errichteten Landgüter im Umkreis der Kaiserstadt. Später hinterließen die kirchlichen Herrschaften ihre Spuren in den Orten der Verbandsgemeinde Schweich: Kenn, Riol, Longuich, Mehring, Pölich, Thörnich, Köwerich, Detzem, Klüsserath und Leiwen.

Kenn ► D 5

Auf einer Terrasse des fruchtbaren Schwemmlands der Trierer Talweitung bettet sich das Dorf in von Lehm und Ton geprägte Weinberge. Die Trierer Abtei St. Maximin bestimmte schon um 700 das politische Geschehen, um 1200 baute sie den Maximiner Hof. Kenn entstand aus lat. *canna*, Schilfrohr. Ihr ›Cannae‹ erlebten im Moselland allerdings nicht die Römer, sondern die Treverer, und das gar nicht weit weg, nämlich in Riol.

Riol ► E 5

Riol liegt beschaulich in Rufweite der Hauptverkehrsadern. Auf der alten ›Saufbähnchen‹-Trasse am Fluss tummeln sich Moselradler. 70 n. Chr. ging es hier dem Kriegsberichterstatter Tacitus zufolge wesentlich lauter zu, als im größten Gemetzel seit der römischen Besetzung des Treverer-Landes die aufständischen Kelten auf der Anhöhe über Rigodulum eine solche Niederlage erlitten, dass sie sich für die neuen Herren entschieden. So markiert die Schlacht den Beginn gallorömischer Zivilisation an der Mosel. Ein tolles Ausflugsziel ist der Klettersteig bei Riol.

Longuich ► D/E 5

Es ist nicht geklärt, ob Römer oder Kelten Pate beim Ortsnamen standen, ob *longus vicus* (langes Dorf) oder *luncwich* (krummer Bach). 1987 wurden in den Weinbergen die Reste des Badetrakts einer offenbar luxuriösen *villa urbana* gefunden, die teilrekonstruiert und frei zugänglich ist. Der Doppelort Longuich-Kirsch am Übergang von der Trierer Talweitung zum Moselcañon und am Schnittpunkt von Römerstraßen war von jeher als Besitztum begehrt. Die Abtei St. Maximin baute den Maximiner Gutshof, eine mächtige Vierflügelanlage (1714) mit Treppenturm, und besaß im 18. Jh. auch die Alte Burg an der Maximinstraße. In der rudimentär erhaltenen Anlage wird heute getafelt wie weiland die alten Rittersleut' (www.alteburg-mertes.de). In St. Laurentius, einer Saalkirche von Johannes Seitz aus dem 18. Jh., weist die spätgotische Mutter Gottes mit Jesuskind auf die Mondsichel (Traubenmadonna) auf die fruchtbare Region hin (Anmeldung bei R. Fritzen, Tel. 06502 62 01).

Mehring und Pölich ► E 5

Am Mehringer Berg (419 m) auf der Eifelseite reifen feine Weine. Vom alten Dorf blieb infolge eines Großbrands 1840, schwerer Luftangriffe im 2. Weltkrieg und des Abrisses ganzer Häuserzeilen anlässlich der Moselkanalisierung in den 1960er-Jahren wenig übrig. Umso mehr frappiert nach dem erneuten Wechsel auf die Hunsrückseite der Anblick einer restaurierten *villa rustica* – eingekeilt in ein neues Wohngebiet!

In **Pölich** (*pulchra villa*) wurde eine antike Wasserleitung (206 n. Chr.) oberhalb der Kirche freigelegt.

Übernachten

Bequem – **Gasthof zur Römervilla:** Im Hostert 14, Mehring, Tel. 06502 44 62, www.roemervilla.de, DZ um 44 €. Kompetente Infos zum Angeln und Erwerb von Angelscheinen, Hunde erlaubt, Fahrradverleih, Sauna.

Thörnich, Köwerich ► E 5

Antike Wurzeln und sehr gute Weine! So führte Bundeskanzler Adenauer bei Reisen nach Moskau zu Verhandlungen mit den ›Soffjets‹ auch einige Flaschen Thörnicher Ritsch im Gepäck. Noch mehr Bonn und Mosel gibt es ganz in der Nähe! Aus Köwerich stammt Ludwig van Beethovens Mutter Maria Magdalena Keverich. Bis in die 1950er-Jahre wurde ein stattliches Weingut von direkten Nachkommen ihrer Familie bewirtschaftet, nun setzt das Weingut Geschwister Köwerich in der Beethovenstraße 27 die Tradition fort, das Konterfei des Musikgenies prangt auf Wein- und Sektetiketten – auch im Bonner Beethovenhaus.

Detzem ► E 5

Ad decimum lapidum entstand in römischer Zeit, am zehnten Meilenstein also, von Trier aus gerechnet. Die Nachbildung eines solchen Meilensteins steht in der Ortsmitte. Heute ist der einstige fränkische Königshof und spätere Besitz der Trierer Abtei St. Maximin ein Paradies für Radler, die auf sicheren Uferpfaden die wunderschöne Landschaft erkunden.

Wanderung zum Fünfseenblick

Durch die Weinberge auf der alten Römerstraße (D 2/VG 1) hinauf in den Detzemer Wald, genießen Sie nach

Unser Tipp

In die Luft gehen …
Ballonfahrt: 2–3 Stunden vor Sonnenaufgang ist täglich Treff, um aufzusteigen – bei Schroeder fireballoons in Schweich, Im Flürchen 7. Ballonreisen Moselland, Tel. 06502 990 80, www.ballonreisen-moselland.com.
Gleitschirmfliegen: Die Vereine ›Die Moselfalken‹ (www.moselfalken.de) und ›Drachenfliegerclub Trier‹ (www.dfc-trier.de) bieten Gastpiloten die Möglichkeit zum Fliegen, auch im Tandem.

… oder in die Tiefe
Schieferbergbau in Fell: Fell ist ein typisches Bergwerk der Wende vom 19. zum 20. Jh. Von Longuich aus in den Hunsrück hinauf nach Fell, geht es auf schmaler Straße ins Nosserntal hinein, wo die Einstimmung auf das zwischen Fell und Thomm gelegene Besucherbergwerk Barbara-Hoffnung schon unterwegs mit allerlei bergmännischen Utensilien gelingt. (Tel. 06502 98 85 88, April–Okt., tgl. 10–17 Uhr. www.besucherbergwerk-fell.de.)

zeitweise schattenlosen Strapazen vom Aussichtsturm aus den einzigartigen Fünfseenblick auf mehrere Moselschleifen zugleich, wandern auf dem Moselhöhenweg (M) durch den Wald hinab zur römischen Villa in Mehring und auf dem Ausoniusweg (AU) entlang der Mosel nach Detzem zurück.

Übernachten

Gemütlich – **Weingut Michael Dany:** Fährstr. 1a, Detzem, 06507 99 31 00, www.weingut-michael-dany.de, Fewo (2–3 Pers.) ca. 35 €, im Zentrum von Detzem, nahe dem Mosel-Radweg.

Klüsserath ► E 5

Die Straße nach Klüsserath verläuft vor Überquerung des Flüsschens Salm am Rudemwald, wo der Sage nach das Rudemsmännchen umgeht: Der Bürgermeister von Thörnich hatte den Schalk im Nacken bzw. unter der Mütze (Schöpflöffel) und in den Schuhen (Heimaterde). Im Grenzstreit mit Klüsserath schwor er beim Ortstermin:»So wahr ich den Schöpfer über mir habe und auf Thörnicher Erde stehe, gehört der Wald uns.« Die Thörnicher siegten, ihr Chef aber spukt seither im Rudemwald. Aus zwei Siedlungskernen gewachsen, einer römischen Villa nahe der kath. Pfarrkirche St. Maria und einem Bezirk am Berghang, ist das schon 634 erwähnte Clutharada ein Musterbeispiel für Wein liebenden Klerus. Zeitweise waren über 20 Abteien und Stifte begütert, abgesehen von Königen und Rittern hoch zu Ross. Viel mehr als eine trierische Wasserburg und der ehem. Echternacher Hof blieben nicht erhalten. An eine Rosenkranz-Gemeinschaft erinnert der Name der berühmten Weinlage ›Klüsserather Bruderschaft‹.

Klüsserather Passionsspiel

Seit dem riesigen Premierenerfolg im Jahr 2000 wird das Passionsspiel von Michael Friedrich, eine szenische Fassung der Evangelientexte, alle fünf Jahre am Passions- und Palmsonntag von Laiendarstellern aus dem Dorf an mehreren Spielorten aufgeführt (www.passionsspiel-kluesserath.de).

Krippenschule und Museum

Biblische Themen haben in Klüsserath Tradition – 1982 gründete sich der Verein der Klüsserather Krippenfreunde. Aus Ausstellungen und Kursleiter-Lehrgängen entstand die Krippenbauschule, die für interessierte Laien ganzjährig Kurse anbietet, geleitet von Meistern aus der Moselregion, Bayern und Tirol (Anmeldung: www.krippenverein.de). Seit Mai 2010 präsentiert das Museum ›Haus der Krippen – Domus Praesepiorum‹ in einem über 350 Jahre alten Gebäude mit über 90 internationalen Exponaten die Vielfalt künstlerischer Darstellung der Geburt Christi (Hauptstr. 83, Nov.–Jan. Di–So, sonst Fr–So 14–18 Uhr, www.krippenmuseum.info).

Infos

Tourist-Information

Im Gemeindezentrum Alte Ökonomie, Kirchstr. 3, Tel. 06507 30 99, www.kluesserath.net.

Trittenheim, Leiwen ► E 5

Auf dem Kamm der Moselschleife schiebt sich als ›Landmarke‹ zunächst die 1569 erbaute, in den 1990er-Jahren sanierte **Laurentiuskapelle** ins Bild, die Dörfer Trittenheim und Leiwen beäugen sich über den Fluss hinweg. Beide nennen hervorragende Weinlagen ihr eigen, ein Begriff weithin ist die ›Trittenheimer Apotheke‹. Aber nicht nur der Geist des Weins, sondern auch zwei Geistesgrößen schrieben Trittenheim ins Buch des Lebens: Johannes Trithemius (1462–1516) und der im Ortsteil Dhrönchen geborene Stefan Andres (1906–1970), Ersterer Abt und Gelehrter, Letzterer ein Dichter (s. S. 134–135).

Zwar nennt man die Zummethöhe mit dem zur VG Neumagen-Dhron gehörigen Trittenheim gemeinhin in

Lieblingsort

Moselschleife über Trittenheim
Urteilen Sie auf der Zummethöhe selbst, vom Restaurant oder besser vom nahen Parkplatz aus, was das fast magisch Besondere dieses Orts ausmacht, weshalb diese eine Moselschleife die berühmteste des an Schleifen doch so reichen Flusses ist!

einem Atemzug, denn von da blickt man hinab auf das Winzerdorf mit seinen beiden historischen Fährtürmen und die berühmteste Moselschleife der Welt. Genau genommen gehört das Terrain zu Leiwen linker Hand der Brücke von 1909. Selbst wenn keine Zeit bliebe für eine ausführliche Erkundung dieses ebenfalls sympathischen Weinorts mit der Pfarrkirche St. Stephan (1500/1769), für eine Weinverkostung im Kurtrierer Hof oder einen Besuch im ›Weindorf‹, so muss Raum bleiben für eine Fahrt oder Wanderung hinauf auf die **Zummethöhe**, wo man ein Ausflugslokal aufsucht, nur um dieses eine Einzigartige zu erleben: das Gefühl, wie ein Vogel abzuheben, um ins weithin einsehbare Tal zu schweben.

Übernachten

Über dem Moseltal – **Landal Sonnenberg über Leiwen:** Tel. 01805 70 07 30, www.landal.de. Die Ferienhäuser mitten in den Weinbergen sind auch für Allergiker und Rollstuhlfahrer geeignet. Preise (unterschiedlich nach Saison und Ausstattung) erfahren Sie übers Internet und Telefon.

Übernachten, Einkaufen

Behaglich-erholsam – **Weingut & Gästehaus Ansgar Clüsserath:** Spielesstr. 4, Trittenheim, Tel. 06507 22 90, www.trittenheim.de/ansgar-clüsserath, DZ um 50 € im Weingut der hoch bewerteten ›MoselJünger‹-Winzerin Eva Clüsserath mit Weinen u. a. aus der berühmten ›Apotheke‹.
Stilvoll-südländisch – **Stefan-Andres-Weinstube:** Laurentiusstr. 17, Trittenheim, Tel. 06507 59 72, www.weingut-bernhard-eifel.de, DZ ab 60 €, Ostern-Nov. Do–Mo, Dez. Fr–So, Hauptgerichte

ab 14 €. Im Gästehaus des Topwinzers Bernhard Eifel übernachten, in der Weinstube genießen.
Beste Noten – **Weingut Clüsserath-Weiler:** Haus an der Brücke, Trittenheim, Tel. 06507 50 11, www.cluesserath-weiler.de, DZ ab ca. 65 €. Die Rieslingweine des Gutes wurden mehrfach ausgezeichnet.

Essen & Trinken

Gourmet-Stern – **Wein & Tafelhaus:** Moselpromenade 4, Trittenheim, 065 07 70 28 03, www.wein-tafelhaus.de, Mi–So, Hauptgang ab 28 €. Zum Verwöhnen und Genießen! Daniela Oos berät bei der Weinwahl, Alexander kocht Guide-Michelin-würdige Köstlichkeiten. Der ›Zauberer‹ Oos gibt sein Wissen auch in Kochkursen weiter (s. S 60–61).

Einkaufen

Delikatesse – **Traubenkernöl:** Infos, auch zu Bezugsquellen: VITIS AG, Tel. 06507 926 00, www.vitis-vital.de. VITIS-Vital-Kreationen aus der Trittenheimer Ölmühle. Kaltgepresstes Traubenkernöl usw. sind u. a. im Gästehaus Moselblick, Im Gospert 32, Trittenheim, Tel. 06507 59 17 erhältlich.
Topqualität – **Weingut Köwerich:** Maximinstr. 11, Leiwen, Tel. 06507 42 82, www.weingutkoewerich.de. Nick produziert feine Weine, Annette Köwerich sensible Moselbücher.

Infos

Tourist-Information
Trittenheim: Moselweinstr. 55, Tel. 06507 22 27, www. trittenheim.de.
Leiwen: Römerstr. 1, Tel. 06507 31 00, www.leiwen.de.

Pachtzahlung: Das in Neumagen gefundene Relief (um 250 n. Chr.) zeigt römische Beamte beim Zählen des von Bauern gebrachten Geldes

Neumagen ❗ ▶ E 5

Trotz der Hauptstraße, die seit Römerzeiten mitten durch den Ort führt, wirkt Neumagen beschaulich. Das geht sicher auch auf das Konto der vielen Radler, die gelassen mit der Autokonkurrenz umgehen. Am Ufer sind sie fast unter sich. Hier liegt der Nachbau eines der berühmten ›Weinschiffe‹ vor Anker.

Neumagen ist ein wahres Entree in die Antike! Ein Replikat des ›Schulreliefs‹ am Rathaus informiert über gallorömische Bildung. Vor einem Weingut an der Römerstraße, die seit fast 2000 Jahren die Hauptverkehrsader ist, schmiegt sich der ›fröhliche Steuermann‹ verschmitzt lächelnd an ein Weinfass. Das Motiv gehört zu einer Serie von Römer-Weinschiffen, die neben weiteren Stücken bei Ausgrabungen 1877–1885 ans Tageslicht und ins Provinzialmuseum nach Trier, das heutige Rheinische Landesmuseum, kamen. Der dortige Saal der ›Neumagener Grabmäler‹ quillt schier über, das berühmteste der Weinschiffe wurde gar zum Museumslogo. Am Fundort selbst steht im Schatten der kath. Peterskapelle (14./18. Jh., offen) eine Kopie, weitere Alltagsszenen dekorieren den Ausoniusgarten dahinter.

»Endlich zeigte sich mir an den ersten Gestaden der Belger Noiomagus, das ruhmreiche Fort Konstantins des Erhabenen. Reiner streifen die Lüfte dort die Gefilde«, schwärmte der Römer Ausonius 371 in seinem Gedicht ›Mosella‹ und dachte dabei zwei Jahre zurück, als er, im Gefolge Kaiser Valentinians vom Feldzug gegen die Alamannen zurückkehrend, Fluss und Festung erstmals aus diesem Blickwinkel sah. Noviomagus (neues Feld) war reicher Handels- und Umschlagplatz und die letzte wichtige Station nach der beschwerlichen Reise von Bingen über den Hunsrück. Bis nach Trier mussten noch, wie es ein Caracalla-Leugenstein vor der Pfarrkirche ausweist, 15 Leugen, also rund 33 km zurückgelegt werden.

Als Reaktion auf die katastrophalen Raubzüge der Germanen im Jahr 275 hatten schon Kaiser Konstantins Vorgänger begonnen, Noviomagus mit Mauern und Türmen zu befestigen. Als Fundament des Kastells wurden Sandsteinquader verwendet, in Neumagen vermutlich aus den Grabmälern recycelt, die hier nach römischer Sitte entlang der Ausfallstraße standen. Beim Zusammensetzen des Puzzles legte das Rheinische Landesmuseum eine einmalige Sammlung des Lebens und der Kunstformen unserer gallorömischen Vorfahren an der Mosel an. Anschauungsmaterial, auch aus der späteren Ortsgeschichte, bietet das Heimatmuseum (Hinterburg 8, Mo–Fr 8–12, 14–17, Sa 10–12, Dez.–Feb. Mo–Fr 8–12 Uhr) im ehemaligen Sayn-Wittgenstein'schen Amtshaus.

Märtyrerkapelle ► E 5

Info: Pfarramt Neumagen, Römerstr. 102, Tel. 06571 95 38 20

An der Straße nach Neumagen ist die Märtyrerkapelle (1506/1764) trotz eines legendenhaft traurigen Anlasses ein malerisches Bild. Bis hierhin soll die Mosel Ende des 3. Jh. vom Blut der Trierer Märtyrer rot gefärbt gewesen sein, die von Kaiser Maximians Truppen wegen ihres christlichen Glaubens niedergemetzelt wurden (s. S. 98).

Rundfahrt mit dem Weinschiff

Infopavillon Weinschiff: Pelzersgasse 5–7, Tel. 065 0770 20 61, www.roemer weinschiff.de

Hinter dem Ausoniusgarten liegt im Neumagener Hafen das Weinschiff *Stella Noviomagi* seit Herbst 2007 vor Anker. Der fast 18 m lange Nachbau des an der Peterskirche aufgestellten Replikats der antiken Skulptur hat bis zu 40 Plätze (plus Kapitän und Matrose), kann gechartert und bei entsprechender Fitness und Witterung stilecht gerudert oder von Motoren zu einer Reise entlang der bekannten Weinlagen Neumagens und der Nachbarorte angetrieben werden. Modalitäten sind im Infopavillon zu erfahren.

Hagens Heimstatt Dhron

Sieht sich Neumagen als ›ältester Weinort Deutschlands‹, so reklamiert der Zwillingsort Dhron den legendären Bösewicht Hagen von Tronje aus dem Nibelungenlied für sich. Auch hier beruft man sich auf einen Römer, Venantius Fortunatus, einen Freund des Trierer Bischofs Nicetius, der wie Ausonius Landschaft und Menschen in Gedichten besang, wenn auch 300 Jahre später. Er erwähnt das Bächlein Dhron und einen Palast, den man als Nicetiusburg deuten und Hagen zuschanzen könnte, was Funde auf dem Folzerberg (= Pfalzberg) nicht ausschließen. Von Dhron mit den schmucken Bruchsteinhäusern aus empfiehlt sich eine fast alpinistische Straße durch die Weinberge nach Piesport, sofern Sie nicht am Wasser bleiben wollen.

Übernachten

Historisch eloquent – **Warsberger Weinhof**: Römerstr. 98, Tel. 06507 925 80, www.warsberger-weinhof.de, DZ ab ca. 60 €, Bett & Bike. Der historische Gewölbekeller und das Gästehaus (Piacenzahaus) gegenüber sind Schmuckstücke im Ortskern.

Übernachten, Essen

Komfortabel an der Mosel – **Komforthotel Zum Anker**: Moselstr. 14, Tel. 06507 63 97, www.hotelzumanker.de, DZ ab ca. 70 €, Hauptgerichte ab 11 €, Bett & Bike. Eines der laut der Zeitschrift TOP beliebtesten Hotels im Lande, ganz offensichtlich jedenfalls bei Radlern, auch die leckere ›Ankerpfanne‹.

Aktiv & Kreativ

Yachthafen: Moselstraße, Tel. 06507 70 16 70, www.marina-mittelmosel.de.

Piesport, Heimat der weltberühmten Weinlage ›Goldtröpfchen‹

Gastliegeplätze, Boot-, Auto- und Fahrradverleih. Von Skippern als schönster Ankerplatz an der Mosel gerühmt.

Infos & Termine

Tourist-Information

Touristinformation Neumagen-Dhron: Hinterburg 8, Tel. 06507 65 55, www. neumagen-dhron.de, Mai–Okt. Fr 17.15, Sa 10.15 Uhr Führung ›Auf den Spuren der Römer‹.
Verbandsgemeinde Neumagen-Dhron: www.vgv-neumagen-dhron.de.

Feste

Weinschiff-Fest: Juli, Neumagen, Fest rund um den neuen Weinschiffhafen, www.neumagener-weinschiff.de.
Weinblütenfest: 3. Juniwochenende, Neumagen, mit Festzug.

Verkehr

Bus: Strecke Trier–Bullay (Linie 333).
Schiff: Trier–Bernkastel-Kues.

Piesport ▶ E 5

»Dort wo Felsen und sonniger Grat in gewundenem Bogen / weinstockbesetzt sich erhebt, ein natürlich entstandnes Theater«, rühmte 371 Ausonius (s. S. 15) in seiner ›Mosella‹ die Landschaft. Piesport reklamiert für sich, diese Kulisse gewesen zu sein. In der Tat könnte der Römer das Aha-Erlebnis geschildert haben, das er nach der Reise über den Hunsrück hatte, als er die terrassenförmig geschichteten Weinberge am Moselbogen erblickte. Schade, dass beim Ausbau der L 157 nicht an eine Ausguckplattform à la ›Ausoniusblick‹ gedacht wurde. Ratlos nach der Stelle Ausschau haltend, die den Römer zu seinem enthusiastischen Ausruf veranlasst haben könnte, ist man schon in Niederemmel angelangt.

Porto Pigontio hieß der eifelseitige Siedlungskern einst, der wegen des ›Theaters‹ im Rücken sich kaum über antike Vorgaben ausdehnte. Eine Kelteranlage aus dem 2./4. Jh. am westlichen Ortsende vermittelt durch übersichtliche Rekonstruktion und alljährliche praktische Demonstration temporärer ›Römer‹ ein anschauliches Bild der Weinerzeugung. Die antiken Genießer wussten sehr genau, wo Kelterhäuser Sinn machten, und so darf man hier von einem guten Tröpfchen ausgehen. Winzer wie Theo Haart oder Gernot Hain, deren Familienbetriebe auf jahrhundertealte Traditionen bauen können, betreiben Imagepflege mit feinem Gespür und bereiten den Boden dafür, dass Piesporter Lagen wieder in aller Expertenmunde sind. An der Brücke begrenzt die hübsche kath. Pfarrkirche St. Michael das Ortszentrum. 1776/77 vom Tiroler Architekten Paulus Miller erbaut, leuchtet das Rokoko noch mehr durch Johann Peter Webers Gewölbemalerei.

Antikes Erbe auch im Ortsteil Niederemmel jenseits des Flusses: Unweit der kath. Pfarrkirche St. Martin (1732) wurde 1950 in einem Sarkophag ein Diatretglas gefunden, das gut und gerne zwei Liter Riesling fasst. Das Rheinische Landesmuseum in Trier verwahrt das Original ebenso wie das einer um 213 entstandenen Caracalla-Säule, die die Entfernung von der Kaiserresidenz Trier in Leugen (ca. 2,2 km) anzeigte. Eine Kopie dieses ›Meilensteins‹ steht am Rand eines Sparkassen-Parkplatzes.

Mit einem Großfeuerwerk setzen die Piesporter jeweils Anfang Juli die ›Moselloreley in Flammen‹, womit das schroffe, zuweilen eigenartig kupferrot schimmernde Rotlay-Massiv vollends in den Rang eines Wahrzeichens erhoben wird. 1852 bis ca. 1871 und noch einmal 1936 bis 1940 wurden hier Blei-, Kupfer- und Zinkerze abgebaut. Die Ausbeute war aber für Rüstungszwecke zu gering, der Bleiglanz allenfalls für Töpferglasuren zu gebrauchen. Am Ufer von Niederemmel hat man einen unverstellten Blick auf das Felsmassiv jenseits des Flusses, das am Ufer keinen Weg erlaubt.

Ausflug nach Minheim

Etwa 2 km weiter flussabwärts liegt Minheim. Der Ort hat hübsche Fachwerkwinkel, die 1840–1842 erbaute kath. Pfarrkirche St. Johann Baptist auf der Habenseite und ein Jesuskreuz auf der Hunsrückseite, das als Protest gegen die kirchenfeindliche Nazi-Politik errichtet wurde. Nach dem Büßen auf dem Kreuzweg entschädigt der herrliche Moselschleifen-Blick.

Lichterprozession in Klausen

Wallfahrtskirche: Führung Tel. 06578 218, www.klausen.de
Von Piesport aus über die L 50 auf die Eifel-Hochfläche gelangt, könnte man in Klausen die kath. Pfarr- und Wallfahrtskirche St. Maria besuchen und in Kesten wieder zur Mosel hinunter-

fahren. Viele Wunder sagt man der Gottesmutter nach, die der Klausner Eberhard 1442 in einer Kapelle verehrte, die im 15. Jh. einer größeren Kirche wich. Das von Augustiner-Chorherren bis zur Säkularisation betriebene Gotteshaus ist in der Südeifel das wichtigste Zeugnis spätgotischer Architektur.

Eine Lichterprozession eröffnet am 30. April die Wallfahrt-saison. Manches Brauchtum hielt sich in der Gegend, wie am ersten Februarwochenende im Ortsteil Krames die Versteigerung von Schweinsköpfen durch den Pfarrer höchstpersönlich – gegen Tierseuche und für die Filialkirche.

Übernachten, Einkaufen

Weingenuss – **Hotel Weinhaus Piesporter Goldtröpfchen:** Am Domhof 5, www.weingut-hain.de, DZ ab ca. 60 €, Fewo (2 Pers.) ca. 45 €. Weinbautradition seit dem 17. Jh. Gernot Hain gehört zur Star-Generation der jungen Winzer, ohne abzuheben. Exquisite Weine sind das Markenzeichen.

Moselblick – **Weingut Reinhold Haart:** Ausoniusufer 18, Tel. 06507 20 15, www.haart.de, 2 Fewos (2–4 bzw. 6 Pers.) ca. 60 € bei mind. 5 Ü. Spitzenwinzer Theo Haart erzeugt charaktervolle Rieslinge mit natürlicher Restsüße.

Radler- und Wein-Tipp – **Straußwirtschaft Moselgarten:** Weingut Lehnert-Veit mit Gästehaus, OT Niederemmel, In der Dur 6–10, Tel. 06507 21 23, www.weingut-lv.net, DZ ca. 50 €, Hauptgericht ab 7,50 €, Spezialität des Hauses ist das Winzerpfännchen. Renommiertes Weingut mit Tradition seit 1653. Die ›SWR-Straußwirtschaft‹ des Jahres 2003 öffnet im Mai (bis Okt.); lauschiger Garten nahe der Moselloreley am

Moselufer und Radweg, mit Bootsanleger! Event: Wein mit Schokolade!

Infos & Termine

Tourist-Information
Tourist Information Piesport/Minheim: Heinrich-Schmitt-Platz 1 (OT Nideremmel), Tel. 06507 20 27, www.piesport.de, Führung ›Zeitreise durch Piesport‹. Infos www.weingutervereinigung.de.

Feste
Tage der offenen Weinkeller: Christi Himmelfahrt.
Mosellöreleyfest: 1. Juliwochenende, mit großem Feuerwerk.
Weinhöfefest: 3. Wochenende im Aug.
Römisches Kelterfest: s. Unser Tipp, S. 146.

Verkehr
Bahn: Bf. Wittlich, Trier–Koblenz (Linie 690).
Bus: Strecke Wittlich–Bernkastel-Kues (Linie 301).
Schiff: Trier–Bernkastel-Kues.

Kesten ▶ F 4/5

Das Weindorf, das die Römer nach der castanea (Kastanie) benannten, hält sich bescheiden im Hintergrund, obwohl seine an die berühmten Brauneberger Juffer grenzenden Weinlagen Paulins-Hofberger oder Kestener Herrenberg wie jene zum Besten gehören, was die Moselregion zu bieten hat. Somit nimmt es kein Wunder, dass sich der Trierer Klerus um Güter in dem schon 935 in einer Urkunde König Heinrichs I. erwähnten Ort riss. Von solch illustren Namen wie Simeonstift, Irminen-Oeren, St. Maximin, St. Thomas, Kurtrier oder dem Eifeler Kloster Himmerod sind noch einige im Ortsbild präsent, so der stattliche Paulinshof (www.paulinshof.de), heute ein renommiertes Weingut. Eine liebenswürdige Attraktion ist das ›Schwalbenhaus‹, in dem zu Brutzeiten angeblich bis zu 100 Vögel nisten.

Auf dem Schiffs-Wanderweg in die Römerzeit

Infos: Gästeservice Jüngling, s. u.
Mit dem Linienschiff morgens von Kesten nach Piesport gelangt, läuft man nach dem Abstecher zur römischen Kelteranlage auf dem ›Schiffs-Wanderweg‹ (Wegweiser bzw. Zeichen blaues S) zurück. Die Tour führt u. a. ins idyllische Dreisbachtal zum Sauerbrunnen, an dem schon die Römer ihren Durst löschten. Auch Napoleon, dem Kaiser der Franzosen, soll ein frischer Trunk aus der Mineralquelle angeboten worden sein, als er auf der Flucht vor General Blüchers alliierten Truppen dank einer flugs gebauten Schiffbrücke nach Kesten übergesetzt hatte.

Heute kann hier trinken, wer will, rasten, Wasser treten und grillen. Hat man Quartier in Monzel genommen, werden die Mühen des Aufstiegs durch wunderbare Blicke ins Moseltal belohnt, zuletzt bei der dortigen Kirche. Tipp: Buslinie 301 von/nach Osann-Monzel.

Übernachten

Familiär im alten Winzerhaus – **Gästeservice Liesel & Franz-Josef Jüngling:** Eiermarkt 10, Kesten, Tel. 06535 321, Fax 71 28, DZ ca. 55 €, Infos zu Wander- und Radtouren.
Frisch und nett – **Aparthotel Panorama:** Novianderweg 3, Osann-Monzel, Tel. 06535 94 48 05, www.rieslinghotel.com, DZ ab 60 €, Hauptgerichte ab 11 €.

Infos

Verkehr
Bahn: Bf. Wittlich, Strecke Trier–Koblenz (Linie 690).
Bus: Wittlich–Bernkastel-Kues (Linie 301).
Schiff: Trier–Bernkastel-Kues.

Die ›Grafschaft Veldenz‹ ▶ F 4/5

In der Region hat man die Grafen von Veldenz aus dem nahen Hunsrück als Werbeträger entdeckt. Brauneberg, Mülheim, Veldenz und Wintrich berufen sich auf den alten Adel. Die nachrömische Geschichte der späteren Grafschaft beginnt mit der Schenkung des Königs Childebert II. im Jahr 588 ›boni vini causa‹ (wegen des guten Weins) an das Hochstift Verdun. Die Stammburg der Veldenzer Grafen wurde erstmals 1156 in einer Urkunde Friedrich Barbarossas als Besitz dieses Klosters erwähnt, was die von den Lothringern eingesetzten Vögte nicht daran hinderte, sich das Lehen unter den Nagel zu reißen. Verduns Vögte stiegen zu Grafen von Veldenz auf, starben 1444 in männlicher Linie aus und wurden von der Pfalz-Zweibrückener Verwandtschaft beerbt. Diese gesellten dem wittelsbachischen weiß-blauen Rautenwappen den Veldenzer Löwen bei. Die bayerische Raubkatze brüllte also eindeutig zuerst an der Mosel! Bereits im Jahr 1523 führte Herzog Wolfgang die Reformation ein, weshalb sich die alteingesessenen Mülheimer und Veldenzer als Lutheraner noch immer von den überwiegend katholischen Wintrichern, Lieserern und Piesportern unterscheiden. Brauneberg nimmt mit seiner Simultankirche eine Sonderstellung ein.

Im 16. Jh. gehörten die Ländereien zum ›Kleinen Reich des Jerrihans‹, des Grafen Georg Johannes von Pfalz-Veldenz, der durch Heirat mit dem schwedischen Königshaus liiert war. Im 17. Jh. beanspruchte der allerkatholischste König Ludwig XIV. aufgrund alter Rechte das ehemals bischöfliche Terrain des nun französischen Verdun. Das war der Anfang vom Ende der Burgenherrlichkeit überm Tal des Veldenzer Bachs.

Die Zugehörigkeit des traditionell katholischen Wintrich zum Marketing ›Grafschaft Veldenz‹ ist eine Reminiszenz an die preußische Herrschaft, im 19. Jh. wurde das Winzerdorf dem Amt Mülheim unterstellt.

Essen & Trinken

Schönes Ambiente – **Restaurant Altes Kelterhaus:** Am Martinergarten 13, Tel. 06534 94 96 67, www.altes-kelter haus.de, Do–Di, Hauptgerichte ab 15 €.

Wintrich ► F 5

Das Vindriacum der keltischen Römer wurde 960 urkundlich festgehalten. Berühmte Lagen kennzeichnen das Dorf an der Moselkrümmung, wo die Berghänge weicher zurückweichen und sich landwirtschaftlich nutzbare Seitentäler öffnen. Felsbetont ist Wintrich auch, und so steht auf dem Geyerskopf am Ende des Weinlehrpfads in der Lage ›Großer Herrgott‹ seit 1968 ein riesiges Kruzifix. Im Ort selbst zeigt die Pfarrkirche St. Stephanus ihren Turm aus dem 13. Jh. Das Langhaus stellt sich im Wesentlichen in der Umbaufassung des 19. Jh. dar. 1902 wurden hier erstmals in der Fastenzeit Passionsspiele aufgeführt, von 1927 bis 1952 fast durchgängig alle fünf Jahre. Seit 1997 mit gro-

Unser Tipp

Unter Nussbäumen
In Brauneberg wird jedes Jahr Ende September auf der 1,6 km langen Nussbaumallee am Moselufer unter bis zu 300 Jahre alten Bäumen das Straßenfest gefeiert, bei über 400 erlesenen Weinen!

ßem Erfolg wieder belebt, bringen einheimische Laiendarsteller das Leben und Sterben Jesu auf die Bühne des Gotteshauses, zuletzt 2007. So bleibt bis 2012 leider nur der Blick ins Universum. Für Himmelsgucker kein Problem, denn ein Gang zur Sternwarte auf den Schieferhöhen Wintrichs ist schon ein glücklicher Aufstieg zum Einstieg in galaktische Sphären (Infos s. u.).

Aktiv & Kreativ

Sternenklar – **Sternwarte in Wintrich:** Eine Führung bzw. Gestirn-Beobachtung (nur bei klarem Himmel) kann mit dem Astronomischen Freundeskreis Wittlich vereinbart werden. Kontakt: Christoph Walker, Tel. 06571 26 06 78.
Leidenschaftlich – **Wintricher Passionsspiele:** Infos liefert www.passionsspiele -wintrich.de.

Infos

Tourist-Information
Tourist-Info: Bergstraße 3, Wintrich Tel. 06534 86 28, www.wintrich-mosel.de.

Verkehr
Bus: Strecke Trier–Bullay (Linie 333).

Auf Entdeckungstour

Vom Maar zur Mosel

Die Radtour auf dem Maare-Mosel-Radweg ist ein fast ebenes Familienvergnügen. Lediglich ›Erlebnisschleifen‹ bringen Steigungen mit sich. Sonst rollt man, meist auf der ehemaligen Bahntrasse, das Liesertal hinab.

Reisekarte: ▶ E 2 – F 4

Zeit: je nach Fitness! Länge 58 km, dazu 12 Erlebnisschleifen (je 8–44 km).

Planung: Infos www.maare-moselradweg.de. RegioRadler (Linie 300) tgl. April– Nov., www.regio-radler.de, Buchung (nur per Internet) für Sa/So empfohlen; Karte Eifel-Mosel-Hunsrück (kostenlos im Mosel-Gäste-Zentrum Bernkastel).

Start: RegioRadler ab Kues (Forum) nach Daun, Tour ab Bahnhof Daun.

Entdeckung der Maare

Die Radtour führt in eine Landschaft von stiller und aufregender Schönheit mit Hochflächen, schluchtenartigen Tälern und den kreisrunden Kesseln der Maare im Naturpark Vulkaneifel. Vermutlich bildeten sich die geologischen Wunder, mit Ausnahme des mit 44 Mio. Jahren ältesten Eckfelder Maars, vor 29 000–12 500 Jahren. Damals löste die in den Vulkanen aufsteigende Lava im Kontakt mit Wasser heftige Gaseruptionen aus. Unter enormem Druck wurden die Gesteinsbrocken durch den entstehenden Schlot hinausgeschleudert, die Maarkessel in ihrer typisch runden Form ausgesprengt. Manche verlandeten oder vermoorten, andere füllten sich mit Wasser, da natürliche Abflüsse fehlen. Die ›Augen der Eifel‹ wurden zu naturgeschützten Freizeiträumen.

Tatort Daun

Daun, das Zentrum der Vulkaneifel, mutiert alle zwei Jahre zum Zentrum des Verbrechens, wenn auch rein fiktiv. Am ›Tatort Eifel‹ treffen sich dann Krimiautoren mit Fachleuten und Publikum (s. S. 15). Als Hommage an ›Eifel-Krimi-Guru‹ Jacques Berndorf könnte man vor der Tour im Café Schuler (Leopoldstraße 1) »zwei Stück Torte von der ganz kriminellen Sorte« essen.

Nach dem Start am Bahnhof folgt gleich der erste Höhe-Punkt für Bahnfans: Die Radtrasse überquert die Straße auf einem 103 m langen Viadukt (1909). Das nächste Highlight – die Maare bei Daun! Wenn man von der Route abzweigt, kommt man ans Gemündener Maar (Freibad). Eine Schleife nach dem 560 m langen Tunnel »Großes Schlitzohr« bringt den Radler ans naturgeschützte Weinfelder Maar (Totenmaar), das in Berndorfs »Eifel-Liebe« eine Rolle spielt, und ans Schalkenmehrener Maar. Keine Sorge, hier ist Baden erlaubt und nicht ›mordsgefährlich‹.

Glocken, Vulkane und Burgen

Eine Erlebnisschleife (ca. 7 km) führt nach Brockscheid zur Eifeler Glockengießerei, die mit einer über 400-jährigen Tradition und Souvenirs wirbt (Glockenstr. 51, Mo–Sa 10–16, Nov.–März um 15 Uhr). Zurück auf der Hauptroute verleitet eine weitere Schleife zum Ausflug ans 75 m tiefe Pulvermaar mit Baden, Booten, Camping und zum Abstecher ins Landgasthaus Janshen in Ellscheid (Di–So ab 11 Uhr). Auf dem Rückweg führt die Vulkanstraße zu köstlichen Ziegenkäse-Variationen im Vulkanhof (Mo–Sa 10–17 Uhr).

In Strohn (ca. 2 km) empfiehlt sich das Vulkanhaus Strohn mit begehbaren Erlebnisräumen (April–Okt. Di–So 10–17, sonst 13–17 Uhr). Nach einem Stück Wegs zurück führt eine Schleife, vorbei am Angler- und Wanderparadies Holzmaar, nach Manderscheid. Bei Eckfeld entdeckten Geologen im Krater des urzeitlichen Trockenmaars das Eckfelder Urpferdchen und die ›älteste Honigbiene der Welt‹. Die Funde gehören zu den Attraktionen des Maarmuseums in Manderscheid (9 km), das u. a. geologische Prozesse simuliert (März–Okt. Di–Sa 10–12, 14–17, So 13–17 Uhr). Der Aufstieg verlangt den Muskeln einiges ab – für Familien mit Kleinkindern ein Problem. Zwei malerische Burgen auf Rufweite locken jedoch, vor allem zum Burgenfest am letzten Augustwochenende. Das Gespenst der Niederburg (April–Nov. Mi–Mo 10.30–17 Uhr) meldet sich nicht mehr, seit es zur ewigen Ruhe gebettet wurde. 1844 fand man hinter einer zugemauerten Nische ein Gerippe, angeblich der Liebhaber eines Burgfräuleins, den ein jähzorniger Graf ermordet hatte.

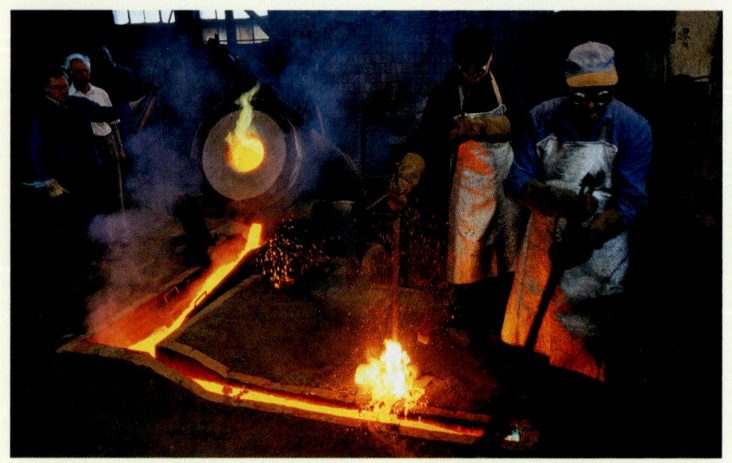
Nur gucken, nicht anfassen – in der Eifeler Glockengießerei in Brockscheid

Säubrenner in Wittlich

Ist Plein geschafft, folgen Tunnel und Viadukt dicht auf dicht, weitet sich der Blick in die Wittlicher Senke. In Wittlich kann man wie Siggi Baumeister in ›Eifel-Rallye‹ das Ristorante Rossini (Karrstr. 37, Tel. 06571-933 88) aufsuchen, um »diese oder jene kleine Schweinerei« zu verzehren.

Bis zu 100 Schweine schlachten die Wittlicher zur Säubrennerkirmes (3. Augustwochenende) und ›rösten‹ sie auf dem Marktplatz. Angeblich ist so ein armes Schwein schuld, dass das Städtchen des Nachts überfallen und zerstört wurde: Ein Wächter habe das Stadttor statt mit dem Bolzen mit einer Runkelrübe verriegelt, ein Borstenvieh diese gefressen – und dem Feind Tür und Tor geöffnet. Die Sage vermischt den Spitznamen ›Säubrenner‹ mit der traumatischen Verwüstung Wittlichs 1397 während einer Fehde mit dem Erzstift Trier – Anlass für eine Kirmes, die Bürgermeister Matthias Joseph Mehs nach 1945 begründete.

Mehs' Kontakten zu Georg Meistermann (1911–1990) verdankt Wittlich Glasfenster für die kath. Pfarrkirche St. Markus, den Zyklus der Apokalyptischen Reiter (1954) für das Alte Rathaus am Marktplatz und den Nachlass des Künstlers im Georg-Meistermann-Museum (Neustr. 2, Sa 11–17, So 14–17, Di–Fr auch 10–12 Uhr).

Blauer Dunst

Um Neuerburg im Wittlicher Tal, dem Zentrum des Tabakanbaus, könnte man, an Jacques Berndorfs Pfeife denkend, eine Schleife drehen (bei Platten 18 km). Ansonsten geht's weiter das romantische Liesertal hinab, wo man die Römervilla in Noviand locker mitnimmt. Ab Lieser läuft die Tour auf dem Mosel-Radweg nach Kues.

Tipp: Längere Erlebnisschleifen samt Steigungen erfordern Zeit und Kondition. Übernachten: z. B. Jugendherberge Manderscheid (Tel. 06572 557) oder Bauernhofcafé Morgenfelder Hof in Eckfeld (Tel. 06572 21 49, DZ ca. 45 €).

Brauneberg ▶ F 4

Der Konflikt mit dem raublustigen Sonnenkönig ist noch heute an der Simultankirche St. Remigius abzulesen, die der kurfürstliche Baumeister Franz Wilhelm Rabaliatti 1776/77 neu errichtete. Als Folge des Besitzstreits Ende des 18. Jh. von beiden Konfessionen gemeinsam genutzt, gab es erst 1957 eine strikte Trennung per Quermauer. Seither gehört den Katholiken das Kirchenschiff, den Evangelischen der Chor. Der im Moseltal einzigartige, schiefe Zwiebelturm bleibt gemeinsamer Besitz und unerschütterliches Wahrzeichen Braunebergs (Führung n. V., Info im Touristikbüro).

Dusemond hieß Brauneberg einst, ein wohlklingender Name, den man sich auf der Zunge zergehen lassen kann. Unter all den etymologischen Deutungen ist lateinisch *dulcis mons* (süßer Berg) sicher die schönste. 1925 entschloss man sich, ganz im Trend, zur Eindeutigung, was einheimische Winzer heute gerne als Huldigung an die Spitzengewächse ›Brauneberger Juffer‹ (moselfränkisch ›Jungfer‹) und ›Brauneberger Juffer-Sonnenuhr‹ auf der jenseitigen Moselseite verstanden wissen wollen – auch das sicher zu Recht, denn begnadete Weine verlassen die Keller weltweit renommierter Erzeuger. Für Theodor Fontane war ein Brauneberger der Inbegriff des Moselweins, er erwähnt die Lage u. a. in ›Schach von Wuthenow‹ und ›Frau Jenny Treibel‹. 1837 schwärmte der Koblenzer Journalist Christian von Stramberg: »Von jeher gilt darum auch der Brauneberger als einer der edelsten Weine der Mosel. Der Berg hat die vorteilhafteste Exposition gegen Mittag«.

Der raue Felsblock, auf dem eine riesige Sonnenuhr die Stundenschatten anzeigt, speichert ein Übriges an kostbarer Wärme. Als ARD-Wetterfrosch Jörg Kachelmann in seiner auf der Juffer platzierten Station 1998 mit 41,3 °C einen bundesweiten Hitzerekord ausrief, protestierte denn auch die ZDF-Konkurrenz heftig gegen die allzu sonnenverwöhnten Messdaten. Den Winzern konnte die meteorologische Schützenhilfe nur Recht sein. 1990/91 hatte man unterhalb der Sonnenuhr zwei große römische Kelteranlagen (3.–5. Jh.) entdeckt, die zu den ältesten in der Region gehören. Fazit: Schon die Römer lagen richtig!

Übernachten

Liebenswert – **Weingut Gästehaus Martin Prüm:** Im Neudorf 5+7, Tel. 06534 83 24, www.martin-pruem.de. Herrlicher Mosel-Blick im lichtdurchfluteten Ambiente, DZ ca. 70 €.

Übernachten, Essen

Freundliche Wohlfühloase – **Landidyll Hotel Brauneberger Hof:** Moselweinstr. 136, Tel. 06534 14 00, www.mosel-erlebn is.de, Weingut: www.braunebergerhof.de. DZ ab ca. 80 €, Hauptgerichte ab 15 €. Hilde Conrad gab den Anstoß zur neuen Essenskultur an der Mosel mit regionalen Produkten wie Mosel-Zander, Eifellamm, Eifelschwein, Janshenhof-Geflügel und Vulkanhof-Käse – dazu der exquisite Wein des Sohns und Spitzenwinzers Martin, der die Familientradition fortsetzt.

Superblick – **Weinhaus Schneider:** Moselweinstraße 193, Tel. 06534 88 11, www.hotel-weinhaus-schneider.de, DZ ca. 60 €. Uwe Königs ›Moselländische Winzerpfanne‹ ist ein echter Genuss, zumal beim Terrassenblick auf Juffer & Co.

Einkaufen

Pionier von Spitzenweinen – **Weingut Fritz Haag in Brauneberg**: Dusemonder Str. 44, Tel. 06534 410, www.weingut-fritz-haag.de. Wilhelm Haag, ›Weinpapst der Mittelmosel‹, erzeugte seit den 1960er-Jahren Spitzenrieslinge, Sohn Oliver überzeugt die Fachwelt mit ebenso großen Qualitäten.

Infos & Termine

Tourist-Information
Touristikbüro Brauneberg: Moselweinstr. 101, Brauneberg, Tel. 06534 93 33 33, www.brauneberg.de.

Feste
Weinfest: Mitte Juli.
Straßenfest in der Nussbaumallee: s. Unser Tipp, S. 149.

Verkehr
Bus: Strecke Trier–Bullay (Linie 333).

Mülheim ▶ F 4

Anfang des 20. Jh. reiste Wein der Lage Mülheimer Sonnenlay mit dem Luftschiff ›Graf Zeppelin‹ zur Verköstigung der Fahrgäste rund um die Welt. Jahrhunderte zuvor hatte Mülheim als weinwirtschaftliches Zentrum der Grafen von Veldenz eine wichtige Rolle gespielt, was sich in einer ganzen Reihe barocker Gemäuer widerspiegelt. Dazu gehören etwa das stattliche, von einem Mansarddach beschützte Haupthaus des Weinguts Max Ferd. Richter (1774) oder das schlichte, ehem. kurpfälzische Oberamtsgebäude (1785).

An einen Turm des 13. Jh. schmiegt sich die barocke evangelische Kirche des 17. Jh., deren dreiflügelige Empore in 26 Szenen der Gemeinde die Bibel nahebringt. Die Tafelmalereien werden dem Birkenfelder Hofmaler Johann Georg Engisch zugeschrieben (Schlüssel im Ev. Pfarramt, Hauptstr. 10, Tel. 06534 235, www.ekkt.de).

Eindeutig fest stehen die Gebrüder Friedrich und Karl Stumm als Schöpfer der einmanualigen Orgel aus dem Jahr 1890. Vom Prospekt bis zur Traktur ist die Orgel in allen Teilen original erhalten und zudem eines der letzten königlichen Instrumente aus der Werkstatt der Hunsrücker Orgelbauerdynastie (www.stummorgel.de, s. auch Essay S. 73).

Übernachten

Neu & komfortabel – **Domizil Schiffmann:** Hauptstraße 52, Mülheim, Tel. 06534 94 76 90, www.domizil-schiffmann.de, DZ ca. 84 €. Das 3-Sterne-Familienhotel in der Ortsmitte lockt schon allein mit seiner originellen Architektur.

Einkaufen

Genuss – **Weingut Max Ferd. Richter:** Hauptstr. 37, Tel. 06534 93 30 03, www.maxferdrichter.com. Das Weingut ist seit 1680 in Familienbesitz, gegenwärtig bürgt Spitzenwinzer Dr. Dirk Richter für Qualität.

Infos & Termine

Tourist-Information
Tourist-Information Mülheim: Hauptstraße 60, Tel. 06534 94 87 34, www.muelheimmosel.de.

Verkehr
Bus: Strecke Trier–Bullay (Linie 333).
Schiff: Trier–Bernkastel-Kues.

Veldenz ► F 5

Während auf dem Eifel-Ufer die Lieser in die Mosel mündet, tut dies auf Hunsrücker Seite fast auf gleicher Höhe der Veldenzer Bach. Aufgrund dieser eigentümlichen geografischen Konstellation vermutet man, dass schon sehr früh Menschen, der Gunst der Bachläufe folgend, hier beiderseits das Bergland in Nord-Süd-Richtung durch- und den Fluss überquerten. Diese These stützen Reste einer Römerstraße bei Gonzerath nahe dem Hinterbach. Durch ein sanftes Tal begibt man sich so nicht nur zu den Ursprüngen des Veldenzer Grafengeschlechts, sondern auch in die römische Geschichte der Region.

Das Haus des Gastes, bis 1888 katholisches Pfarrhaus, ein Massivbau mit großem Rundtor und Krüppelwalmdach, barg unterirdisch einige Überraschungen. Bei der Sanierung 1990/91 stieß man auf Spuren einer *villa romana* des 2.–4. Jh., deren Badeanlage mit Hypokaustum (Heizung) konserviert und wie die heimatgeschichtlichen Räume zugänglich gemacht wird (Hauptstr. 28, Tel. 06534 181 56).

Schloss Veldenz

Chr. Haufs-Brusberg, Tel. 06 51 406 36, www.schlossveldenz.com, Burgführung April–Nov. am 1. Sa im Monat
Abseits der Touristenströme harrt das eindrucksvolle Schloss, die Stammburg der Grafen von Veldenz, auf einem Bergsporn östlich des Orts der Entdeckung. Um 1680 von den Truppen des französischen Sonnenkönigs zerstört, wurde die Ruine 1807 auf Abbruch versteigert, später teilrekonstruiert. Die heutigen Besitzer investieren eine Menge in die Wiederbelebung des ritterlichen Mittelalters und bieten bei Selbstversorgung Jugendfreizeiten in der ehem. Vorburg an.

Infos

Tourist-Information
Verkehrsamt Veldenz: Hauptstr. 25, Tel. 06534 12 03, www.veldenz.de.

Historischer Umzug im Rahmen des Weinfestes in Veldenz

Mittelmosel: Bernkastel-Kues bis Wolf

Highlight❗

Bernkastel-Kues: Bernkastel mit seiner pittoresken Altstadt ist ein Schmuckstück. Kues steht etwas im Schatten, punktet aber kräftig mit Nikolaus von Kues und dem von ihm gegründeten St. Nikolaus-Hospital (Cusanusstift). S. 158

Auf Entdeckungstour

Mit Cusanus durch Kues: Der Cusanuswanderweg führt zur Begegnung mit Nikolaus von Kues, einem der bedeutendsten Theologen und Philosophen der frühen Neuzeit. S. 166

Mit Cusanus durch Kues

Kultur & Sehenswertes

Römische Kelteranlage: Die besterhaltene Anlage dieser Art nördlich der Alpen ist etwa 1700 Jahre alt und kann in Erden bestaunt werden S. 177

Kirche mit Weinkeller: Der Gewölbekeller, auf dem die **ev. Kirche in Wolf** erbaut wurde, ist ein historischer Weinkeller. S. 182

Aktiv & Kreativ

Der Traum vom Fliegen: Mit dem **Gleitschirm** und den ›Moselfalken‹ kann er bei Zeltingen-Rachtig wahr werden. S. 176

Kletterwanderweg Erdener Treppchen / Prälat: Er bringt ambitionierte Wanderer durch berühmte Weinlagen auf die Anhöhe. S. 177

Themenwanderweg: Vom Moselufer in Ürzig führt ein Weg hoch zum einzigartigen ›**Gewürzgarten**‹. S. 179

Genießen & Atmosphäre

Zeltingen: Auf Zeltingens pittoreskem **Marktplatz** und in den engen Gässchen atmet man Idylle pur. S. 173

Internationales Trachtentreffen: Bei dem Treffen in Kröv am 1. Juliwochenende mit Umzug, Tanzgruppen und schwimmender Moselbühne vergnügen sich Jung und Alt. S. 182

Abends & Nachts

Sammy's Keller: Sammy Hackländers Musikkellerkneipe mit Lokalkolorit in Kues gibt es seit ca. 30 Jahren. Regelmäßige Live-Konzerte machen Stimmung. S. 170

Auf der Sonnenseite

Riesige Sonnenuhren in den Weinbergen bei Wehlen, Zeltingen, Ürzig und Wolf sowie auf der Bernkastel-Kueser Brücke zeigen südliches Flair an. Die Römer und ihre Nachfahren entdeckten himmlische Freuden auf (und in) Erden.

Bernkastel-Kues! ▶ F 4

Ein bärenstarkes Image hat Bernkastel-Kues bei den vielen Touristen, die schon früh im Jahr erwartungsfroh Gassen und Plätze bevölkern. Ist es auf Bernkasteler Seite die traumhaft schöne Altstadt mit ihren kostbaren Fachwerkhäusern, so zeigt Kues am linken Moselufer eher zurückhaltend seine Qualitäten – gediegene Gründerzeitvillen mit Bruchsteinmauern. Es profitiert von seinem berühmtesten Sohn, Nikolaus von Kues, der fast 550 Jahre nach seinem Tod noch immer in den mildtätigen Werken des von ihm begründeten Cusanusstifts weiterlebt. Erst am 1. April 1905 fanden die beiden Gemeinden, die heute zusammen etwa 5700 Einwohner zählen, administrativ zueinander. Auf die getrennte Entwicklung über Jahrhunderte hin-

weg nimmt das ›tierische‹ Stadtwappen Rücksicht. Der Bär steht für Bernkastel, der Krebs für den Kardinal aus Kues, der mit bürgerlichem Namen Nikolaus Cryfftz (Krebs) hieß.

Wenn bei hochsommerlichen Temperaturen die Weinberge über den Schieferdächern flimmern, wird der südländische Charme dieser Fluss- und Stadtlandschaft offenbar. Nicht von ungefähr trägt Bernkastels Ufermeile den Namen Gestade. Hier finden sich, unterbrochen vom recht archaisch anmutenden Turm der kath. Pfarrkirche, repräsentative Bauten des Fin de Siècle, darunter das Mosel-Gäste-Zentrum (s. S. 170).

Bernkastel

Burg Landshut [1]

Burg Landshut-Express: April–Okt. 10–17 Uhr stdl. Shuttle zur Burg. Restaurant Burgruine Landshut: www.burgruine-landshut.de
Bei einem solch hübschen Fleckchen Erde wundert eine frühe Besiedelung nicht, auf die neolithische Funde auf Kueser Seite verweisen. Später tummelten sich die Kelten in der Gegend, auf den Hunsrückhöhen waren ab 400 n. Chr. die Römer militärisch präsent und genossen sicher so manchen Schlummertrunk aus besten Weinlagen. Funde belegen ein *primum castellum* im Bereich der Burgruine Landshut. Seit dem Mittelalter hatten die Trierer Erzbischöfe hier oben das Sagen. Sie machten die im 7. Jh. erwähnte und 1016 zerstörte Burg 1277 wieder bewohnbar und suchten sie häufig auf.

Auf Erzbischof Boemunds I. Bitte hin verlieh König Rudolf von Habsburg 1291 dem befestigten Ort Berrincastel zu Füßen der Burg Stadtrechte, was Geleitschutz- und Münzrechte nach sich zog. Der Dreißigjährige Krieg und die Annexionen des Sonnenkönigs Ludwig XIV. machten der Burg zu schaffen. 1689 ließ dieser Burg und Stadtmauer schleifen, um die Steine für den Bau der Festung Mont Royal über Traben zu verwerten (s. S. 191). 1692 machte ihr aber ganz unmilitärisch eine Feuersbrunst den Garaus. Nach dem Wiener Kongress 1815 war Kurtrier passé. Die Ruine blieb Ruine, obwohl die schlauen Bürger sie 1840 dem ›romantischen‹ preußischen König Friedrich Wilhelm IV. geschenkt hatten. Die Kreisstadt Bernkastel an der Mündung des Tiefenbachs in die Mosel und das Dorf Kues waren nun königlich preußisch – und rückten dank einer 1873 errichteten, ersten Moselbrücke enger zusammen.

Ehem. Finanzamt 2

Durch seine abgerundete Form fällt das Eckhaus Schanzstraße/Schlossweg (heute ein Privathaus) auf. Am 25. Februar 1926 machte es Schlagzeilen, als über 5000 Winzer aus dem gesamten Moselgebiet in einem spontanen Protestmarsch zum ›Sturm aufs Finanzamt‹ ansetzten. Die galoppierende Inflation hatte zwei gute Ernten aufgefressen, zwei Missernten 1923 und 1925 folgten. Letzter Auslöser für die Verzweiflungsaktion in einer von Hunger und Armut beherrschten Zeit war die Weinsteuer von 20 %, die den Moselwein unverkäuflich machte, zumal billige Importe den Markt zollfrei überschwemmten. Kredite lasteten auf den Familien, Pfändungen raubten das letzte Vieh aus dem Stall. Die Weinpreise rutschten in den Keller, wo die unverkäuflichen Fässer lagerten. Das alles machte die Stimmung hochexplosiv. Steine flogen, Demonstranten drangen ins Finanzamt ein, jagten die verhassten Beamten davon und warfen Akten, Bücher und Regale auf die Straße. Festnahmen der ›Rädelsführer‹ heizten zu neuen Demonstrationen an, in den Dörfern läuteten die Glocken aus Protest. Die Urteile für 29 bisher unbescholtene Bürger wurden später im Gnadenweg erlassen. 1926 beschloss der Reichstag den Wegfall der Weinsteuer.

Doctorbrunnen und Kurfürstliche Kellnerei 3

Am Hermann-Schroeder-Platz steht das Geburtshaus des Organisten und Komponisten (1904–1984), ein Brunnen erzählt die Geschichte vom Berncasteler Doctor. Dahinter erstreckt sich die ehem. Kurfürstliche Kellnerei, jetzt Weinbauschule. Das Gebäude des Erzbischofs Carl Caspar von der Leyen aus dem 17. Jh. wurde als Sitz der NS-Kreisleitung im März 1945 zerbombt (1952 wieder aufgebaut). Kaiser Maximilian nächtigte 1512 auf seiner legendären Reise zum Trierer Reichstag nicht hier, sondern in der Alten Kellnerei am Gestade, heute das Haus Astor und seit einem Brand 1905 nicht mehr original.

St. Michaelsbrunnen 4

Der Burgbergtunnel führte 1997 zu einer Verkehrsberuhigung der Altstadt. Der von Fachwerkhäusern in den kunstvollen Formen und Farben des 16./17. Jh. gerahmte Markt war von jeher ein städtebauliches Kleinod und rückte nun vollends ins Zentrum. Dies unterstreicht der Spätrenaissance-Brunnen (1606) mit dem 1946 neu geschaffenen Stadtheiligen St. Michael über dem Basaltbecken. Trotz gezogenen Schwerts hat der Erzengel offenbar ein Herz für die bunten Straßenmusikanten, die für Stimmung auf dem Platz sorgen.

Rathaus 5

Die Spätrenaissance-Fassade des 1608 in Massivbauweise errichteten und zu An-

Bernkastel-Kues

Sehenswert

1 Burg Landshut
2 Ehem. Finanzamt
3 Doctorbrunnen und Kurfürstliche Kellerei
4 St. Michaelsbrunnen
5 Rathaus
6 Stöcks Apotheke
7 Spitzhäuschen
8 Kirche zum Heiligen Geist
9 Berncasteler Doctor
10 Heimatmuseum Graacher Tor
11 Bärenbrunnen
12 St. Michael und St. Sebastian
13 Weinkulturelles Zentrum (Cusanusstift)
14 Cusanus-Geburtshaus
15 Forum Alter Bahnhof

Übernachten

1 Märchenhotel Älteste Weinstube
2 Gasthaus Burkard
3 Feriengut Bohn
4 Jugendherberge
5 Campingplatz Kueser Werth

Übernachten, Essen

6 Ferienwohnungen Dillinger

Essen & Trinken

1 Doctor-Weinstuben
2 Altes Brauhaus
3 Hoffmann's Weinstube
4 Café Hansen

Einkaufen

1 Bonbon Willi

Aktiv & Kreativ

1 Fahrradverleih
2 Skatepark

Abends & Nachts

1 Sammy's Keller

fang des 20. Jh. restaurierten Rathauses stammt vom Bildhauer Hans Ruprecht Hoffmann oder aus seiner Trierer Schule. Das Erdgeschoss mit Rundbogenarkaden war früher eine offene Halle, als hier Gericht gehalten wurde und kleinere Übeltäter am Pranger ›bürgerliche Züchtigung‹ erfuhren. 1914 zur Weinstube umgewandelt, lässt es sich darin nun gefahrlos bechern.

Stöcks Apotheke 6

Hat man doch zu tief ins Glas geschaut, könnte Stöcks Apotheke (heute Adler-Apotheke), ein prachtvolles Bürgerhaus von 1660 mit geschnitzten Eckständern, alles wieder ins Lot bringen. Oder fit machen für die handtuchbreite Maßems-Weinstube, die mit Spitznamen ›Beichtstuhl‹ hieß, da die frühere Inhaberin sich durch fromme Spenden ins Cusanusstift einkaufte. Das kunstvolle Reklameschild ›Norddeutscher Hapag Lloyd‹ erinnert daran, dass sie als Frau eines Steuermanns in den bitteren 1920er-Jahren mit Schiffspassagen für Auswanderer handelte.

Spitzhäuschen 7

Kein anderes Motiv kann es mit der Anmut des 1583 erbauten Spitzhäuschens aufnehmen, dessen Obergeschoss unter einem Schwebegiebel auf einem gerade mal 2 m breitem Unterbau auskragt. 58 Leute können laut Helmut Theis, dem früheren Stadtführer-Original ›tz‹, in der Weinstube »sitzen und schunkeln, ohne dass es mitschunkelt«.

Kirche zum Heiligen Geist 8

Schlüssel: M. Schlosser, Tel. 06531 33 53
Pittoresk präsentieren sich die Alte Römerstraße, die Römerstraße und die Burgstraße in der Vorstadt. Auch ohne das Puppenmuseum, das ins Kloster Machern bei Zeltingen umgezogen ist, wirkt das Zentrum ein wenig wie eine Puppenstube. Die schlichte Kirche zum Heiligen Geist, ein Bruchsteinbau von 1671–1673, wird daher beinah übersehen. Außerhalb der Mauern ließ die Stadt im 15. Jh. ein Armenhospiz errichten, zu dessen Stiftung neben der Kirche auch einige Weinberge gehörten.

Bernkasteler Doctor 9

Den weltberühmten Weinberg Bernkasteler Doctor teilen sich mehrere Weingüter, u. a. Deinhard (Koblenz) und Wwe. Dr. H. Thanisch (Bernkastel). Schwere Tore verschließen die Keller unter dem wahrscheinlich teuersten Agrarboden Europas. Im Doctorkeller der Thanischs versteckte sich 1848 der Demokrat Peter Joseph Coblenz aus Bernkastel, gerade mal 40 Jahre alt, nach dem Marsch auf die Paulskirche (s. S. 171) bei Lieser vor seinen Häschern, floh nach Belgien, wurde bei der Rückkehr eingekerkert und starb 1854 an den Folgen der Haft. Ins Reich der Legende gehört allerdings die Story vom fiebernden Trierer Erzbischof Boemund II. (1354–1362) auf Burg Landshut, den ein Fässchen köstlichen Rebensafts aus dieser exquisiten Lage genesen ließ. Dem ›wahren Doctor‹ habe der Kurfürst daraufhin das Recht verliehen, sich Bernkasteler Doctor zu nennen.

Heimatmuseum Graacher Tor 10

Ostern–Okt. Do–So 15–17, Do 19–21 Uhr Museumsabend bei Wein und Video, Tel. 06531 72 60

Das Graacher Tor, als Teil der Stadtbefestigung von den Truppen des Sonnenkönigs 1688 auf die jetzige Höhe geschleift, ist seit 1985 ein sehr instruktives Heimatmuseum. Eine Tafel erinnert an die jüdische Gemeinde, die von 1620–1938 bestand. Bosheit und Brandstifter gab es in vielen Facetten: Aus Rache an seinem Chef legte ein Stoffverkäufer 1857 Feuer, die Häuserfront zum Berg hin brannte völlig ab. Daher steht hier kein einziges Fachwerkhaus mehr und manche Keller liegen seit 1858 unter der damals verbreiterten Graacher Straße.

Bärenbrunnen 11

Nach dem Bärenbrunnen, einem Werk des Wittlicher Bildhauers Hanns Scherl von 1968, erzählt in einem Nebengässchen die Gildenhaus Weinstube (1694), früher das Haus der Schiffergilde, von einem Brauch zu Ehren des hl. Nikolaus von Myra. Jeweils am 6. Dezember fahren alle ›Kläuse‹, die etwas mit Wasser zu tun haben, auf der Mosel flussabwärts zu der im Felsen stehenden, dann von Kerzen illuminierten Nikolausfigur, feiern Gottesdienst auf dem Schiff, essen und trinken gut und gern – und stiften eine mastdicke Kerze für die Kirche.

Pfarrkirche St. Michael und St. Sebastian 12

Die kath. Pfarrkirche St. Michael und St. Sebastian wurde im 14. Jh. für den Stadtheiligen St. Michael erbaut, veränderte sich aber durch barocke Umbauten. Ihr markanter Glockenturm aus Bruchstein mit Schallarkaden im Obergeschoss, der einst Teil der mittelalterlichen Befestigung Bernkastels gewesen war, trägt seit dem 15. Jh. einen Helm mit acht Türmchen. Neben dem prächtigen Orgelprospekt Nikolaus

Das im Jahre 1583 erbaute ›Spitzhäuschen‹ im Fachwerkensemble von Bernkastel

Günsters (1744) fallen im Innern der Pseudobasilika zwei Arbeiten aus der Werkstatt von Hans Ruprecht Hoffmann auf: Sohn Heinrich schuf ein Heiliges Grab (1606) aus Alabaster, Hans Ruprecht d. J. ein Pestrelief am Sebastiansaltar (1631) der barocken Kneip'schen Kapelle. Die lebensgroßen Holzfiguren der Triumphkreuzgruppe auf dem Hochaltar sind schon ins 15. Jh. zu datieren, in die Epoche also, die des Mosellands bedeutendster Sohn prägte.

Über die Brücke nach Kues ► F 4

Weinkulturelles Zentrum 13

St. Nikolaus-Hospital (Cusanusstift): Kapelle 9–18, Sa bis 15 Uhr; Führung durch die Kapelle und die Bibliothek April–Okt. Di 10.30, Fr 15 Uhr, Tel. 06531 22 60

Die weithin sichtbare, bildschön-imposante Anlage des ›Weinkulturellen Zentrums‹ über dem Kueser Ufer geht

Europas älteste Weinstube – hier kann man auch übernachten und fürstlich speisen

auf Kardinal Nikolaus von Kues (1401–1464) zurück. Das Wirken des Theologen, Philosophen und Juristen und sein Einfluss auf die Nachwelt wird als Entdeckungstour ausführlich geschildert (s. S. 166). Die Tour gibt auch Informationen für einen Besuch des Kreuzgangs und der Kapelle des St. Nikolaus-Hospitals, der ›Multimedialen Weinerlebniswelt WeinKulturLand Mosel‹ im ›Mosel Wein Museum‹ und der Vinothek mit Museums-Weinkeller und Bistro an die Hand. Im Museums-Weinkeller der Vinothek können über 160 exquisite Weine und Sekte der Moselregion gegen eine Gebühr von 15 € verkostet und im Shop gekauft werden (Mosel Wein Museum und Vinothek: www.moselweinmuseum.de, 16. April–Okt. tgl. 10–18, sonst 14–17 Uhr).

Cusanus-Geburtshaus 14
16. April–Okt. Di–Sa 10–12, 14.30–17, sonst Di–Sa 14.30–17, ganzjährig So 10–12 Uhr, Tel. 06531 28 31, www. cusanus.de

Das Geburtshaus des Kardinals Nikolaus von Kues am Nikolausufer ist ebenfalls Thema der Entdeckungstour. Es gibt nicht nur der Dauerausstellung Raum, sondern auch der Kunst, Religionsgesprächen, Vorträgen und Konzerten; es informiert über die Deutsche Cusanus Gesellschaft und führt ein reiches Sortiment im Museumsladen – mit Schwerpunkt auf Bücher von und über Cusanus bis hin zum Globusspiel.

Alt Kues und Forum Alter Bahnhof 15
Zurück führen mehrere Wege: Über die Saarallee mit den prächtigen Villen aus der wilhelminischen Ära oder aber hinauf nach Alt Kues und durch einige sehr hübsche Winkel hin zum Alten Bahnhof, der allerdings nurmehr für Busse und eine Musikkneipe ›Station Cues‹ ist. Hier, auf dem Gelände hinter

dem sogenannten Forum, wird in Zukunft das Steillagenzentrum stehen, das u. a. der ›Dachmarke Mosel‹ Raum geben soll, mit der die Regionalinitiative Mosel seit 2006 Wein, Landschaft und Kultur am Fluss gezielt bewirbt.

Oder Sie fühlen sich in den Radlerpulks unten am Moselufer wohl. Von hier aus genießen Sie nochmals den Blick auf Bernkastel und die darüber thronende Ruine Landshut. Von Kardinal Nikolaus von Kues Abschied nehmen lässt sich auf der Brücke beim Blick in die Vergänglichkeit, symbolisiert durch eine moderne Sonnenuhr am Geländer.

Ausflüge

Wehlen ▶ F 4

Über die Hängebrücke (1949), die einzige ihrer Art an der Mosel, wechselt man in den kleinen Winzerort, vom Status her ein Stadtteil von Bernkastel-Kues. Seit eine Umgehungsstraße das Ortsinnere entlastet, kommen zahlreiche hübsche Häuser stärker zur Geltung. An der ufernahen Häuserfront summen die Reifen der Moselradler, ein exklusives Weingut reiht sich ans andere. Grund ist die sonnenverwöhnte Steillage gegenüber, deren Weine bei Auktionen Spitzenpreise erzielt. Hier können Sie dann die berühmte Wehlener Sonnenuhr in der gleichnamigen Weinlage so richtig ins Auge fassen – und auf der Sonnenseite von Landschafts- und Weingenüssen entlangpilgern.

Kloster Machern ▶ F 4

Das seit dem 11. Jh. bestehende Zisterzienserinnenkloster an der Brücke nach Zeltingen wurde 1802 profaniert, 1974 von dem Spirituosen-Spezialisten Günter Reh gekauft und variabler Nutzung zugeführt. Das bedeutete die

Rettung für das Anwesen und eine bunte Mischung geistiger Genüsse unter einem Dach. So ist das vor einigen Jahren aus Bernkastel abgewanderte Historische Puppen- und Spielzeugmuseum unbedingt einen Besuch wert. Inzwischen gesellte sich ein Ikonenmuseum dazu (Tel. 06532 95 16 40, Apr.–Okt. tgl. 10–18, sonst 10–17 Uhr, www.klostermachern.de).

Im Brauhaus Kloster Machern kommen tgl. von 12–22 Uhr helle, dunkle und obergärige Biere der Klosterbrauerei auf den mit deftigen Speisen gedeckten Tisch – von der Kartoffelrahmsuppe Alt Machern (3,30 €) bis zu Kloster-Schmankerln ab 7,80 €, Tel. 06532 951 50. Es werden auch Weine aus dem Weincabinett ausgeschenkt (tgl. 10–20 Uhr), das mit dem Weinbaumuseum ebenfalls im Komplex untergebracht ist. Sie stammen vom Gut Reichsgraf von Kesselstatt, das ebenfalls zum Reh-Imperium gehört. Das Sortiment vervollständigt ein Klosterladen.

Nahebei schaffen sich die Moselradler ordentlich müde. Und ab und zu

Unser Tipp

›Gastronomischer Spiegel‹

Die ›Kooperation führender gastronomischer Betriebe der Stadt‹ (seit 1972) ist u. a. Veranstalter der jährlich stattfindenden ›Internationalen lukullischen Wochen‹. In der Aktion ›regionaler Spiegelteller‹ offeriert jedes Mitgliedslokal ein Gericht zum Preis von ca. 15 €. Unter www.bernkastel-hotels.de finden Sie Informationen der Mitglieder bzw. Links zu den einzelnen Veranstaltungen.

Auf Entdeckungstour

Mit Cusanus durch Kues

Neun Stationen auf dem Cusanuswanderweg führen zur Begegnung mit Kardinal Nikolaus von Kues (Cusanus).

Zeit: mit Besichtigung ca. 4–5 Std.

Planung: Cusanus-Geburtshaus: 16. April–Okt., Di–Sa 10–12, 14.30–17, So 10–12, sonst Di–Sa 14.30–17, So 10–12 Uhr. Weinkulturelles Zentrum: St. Nikolaus-Hospital (Cusanusstift): Kapelle 9–18, Sa bis 15 Uhr; Führung durch Kapelle/Bibliothek, April–Okt. Di 10.30, Fr 15 Uhr; Mosel Wein Museum und Vinothek: 16. April–Okt. tgl. 10–18, sonst 14–17 Uhr. Weitere Infos: Broschüre ›Der Cusanuswanderweg‹, u. a. im Cusanus-Geburtshaus erhältlich.

Start: Cusanus-Geburtshaus (Nikolausufer 49), dem roten Krebs auf dem Weg folgen.

Vom Geburtshaus des berühmten Kardinals sind nur noch die Fundamente übrig, auf denen sich heute ein orientalisch anmutender Renaissancebau erhebt. 1401 wurde Nikolaus von Kues hier als Sohn des wohlhabenden Handelsherrn und Schiffseigners Johann Cryfftz (= Krebs) geboren. Eine von Dr. Helmut Gestrich gestaltete Ausstellung dokumentiert Leben und Werk.

›Vom gelehrten Unwissen‹

Der Kardinal hatte einen feinen Humor. Er erfand ein Globusspiel, das zur Demonstration in den Fußboden eingelassen ist (im Kreuzgang-Innenhof des St. Nikolaus-Hospitals und am Moselufer wird es uns wieder begegnen): Der Mensch in seiner Unvollkommenheit ist dargestellt als eingedellte Kugel (Globulus), die, am äußersten von neun konzentrischen Kreisen aufgesetzt, vom Chaos über die Gesteins-, Tier-, Pflanzenwelt und verschiedene Stadien des Menschseins (biologisch, denkend, vernünftig, Gott schauend) bis zum kleinsten Kreis ohne Ausdehnung (Punkt), zu Gott also, mit möglichst wenig Würfen gelangen soll. Wichtig: Ich selbst kann mein Leben jederzeit korrigieren, indem ich die Kugel neu aufsetze.

Gott als Mittel-Punkt, als Einheit, entlässt in der Schöpfung die Einheit in die Vielfalt, in ihm aber fallen wiederum alle Gegensätze in eins. Das ist der Grundgedanke der coincidentia oppositorum im Hauptwerk ›De docta ignorantia‹ (Vom gelehrten Unwissen), dem er 1440 in seinem Geburtshaus den letzten Schliff gab. Damit begründet der Philosoph, Jurist und Theologe auch seine revolutionäre Erkenntnis, dass die Erde nicht Mittelpunkt des Universums sein kann, da das allein Gott ist, von dem alle Orte gleich weit entfernt sind. Gott, der gleichzeitig

Ruhe ist und Bewegung. Der überall ist und nirgends, der nicht zu begreifen ist, denn wenn er es wäre, wäre er nicht mehr Gott.

Auf die Stationen Taufkirche St. Briktius und Cusanus-Krankenhaus folgt eine Skulptur am Postament Kues zum Thema Unendlichkeit.

St. Nikolaus-Hospital

Der Kirchenmann hatte Kaufmannsblut in den Adern, Familienerbe und Pfründe wusste er geschickt zu mehren. Bei allem Kalkül aber war er ein Kind seiner Zeit, um des Seelenheils willen zur Caritas aufgerufen. 1450–58 ließ er im Einvernehmen mit seinen Geschwistern das St. Nikolaus-Hospital (Cusanusstift) errichten, um 33 Greisen über 50 (!) ein Heim zu geben. Die Baukosten betrugen satte 20 000 Goldgulden. Die Stiftung überstand sämtliche Säkularisationen. Dank Weinbergen in den feinsten Mittelmosellagen ist sie bis heute inflationssicher ausgestattet.

An der lebensnahen Nutzung des Stiftkomplexes, dem jetzigen Weinkulturellen Zentrum, hätte Cusanus sicher seine helle Freude, denn nach seiner Philosophie lebt der Mensch in drei Sphären: 1. den Bedürfnissen des Leibes, 2. des Geistes und seiner emotionalen Wahrnehmung und 3. der Heilsbotschaft im Glauben. Heute kann man in Abwandlung dessen in der Vinothek ein Spektrum namhafter Moselweine kosten, im Mosel Wein Museum Wissen erwerben und beim Gang durch das Hospital sich für die dritte Sphäre öffnen, die Heilsbotschaft im Glauben.

Unter dem Krebswappen des Nikolaus-Portals öffnet sich im Hospital das Universum des Cusanus in einer von Zahlensymbolik bestimmten Architektur. Um den Kreuzgang gruppieren

Im St. Nikolaus-Hospital stößt man immer wieder auf Symbole der Vergänglichkeit

sich 33 Einzelzellen (= Lebensjahre Christi) für bedürftige Pfründner. Gott entließ die Schöpfung in die Vielfalt, weshalb keine Rosette der anderen gleicht. Das Sterngewölbe der Kapelle wächst aus zwölf Rippen einer achteckigen Mittelsäule, denn die Kirche gründet sich auf Christus und die 12 Apostel. Die 8 symbolisiert die Unendlichkeit. Auf dem Flügelaufsatz des Hochaltars am Fuß des Kreuzes kniet Cusanus und gibt sich so als Stifter zu erkennen. Während seine körperliche Hülle in Rom begraben ist, versenkte man sein Herz wunschgemäß in einer Bleikapsel vor dem Hochaltar.

An der Kapellenwand fasziniert eine Al-Secco-Malerei des Jüngsten Gerichts, das die Großen der Welt in der Hölle sieht. In der Bibliothek kehrt das Thema des unendlichen Universums wieder. Auf der achteckigen Basis eines runden Mittelpfeilers entfaltet sich ein Sterngewölbe. Die Sammlung astronomischer Geräte, Bücher und Handschriften aus dem Nachlass des Cusanus ist einzigartig.

An der Sonnenuhr ein Blick zurück

Nikolaus Cusanus (1401–1464) war eine faszinierende Persönlichkeit an der Schwelle vom Mittelalter zur Neuzeit, die in glasklarer Schärfe ein Weltbild entwarf, das selbst neuesten philosophischen und astrophysikalischen Erkenntnissen standhält. Er war Päpstlicher Legat, Bischof von Brixen und Kurienkardinal – ein Karrieretyp und zugleich ein nachdenklicher Mensch, dem der Friede zwischen den Religionen ein Anliegen war. Die Eroberung Konstantinopels durch die Türken löste in der Alten Welt 1453 erdbebenartige Erschütterungen aus. Cusanus' Antwort darauf war eine entschiedene Absage an jede Form der Gewalt und des Fanatismus. Zwar ist für ihn die christliche die wahre Religion, da aber in Gott alle Gegensätze in eins fallen, hat auch jede andere die Wahrheit in sich. Sein Credo daher: Lasst uns friedliche Gespräche führen, vielleicht können wir Andersgläubige zum Christentum bekehren, aber einzig mit der Kraft der besseren Argumente!

schweben Gestalten aus den Wolken, die hier beheimateten Drachenflieger, eine passende Einstimmung aufs nachbarliche ›Himmelreich‹, die berühmte Zeltinger Weinlage.

Übernachten

Rüschen-Romantik – **Märchenhotel Älteste Weinstube 1**: Kallenfelsstr. 25–27, Tel. 06531 965 50, www.weinstube.com, DZ ab 80 €. Familienhotel, nach allerlei Märchen benannte Zimmer. Auf den Tisch der Weinstube kommen schmackhafte regionale Gerichte.

Anheimelnd – **Gasthaus Burkard 2**: Burgstr. 1, Tel. 06531 23 80, www.gasthaus-burkard.de, DZ ab 70 €, Do–Di Restaurant-Genuss mit saisonalen Angeboten und moselländischen Spezialitäten.

Hell & freundlich – **Feriengut Bohn 3**: Goldbachstr. 7, Bernkastel-Andel, Tel. 06531 84 43, www.feriengut-bohn.de, DZ um 50 €, Fewos ca. 65 € (4 Pers.), Weingut und Winzercafé Sa/So, DLG-Auszeichnung, Bett & Bike nahe dem Mosel-Radweg, Weinbergsfahrten.

Natürlich auf dem Berg – **Jugendherberge 4**: Jugendherbergsstr. 1, Tel. 06531 23 95, bernkastel-kues@diejugendherbergen.de, ca. 16 € Ü/F p. Pers., nahe der Burg Landshut. Tipp: Anfahrt mit dem ›Landshut-Express‹.

Wiesengefühle – **Campingplatz Kueser Werth 5**: Am Hafen 2, Tel. 06531 82 00, www.camping-kueser-werth.de, April–Okt.

Übernachten, Essen

Bernkasteler Institution – **Ferienwohnungen Dillinger 6**: Graacher Str. 32a, Tel. 06531 78 00, www.dillinger-ferienwohnungen.de, 3 Fewos ab 45 € (2

Pers.), Eingang: Hinterm Graben 5a. Nahe dem Bärenbrunnen verwöhnt Bernkastels einzige Straußwirtschaft Mai–Mitte Okt. Di/Do/Fr ab 15, Sa/So ab 11 Uhr in Weinstube, Laube und Innenhof mit herzhaften Speisen (z. B. Winzervesper 7 €) und eigenen Weinen.

Essen & Trinken

Urtümlich-historisch – **Hotel-Restaurant Doctor-Weinstuben 1**: Hebegasse 5, Tel. 06531 966 50, www.doctor-weinstuben.de. DZ ab 80 €, Hauptgerichte ab 12 €. Mitglied von Regional Erste Wahl (s. S. 22), damit Garant für köstliche Frische, lauschiger Hof-Garten. Live-Musik im Keller ist Tradition. Bett & Bike.

Deftig – **Altes Brauhaus 2**: Gestade 4, Tel. 06531 25 52, deftige Moselküche, z. B. Brauhaus-Pfännche, ab 11,50 €.

Rahmig lecker – **Hoffmann's Weinstube 3**: Bahnhofstr. 6, Tel. 06531 25 75, Hauptgerichte ab 9 €, Ute Arenz' Spezialität: Lachsfilet mit Pasta (11,50 €).

Süße Versuchungen – **Café Hansen 4**: Markt 26, Tel. 06531 22 15, beste Kuchen und feinste Pralinés aus eigener Produktion.

Einkaufen

Historische Bonbonmacherei – **Bonbon Willi 1**: Burgstr. 8, Tel. 06531 97 31 41, www.bonbon-willi.de. Willi Maas kocht tgl. 11–18 Uhr auf historischen Maschinen diverse Bonbonsorten.

Aktiv & Kreativ

Flott und sportlich – **Fahrradverleih 1**: Fun Bike Team, Schanzstr. 22, Bernkastel, Tel. 06531 940 24, www.funbiketeam.de, Verleih Mo–Sa 9–18 Uhr (Sa mieten, Mo abgeben), Infos zum Dirt-park.

Cool – **Skatepark** 2: Peter-Kremer-Weg 2, Tel. 06531 911 99, beim Schulzentrum in Kues.

Frische Fische – **Angeln:** Erlaubnisschein im Mosel-Gäste-Zentrum (s. u.) und bei Fischwirtschaftsmeister Birnfeld, Lieser, Tel. 06531 32 53.

Spannend – **Grüner Moselpokal:** Ein heißer Tipp auf kühlem Wasser! Die Ruder-Langstreckenregatta findet statt am letzten Sa im Sept. zwischen Kues und Graach, Tel. 06531 41 69 oder 06532 25 75, www.regatta-gruener-moselpokal.de.

Hoch hinaus – **Drachenfliegen:** Info bei Klaus Vogt, Tel. 06531 80 02.

Abends & Nachts

Nachtlokal-Klassiker – **Sammy's Keller** 1: Kues, Cusanusstr. 1, www.sammy 24.de, Mi–Mo ab 20 Uhr, dufter Blueskeller mit zivilen Preisen. ›Gastronaut‹ Sammy Hackländer betreibt außerdem das Kulturlokal ›Station Cues‹ (Musik, Ausstellungen), Bahnhofstr. 8, Sa, So ab 11 Uhr, sonst Di–So ab 17 Uhr.

Infos

Tourist-Information
Mosel-Gäste-Zentrum: s. S. 158

Verkehr
Bahn: Hbf Trier, Bf. Wittlich, Bf. Traben-Trarbach und Bullay.
Panoramabahn: Stadtrundfahrt stdl., Bernkasteler Busbahnhof.

Lieser ► F 4

Nachdem die Lieser den Maare-Mosel-Radweg ein Stück weit durch die Eifel

begleitet hat, mündet sie nahe Lieser in die Mosel, fast genau gegenüber dem aus dem Hunsrück kommenden Veldenzer Bach. Zu viel Wasser auf einmal für die Einwohner, ein Deich auf dem Damm der ehem. Eifel-Bahnstrecke soll Schutz bieten. Liesers Problem war einst ein Plus: Da beide Täler sanft ansteigen, unterhielten die Fürsten von Thurn und Taxis hier eine Poststation der Linie Brüssel–Wien, woran der Alte Posthof (17./18. Jh.) erinnert.

Juwel des Historismus – Schloss Lieser wird derzeit zum Hotel umgebaut

Das denkmalgeschützte **Schloss Lieser** war über Jahre hinweg ein Sorgenkind. Derzeit wird das Gebäude von einem niederländischen Investor zum 5-Sterne-Hotel umgebaut. Die hochherrschaftliche Villa hatte der Eisenhütten-Fabrikant Eduard Puricelli zwischen 1884 und 1887 historistisch erbaut. Sein preußischer Schwiegersohn Clemens Freiherr von Schorlemer-Alst fügte um 1900 Jugendstil-Elemente an und empfing als Landwirtschaftsminister mehrmals so illustre Gäste wie Kaiser Wilhelm II. Zum Besitztum der Schorlemer-Liesers gehörten beste Weinlagen und der hübsche Schlosspark.

Ausflug zur Paulskirche
Mai–Okt. So 10–17 Uhr, Führung n. V. Tel. 06531 64 57, kleiner Umtrunk im Vorraum als Spende Lieserer Winzer Anfang der 1840er schon hatte der junge Redakteur Karl Marx in der Rhei-

nischen Zeitung die bittere Not der Moselwinzer in einer Artikelserie angeprangert. Die Paulskirche auf dem 270 m hohen Paulsberg oberhalb von Lieser spielte dann in der 1848er Revolution eine Rolle als Ort eines verzweifelten Protests, in den der unglückliche Peter Joseph Coblenz aus Bernkastel involviert war. Der von Zöllen umzingelten preußischen Randprovinz waren die klassischen Absatzmärkte verloren gegangen, die Lage spitzte sich zu. Am 8. Oktober 1848 zogen 15 000 Menschen hoch auf den 270 m hohen Paulsberg. Die im Kern ins 8. Jh. datierte Kapelle war lange Haupt- und Wallfahrtskirche für das ganze Umland.

Übernachten

Im Neubaugebiet – **Landhaus Kuntz:** Schlossbergstr. 23, Tel. 06531 38 75, www.kuntz-mosel.de, DZ ab 60 €, Radverleih, geführte Radtouren, NatUrlaub bei Freunden.

Übernachten, Essen

Sympathisch – **Landhotel Steffen:** Moselstr. 2, Tel. 06531 95 70, www.landhotel-steffen.de, DZ ca. 65 €. Restaurant: Nov.–Mai Fr–Mi, sonst tgl. ab 11.30 Uhr, Hauptgerichte 10–17 €, u. a. delikates moselländisches Winzerschnitzel, Mitglied bei ›Regional Erste Wahl‹.

Übernachten, Einkaufen

Familiär – **Weingut Zur Römerkelter:** In der Duhr 6, Maring-Noviand, Tel. 06535 430, www.roemerkelter.de, DZ ab 50 €. Gut übernachten und guten Wein probieren im Lieser-Seitental auf dem Ecovin-Weingut mit preisgekrönten Weinen des Winzers Timo Dienhart. Weinwanderungen, Mithilfe bei der Lese möglich.

Einkaufen

Topwinzer – **Weingut Schloss Lieser:** Am Markt 1–5, Tel. 06531 64 31, www.weingut-schloss-lieser.de. Thomas Haag (VDP) fährt mit konstant exzellenten Qualitäten Auszeichnungen ein. Anmeldung erbeten.
Qualitätsbackwaren – **Bäckerei Licht:** Am Markt 40, Tel. 0653163 45, www.baeckerei-licht.de. Der agile Bäcker fertigt Spezialitäten wie Rickes Brot, VITIS Traubenkernbrot, römisch inspirierte Teekuchen ›Mustum Ardens‹ und führt ein reiches Sortiment an Lebensmitteln für den täglichen Bedarf.

Aktiv & Kreativ

Freier Flug – **Drachenfliegen:** Infos über Drachenflieger-Club Trier, Tel. 06502 30 60, www.dfc-trier.de, Tagesmitgliedschaft.

Infos & Termine

Tourist-Information
Verkehrsbüro Lieser: Beate Gilgenberg, Am Markt 43, Tel. 06531 87 46, www.lieser-mosel.de.

Feste
Pfarrfest: 1. Mai an der Paulskirche.
Rund um den Lieser Marktplatz: 2. Wochenende im Sept., größtes Straßenfest an der Mittelmosel.

Verkehr
Bahn: Bf. Wittlich, Bf. Traben-Trarbach
Bus: Trier–Bullay (333) und Radelbus (300).

Von Graach bis Wolf

Noch sind die Winzer auf der Sonnenseite mit internationalen Auszeichnungen verwöhnt. Riesige Sonnenuhren in den Weinbergen verstärken das Strahle-Image. Eine Katastrophe für die Landschaft, das Mikroklima der berühmten Weinlagen, die Menschen am Fluss und alle Bemühungen für sanften Tourismus (speziell Radwandern) wäre es, wenn die auto(bahn)gerechten Pläne einer riesigen Betonbrücke über das Tal bei Ürzig und Zeltingen-Rachtig tatsächlich verwirklicht würden. Hauptgrund im Hintergrund: Anbindung der B 50 an den Flughafen Hahn.

Graach ► F 4

Kath. Kirche St. Simon und Judas Thaddäus: offen
Mit Bernkastel hat Graach attraktive Nahziele gemein: Wanderungen zur hochgelegenen Graacher Schäferei, der beliebten Waldschänke ›Zur Eisernen Weinkarte‹.

Die Graacher Schanzen fallen inzwischen, Tatsachen schaffend, Vorbereitungen für den sog. ›Hochmoselübergang‹ zum Opfer. Der kulturhistorische Verlust der Erdwälle wiegt schwer, auch wenn sie außer zu Versteckspielchen der deutsch-französischen ›Erbfeinde‹ nie zu etwas nutze waren. Bei einer Tour mit dem Mountainbike auf terrassierten Wirtschaftswegen tun sich immer wieder Ausblicke auf den Fluss und die Eifelberge gegenüber auf.

Unten im Tal bewahrte Graach selbst sich den Zauber gentiler Weinorte, die nicht von Hauptstraßen durchschnitten werden. Das Auto sollten Sie am Ufer stehen lassen und zu Fuß oder mit dem Rad die Winkel aufstöbern, durch stille Gassen mit erdbauchigen Häusern und unvermuteten Abzweigungen pilgern, mit einem Halt vielleicht an der spät- und neugotischen **kath. Kirche St. Simon und Judas Thaddäus**.

Zwei Klosterhöfe überdauerten die Zeiten. Sie gehörten der Familie Henn, die einige bekannte Trierer Äbte stellte. Der zur Mosel hin offene **Matheiserhof** (1723), ehemals Besitz der Abtei St. Matthias, ist nun Heimatmuseum. An der Straße nach Zeltingen steht der mächtige **Josephshof**, einstmals Gut der Abtei St. Martin und wohl der älteste Siedlungskern Graachs, denn bei Fundamentarbeiten wurden 1995 Reste einer römischen Kelteranlage entdeckt – die leider der Unverstand der Baufirma vollends zerstörte.

Übernachten, Essen, Einkaufen

Weitsicht im Grünen – **Weingut Philipps-Eckstein:** Panoramastraße 11, Graach-Schäferei, Tel. 065316542, www.weingut-philipps-eckstein.de. Gästehaus mit 3-Sterne-DZ ab 50 €, im renommierten Weingut, ausgezeichnet mit dem Staatsehrenpreis und ›Best of Riesling‹. In der Winzerwirtschaft gibt es ›Herzhaftes aus der Winzerküche‹.

Zeltingen-Rachtig ► F 4

Keine Romeo-und-Julia-Geschichten tischen die Einwohner von **Zeltingen** ihren Gästen auf, wenn sie open air auf dem stimmungsvoll-schnuckeligen Marktplatz die Operette ›Zeltinger

Himmelreich‹ spielen: Der Rachtiger Winzersohn Franz kriegt natürlich die Zeltinger Rosemarie, der Churkölner Zehnteintreiber geht auch nicht leer aus, und alle leben glücklich bis an ihr Lebensende. Ein gutes Stück Lokalhistorie steckt darin! Über tausend Jahre (623–1794) war der Kölner Erzbischof weltlicher Herrscher des Doppelorts, sein Trierer Amtsbruder der geistliche Oberhirte. Diese Gewaltenteilung wird damit begründet, dass der Kölner Erzbischof und Heilige Kunibert von der verfallenen Rosenburg oberhalb Zeltingens stammen soll.

Von der belebten Uferallee auf engen Gässchen ins pittoreske Ortsinnere abzweigend, atmet man Idylle pur. Am Rand der Weinbergfelsen strebt die **kath. Pfarrkirche St. Stephanus** (18. Jh., tgl. offen) empor, zeigt jenseits eines üppigen Rokokoportals im Innern einen kostbaren steinernen Hochaltar (1627, Johann Ruprecht Hoffmann d. J.), der die Steinigung des hl. Stephanus darstellt. Am Glockenturm fallen vier S-förmige Mauereisen und gleichartige Schalllöcher auf, die die Zeltinger nach Darstellung des Heimatforschers Peter Kremer sehr schlüssig interpretieren. Für kleine Feste heißt es z. B.: »Sankt Stephan sät, sauft!« – worauf Weine der S-Lagen Stephansberg, Steinmauer, Schlossberg und Sonnenuhr konsumiert werden. Die berühmte Zeltinger Sonnenuhr, Zeitmesser (und exklusive Lage), wurde vermutlich im Jahr 1692 in den Weinbergen Richtung Graach installiert.

In den Bann des ebenfalls exklusiven Zeltinger Himmelreichs begibt man sich auf der Weiterreise nach **Rachtig**, das im Umkreis seiner neugotischen kath. Pfarrkirche St. Marien von Bruchsteinhäusern dominiert wird. Ganz in der Nähe stimmt in der Marienstraße ›Ede am Fass‹ zu einer heiteren

Visite ein, im Herbst vielleicht in Edmund Beckers Straußwirtschaft, für die Irmhild Lambertys Figur wirbt (s. Unser Tipp, S. 176).

Es gibt nun die Alternative hinauf in die Weinberge oder hinunter zur Mosel, wo parallel zur Landesstraße die stillgelegte Bahntrasse entspannte Radler zur Tour nach Erden einlädt. So entdeckt man en passant oder im Restaurant den vierflügeligen ehemaligen Deutschherrenhof, einen spätgotischen, barock modernisierten Baukomplex.

Übernachten, Essen

Bewusst Bio – **Hotel-Restaurant Zeltinger Hof**: Kurfürstenstr. 76, Tel. 06532 938 20, www.zeltinger-hof.de, DZ ab ca. 70 €, Nov–März Do–Mo, sonst tgl. Hauptgerichte ab ca. 13,50 €. Markus Reis bringt Janshen-Geflügel und Demeter-Fleisch auf den Tisch, z. B. für den Moselländischen Wein-Sauerbraten (13,20 €). Winzervesper im Himmelreich-Weinkeller. Fahrradverleih, Bett & Bike. Stilvoll übernachten kann man auch in der vom Hotel mitbetreuten Ratsschänke Zeltingen, St. Stephanstr. 9, www.zeltingen-ratsschaenke.de, DZ ab 75 €.

Sportlich – **Wein & Gästehaus Kunz-Erben**: Burgstr. 17, Zeltingen, Tel. 06532 42 95, www.wein-gaestehaus-kunz.de, DZ ab 45 €, Fewo 49 € (2 Pers.), Bett & Bike, MTB-Touren.

Einkaufen

Exquisit – **Weingut Selbach-Oster**: Uferallee 23, Zeltingen, Tel. 06532 20 81, www.selbach-oster.de, tel. Anmel-

Die Zeltinger Sonnenuhr zeigt seit fast 400 Jahren, was die Stunde geschlagen hat

Unser Tipp

Irmhild Lambertys Pappdiepuppart
Der nachdenkliche Typ im blauen Habit auf dem Treppengeländer an der Uferpromenade fällt zuerst auf. Und dann nimmt man ihre lebensgroßen Figuren mit einem Mal schmunzelnd wahr, in Zeltingen, Kinheim, Mülheim und andernorts: Die Künstlerin fertigt sie aus Draht und Pappmaché und überzieht sie mit einer wetterfesten elastischen Masse. Atelierbesuche nach Vereinbarung. (In der Löhn 16, Rachtig, Tel. 06532 33 57, www.papp diepuppart.de)

dung erbeten. Das Weingut von Johannes und Barbara Selbach, seit 1661 in Familienbesitz, erzeugt hochgerühmte Spitzenrieslinge.
Keramik-Kreation – **Töpferwerkstatt**: Kurfürstenstr. 62, Zeltingen, Tel. 06532 95 34 08, Besichtigung n. V. Monika Nicolay-Bolle schuf zusammen mit Carl Fritz Nicolay in Cochem u. a. den ›Lebensbaum‹ (s. S. 233).

Aktiv & Kreativ

Für alle Windrichtungen – **Gleitschirmfliegen**: Fluggelände Zeltingen-Rachtig, Info: Die Moselfalken, Infos zu Gastflugregelungen (April–Okt.): www.moselfalken.de, s. S. 24.
Kulturweg – **Wandern:** Oberhalb des Orts verläuft der Wanderweg ›Von Kurköln zu den Deutschherren‹, als Teil der ›Mosel.Erlebnis.Route‹, außerdem Rundweg von ca. 7 km. Info Verkehrsbüro.

Infos & Termine

Tourist-Information
Verkehrsbüro Zeltingen-Rachtig: Uferallee 13, Tel. 06532 24 04, www.zeltingen-rachtig.de.

Veranstaltungen
Operettenfestspiele Zeltinger Himmelreich: Open-Air-Aufführung alle zwei Jahre, wieder 2011, Infos Verkehrsbüro.
Weinhöfefest in Rachtig: Anf. Mai, offene Kelterhäuser, Scheunen und Weinkeller.
Weinkirmes: 3. Juliwochenende (Rachtig); Anfang Aug. (Zeltingen).

Verkehr
Bahn: Bf. Traben-Trarbach (Linie 691) und Bf. Wittlich, Strecke Trier–Koblenz (Linie 690)
Bus: Trier–Bullay (Linie 333), Regio-Linie Daun–Morbach
Schiff: von/nach Trier, Bernkastel-Kues, Traben-Trarbach

Erden ▶ F 4

»Am Anfang schuf Gott Himmel und Erden!« – Die Einwohner des kleinen und angenehm gelassenen Orts mit seinen winkligen Gassen und hübschem Fachwerk brauchen keine aufwendige Werbung. Sie halten sich einfach an die Bibel! Und so ist es vom ›Zeltinger Himmelreich‹ kein großer Schritt nach Erden, noch dazu, wenn das über ein ›Erdener Treppchen‹ geschehen kann. Das wusste man auch im renommierten Bremer Ratskeller und ließ sich auf einen für beide Seiten Gewinn bringenden Deal ein: Die Hanseaten pachteten einen Weinberg in der Treppchen-Lage oberhalb der zweiten, 1998 ausgegrabenen römischen Kelter. Sie engagierten einen

Erdener Winzer dafür als Kellermeister, vermarkten den Wein auf zehn Jahre exklusiv, sponsern damit den Schutz der Anlage und bescheren dem Ort eine zusätzliche Werbung. Bei alledem fällt es nicht schwer, in der barocken kath. Pfarrkirche St. Anna mit ihren Kunstwerken aus dem 17. und 18. Jh. und dem im Untergeschoss original gotischen Turm dem Herrgott für seine Schöpfung zu danken.

Ausflug zur Römerkelter Erden

Die Mosel trennt Erden von der Römerkelter, und es gibt zwei Brücken, um auf die Eifelseite zu gelangen: die Brücke bei Zeltingen mit Weiterfahrt nach Ürzig in Richtung Kinheim und die Brücke bei Lösnich mit Überquerung in Richtung Ürzig. In beiden Fällen stoßen Sie auf die zwei römischen Kelterhäuser, von denen die 1998 ausgegrabene östliche Anlage aus dem 2. Jh. stammt und als Ausgrabungsstätte (noch) im Rohzustand fasziniert. Die etwa 100 Jahre jüngere, 1992 entdeckte Kelter daneben gilt als besterhaltene Anlage nördlich der Alpen (www.roemerkelter-erden.de). Unter dem Schutzdach mit Gastraum, Küche und sanitären Anlagen wird mit Blick auf die Mosel antik gefeiert und römische Kochkunst zelebriert.

Führung: April–Okt. Sa ab 17 Uhr, Kontakt: Verkehrsbüro Erden, S. 178; Veranstaltungen: ›Junger Wein in alter Kelter‹ – Jungweinprobe am 1. Mai mit römischen Speisen; römisches Fest mit römischen Spielen für Kinder im Rahmen von ›Happy Mosel‹ (Sonntag nach Pfingsten); römische Kochworkshops (Seminarleiterin Ruth Oster, Erden, s. S. 61) und Kräuterkunde.

... weiter auf dem Kletterwanderweg Erdener Treppchen / Prälat

www.klettersteig-mosel.de, Infos: Verkehrsbüro Erden, S. 178

Ein 2008 eröffneter, von der östlichen Römerkelter durch die berühmten Weinlagen Treppchen und Prälat führender Kletterwanderweg bringt ambitionierte Wanderer über Leitern, Fels und Stein auf die Anhöhe. Auf einem geschützten Plateau mitten im Fels – das von einem nahen Sträßchen über eine Treppe erreichbar, aber nicht einsehbar ist – können Sie rasten und haben einen tollen Ausblick auf die Mosel, vielleicht bei einer Weinprobe. Damit ist der Themenweg Machern–Kröv durchgängig begehbar. Verbinden lässt sich die Tour mit dem Sucellus-Wanderweg Kinheim–Traben-Trarbach. Ziel ist ein kompletter, gallorömisch-inspirierter Rundweg, der auch Kindel, Lösnich und Zeltingen einbindet.

Übernachten, Einkaufen

Optimal – **Weingut & Gästehaus Klaus Lotz**: Hauptstr. 71, Tel. 06532 30 29, www.weingut-lotz.de, DZ ca. 53 €, Fewo (2 Pers.) 45 €. Stefan Lotz gehört zu den Spitzenwinzern an der Mosel.

Essen & Trinken

Gemütlich-familiär – **Zur Ratsschenke**: Paulinerstr. 12, Tel. 06532 21 03, Mo–Do ab 16 Uhr, Fr–So ganztägig, Hauptgerichte ab ca. 11 €, Flammkuchen ab 4,30 €. Schmackhafte Spezialität der Familie Melcher im RSC-Vereinslokal: geschmorte Lammshaxe römische Art.

Einkaufen

Topqualität – **Weingut Meulenhof:** Zur Kapelle 8, Tel. 06532 22 67, www.meulenhof.de. Topwinzer Stefan Justen erzeugt prämierte Spitzenweine der Lagen Erdener Prälat und Treppchen.

Infos

Tourist-Information

Verkehrsbüro: Hauptstraße 72, Tel. 06 532 25 49, www.erden.de. Erni Weber betreibt den Allround-Laden mit Postagentur – und gibt Auskunft zur Radtouristik.

Verkehr

Bahn: Bf. Wittlich oder Bf. Ürzig, Strecke Trier–Koblenz (Linie 690), Bf. Traben-Trarbach (Linie 691).
Bus: Strecke Trier–Bullay (Linie 333).

Ürzig ►F 4

An einer jäh aufragenden Felswand des Urlay zeigt die Ürziger Sonnenuhr weithin die Winterzeit an. Getragen wird sie von einem Wachturm der verfallenen Burg der Ritter von der Leyen. Ürzig, vermutlich schon keltisch und ganz gewiss römisch besiedelt, übte späterhin wegen der fantastischen Weinlagen beträchtliche Anziehungskraft auf Adelsgeschlechter und Klöster aus. Auch die Mönche des Klosters Himmerod in der Eifel leckten sich die Finger danach. An der Stelle ihres Gutshauses steht heute Robert Eymaels Weingut Mönchhof, bei dessen Nennung Weinkenner genüsslich mit der Zunge schnalzen (www.moenchhof. de). Sein Vorfahr Jean Eymael hatte Ende des 19. Jh. das klösterliche Gemäuer ersteigert und ihm ein neobarockes Gesicht gegeben. Die auffällige Fassade am Ortsrand dürfte immer noch recht bekannt sein, und zwar als Schauplatz der nach der Erstausstrahlung 1987 mehrmals wiederholten TV-Familiensoap ›Moselbrück‹.

An exponierter Stelle an der Uferpromenade sticht die Villa locker die anderen Gründerzeithäuser aus. Aus Bruchstein oder in leuchtenden Farben, mit Erkern, Holzbalkonen, Loggien und Veranden bestückt, schenken diese dem Ort fast so etwas wie eine Bäderatmosphäre. Schnuckelige Winkel und rebenüberspannte Gassen findet man im Umkreis der Kirche, gehäuft jedoch

Unser Tipp

Radelfreuden

Der RSC 89 Erden bürgt für optimale permanente Touren und eine ebensolche RTF-Fahrt ›Im Herzen der Mittelmosel‹ jeweils Ende August (So). Nicht unerheblich zum Wohlgefühl und zur Geselligkeit trägt die traditionelle Nudelparty für von auswärts anreisende Radtouristikfahrer am Freitagabend vorher bei, wozu rund 70 kg Nudeln mit Sauce verarbeitet werden.

Ein weiterer Anreiz, nach Erden zu kommen, sind Herbert Webers geführte Touren von April bis Oktober mit Rennrad und Mountainbike. Ein unvergessliches Erlebnis, denn dem Radclub-Vorsitzenden (und bis 2009 auch Ortsbürgermeister) ist auf jeder Etappe anzumerken, dass er das Radeln durch die heimatlichen Lande liebt. (Info: Verkehrsbüro Erden, s. S. 178, Tel. 06532 25 49, www.rsc-erden.de)

in der Würzgartengasse, wofür die renommierte Einzellage Pate stand. Der mit Rotliegendem der Wittlicher Senke durchsetzte Ürziger Berg hebt sich rostrot vom dunklen Devonschiefer der Umgebung ab, was vermutlich den Bewohnern den Spitznamen ›Erzer Ruutschwänzja‹ bescherte. Jedenfalls setzten die Ürziger Rotschwänzchen sich mit einem Brunnen im Ortszentrum selbst ein Denkmal.

Wandern von Ürzig nach Machern

Vom Moselufer führt ein Wanderweg hoch zum kulturhistorischen ›Gewürzgarten‹ und zum neu angelegten ›Rosengarten‹ darüber. In Richtung Kloster Machern/Zeltingen gibt es einen weiteren attraktiven Rastplatz auf dem Ürziger Berg: Gesteinsarten der Region werden hier in einem Geogarten vorgestellt, man erhält ein komplexes Bild der Region – und beim Weiterwandern immer wieder neue Ausblicke auf das wunderschöne Tal, ehe es hinunter zur zünftigen Hausbrauerei des Klosters geht, S. 165.

Reizvoll ist auch die Wanderung nach Osten, die als Panorama-Steig Ürzig–Erden zum Schluss auf dem neuen Kletterwanderweg Erdener Treppchen hinunter zur Römerkelter führt, S. 177.

Übernachten, Einkaufen

Liebenswürdig und Spitzenweine – **Wein- und Gästehaus Rebenhof:** Hüwel 2–3, Tel. 06532 45 46, www.rebenhof.de, DZ ab 45 €, Fewo ab ca. 60 €, Apartment ab ca. 50 €, Nichtraucher. Optimale Versorgung durch Doris und Johannes Schmitz im mehrfach prämierten Spitzenriesling-Weingut (u. a. im Gault Millau).

Übernachten, Essen

Delikat – **Ringhotel-Weinhaus Moselschild:** Moselufer 12–14, Tel. 06532 939 30, www.moselschild.de, DZ ab 70 €, Hauptgerichte ab ca. 17 €. Delikate Küche kosten, gereifte Weine verkosten. Oliver Probst ist Mitglied der Tafelrunde (s. S. 22).

Gediegen fein – **Hotel Zur Traube:** Am Moselufer, Tel. 06532 93 08 30, www.zurtraubeuerzig.de, DZ im Haupthaus ab 80 €, DZ im Gästehaus ab 60 €, Hauptgerichte ab 12 €, Terrasse zur Mosel.

Infos & Termine

Tourist-Information
Touristikbüro Ürzig: Rathausplatz, Tel. 06532 26 20, www.uerzig.de.

Veranstaltungen
Ürziger FastNachtUmzug: Fastnachtsamstag auf Sonntag ab 18.33 Uhr, s. Festkalender S. 30.
Harley & Wein: Aug., mit Panoramafahrt, Krönung der Weinkönigin alle zwei Jahre, Harley-Prämierung.

Verkehr
Bahn: Der Bahnhof liegt ca. 1,5 km außerhalb, Linie Koblenz–Trier, Abholservice möglich.
Bus: Strecke Wittlich–Bullay (Linie 302).
Schiff: von/nach Bernkastel, Traben-Trarbach und Trier.

Kinheim ▶ F 4

Als Logo auf Fahnen und Plakaten bei Kinheim-Kindels weinseligem Straßenfest im August wirkt die gallorömische Gottheit Sucellus so richtig bombastisch. Im Rheinischen Landesmuseum zu Trier schaut man dann erst einmal ziemlich verblüfft auf die rundlich-stämmige, aber relativ kleine Figur mit geschultertem Schlegel, Traube im Arm und gestapelten Fässern. 1976 wurde das Sandstein-Hochrelief in einer römischen Villa bei Kindel ausgegraben und ins 3. Jh. datiert. Keine Frage also: Damals gab es hier schon Weinbau, denn Sucellus ist der Schutzgott der Moselwinzer und Küfer, Bacchus hingegen beanspruchen die Weingenießer für sich. In Kinheim finden beide reichlich Gefolgschaft. Eine ganze Reihe von Weingütern, etwa in der Burgstraße, öffnet dann zu den lokalen Festen ihre Keller.

In Kinheim wirft man nicht nur von Konditoreien aus scheinbar mit Torten, wie eine Lamberty-Figur (s. S. 176) amüsierten Passanten suggeriert. Hier und in der näheren Umgebung hängt Wein bisweilen gerahmt an der Wand. Winzermeister Heinz Ames malt mit Wein- statt Wasserfarben, nennt seine Kreationen folgerichtig ›Vinorelle‹ statt Aquarelle – und verkündet treuherzig, dass er so ganz legal die ›Übermengen‹ beseitigt. Die Moselland-

Winzergenossenschaft in Bernkastel-Kues bildet die Motive auf der Riesling-Collection ›Ars Vitis‹ ab.

Die Ortsteile Kinheim und Kindel verbindet eine schmale Brücke, die vor allem Radler und Fußgänger schätzen – und Leute, die die immer neuen Ausblicke auf den Fluss lieben und vielleicht sogar Lust auf Kanu-Abenteuer bekommen.

Aktiv & Kreativ

Breites Angebot – **Kanu fahren**: Königstr. 3, Kinheim, Tel. 06532 943 20, www.kanu-xxl.de. Autorisierter Kanuverleih, verschiedene Paddelprogramme und Events versprechen tolle Abenteuer.

Infos & Termine

Tourist-Information
Verkehrsbüro: Moselweinstraße 14, Tel. 06532 34 44, www.kinheim-mosel.de.

Feste
Frühlingsfest: Pfingsten mit Internationalem Oldtimertreffen.
Straßenweinfest: Ende Aug. Essen-, Wein-Stände und Live-Musik in der Burgstraße und in Kindel, sehr stimmungsvoll.
Winzerfest: Mitte Sept.

Verkehr
Bahn: Bf. Traben-Trarbach (Linie 691).
Bus: Strecken Wittlich–Bullay (302) und Trier–Bullay (Linie 333).

Kröv ►F 4

Einen göttlichen Blick auf das Dorf und die malerische Flussschleife gewährt eine Rast an der Bergkapelle, sofern die Anfahrt von Ürzig nach Kröv durch die

---

Unser Tipp

Der Herr der Pralinen
Konditor Jürgen Hünnekens fabriziert im Winzerdorf Kinheim Konfekt und leckerste Torten, auch nach alten Familienrezepten. Die Kunden kommen von weither in die Burgstraße 25, nicht zuletzt wegen der köstlichen Trüffel-Pralinen. Ein Prachtstück seiner Kreationen ist die ›Sucellus-Praline‹, benannt nach dem Weingott Sucellus (Tel. 06532 31 14).

Weinberge geschieht. Wellen schlug bundesweit und innerorts 2003 im Namensstreit, als die neue Festhalle im Schiffs-Look am Moselufer laut Ratsvotum ›Nacktarschhalle‹ heißen sollte, in Würdigung des ›Kröver Nacktarsch‹, jener berühmtesten Weinlage des 2500-Seelen-Orts. Doch so schnell kentert man nicht in Kröv, die Wogen beruhigten sich wieder. Immerhin wird beim Internationalen Trachtentreffen auf einer in der Mosel schwimmenden Bühne getanzt. Ein bemerkenswertes, stimmungsvolles Folklorefest übrigens, was der Völkerverständigung sehr dienlich ist und bei dem natürlich der bewusste Wein die Kehlen befeuchtet. Beim effektvoll inszenierten ›Mitternachtslauf‹ zu Pfingsten hingegen, wenn 5000 Kerzen und zahlreiche Schaulustige die Straßen säumen, erhalten alle Mitläufer eine Flasche der ominösen Lage und die Sieger werden in Wein aufgewogen.

Von Goethes Götz-Zitat bis zu ›kahler Weinberg‹ reichen die Erklärungen des derben Namens. Keltisch *nackars* (felsige Höhe) könnte Pate gestanden haben, vielleicht auch ein verballhorntes lateinisches *nectarius*. Mehrheitlich entschieden sich die geschäftstüchtigen Winzer auf Weinetiketten und einer Hauswand in der Ortsmitte für die deftige Version von den Jungs, die vom Kellermeister beim Süffeln ertappt und in Wilhelm-Busch-Manier gezüchtigt wurden. Das Kröver Original ›Jungle Dick‹, der einstige Wirt des ›Götz‹ (s. rechts), spielte eine gewichtige Rolle bei dieser Vermarktung.

Schon die Römer wussten um die Bedeutung von Croviacum. Auch die mittelalterlichen Herrscher hüteten das ›Cröver Reich‹, zu dem mehrere Dörfer sowie Land in Eifel und Hunsrück gehörten, wie einen Augapfel. Die Eifel-Klöster Springiersbach und Steinfeld, das belgische Stablo (Staffel-

ter Hof) und das luxemburgische Echternach bauten hier stattliche Höfe und modelten sie im 17./18. Jh. barock um. So geschah es auch dem Pfarrhof gegenüber der kath. Pfarrkirche St. Remigius (1725, offen). Die Schönste im Ort, das Dreigiebelhaus, wurde vom Rathaus zum Weingut.

Rad-, Wandertrip auf dem Wolfer Ufer

Den spektakulärsten Blick auf die Grablege-Kapelle (1662) der Grafen von Kesselstatt in den Weinbergen und zur Bergkapelle genießt man vom Ufer gegenüber, wo Radler und Spaziergänger zwischen der Kinheimer und Wolfer Brücke einen lauschig-schattigen Weg ganz für sich haben.

Übernachten

Top-stilvoll – **Weinhof Gassen:** Robert-Schuman-Str. 204, Tel. 06541 58 88, www.weinhof-gassen.de, DZ ab ca. 45 €. Familiäre Atmosphäre im historischen Winzerhaus vermitteln Monika und Christoph Gassen, geschmackvoll eingerichtete Gästezimmer tragen dazu bei. Weinproben, Hofladen.

Übernachten, Essen

Angenehm-gemütlich – **Hotel-Restaurant Reichsschenke Zum Ritter Götz:** Robert-Schuman-Str. 57, Tel. 06541 816 60, www.zum-ritter-goetz.de, DZ ab 70 €. Das Traditionslokal im 1685 errichteten Gebäude bietet Fleisch-Hauptgerichte ab 10 €, Vegetarisches um 7 €.

Aktiv & Kreativ

Familienspaß – **Buggy-Bahn:** So 10–20 Uhr, Tel. 06571 88 84, www.erlebnislaendchen.de. Auf dem Kröver Berg, kleine Buggy-Autos für Kinder ab 6.

Frische Fische – **Angeln:** Erlaubnisscheine bei Josef Müllen, Moselweinstr. 86, Tel. 06541 95 74.

Grandiose Aussichten – **Flugplatz Mont Royal:** Deutsch-Amerikanischer Segelflugclub (DASC), Info: Tel. 06541 10 05, www.moselflugplatz.de, von Amerikanern am Flughafen Hahn und Moselanern 1954 gegründet. Die Mosel aus der Vogelperspektive im Sport- und Segelflugzeug!

Infos & Termine

Tourist-Information

Weinbrunnenhalle Kröver Nacktarsch, Moselweinstr. 35, Tel. 06541 94 86, www.kroev.de.

Veranstaltungen

Mitternachtslauf: am Sa vor Pfingsten. Breitensportspektakel ab 18 Uhr, letzter Lauf kurz vor Mitternacht.

Internationales Trachtentreffen der Mosel: 1. Juliwochenende, mit Umzug, Tanzgruppen.

Verkehr

Bahn: Bf. Ürzig (Linie 690) oder Traben-Trarbach (Linie 691).

Bus: Strecken Wittlich–Bullay (302) und Trier–Bullay (333).

Schiff: von/nach Bernkastel-Kues, Traben-Trarbach und Trier.

Wolf ► F 4

Ev. Kirche/Schaffnerei: Info Kirchenweingut, Tel. 06541 63 94

Mit Gottes Hilfe – Kapelle in den Weinbergen bei Kröv

Die Augustiner-Chorherren der Windesheimer Kongregation wussten recht genau, warum sie im 15. Jh. ausgerechnet auf dem Göckelsberg über Traben-Trarbachs Ortsteil Wolf klösterliches Leben pflegten. Der Ausblick ist damals wie heute riesig, die Weine sind sprichwörtlich sehr gut. Für eine der *devotia moderna* (neue Demut) verpflichtete Gemeinschaft musste das ein inspirierendes Fleckchen Erde in einer der Urpfarreien der Moselregion sein. Nach Auflassung des **Wolfer Klosters** (1560) verfiel die Liebfrauenkirche zur Ruine, der klösterliche Weinkeller im Ort aber blieb bestehen.

Die durch die Pfalz-Badener Herrschaft evangelischen Landeskinder rissen die seit 1491 bestehende Servatiuskapelle in Wolf ab, bauten 1685 eine barocke **Dorfkirche** über dem Weinkeller und übernahmen das Weingut der Klosterbrüder in eigene Regie. Eine einmalige Kuriosität blieb so erhalten, denn bis heute lagern Weine in alten Holzfässern im Gewölbekeller unter dem Gotteshaus und der ehemaligen Schaffnerei nebenan. Im Herbst soll das Presbyterium im Chorgestühl einst so manches Mal sanft entschlummert sein, weil die Gärgase in den Altarraum zogen. Seit 2001 ist das Kirchengut an die Winzerfamilie Markus Boor verpachtet, die Keller und Kirche mit dem Stumm-Orgelprospekt von 1766 gerne zeigen.

Wolfs Zentrum bleibt vom Durchgangsverkehr verschont. Ein Spaziergang zu Fachwerkschätzen, etwa zum Spitzhäuschen, lohnt sich allemal. Oder ein Aufstieg durch die Weinberge zur Klosterruine mit herrlicher Aussicht.

Übernachten, Essen

Radlerstop – **Restaurant Moselperle:** Baldesgraben 2, Tel. 06541 98 30, www.moselperle.de, DZ ca. 50 €, Do–Di, Mosel-Spezialitäten, z. B. Umas Gullasch oder Spießbroode (ca. 10 €), direkt am Mosel-Radweg.

Einkaufen

Köstlich Öko – **Kirchengut Wolf:** Berenbruchstraße 4, www.kirchengut-wolf.de. Im Ecovin-Weingut erzeugt Markus Boor auf der BioFach prämierte Weine.

Aktiv & Kreativ

Sportlich leise – **Skaterstation Wolf:** Winkelgasse 18, Moselufer, Tel. 06541 39 80. Ingo Boor wartet am Mosel-Radweg die Skates, verkauft Kinder- bis Hockey-Skates, bietet Anfängerkurse und Touren an.

Infos & Termine

Tourist-Information
Traben-Trarbach, s. S. 186; Infostelle Stadtteil Wolf: Tel. 06541 81 21 26, www.traben-trarbach-wolf.de.

Veranstaltungen
Kulinarisches im Kirchenkeller: mit Orgelkonzert und Weindegustation, u. a. zum Wein&Gourmet Festival (www.wein-gourmetfestival.com), Anmeldung: Kirchengut, Tel. 06541 63 94, oder Restaurant Zur Goldenen Traube, s. S. 192). **Tage der offenen Weinkeller:** Mai, Info Tourist-Information, s. o.

Verkehr
Bahn: Bf. Ürzig (Linine 690) oder Traben-Trarbach (Linie 691).
Bus: Strecke Trier–Bullay (Linie 333).
Schiff: von/nach Bernkastel-Kues, Traben-Trarbach und Trier.

Mittelmosel: Traben-Trarbach bis Zell

Highlight!

Traben-Trarbach: Die im 19. Jh. zum bedeutenden Weinumschlagsplatz avancierte Doppelstadt ist eine Jugendstil-Top-Adresse. Mindestens einen Kaffee und ein Glas Sekt wert ist das authentische Jugendstilhotel Bellevue mit dem Turm in Form einer Sektflasche als Erkennungszeichen. S. 186

Auf Entdeckungstour

Kidnapping im Mittelalter – Loretta gegen Balduin: Der Erzbischof von Trier verliert das Pokerspiel um die Macht. Schauplatz der ›unerhörten Tat‹ einer couragierten Frau war die Starkenburg nahe Trarbach. S. 194

Kultur & Sehenswertes

Bad Bertricher Literaturtage: Sie würdigen die Dichterin Clara Viebig, die den Kurort zum Gesunden und Schreiben aufsuchte. S. 203

Aktiv & Kreativ

Wohlige Wärme: Die **Moseltherme** im Kautenbachtal bei Trarbach bietet entspannten Genuss – nicht zuletzt weil das Thermalwasser mit einer Temperatur von 33°C aus dem Schiefergestein emportritt. S. 192

Einsame Klasse: Bahnfreaks sind begeistert vom **Eisenbahnhistorischen Kulturweg Kanonenbahn** von Bullay bis Reil, s. Unser Tipp S. 199

Genießen & Atmosphäre

Grevenburg über Trarbach: Ruinenatmosphäre, im Freien vor der Burg sitzen, fast über dem ›Abgrund‹, nach unten gucken – ins Wildbadtal und auf ein bisschen Mosel. S. 191

Pünderich: Die Uferpartie mit Blick auf die Marienburg ist malerisch. S. 198 und 201

Abends & Nachts

Kultur pur: Jazz mitwippen bei **TOM's** in Enkirch, Kleinkunst erleben im Kulturverein **Seitwärts-Aufwärts** in Zell, – die Region hat auch nachts einige Facetten. S. 197 und 207

Malerische Moselmäander

Hoch oben von der Ruine Grevenburg gefällt die Aussicht aufs hübsche Traben-Trarbach, eine Top-Adresse des Jugendstils. Der Blick von der Marienburg auf Pünderichs malerische Uferpartie ist ebenfalls super. Idyllisch liegt Zell am enghakigen Zeller Hamm.

Traben-Trarbach! ▶ G 4

Traben-Trarbach gilt als *die* Jugendstiladresse an der Mosel. Mittelständische Betriebe prägen das Kurklima, seit eh und je zuvorderst der Handel mit Wein. Im Unterschied zu Bernkastel-Kues und Cochem, die schon früh enorm viel ins Ortsbild investierten, treten sich die Ausflügler noch nicht auf die Füße, müssen Ecken und Winkel erst entdeckt werden. Vielleicht macht gerade das den eigentümlichen Reiz des Städtchens aus.

Als Startpunkt fürs Sightseeing in der Doppelstadt bietet sich die Brücke über die Mosel an. Sie war und ist ein Symbol der Zusammengehörigkeit, denn bis um 1900 trennte Traben und Trarbach nicht nur die Mosel. Erst 1904 erfolgte der Zusammenschluss. Ein Grund für die nachbarschaftliche Rivalität womöglich: Das ursprünglich fränkische Königsgut Traben, um 830 als Schenkung an das Aachener Marienstift erwähnt, blieb immer Dorf. Die Filiale Trarbach machte hingegen seit 1253 als Verwaltungssitz der Hinteren Grafschaft Sponheim Karriere, wurde befestigt und blieb bis auf ein napoleonisches Intermezzo immer Stadt. 1437 starben die Sponheimer aus. Ihr Besitz, darunter Traben und Trarbach, fiel an Pfalz-Simmern-Zweibrücken und Baden, wurde 1557 lutherisch und blieb auch unter preußischer Herrschaft (seit 1815) eine protestantische Enklave in einem vom Erzbistum Trier katholisch geprägten Umfeld. Schon 1573 besaß man eine Lateinschule. Ein solider Mittelstand sorgte für urbanes Feeling – natürlich in Trarbach.

Im 19. Jh. drehte Traben den Spieß um. Die Weichen für den wirtschaftlichen Aufschwung am linken Moselufer stellte 1883 die von der Hauptstrecke Koblenz–Trier abzweigende Stichbahn Bullay–Traben. Sie öffnete dem Weinhandel neue Märkte und Perspektiven. Trabener Weinkaufleute knüpften bald die richtigen Connections in die Metropolen. Das wirkte sich in einem ambitionierten Ortsbild aus. Trarbach besaß zwar seit 1905 einen rechtsmoselanischen Kleinbahn-Anschluss in die weite Welt, liebevoll als ›Saufbähnchen‹ bezeichnet, heute Radweg. Der verheerende Stadtbrand von 1857, der fast die ganze alte Fachwerksubstanz gekostet hatte, zwang zum Bauboom. In Traben schlugen 1879 die Flammen hoch, hier ergriff man bewusst die Chance, sich standesgemäß herauszuputzen.

Perle des Jugendstils – das Brückentor

Brückentor 1

Das Meisterwerk des Berliner Architekten Bruno Möhring von 1898/99, eine Doppelbogenkonstruktion in aufregend innovativen Eisenskelettbau, hatten deutsche Truppen noch zu Kriegsende 1945 gesprengt. 1948 errichtete man einen reinen Zweckbau, ohne die Leichtigkeit der ursprünglichen Brücke. Mit eleganten Aussichtskanzeln bestückt und einem farbenfrohen Anstrich versehen, präsentiert sie sich nun rundum erneuert als ansprechender Kompromiss, zumal das unversehrt gebliebene Brückentor gleichzeitig ein Lifting erhielt.

Möhring (1863–1929) machte seine ganz speziellen Erfahrungen mit dem Weinhandel. Im wuchtigen Brückentor saß anfangs der Brückengeldeinnehmer. Ein schlechter Deal für die Trarbacher, die stets zur Kasse gebeten wurden, während die Trabener seelenruhig über die Brücke und zurück spazierten. Also versetzte Trarbach die Kasse (heute eine Eisbude) auf die Trabener Seite und widmete das Tor in eine Brückenschänke um. Ziemlich abgebrannt, fragten die Stadtväter beim Architekten an, ob er ein Wirtshausschild gegen Bezahlung in ›flüssiger Moselwährung‹ entwerfen würde. Der Riesling-Liebhaber Möhring schlug ein und schuf ein Kleinod: Die Stadt erscheint in Gestalt einer schönen Frau, die dem voller Vorfreude gierig sich windenden Drachen (Möhring selbst!) köstlichen Moselwein in den Rachen schüttet.

Unter dem Schieferdach dreht sich ein Winzerpaar im Tanz, zwei Frauenköpfe auf dem Turm symbolisieren gute und schlechte Weinjahre, das Relief des ›Mosella‹-Poeten Ausonius appliziert römische Geschichte. Das Brückentor zeigt schon die Handschrift des künftigen Stararchitekten, der nur wenig später deutscher Manager zweier Weltausstellungen werden sollte.

Bellevue 2

Möhring kam gut an in Traben-Trarbach. Bei aller Exotik des Jugendstils passte er Baustoff und Bauweise stets harmonisch in die Umgebung ein, verwendete regionaltypisches Fachwerk, Bruchsteinmauerwerk – und bewies

← Koblenz, Bullay, Burg, Enkirch

⚓ Yacht- und
Schutzhafen

Zum Hafen   Buchenweg

Bootshaus

Schulzentrum   **4**   Hirtenpfad

Litzigerweg
Herrenwiese

An der Mosel

Mosel

← Wittlich

Am Laubloch

Sponheimerstr.

Kövenigerstr.

Neue Str.

Allwies

Oberstadterstr.

Laugasse

Loretta-
str.

Bismarckstr.

Am Bahnhof

Kövenigerstr.

Am Neuberg

Bergstr.

Im Plantert

Langfuhr

Gartenstr.

8

Bahnhof

Untere
Kaiserstr.

TRABEN

Römerstr.

Im Brauer

Obere Kaiserstr.

Schulstr.

P   🚠   ZOB
5   ℹ️

Moselanlagen

5
15

6 ✝

Im Faller

Luisenstr.

Poststr.

Am Bahnhof

Im Trehl

4

P

✝

Kirchstr.

Rottmann-
str.

Bahnstr.

Poststr.   **Moselbrücke**

Im Brauer

2

3

Neue Rathausstr.

10

Mittelweg

Ginsterberg

Alte   **Marktstr.**

Kirch-
str.

Aacherstr.

6   Markt-
str.

2

Mosel

P   **12**

Schwanenstr.

Ludwigstr.

An   der

P   **11**

7

M o s e l a n l a g e n

Mosel

Enkircherstr.

P   **9**   Wolfer Weg

RISSBACH   Kräuterhausweg

Rissbacher Str.

2

P

53

Sportplatz

Ⓒ

← Trier, Bernkastel-Kues

Traben-Trarbach

Sehenswert

1 Brückentor
2 Bellevue
3 ehem. Trabener Rathaus
4 Lorettahaus
5 Alter Bahnhof
6 Ev. Peterskirche
7 Haus Nollen
8 Villa Huesgen
9 Mosel-Castell
10 Mittelmosel-Museum
11 Stadtturm
12 Haus der Ikonen
13 Rathaus
14 Ruine Grevenburg
15 Festung Mont Royal

Übernachten

1 Parkschlösschen
   Bad Wildstein
2 Hotel Trabener Hof
3 Pension Altstadt-Café
4 Mittelmosel-
   Jugendherberge
5 Ferienpark Mont Royal

Übernachten, Essen

6 Romantik-Jugendstilhotel
   Bellevue
7 Hotel-Restaurant
   Zur Goldenen Traube

Essen & Trinken

1 Harry's Restaurant
2 Die Graifen

Aktiv & Kreativ

1 Moseltherme
2 Minigolf
3 Fahrradverleih

Abends & Nachts

1 Historische Kellerschänke
   Storcke Stütz

bei alledem spritzigen Humor. Das Hotel am Trabener Ufer fällt vor allem dank des schlanken Eckturms in Form einer überdimensionalen Sektflasche auf! Nicht nur Jugendstil-Fans sollten sich einen Besuch im dortigen Restaurant Clauss-Feist gönnen. Der Eingang wurde 1903 als Weinlaube gestaltet, im Empfangssaal kleben noch einige handgemalte Stofftapeten, im Speisesaal beeindrucken ornamentierte Fenster und flammende Kaminkacheln.

Gründerzeit in Traben

Über die Dächer Trabens spitzelt unweit davon das kommunale Selbstverständnis hervor: das Uhrentürmchen des ehemaligen Trabener **Rathauses** `3`, das 1898/99 historistisch erbaut und 1904 schon historisch war, denn da hatte es mit der Fusion beider Gemeinden ausgedient. Am Brückenabgang stellt sich eine imposante, etwa gleichaltrige Gründerzeit-Gruppe mit Fachwerkpartien dar: das einstige, von der Deutschen Post schnöde abservierte Kaiserliche Postamt und nebenan das mit dem Lorettahaus verankerte **Haus Winzereck**, das in Inschrift und Skulpturen den Nationalismus des beginnenden 20. Jh. spiegelt. Ragt der Stufengiebel steil zur Moselseite auf, so lockern Läden unter Arkaden und Dekors des Bildhauers Bernhard Wendhut die Straßenfront auf. Handwerk, Weinhandel und Ortsgeschichte illustrieren die besten Trabener Köpfe jener Zeit aus dem Mauerwerk heraus. Das **Lorettahaus** `4` hingegen erinnert in der Namensgebung an die couragierte Gräfin von Sponheim, die den Trierer Erzbischof Balduin 1328 in die Knie zwang (s. S. 194). Der giebelreiche **Alte Bahnhof** `5` von 1904 ist vom Zugverkehr abgekoppelt, beherbergt heute die Tourist-Information und mancherlei Ausstellungen, während unweit davon

der Endhalt der Moselweinbahn Traben mit Bullay und – nach dem Umsteigen dort – mit den Großstädten Trier und Koblenz und damit weiterhin mit der großen weiten Welt verbindet.

Ev. Peterskirche `6`
Ostern–Anf. Nov. 9–18 Uhr

Meditative Stille vermittelt die ev. Peterskirche auf der Anhöhe. Das schlichte Gotteshaus aus dem 15. Jh. mit dem bis zum Glockengeschoss romanischen Turm verfügt über gotisches Kreuzrippengewölbe und den original barocken Prospekt einer 1984 mit einem Cartillieri-Werk restaurierten Stumm-Orgel. Fachwerkreich präsentiert sich die Fassade der Alten Ratsschänke (1674), die vom Pfarrhaus zur Weinstube wurde. Das alles wird noch getoppt vom freundlichen Marktplatz samt dem verspielten Brunnen mit der bunt bemalten Winzerin obendrauf.

Haus Nollen `7`, Villa Huesgen `8`

An die Moselanlagen setzte Bruno Möhring das kubisch verschachtelte **Haus Nollen** im Ostasienlook. Für Fans der Jugendstilära des Architekten sind Traben und Trarbach eine Fundgrube, wenn auch das meiste nur von außen als Privatbesitz zu bewundern ist. Das gilt auch für ein weiteres Gesamtkunstwerk Möhrings, das bald hinter der Brücke auftaucht. Über einem üppigen Moselgarten erhebt sich die 1904 erbaute, indisch inspirierte **Villa Huesgen**, die vom Ufer aus besser einzusehen ist als an ihrer eigentlichen Adresse (Am Bahnhof 50). Ihr besonderes Charakteristikum: ein steiler, moselwellenartig konstruierter Giebel mit reichem Ornamentfries.

Mosel-Castell `9`

Nach der Rückkehr zur Moselbrücke schiebt sich am Trarbacher Ufer Möhrings 1906/07 erbautes **Mosel-Castell** ins Bild, das durch Eckpavillons und Wohnturm über der Dachterrasse eine Trutzburg kopiert, seine ursprüngliche Funktion als Lagerhaus der Weinkellerei Kayser nicht leugnet, zum Teil an die Sektkellerei Lieser verpachtet ist. Noch mehr als in Traben begibt man sich in Trarbach auf eine Zeitreise ins Fin de Siècle.

Museums-Zeile Trarbach

Das **Mittelmosel-Museum** 🔟 in der Barockvilla Haus Böcking vermittelt in 20 Räumen anschaulich Stadtgeschichte, ländliche Wohnkultur, Handwerk u. a. Eine Tafel gibt kund, dass der Dichterfürst Johann Wolfgang von Goethe 1792 nach »stürmischer Gewitterfahrt auf der dunklen Mosel« im Haus des Bergwerksunternehmers Böcking eine freundliche Aufnahme fand. (Mittelmosel-Museum: Casinostr. 2, Tel. 06541 94 80, Ostern–Okt. Di–So 10–17 Uhr).

Mit einem Glockenspiel aus 24 Bronzeglocken lädt der vorzüglich restaurierte **Stadtturm** 1️⃣1️⃣ aus dem 14. Jh. seit dem Stadtjubiläum 2004 auf dem neu gestalteten Platz zur Aussicht auf die Stadt ein (Glockenspiel 12, 15, 17 und 18 Uhr). Im Innern sind Ofenutensilien ausgestellt. Das **Haus der Ikonen** 1️⃣2️⃣ nebenan bewahrt das Lebenswerk des Ikonografen Alexej Saweljew und vermittelt diese Kunst in Seminaren (Mittelstr. 8, Tel. 06541 81 24 08, www.Haus-der-Ikonen.de, Mai–Okt. Di–So 10–17 Uhr, sonst Sa/So 10–17 Uhr).

Rathaus Trarbach 1️⃣3️⃣

Nach dem Stadtbrand erstand neoklassizistisch das Rathaus, dem sich als Beispiel heimischer Bruchstein-Architektur die ›Goldene Traube‹ gegenüber empfiehlt. Durch stille Seitengassen kommt man zur ev. Kirche mit der ehemaligen Lateinschule (1571–1573), die neben dem Trierer Jesuitengymnasium die älteste an der Mosel war.

Grevenburg 1️⃣4️⃣

Ruine frei zugänglich, s. Entdeckungstour S. 194; Burgschänke Ruine Grevenburg: Schlossberg, Tel. 06541 65 12, April–Okt. Di–So
Hoch über dem Moseltal hebt sich die Ruine bizarr wie ein riesiger Finger ab, Zeugin des einst so mächtigen Sponheimer Grafengeschlechts, ein anmutiger, gänzlich unmilitaristischer Flecken Erde nun, nicht zuletzt auch dank der Burgschänke, wo kleine, delikate Gerichte und regionaler Wein besonders gut schmecken.

Mont Royal 1️⃣5️⃣

Regelmäßige Führungen in der Saison, feste Schuhe und Taschenlampe! Infos: Tourist-Information, s. S. 186
Zur Sicherung der Landbeute aus den Reunionskriegen schufen französische Truppen, Bauleute, Ingenieure und etwa 8000 zwangsverpflichtete Einheimische 1687 auf Befehl von Ludwig XIV. ein gigantisches Festungswerk auf dem Plateau oberhalb von Traben. Als eine Bedingung des Friedens von Rijswijk, der den Pfälzischen Erbfolgekrieg beendete, musste der Sonnenkönig die Festung Mont Royal wieder schleifen lassen. Relikte des 1698 gesprengten Bauwerks wie Brunnen, Kasematten und Magazinkeller sind noch zu sehen. Heute ist die Feste von einem Ferienpark friedlich umzingelt.

Übernachten

Wenn's um Kur geht … – **Parkschlösschen Bad Wildstein** 1️⃣: Wildbadstraße 201, OT Bad Wildstein, Tel. 06541 70 50, www.parkschloesschen.de, DZ ab 270 € zuzügl. Kurkosten. Das 5-Sterne-Kurhotel im Jugendstil-Fachwerk ist

europaweit die Top-Adresse für Ayurveda als ganzheitliche Medizin.
Charmantes Design – **Hotel Trabener Hof** **2**: Bahnstr. 25, Traben, Tel. 06541 700 80, www.trabener-hof.de, DZ ab 90 € in dem gegenüber dem Alten Rathaus gelegenen Gebäude von 1898.
Bett & Bike – **Pension Altstadt-Café** **3**: Mittelstr. 12, Trarbach, Tel. 06541 81 06 25, www.altstadtcafe-trarbach.de, DZ ab ca. 50 €, einladend-gemütlich in historischem Gebäude.
Modern – **Mittelmosel-Jugendherberge** **4**: Hirtenpfad 6, Traben, Tel. 06541 92 78, traben-trarbach@diejugendherbergen.de, 18 € p. Pers., modern ausgestattetes Haus oberhalb der Mosel.
Landal-Standard – **Ferienpark Mont Royal** **5**: www.landal.de, Greenparks-Bungalows auf dem ehem. Festungsgelände über Traben.

Übernachten, Essen

Luxus mit Niveau – **Romantik-Jugendstilhotel Bellevue** **6**: An der Mosel 11, 4-Sterne-Hotel, Tel. 06541 70 30, www.bellevue-hotel. de, DZ ab ca. 140 €, Hauptgerichte ab 17 €. Passend zum Hotel das Jugendstil-Restaurant Clauss-Feist mit ausgezeichneter Küche.
Hier stimmt alles – **Hotel-Restaurant Zur Goldenen Traube** **7**: Trarbach, Am Markt 8, Tel. 06541 60 11, www.zur-goldenen-traube.de, DZ ab ca. 60 €, Bett & Bike. Tipp: Essen im ›Wamsch‹ nach überlieferten Hausrezepten mit frischen Zutaten, z. B. Zander auf Gräwes (Kartoffelpüree mit Sauerkraut und Speck) ca. 15 €, Flughafen-Hahn-Service.

Essen & Trinken

Kommunikativ – **Harry's** **1**: Augustastr. 7, Trarbach, Tel. 06541 81 57 76, www.harrys-restaurant.com, Do–So ab 18.30 Uhr, regional und belgisch, z. B. Rumpsteak für ca. 17 €.
Originell – **Die Graifen** **2**: Wolfer Weg 11, Trarbach, Tel. 06541 81 10 75, www.graifen.de, Hauptspeisen ab 9 €, Mi/Do ab 17, Fr–So ab 12 Uhr. Im Jugendstil-Weingut Dr. Melsheimer am Moselufer – mit Wohlfühlgarantie inmitten von Mobiliar aus aller Welt. Einkauf in der Möbelhalle nebenan.

Aktiv & Kreativ

Thermalbad – **Moseltherme** **1**: Wildsteiner Weg, Info: Tel. 06541 830 30, www.moseltherme.de. Die Thermalquelle im Kautenbachtal hüllt die Badelandschaft im Stadtteil Bad Wildstein bei 33 °C in Wasser und Dampf.
Freizeitsport – **Minigolf** **2**: www.mgc-tt.de. Minigolf-Geschichte im Wildbadtal gegenüber dem Hallenbad! Einlochen auf der ersten deutschen Anlage von 1955, auf der auch die erste Deutsche Meisterschaft stattfand.
Radaktiv – **Fahrradverleih** **3**: Zweirad Wagner, Brückenstr. 42, Tel. 06541 16 49.

Abends & Nachts

Traditionell Mosel – **Historische Kellerschänke Storcke Stütz** **1**: Brückenstr. 4, Trarbach, Tel. 06541 68 18, www.storcke-stuetz.de, Fr–Mi. Im Gewölbe schmeckt der Hahn im Korb (7 €). Tanz: Termine nachfragen.

Infos & Termine

Tourist-Information
Tourist-Info Traben Trarbach: s. S. 186

Feste
Altstadtfest: im Juni in Trarbachs Gassen rund um den Stadtturm.

Verkehr
Bahn: Strecke Trier–Koblenz (690), Stichbahn Transregio nach Traben (691). **Schiff**: von/nach Bernkastel-Kues, Ediger-Eller, Cochem, Alf.
Taxi: Tel. 56 12 oder 94 25.

Enkirch ▶ G 4

In einer Urkunde des 8. Jh. wird Enkirch als Anchiriacum geführt. Der Ortskern ist sichtlich alt, hat eine lange Geschichte, darunter ehrenvolle Epochen als befestigter Marktflecken und Hauptort der Hinteren Grafschaft Sponheim. Auch Enkirch war eine protestantische Enklave in katholischen Landen, zeitweise bedeutsamer als das im 19. Jh. übermächtige Traben-Trarbach.

Reizvoll ist die merkwürdig überdachte Seitenpforte zur ev. Kirche! 1754–61 baute man eine neue Empore und eine zweimanualige Stumm-Orgel mit einem prachtvollen Prospekt. Der Blasebalg fand in einer wahrhaft ge-

Unser Tipp

Zunftfest der Stadtschröter
Die Stadtschröter feiern am letzten Juliwochenende, um den Jakobstag, in Traben-Trarbach ein Zunftweinfest, das einzige dieser Art in Deutschland. 1958 lebte die Tradition der im 17. Jh. gegründeten Zunft wieder auf, deren Mitglieder den Fasswein aus den Kellern auf die Schiffe verluden und den Transport begleiteten. Festzug, Zunftbaum tragen und aufrichten und Krönungseid der Stadtweinkönigin sind Höhepunkte des Festes.

nialen Lösung Platz über dem Eingang (Besichtigung während der Ortsführung, Treffpunkt Tourist-Information, Di ab 15 Uhr).

Übernachten, Essen

Familienfreundlich – **Moselromantik-hotel Dampfmühle:** Am Steffensberg 80, Enkirch, Tel. 06541 81 39 50, www.dampfmuehle-enkirch.de, DZ ca. 75 €. Freibad, Liegewiese, Spielplatz, Biker-Stop, Bett & Bike.
Urlaub beim Winzer – **Weingut & Gästehaus Burggarten:** Moselstr. 33, Burg, Tel. 06541 16 48, www.burggarten.de. DZ ab 40 €. In der Straußwirtschaft (Juli–Nov.) ist Burggarten-Carpaccio und saftiger Schinken ein Genuss. Weinbergsbegehungen mit dem Messweinerzeuger Erwin Marmann. Rebenpatenschaft für Gäste.

Einkaufen

Köstliche Moselfische – **Edelfischräucherei Harry Schneider:** Moselstr. 38, Burg, Tel. 06541 29 56, Erlaubnisscheine zum Angeln.

Aktiv & Kreativ

Weinlehrgang – **Wingert-Diplom:** Ein solches Diplom können Gäste bei Enkircher Winzern innerhalb von vier Jahren erwerben. Schneiden der Reben, Binden, Aufbinden und Weinlese sind die einzelnen Arbeitsschritte. Nähere Infos liefert die Tourist-Information Enkirch, s. S. 186.
Herrliche Aussichten – **Wandertipp:** Auf dem Moselhöhenweg durch die Enkircher Schweiz nach Zell mit einem wunderbaren Blick über den Zeller Hamm.

Auf Entdeckungstour

Kidnapping im Mittelalter – Loretta gegen Balduin

»Eine solche Tat war unerhört.« Mit ungläubigem Staunen umschreiben selbst noch moderne Historiker die mutige Tat der Gräfin Loretta von Sponheim. Sie nahm 1328 den die Mosel hinab reisenden Erzbischof Balduin von Trier gefangen.

Für wen: Alle, die den Schauplatz dieser spannenden Geschichte sehen und ein Stückchen wandern möchten.

Planung: Etwa 100 m hinter der ›Brückenschänke‹ geht rechts ein Weg in den Wald, der sich nach ca. 400 m teilt: rechts zur Grevenburg (ca. 2,5 km), geradeaus nach Starkenburg (ca. 6,5 km).

Zeit: Aufstieg zur Grevenburg 30 Min., nach Starkenburg 1,5 Std. Beide Ziele sind auch mit dem Auto erreichbar.

Start: Ortsteil Trarbach

Eine böse Überraschung ...

An einem Frühsommertag des Jahres 1328 erteilte Loretta als Regentin der sog. hinteren Grafschaft Sponheim von ihrem Sitz Starkenburg an der Mosel aus Befehle, die ihre Mannen zügig umsetzten. Zwischen Trarbach und Enkirch spannten sie Seile über den Fluss. Dem Steuermann des erzbischöflichen Reiseschiffs blieb nichts anderes übrig, als anzuhalten. Schnell waren Lorettas Gehilfen an Bord und forderten den Kirchenfürsten unmissverständlich auf, ihnen zu folgen. Ob er den steilen Pfad zur Burg zu Fuß laufen musste, ist nicht überliefert. Loretta wird ihren hohen Gefangenen jedoch mit allem zu Gebote stehenden Respekt behandelt haben. Auf der Starkenburg saß Balduin nun bis zu seiner Freilassung am 7. Juli als erstklassig behandelter, doch streng bewachter Gefangener und konnte Revue passieren lassen, wie es soweit gekommen war. Die Starkenburg ist noch im Mittelalter von den Sponheimern aufgegeben worden und verfallen. Den Ausblick, den der frustrierte Balduin in jenem Sommer 1328 auf die Mosel hatte, gibt es jedoch noch. Man kann ihn erleben bei Kaffee und Kuchen im Ausflugslokal ›Schöne Aussicht‹ (Tel. 06541 16 98, Do–Di).

Pokerspiele um die Macht

Der große, siegesgewohnte Balduin glaubte, mit einer Frau leichtes Spiel zu haben ... Die Grafen von Sponheim-Starkenburg waren hartnäckige Konkurrenten Balduins im Wettlauf um den Ausbau der Landesherrschaft. Immer wieder kollidierten ihre Interessen, z. B. wenn Balduin landflüchtige sponheimische Bauern in seinen Städten aufnahm. Auch wegen verschiedener Besitzungen im Hunsrück und an der Mosel lag man im Streit. Als Gräfin Loretta nach dem Tod ihres Mannes 1324 die Regentschaft für die noch unmündigen Kinder auf der Starkenburg übernahm, begann Balduin bei Birkenfeld im Hunsrück eine Burg zu errichten und einen Einfall in die sponheimischen Besitzungen vorzubereiten. Ein von beiden Seiten besiegelter Waffenstillstand entspannte die Lage in letzter Minute.

Loretta konnte diesem Frieden aber nicht trauen, zu aggressiv war Balduins Politik. So entschloss sie sich zu ihrer Tat, die nichts weniger als die sofortige Exkommunikation zur Folge hatte – ein hohes Risiko im Mittelalter. In den nun folgenden Verhandlungen konnte Loretta ihre politischen Forderungen durchsetzen: Die begonnene Burg wurde aufgegeben, der Landflucht ein Riegel vorgeschoben. Schließlich zahlte Balduin ein stattliches Lösegeld. Das vermeintliche ›politische Leichtgewicht‹ Loretta nötigte Balduin nun Respekt ab. Er setzte sich für ihre Lösung von der Kirchenstrafe ein: 1330 reiste sie persönlich zur damaligen Papst-Residenz Avignon und legte ein Schreiben Balduins vor, aufgrund dessen sie vom Bann losgesprochen wurde, u. a. gegen eine Stiftung von vier ewigen Lichtern.

Es war einmal ...

Dass Loretta sogar noch mit einem ganzen Beutel voll päpstlicher Vergünstigungen in ihre Heimat zurückkehrte, würde sie auch heutzutage für einen Posten in den höchsten Chefetagen qualifizieren. Ihr Sohn Graf Johann III. ließ um 1350 oberhalb von Traben-Trarbach die Grevenburg (›Grafenburg‹) errichten, die Starkenburg als Residenz ablöste. Von dem mit 400 m² überbauter Fläche einst größten Wohnturm des Mosellandes sind heute nur noch Trümmer übrig. Ludwig XIV. hatte die Burg

1687 zur Festung ausbauen lassen, 1734 sprengten französische Truppen die Anlage. In der Gartenwirtschaft der Burgschänke den wunderbaren Blick ins Nebental der Mosel genießend (Tel. 06541 65 12, April–Okt. Di–So), kann man die Geschichte aus vergangenen Zeiten in sich nachklingen lassen, ehe der Wanderpfad wieder hinab nach Trarbach führt.

Beeindruckendes Lebenswerk

»Er war ein kleiner Mann, und tat doch ein großes Werk«, schrieb ein mittelalterlicher Chronist über Erzbischof Balduin (reg. 1307–1354). Bis heute gilt er als der bedeutendste Trierer Erzbischof des Mittelalters. Die Story hat vielleicht Appetit darauf gemacht, die Spuren seines Lebenswerkes noch weiter zu verfolgen. Von Koblenz bis Saarburg sind sie sichtbar. Die Balduinbrücke in Koblenz sollte Pilger und Kaufleute sicher über die Mosel führen. Zur Belagerung der widerspenstigen Ritter von Eltz ließ Balduin ›Trutz-Eltz‹ bauen, eine kleine, ganz rationell gebaute An-lage. Hier kämpften seine Ritter mit damals hochmoderner Technik: den ersten Feuerwaffen. Diese ›Feuertöpfe‹ dürften vor allem eine psychologische Wirkung gehabt haben!

Zu Füßen der Cochemer Reichsburg haben sich Mauern und Türme der Stadtbefestigung aus Balduins Zeiten erhalten (Balduintor neben der Alten Thorschänke, Martinstor direkt unterhalb der Burg, die Mauerreste am Friedhof oder ›Auf dem Rämchen‹ – zu Fuß die Altstadt erkunden). Auf den Burgen Thurandt, in Treis, Cochem, Neuerburg, Bernkastel und auf der Saarburg saßen Amtmänner bzw. Burggrafen Balduins, die für Recht und Ordnung im Land sorgten.

Für Gruppen bietet die Dom-Information Trier die Führung ›Mit Balduin von Luxemburg rund um den Trierer Dom‹ an, Tel.: 0651 979 07 90.

Buchtipp: Helga Glaesener, Die Safranhändlerin, München 2003, historischer Roman, in dem auch Gräfin Loretta und Erzbischof Balduin ihren Auftritt haben.

Burg Trutz-Eltz (rechts) diente einzig der Belagerung der 40 m tiefer gelegenen Burg

Abends & Nachts

Musikkneipe – **TOM's**: Enkirch, Weingasse 12, Tel. 06541 81 07 00, www.t-o-m-s.de, Live-Jazz im Musikkeller für Jung und Alt – mit Wirt Tom als Integrationsfigur.

Infos

Tourist-Information
Brunnenplatz 2, Tel. 06541 92 65, www.enkirch.de, Ortsführungen, Infos zum Heimatstuben-Museum.

Verkehr
Bahn: Bf. Bullay (690).
Bus: Trier–Bullay (333).
Schiff: von/nach Traben-Trarbach, Reil, Zell, Cochem.
Personenfähre: Enkirch–Kövenig–Enkirch, Tel. 06541 68 95, Ostern–Okt., tgl. 9–12 u. 13–18 Uhr.

Reil ▶ G 3

Vielleicht machte sich im 13. Jh. tatsächlich Gerhart von Rile von Reil aus auf den Weg, um als Baumeister des Kölner Doms Karriere zu machen. Dort kam er auf ungeklärte Weise zu Tode, wobei der Teufel seine Hand im Spiel gehabt haben soll. Eins ist klar: Satan tummelte sich an der Mosel. Hier hatte er (der Sage nach) gegen einen Pfalzgrafen gewettet, der behauptete, auf seinen Reiler Gütern wachse der beste Wein. Siegessicher heizte Luzifer das Höllenfeuer just unter dem Schiefer des pfalzgräflichen Weinbergs an. Dank der Mordshitze entstand der allerfeinste Tropfen, wodurch er die Wette verlor. Der Wein heißt seither ›Reiler vom heißen Stein‹. Heutzutage düsen hier oben alljährlich Mitte Juni die ›heißen Öfen‹ der Moto-Cross-Elite um die Wette – und scheren sich den Teufel ums Höllenthal am Fuß der Burg Arras.

›Eil mit Weil‹ in Reil‹ wäre ein Werbespruch für das hübsche Dorf, das statt durch die urzeitliche Furt seit 1953 über eine Brücke zu erreichen ist. Für Beschaulichkeit sorgt der Ortskern mit liebevoll restaurierten Häusern in Fach-, Bruchsteinmauerwerk und Massivbauweise aus dem 17.–19. Jh., dessen schönstes Ensemble, ein ehemaliges Weingut, etwas zurückgesetzt an der Uferpromenade steht. Auch ein regionaltypisches Wohnspeicherhaus schiebt sich ins Bild, unter dessen verschiefertem Giebel früher Korn und Stroh lagerten.

Weinbau allerhöchster Güte ist nach wie vor das Aushängeschild des Ortes. Trotz mancher ›Löcher‹ in den Weinbergszeilen lohnt sich der Weg hinauf zum Bildstock und der Dreifaltigkeitskapelle auf dem Reiler Hals, wo sich die Anhöhe tatsächlich wie ein Flaschenhals zwischen den Alfbach und die mäandernde Mosel einklemmt. Hier oben führt ein geruhsamer Spazierweg zum Prinzenkopf (s. S. 199).

Übernachten

Ruhig – **Wohnmobil-Stellplätze:** ruhige Wiese für 70 Mobile, wunderschön gelegen, direkt am Moselufer, April–Okt.

Übernachten, Einkaufen

Freundlich – **Ferienweingut Melsheimer:** Dorfstr. 21, Reil, Tel. 06542 24 22, www.melsheimer-riesling.de, preisgekröntes Ecovin-Gut, Gästehaus-DZ vis-à-vis des Weinguts in Reil um 70 €, Fewos ›Altes Burghaus‹ (1517) in Pünderich ca. 60 € (2 Pers.). Rebstock-Patenschaften zur Pflege der Steillagen.

Einkaufen

Kommunikativ – **Weingut Steffens-Keß:** Moselstr. 63, Tel. 06542 12 46, www.steffens-kess.de, im hübschen Fachwerkhaus. Der junge Ökowinzer wurde von der Fachwelt schon mehrfach für seine herausragenden Rieslinge ausgezeichnet.

Infos

Tourist-Information
Hutgasse 16, Tel. 06542 210 36, www.reil-mosel.de.

Verkehr
Bahn: Bf. Reil (Linie 691) oder Bf. Bullay, Strecke Trier–Koblenz (690).
Bus: Strecke Trier–Bullay (Linie 333).
Schiff: von/nach Traben-Trarbach, Zell, Cochem, Ediger-Eller, Alf, Enkirch.
Autofähre: Briedel–Reil, März–Mitte Nov. Di, Do, Sa.

Pünderich ▶ G 3

Kath. Pfarrkirche: offen
Pünderichs Einwohnern sagt man nach, sie zitierten bei Streitfällen immer gleich die Paragraphen. Den Spitznamen ›Gesetzkrämer‹ trugen die Untertanen des Kurfürstentums Trier aber dank eines fürs 17. Jh. fortschrittlichen Gesetzbuchs davon, das z. B. wilde Abfallentsorgung als schweren Verstoß ahndete. Das scheint nachzuwirken: Pünderich ist ein Schmuckstück, geizt nicht mit Gassen voll mit kunstreichem Fachwerk (16.–18. Jh.) und blumenreichen Fenstern.

Pfarrkirche Maria Himmelfahrt
Nach dem Besuch von Paul Stehlings barocker kath. Pfarrkirche (1766), die den Kontrast des lichten Innenraums

mit den warmen Holztönen der Rokokoaltäre und der kostbar-filigranen Stumm-Orgel (1813/15) geschickt ausspielt, genießt man die Mischung von Natur und Kultur am Gestade der Mosel in vollen Zügen.

Rathaus und Fährhaus
Die idyllische Uferpartie lässt sofort Urlaubsgefühle aufkommen, so gut wie kein Verkehrslärm verfängt sich hier. Im Rücken hat man das eindrucksvolle Fachwerk-Ensemble des Alten Rathauses aus dem 16. Jh. mit dem charakteristischen runden Treppenturm. Das Alte Fährhaus von 1621 hält Thomas Kootz liebevoll instand, die Rosetten hat er teilweise handgeschnitzt ergänzt. Fratzen halten das Böse ab, Blumen symbolisieren Lebensfreude.

Marienburg
Zur Marienburg auf dem schmalsten Sattel des Zeller Hamms führen steile Treppen. Urlauber setzen hier über und kraxeln entlang des Weinlehrpfads empor zum Komplex aus Kirche und Jugendtagungshaus des Bistums Trier, das 1952–1957 aus der Klosterruine erstand.

1515 hatte Erzbischof Richard von Greiffenclau das Kloster der Augustinerinnen aus politisch-kriegerischen Gründen dicht gemacht und damit seinen Verfall vorprogrammiert. Wählt man beim Aufstieg statt der Treppen die zweite Abzweigung links, kommt man zu einem Pavillon mit herrlichem Rundblick und einer Exklusivsicht auf das berühmte Eisenbahnviadukt (1876–1880) mit seinen 97 Bögen und erhascht vielleicht einen Blick auf einen Zug vor dem Eintauchen in den Tunnel nach Bullay.

Auf dem Prinzenkopf
Falls ganz oben die Entscheidung für den direkten Weg links zum Prinzen-

kopf fällt, ist auf dem neuen Aussichtsturm das Panorama noch großartiger. Nahebei auf dem Heldenfriedhof mit weitem Blick ins Land ein erschütterndes Denkmal sinnlosen Sterbens junger Menschen, die im März 1945 bei der ›Verteidigung‹ ihrer Stellungen zugrunde gingen. Zerstörungen Pünderichs geschahen in jener Zeit rein strategisch wegen der Eisenbahnlinie, denn hier wurde der Nachschub zur Front im Westen durchgeschleust.

Übernachten

Campingplatz Marienburg: Moselallee, Tel. 06542 220 09. Sehr schön gelegener Platz.

Übernachten, Essen

Herzlich-gemütlich – **Ferienhof Weingut Herbert Dahm / Straußwirtschaft Weinschiffchen:** Pünderich, Tel. 06542 25 64, www.weingut-dahm.de. 4-Sterne-Fewo in der Hauptstr. 78, 2 Pers. ab 40 €. Straußwirtschaft: Kirchstr. 30, Pfingsten/Aug.–Okt. tgl. ab 20 Uhr, Wohlfühlen im Fachwerkhaus (16. Jh.) bei Gulaschsuppe für ca. 5 €, Lesen und Bildern.

Einkaufen

Öko-Wein und Fewo – **Weingut Frank Brohl:** Zum Rosenberg 2, Tel. 06542 221 48, www.weingut-brohl.de, Fewo 2–4 Pers. ca. 40–50 €. Der OINOS-Winzer und die ehem. Pünnericher Weinkönigin produzieren seit 1984 vielfach prämierten Wein.
Renommiert – **Weingut Clemens Busch:** Kirchstraße 37, Pünderich, Tel. 06542 221 80, www.clemens-busch.de. Öko-Winzer mit höchsten Auszeichnungen.

Infos & Termine

Tourist-Information
Raiffeisenstr. 3, Pünderich, Tel. 06542 90 00 21, www.puenderich.de.

Feste
Straßenweinfeste: Sonntag nach Christi Himmelfahrt und am dritten Sonntag im September.

Verkehr
Bahn: Bf. Reil (Linie 691) oder Bullay (Linie 690), Trier–Bullay–Koblenz.
Bus: Trier–Bullay (Linie 333).
Schiff: von/nach Traben-Trarbach, Reil, Zell, Cochem.
Autofähre: Pünderich-Marienburg, Info: Tourist-Information, s. o.

Briedel ▶ G 3

Wein- und Küfermuseum: Hauptstr. 221, Führung gegen Obolus, Tel. 065 42 411 97, Besuch n. V.

Eisenbahngeschichten
Bahnfreaks werden in der Umgebung von Zell fündig. Seit 2005 ist der **Eisenbahnhistorische Kulturweg Kanonenbahn** vom Umweltbahnhof Bullay zur Bullayer Doppelstockbrücke, zur Marienburg, zum Aussichtsturm Prinzenkopf mit dem Ehrenfriedhof, zum Pündericher Hangviadukt und entlang der Trasse der ›Moselweinbahn‹ bis nach Reil beschildert und mit Infotafeln zum Thema Eisenbahn ausgestattet (Info: Tourist-Information Zell, s. S. 186).

Nach Briedel gibt es statt der Uferstraße auch eine reizvolle Alternative auf der Anhöhe durch die Weinberge. Das ›Briedeler Herzchen‹ als Logo macht die Orientierung leicht. Mit der Toplage wirbt der hübsche, von Reben umrankte Ort, wartet auf mit einer stattlichen Palette an Fachwerkhäusern am Ufer. Nicht nur beim ›Herzchen‹ hat der Winzer und Küfer Waldemar Hensler Zeit seines Lebens Geburtshilfe geleistet. Geblieben ist ihm die Faszination eines – trotz der Eichenfässer-Renaissance – aussterbenden Berufs und ein instruktives Wein- und Küfermuseum, in dem er allerlei Gerätschaften zusammengetragen hat und den Arbeitsalltag erklärt.

Übernachten, Essen

Gutbürgerlich – **Dorfgasthof Zum musikalischen Wirt:** Hauptstr. 97, Briedel, Tel. 06542 45 89, www.musikalischerwirt.de, DZ ca. 60 €, Mi–Mo. Moseltresterfleisch ca. 11 €, Unterstellmöglichkeiten für Räder und Bikes.

Aktiv & Kreativ

Felsenreich – **Wandertipp:** In ca. 2 Stunden von Briedel nach Zell durch die Briedeler Schweiz mit Rast und herrlichen Ausblicken unterwegs.

Infos & Termine

Tourist-Information
Bergstr. 10, Briedel, Tel. 06542 40 13, www.briedel.de.

Feste
Historisches Schöffenmahl: Mai, Ortskern, mittelalterlicher Festtagsschmaus und Briedeler Wein.

Verkehr
Bus: Strecke Trier–Bullay (Linie 333).
Schiff: von/nach Traben-Trarbach, Reil, Zell, Cochem.
Autofähre: Briedel–Reil, Tel. 06542 46 40.

Ausflüge in die Eifel

Die beiden Ziele in der Eifel, das Karmelitenkloster Springiersbach bei Bengel und das Kurstädtchen Bad Bertrich, lassen sich von verschiedenen Punkten der Mosel aus ansteuern: Eher sanft geht es von Reil oder Alf aus durch die Täler der Alf in die Höhe nach Springiersbach bzw. durch die des Ueßbachs nach Bad Bertrich. Letztlich ließe sich das sogar zu einer Erkundung der Vulkaneifel bis hin zu den Maaren (s. S. 150) ausdehnen, dorthin jedenfalls, wo die Alf entspringt.

Kloster Springiersbach ► F 3

Karmelitenkloster Springiersbach: Karmelitenstr. 2, Bengel, Tel. 06532 939 50, www.karmelitenorden.de/klo sterspringiersbach.html, Kirche offen
Das Kloster am Südrand des Kondelwaldes feierte 2002 sein 900-jähriges Bestehen, allerdings nicht mehr als Augustiner-Abtei. Kurz vor der Auflösung 1802 wurde der Konvent in ein geistliches Ritterstift umgewandelt. Erst mit den Karmelitern zog 1922 neues spirituelles Leben ein. Die Kirche und die meisten Klostergebäude stammen aus dem 17./18. Jh. Auf den Schrecken eines Großbrands 1940 folgte ein weiterer Schock, als kurz darauf das berühmte barocke Deckengewölbe der Stiftskirche einstürzte. Noch im gleichen Jahr begann der Wiederaufbau. Auch die flammenartigen Kartuschen der Deckenmalerei wurden neu ge-

Lieblingsort

Vom Fluss umspült – die Marienburg bei Pünderich ▶ G 3
Unweit der Fähre kann man am Moselufer so richtig relaxen, den Blick
über den Fluss gleiten lassen und dann hoch zur Marienburg auf dem
Bergsattel. Oder auch übersetzen und durch die Weinberge zum Pavillon
wandern, das berühmte Eisenbahnviadukt bewundern – und mit etwas
Glück einen Zug darauf fahren sehen.

schaffen. Der großartige ›Kapitelsaal‹ war ursprünglich eine Halle, die um 1230 erweitert wurde, etwa zeitgleich mit der Anlage des Paradieses vor dem doppeltürmigen Westbau einer Pfeilerbasilika. 1962/64 wurde der Saal unter Verwendung von Originalteilen zusammen mit dem Ostflügel des Klosters restauriert (Besichtigung nach Anmeldung; das Exerzitienhaus Carmel Springiersbach bietet Einzelzimmer mit Vollpension für ca. 45 €).

Heute ist das Kloster für Sinnsuchende ein Ort der Meditation in der idyllischen Eifellandschaft. Auch die monatlichen Konzerte des Musikkreises Springiersbach mit bekannten Künstlern und Orchestern in der Kirche und dem spätromanischen Kapitelsaal sind Balsam und Heilung für die Seele.

Bad Bertrich ► F 3

Während der Fußballweltmeisterschaft 2006 bezog die Schweizer Nationalmannschaft hier Quartier. Günter Eichberg, Ortsbürgermeister und ehemaliger FC-Schalke-04-Boss, vermittelte das. Sonst bringt das rheinland-pfälzische Staatsbad im Ueßbachtal eher Ruhe für den Leib. Bei kon-

Die Marienburg thront über der fast 14 km langen Moselschleife des Zeller Hamm

stant 32 °C sprudelt Deutschlands einzige Glaubersalztherme aus dem vulkanischen Gestein. Das nach dem Arzt Joh. Rudolf Glauber benannte Mineralsalz gilt als ideales Heilmittel für den Verdauungs- und Bewegungsapparat. Seit Römerzeiten wird in Bad Bertrich gekurt.

Der Arzt und Struwwelpeter-Autor Heinrich Hoffmann, der 1849 das damals schon beliebte Kurstädtchen aufsuchte, spöttelte zwar über das »Miniaturbad«, »wo man glaubte, des Morgens gegen die grünen Bergwände zu stoßen« und fürchten müsse, »irgendeiner packt alles in eine Schachtel

und trage es davon«. Gerade die kurzen Wege aber können ein Riesenvorteil sein, wenn auch das schluchtenartige Tal zuweilen etwas klamm wirkt. Spaziergänge in die Umgebung, etwa zum kleinen Kegel eines Schichtvulkans, der Falkenlay, oder zum Basaltstrom der Elfengrotte, bringen den Vulkanismus der Südeifel nahe.

Kurfürst Clemens Wenzeslaus beschenkte das Städtchen 1787 durch seinen Architekten Andreas Gaertner (Vater des berühmten Friedrich) mit einem kleinen Schloss im Moselklassizismus, das er für Sommer- und Jagdzwecke nutzte und das nun als Kurhaus dient.

Bad Bertrichs Kulturprogramm

Clara-Viebig-Gesellschaft: Clara-Viebig-Str. 1, Bad Bertrich, Tel. 02674 91 00 51, www.clara-viebig-gesellschaft. de, Infos zu Lesungen
1891 gründete sich im Kurfürstlichen Schlösschen der Eifelverein. Die der Eifel und Mosel in ihren Werken stark verbundene Dichterin Clara Viebig wählte 1902–1930 des Öfteren die Kur in Bad Bertrich zum Gesunden und Schreiben. In Anknüpfung daran entstand 1992 hier die Clara-Viebig-Gesellschaft. Auch die Bad Bertricher Literaturtage Anfang Oktober sind aus dieser Tradition zu verstehen.

Bad Bertrich ist weit über Kurkonzerte hinaus Tagungsort und kultureller Impulsgeber für die Region. Großen überregionalen Anklang findet auch der Internationale Klaviersommer im August.

Infos

Kurverwaltung: Kurfürstenstr. 32, 56864 Bad Bertrich, Tel. 02674 93 22 22, www.bad.bertrich.de, Infos u. a. zu Kuranwendungen, Bädern.

Zell ▶ G 3

Im Gegensatz zum Aberglauben brachte den Zellern ihre ›Schwarze Katz‹ fraglos Glück. Mitte des 19. Jh. sollen drei Aachener Weinhändler beim Winzer Mayntzer den Keller kräftig durchgetestet und drei Weine in die engere Wahl gezogen haben. Als es um die endgültige Entscheidung ging, sei das pelzige Haustier der Winzerfamilie auf eines der Fässer gesprungen und habe unter wütendem Fauchen niemanden mehr herrangelassen. Top, ein Katzenurteil! Das Fass ging mit. Weitere Aufträge folgten, denn der neue Name Zeller Schwarze Katz für die Lagen Kabertchen und Petersborn schlug blitzartig ein. In den 1960er-Jahren kam in der Krise des Mosel-Weinbaus auch diese Renommiermarke in Verruf, denn so viele schwarze Katzen, wie Wein abgefüllt wurde, konnten auf Zeller Fässern gar nicht sitzen. 1971 zur Großlage geworden, ist die Zeller Schwarze Katz wieder ein Qualitätssiegel, das sich aber nicht wie ehedem auf die beiden Top-Lagen beschränkt.

Die Katz ist überall

Man begegnet dem possierlichen Tierchen auf Exkursionen um und in Zell. Schaut man von der Kaimter Fußgängerbrücke über die Mosel hinweg zum Collisturm hinauf, scheint der bestockte Bergrücken nach Beobachtung des Archäologen Karl-Josef Gilles tatsächlich wie eine sprungbereite Katze auszusehen. Biegt man von der südländischen Uferpromenade in die Marktstraße ein, sitzt in der alten Laaf (Marktlaube) ein buckelndes Vieh auf dem **Schwarze-Katz-Brunnen**, den die Einwohner 1936 ihrem heimlichen Wappentier stifteten. An der **ehem. Ratsschänke** (heute Wein- und Sektgut

Day) reißt ein seltsam schnurrhaar- und ohrloses Wesen den Rachen auf, Opfer eines Zerstörungsakts von Neidern, die dem Winzer Bohn nicht gönnten, dass er 1929 einen Prozess zur Führung des Lagenamens ›Zeller Schwarze Katz‹ gewann, während sie selbst keine Rebstöcke in den begünstigten Weinbergen besaßen.

In der Altstadt

Nur wenige mittelalterliche Reste finden sich, obwohl Cella (lat. Gärkammer) sogar schon vor die römische Zeit zu datieren ist. Zwei furchtbare Stadtbrände Mitte des 19. Jh. äscherten das historische Ortsbild bis auf wenige Gebäude ein. Zu diesen gehört rechts in der Balduinstraße 37 das spätgotische **Haus Caspary** (1532) mit dem vorspringenden Treppenturm. Links hinein in die Balduinstraße kommt man zum neugotischen **Rathaus** (1881) mit dem Wein- und Heimatmuseum, das Zells Kultur- und Wirtschaftsgeschichte dokumentiert, darunter auch die Tabakverarbeitung und im Turmzimmer die jüdische Ortstradition in Wort, Bild und Kultgegenstand (Wein- und Heimatmuseum: Rathaus, Balduinstr. 44, Tel. 06542 969 60, Mi/Sa 14.30–17 Uhr; s. a. Synagoge). Die spätbarocke **kath. Pfarrkirche St. Peter** (1786–1793) am Lindenplatz präsentiert, bis auf spätgotische Einzelkunstwerke (Madonna und Taufbrunnen), mit ihrem weiß-goldenen Interieur den Zopfstil, die Übergangsperiode vom Rokoko zum Klassizismus (Pfarramt, Tel. 06542 45 36).

Schloss und Synagoge

Mai–Okt. Sa 15–17 Uhr und n. V., Infos: Franz Piacenza, Tel. 06542 213 04
Ein paar Schritte weiter wird das **Kurfürstliche Schloss**, 1530–42 als Amtssitz

für die erzbischöflichen Beamten erbaut, im 18. Jh. durch einen Mittelbau erweitert, nun größtenteils als Hotel genutzt. Ein Durchgang führt von der Schlossstraße in die Jakobsstraße und dort zur ehem. **Synagoge**, die bis 1849 als Domestikengebäude Teil des Schlosskomplexes war und in der Pogromnacht 1938 zwar geplündert, aber wegen der Gefahr für die angrenzenden Häuser nicht angezündet wurde. Der Verein Freundeskreis Synagoge erwarb und restaurierte das denkmalgeschützte Gebäude, das nun neben der Würdigung jüdischer Festtage vielfältigen kulturellen Begegnungen dient, z. B. Konzerten mit hochkarätigen Musikern, Ausstellungen und Lesungen.

Wahrzeichen Runder Turm

Von der 1229 errichteten Stadtbefestigung, 1689 von französischen Truppen geschleift, blieben nur zwei Türme übrig. Dem Viereckigen Turm im Tal des Zeller Bachs begegnen wir etwa auf halbem Weg steil hinauf zum weithin sichtbaren Wahrzeichen, dem **Runden Turm** (Pulverturm), der sich über dem Friedhof erhebt. Von hier hat man einen wunderbaren Blick auf die Stadt. An einer alten Furt gelegen, drängen sich die Häuser am Talausgang dicht am Ufer zusammen.

Blick auf den Zeller Hamm

Steigt man etwa 45 Minuten durch die Schwarze-Katz-Weinberge bis zur Plattform am **Collisturm** hinauf, weitet sich die grandiose Aussicht zur Bullayer Doppelbrücke hin und zum **Zeller Hamm** hinüber, der den Bergsattel mit der Marienburg (s. S. 198) umspült. Dieser engste Moselbogen ähnelt tatsächlich einem Haken (lat. *hamus*). Auf den ›Hamm‹ bezieht sich auch der

Der Chorturm der Kirche in Zell-Merl – einer der schönsten im Moseltal am Katzenbrunnen verewigte Spruch des Kurfürsten Richard von Greiffenclau: »He steiht ferm wie ein Zeller us dem Hamm« (Er steht fest wie ein Zeller aus dem Hamm), womit er Mut und Tapferkeit bei der Verteidigung Triers gegen Franz von Sickingens Truppen gelobt habe (1522/23).

Kabertchen-Rundwanderung

Um sich noch mehr mit südwestlicher Sonne vollzutanken, könnte man von der Zeller Kehr aus kurz nach dem Viereckigen Turm links einbiegen, um einen Spaziergang auf dem Kabertchen-Rundweg (Zeichen Z 3) anzuschließen, der zur Ursprungslage der Schwarzen Katz führt, bevor es bei der Correyer Kehr wieder hinab in die Altstadt geht.

Merl

Kath. Kirche: offen
Beinahe nahtlos ist der Übergang zum Stadtteil Merl. Von der lebhaften Uferpromenade aus führen engste Gassen in den Kern des Winzerorts mit den spätmittelalterlichen, meist barock umgebauten Hofhäusern und ritterlichen Landsitzen, darunter der Springiersbacher Hof (Hauptstraße 58) und das Burghaus der Zandt von Merl (Zandtstraße 79), die als kurtrierische Vögte von besonderer Bedeutung für den Ort waren. Sie sollen von ihrem im Volksmund als ›Klapperburg‹ bezeichneten Stammsitz aus im 17. Jh. die Verbreitung der Rieslingrebe in Merl und im Moseltal bewirkt haben. Die gotische Kirche des nur noch rudimentär vorhandenen Minoritenklosters wurde im 19. Jh. zur **kath. Pfarrkirche St. Michael,** die dem Erzengel geweihte Kirche im Friedhof oben in den Weinbergen verfiel immer mehr.

Einzig ihr fünfgeschossiger **romanischer Chorturm** ist erhalten, ist einer der schönsten im ganzen Moseltal, und überragt den Ort als legitimes Wahrzeichen. Vielleicht stellen wir dem Turm die Gretchenfrage, die offenbar die Welt der Weinexperten mehr als die der Touristen bewegt: Gehört Zell – bzw. Merl – nun zur Mittelmosel oder schon zur Terrassenmosel? Schmeckt der Wein mehr nach Klassiker oder nach Terrasse? Was der Turm wohl antworten wird? – Wer weiß!

Übernachten, Einkaufen

Gemütlich-solide – **Haus Notenau:** Zell, Im Notenau, Tel. 06542 50 10, www.haus-notenau.de, Hotel garni/Fewo DZ ab 60 €. Zum Familienunternehmen gehören die Fewos **Haus Balduin** (2 Pers. 50 €) in der Fußgängerzone und **Haus Brandenburg** (2 Pers. 50 €) mit Moselblick.

Alles Bio – **Weingut Alfred Cuy:** Zandtstr. 82, Zell-Merl, Tel. 06542 90 00 93, www.cuy.de, 2–3 Pers. ca. 42 €. Renommiertes Ecovin-Weingut. Ferienwohnung im historisch und baubiologisch renovierten Fachwerkhaus aus dem 15. Jh., individuell kombinierbar (bis zu 7 Pers.).

Übernachten, Essen

Schlafen in Art déco – **Gutsweinschänke Till E.:** Weingut Christoph Koch, Schlossstraße 10, Zell, Tel. 52 27, www.gutsweinschaenke.de, DZ ab 60 €. Im historischen Stadtkern werden im Gewölbekeller (Saison Do–Di, sonst Do–So) die Gäste mit gutseigenen Weinen und moseltypischen Speisen (7–15 €) verwöhnt.

Essen & Trinken

Köstlich – **Restaurant Zum Eichamt:** Rohrgasse 2, Zell-Merl, Tel. 06542 224

75, www.zum-eichamt.de, Di–So 12–14/18–22 Uhr, wechselnde Karte ab 17 €. Kochkunst Martin Bambergs im Fachwerkhaus des 16. Jh. (Gasträume auf drei Ebenen).

Anheimelnd – **Wein- und Sektgut Ute und Peter Day:** Marktstr. 6, Tel. 06542 45 81, www.weingut-day.de, Fr–Mi ab 17 Uhr. Moseltypische Gerichte ab 6 € im schönen Gewölbekeller der Vinothek.

Einkaufen

Höchste Auszeichnung – **Weingut Albert Kallfelz:** Hauptstraße 60–62, Zell-Merl, Tel. 06542 938 80, www.kallfelz.de, Weinproben n. V. Spitzenwinzer, ›Vor- und Querdenker‹ mit Sinn für Trinkgenuss und bezahlbare Weine; mit Staatsehrenpreisen und weiteren Auszeichnungen prämiertes Weingut.

Aktiv & Kreativ

Freiräume – **Genuss erleben:** Petra Kessler-Hagenau, Brandenburg 5, Zell, Mobil 0175 632 47 71, www.mosel-genusserlebnis.de. Organisation von Ausflügen per Paddel, Pedal, Pedes, Pferd, Picknicks – und Wein

Mit Sektbegrüßung – **WeinErlebnis-Wanderung:** ›Mit der Zeller Schwarze Katz unterwegs‹, geführte Wanderung Juni–Okt. 14 Uhr (bzw. 17 Uhr bei heißem Wetter) mit Start am Schwarze-Katz-Brunnen.

Schwindelnde Höhen – **Collis Steilpfad:** Das neue Klettersteig-Abenteuer (ca. 1,2 km einfach) führt vom Kabertchenweg in alte Weinbergsmauern und auf Felswände, belohnt durch Aussichten unterwegs und den Superblick vom Collisturm auf Stadt und Marienburg.

Romantisch – **Wanderung** durch Zells ›Liebesschlucht‹, d. h. Schiefer, Wald und Wiesen. Nähere Infos bei der Tourist-Information.

Abends & Nachts

Kulturverein – **Seitwärts-Aufwärts:** www.seitwaerts-aufwaerts.de. Über 20 Jahre ehrenamtliche Kleinkunst in der Alten Schule (Merl) und im Schloss in Zell.

Infos & Termine

Tourist-Information
Tourist-Information Zeller Land: s. S. 186
www.zellerland.de: Touristische Infos
www.bestzeller.de: Aktuelle Internet-Infos zu Veranstaltungen usw.

Feste
Aus der Fülle der Weinfeste, die ihren Reiz aus dem besonderen Flair Zells und seiner Ortsteile beziehen, hier nur eine kleine Auswahl:
Weinfest Zeller Schwarze Katz: letztes Wochenende im Juni.
Bordfest: Zell-Merl, Anfang Juli.
Lange Tafel: Juli, Schlemmermeile in der Zeller Altstadt (Balduinstraße).
Römerstraßenfest: Zell, Aug.
Keltisches Weingelage: Zell Kaimt, Ende Aug.
Adventsmarkt: 1. u. 2. So, stimmungsvoll in der Fußgängerzone.

Verkehr
Flughafen: Hahn-Transferservice per Linienbus-Shuttle, tgl., Info: Flughafen Hahn (Tel. 06543 50 92 00) oder Tourist-Information Zeller Land.
Bahn: Bf. Bullay, Trier–Koblenz (690).
Bus: Strecke Trier–Bullay (Linie 333).
Taxi: Tel. 06542 44 44 (Tag und Nacht).
Schiff: von/nach Alf, Briedel, Pünderich, Traben-Trarbach, Cochem.

Terrassenmosel: Alf bis Bruttig-Fankel

Highlights❗

Ediger: Zweifellos einer der reizvollsten Orte an der Mosel! Eine Stadtmauer aus dem 14. Jh. umfasst den mittelalterlich anmutenden Kern mit Bausubstanz aus dem 15.–18. Jh. Themenführungen verstärken diesen ersten Eindruck. S. 219

Beilstein: Gesamtkunstwerk! Überschaubar klein, daher keine müden Füße bei der Besichtigung, trotzdem Muskeltraining hoch zur Klosterkirche – schnuckelig, herrliche Lage, Ausblicke und Anblicke. S. 222

Auf Entdeckungstour

Auf den Spuren der Antike: Wir laden Sie ein zu einem Ausflug in längst vergangene Zeiten, die auf den Stationen der ›Straße der Römer‹ wieder lebendig werden – so locken etwa die ›Heidenkeller‹, der Martberg und der Bleidenberg. S. 214

Kultur & Sehenswertes

Petersberg: Ein geheimnisvoller, einmaliger Ort mit Wurzeln in den alten Zeiten. S. 211

WeinMuseum Schlagkamp-Desoye: Im Museum des Weinguts sind mehr als 10 000 Weinbau-Gerätschaften zu besichtigen. s. Unser Tipp S. 221

Aktiv & Kreativ

Rebstock-Patenschaft: Initiiert vom Weingut Reinhold Franzen, um den Calmont als Kulturlandschaft zu bewahren. S. 217

Kulturweg der Religionen: Ein 5 km langer Wanderweg durch Dorf und Flur von Ediger unter dem Motto ›Aufsteigen, Aufatmen, Aufleben‹. S. 220

Golf-Club Cochem/Ediger-Eller Mosel: Auf dem Hochplateau zwischen Ediger-Eller und Cochem fügt sich das neue Golfresort optimal in die Landschaft ein. S. 220

Genießen & Atmosphäre

Burg Arras: Sie ist zu einem familiären Hotel umgebaut worden – einfach liebenswürdig und entspannend. S. 210

St. Aldegund: Herrliche Lage inmitten von Weinbergen: Peter Ludwig war von der spätromanischen Kirche so begeistert, dass er sich in ihrer Nähe begraben ließ. S. 213

Pension-Café Klapperburg: Kaffee schlürfen in Beilstein inmitten eines Kaffeemühlen-Museums mit Exemplaren aus drei Jahrhunderten. S. 224

Abends & Nachts

Gasthof Christoffel: Norbert Krötz, Gastronom und Vordenker eines zeitgemäßen Tourismus, stößt an, organisiert und veranstaltet Events. S. 220

Reinste Moselromantik

Eine großartige Landschaft tut sich den Blicken auf: der Calmont als steilster Weinberg Europas an der engsten Flussschleife und all die idyllischen Ortschaften am Moselkrampen mit Beilstein als Krönung.

Alf ▸ G 3

Die Römer gaben der Siedlung den Namen *Albis*. Eine amerikanische Fernsehserie um ein gleichnamiges, liebenswert-boshaftes außerirdisches Monster bescherte Alf zeitweise ungeahnte Popularität. Nach anfänglicher Belustigung waren die Einwohner die touristische Schützenhilfe bald leid, da Alf-Fans ständig das Ortsschild klauten – daher ließ die Gemeinde eigens Schilder zum Verkauf anfertigen. Dabei hat das Dorf mit den schmucken Fachwerkhäusern so gar nichts Extraterrestrisches an sich. Ganz bodenständig schmiegt es sich an eine pittoreske Uferpromenade und windet sich ins Alftal hinein, wo ein Freibad für Erfrischung sorgt.

Ausflug zur Burg Arras

Burg Arras: Tel. 06542 222 75, www.arras.de, DZ ab 140 €
Leicht bergauf geht es ins Alftal hinein, in das man unbedingt einen Abstecher

Infobox

www.ferienland-cochem.de: Hier finden Sie Infos und Links zu allen Orten dieses Kapitels.
www.calmont-region.de: Kulturelle und touristische Infos zu Bremm, Neef, Ediger-Eller und dem Calmont.

machen sollte, um der Burg Arras mit ihren liebenswürdigen, mit dem früheren Bundespräsidenten Heinrich Lübke verwandten Herrschaften einen Besuch abzustatten, im Burghof zu sitzen und den malerischen Blick ins Alftal zu genießen. Über die Wipfel reicht die Sicht vom Bergfried der über 1000 Jahre alten Burg, deren erste Fassung die Pfalzgrafen gegen die wüsten Normannen errichteten. Angesehene Rittersleut' wie die Metzenhausen oder die Zandt waren hier zu Hause. Unbewohnbar war die Burg nach 1689, ging durch mehrere Hände und wird nun, sehr schön instand gehalten, als Museum, Hotel und Restaurant vom Ehepaar Keuthen geführt, das dem Onkel Heinrich auch ein Gedächtniszimmer reserviert hat. Schlafen im Hotel auf einer echten Burg, speisen in historischen Sälen und Kabinetten, relaxen auf der Burgterrasse – was will man mehr?

Bullay ▸ G 3

Bullay liegt etwas im Schatten. Zwei Attraktionen machen das Dorf am Zeller Hamm vor allem für Bahnfreaks interessant, wobei Nostalgie- und Hightech-Gefühle gleichermaßen bedient werden. Da ist die zweistöckige kombinierte Eisenbahn- und Straßenbrücke, 1879 als technisches Meisterwerk gepriesen und bundesweit noch immer die erste und einzige ihrer Art; da ist der 2003 fertiggestellte Umweltbahnhof: barrierefrei, Sonnenkollektoren auf dem Dach, ausgezeichnet vom Bund Deutscher Architekten. Ziemlich kalt und steril wirkt das Ganze, aber im alten Bahnhof nebenan lockt das Bistro ›Lok 44‹ mit einer Jugendstileinrichtung. Außerdem steigt man hier in die

In den über 1000 Jahre alten Gemäuern der Burg Arras kann man auch übernachten

idyllisch am Fluss entlang tuckernde Bummelbahn nach Traben-Trarbach.

Infos

Verkehr

Umweltbahnhof Bullay: Verbindung IC und Express nach Trier–Koblenz; Stichbahn (Transregio) nach Traben.
Schiff: Schiffsanleger Alf und Bullay; Linienschiffe von/nach Zell, Traben-Trarbach, Cochem; ab Alf Fahrten ›Rund um die Marienburg‹, Tel. 06542 53 35.
Personenfähre: Alf–Bullay, Tel. 06542 90 03 06, Do–Di März–April 7.30–17, Mai–15. Nov. bis 19 Uhr.

Neef ▶ G 3

Der schmucke Ort profitiert von reicher Bausubstanz mit dem nahe am Wasser gebauten spätromanischen Burghaus der Sponheimer als Vorzeigeobjekt. Voller wertvoller Exponate ist das Ofen- und Puppenmuseum von Kurt Bergen, das auch von Holz- und Blechspielzeug

bevölkert ist. Über 60 kunstvolle Gussöfen wärmen schon beim bloßen Anschauen (Neugartenstr. 6, Juni–Okt. tgl. 10–15 Uhr, Tel. 06542 221 54).

Peterskapelle

Die Moselschleife um den Petersberg mit der Peterskapelle ist von solch landschaftlicher Schönheit und kulturellem Reiz, dass es gute Gründe für eine Art Vogelschau von Bergeshöhen aus gibt, bevor man die Weindörfer im Detail betrachtet. Vorsicht: In Neef ist erst der Petersberg, dann nur der Friedhof ausgeschildert, den man entlang eines abenteuerlich an der Felskante geführten geteerten Wegs erreicht. Besser ist es also, zu Fuß hinauf zur Peterskapelle zu gehen! Die Neefer in den alten Zeiten mussten übrigens das Baumaterial für das Kirchlein nicht nach oben schleppen, erzählt die Sage. Damals hätten Geistgestalten das besorgt, die ein Zeichen geben wollten, die Kirche nicht im Dorf zu lassen, sondern sie auf den Berg zu setzen. Eine Kultstätte jedenfalls von jeher, von vielen Legenden umwoben, mit einem sagenhaften

Blick vom Friedhof und vor allem vom ›Eulenköpfchen‹ aus auf den Moselkrampen, die Ruine des Klosters Stuben und die Dörfer ringsum.

Der Chor der Peterskapelle stammt aus dem 12. Jh. Sie ist noch immer Neefs Friedhofskirche. Der schon damals angelegte Friedhof wird bis heute von der Gemeinde genutzt. In den Weinbergen fand man ein fränkisches Gräberfeld. Zahlreiche Kleinfunde deuten auf eine spätrömische Befestigung hin, auch im Zweiten Weltkrieg war einiges los, als die Flak hier oben ballerte und die Kapelle schwer beschädigt wurde. Die restaurierten ›Sieben Fußfälle‹, die Urform der Kreuzwegstationen, führen von der Klosterruine auf die Anhöhe und zollen damit dem alten Brauch des Gebets für Sterbende Tribut (s. Essay S. 70).

Übernachten, Essen

Südländisch heiter – **Gaststätte Remise:** Neugartenstr. 5, Neef, Tel. 06542 13 83, www.gaststaette-remise.de, DZ 52 € bzw. 70 €, vorzügliche Pizza und Pasta ab 6 €. Doris Hankes Gästehäuser heißen Auberge (Fachwerk anno 1589) und Remise (Jugendstil mit Whirlpool). Bildschöner Biergarten.
Moseltypisch saisonal – **Weingut Amlinger & Sohn:** Moseluferstr. 17, Tel. 06542 29 62, www.amlinger.de, DZ im Weingut ca. 60 €, Fewo (versch. Adressen) ab ca. 40 €. Die Weine kann man auch im Internet bestellen. Der Landgasthof Zur Blauen Traube, Moseluferstr. 11, bietet Hauptgerichte ab 9 €.

Infos

Verkehr
Bahn: Bf. Neef, Koblenz–Trier (Linie 690).

Schiff: von/nach Zell, Traben-Trarbach, Cochem.

Kloster Stuben ▶ G 3

Im Umkreis des Klosters Stuben soll es früher viele Nachtigallen gegeben haben. Kaiser Maximilian I. habe ihnen auf seiner berühmten Reise zum Reichstag in Trier 1512 entzückt gelauscht. Der Sage nach hatte der hl. Bernhard die Vögel gebeten, das Eifel-Kloster Himmerod zu verlassen, weil sie mit ihrem Tirilieren die Zisterzienser von der Kontemplation abhielten. In Stuben hätten sie sich dann als Lehrmeister der adeligen Nonnen erwiesen, um deren Lobgesang es nicht zum Besten bestellt gewesen sei. Das 1137 gegründete Augustinerinnenkloster war bis zur Umwandlung in ein freies Damenstift 1789 der Abtei Springiersbach unterstellt (s. S. 200).

Bis 1794 hütete man als Heiligtum ein heute im Domschatz von Limburg/Lahn aufbewahrtes byzantinisches Kreuzreliquiar (Staurothek), das der Kreuzritter Heinrich von Ulmen 1204 aus Konstantinopels Hagia Sophia entwendet und Stuben geschenkt hatte. Von der Herrlichkeit blieben nur Außenmauern der 1687 neu erbauten Kirche und Reste der Kreuzkapelle. Direkt gegenüber ragt das imposante Felsmassiv des Calmonts auf.

St. Aldegund ▸ G 3

Über der Staustufe liegt kurz vor dem nächsten Moselmäander das südländisch heitere St. Aldegund, »dessen Christopherusstraße mit dem bekannten Christopherushaus von 1473/1710 eines der schönsten Fachwerkensembles der Mosel darstellt«, wie der Mosel-Autor Reinhold Schommers eine der Attraktionen seines Heimatorts beschrieb.

Die neugotische katholische Kirche prägt das Ortsbild, die spätromanische Alte Kirche in den Weinbergen aber ist die wahre Königin (Schlüssel bei Familie von Essen, Auf der Teusch 4). Das empfand auch das Kunstsammler-Ehepaar Peter und Irene Ludwig aus Aachen, als es durch Zufall erfuhr, dass zwei seiner Stücke – eine Kanzel und der Epitaph für den Aldegunder Vogt Nikolaus Ruitz – aus diesem malerisch-schlichten Gotteshaus stammten. Voller Begeisterung über die herrliche Lage ließen sie 1967–1971 die baufällige Kirche komplett sanieren und schenkten der Gemeinde beide Kunstwerke – gegen das Versprechen eines Grabplatzes. Und so ist Peter Ludwig, Weltbürger, Mäzen und Stifter bedeutender Museen (s. Entdeckungstour S. 280), seit 1996 an dieser kleinen Dorfkirche begraben.

Romantische Ruine – Kloster Stuben wurde 1820 ›auf Abbruch‹ verkauft

Auf Entdeckungstour

Auf den Spuren der Antike

Die Moselregion ist ein einziges Geschichtsbuch. Wenn Trier besichtigt ist, bleibt bis zur Mündung in den Rhein noch eine Menge zu entdecken. Als ›Kelten-Land‹ war die Mosel auch Schauplatz von Caesars Kriegszügen.

Reisekarte: ▶ G 3 – I 1

Zeit: Tagesausflug (Auto und zu Fuß)

Start: Nehren. Fahrt nach Pommern ca. 20 km. In Pommern zu Fuß auf den Lenus-Mars-Weg, 45 Min. bis zum Tempel (oder mit dem PKW auf dem Schotterweg bis zum Parkplatz unterhalb des Tempels, dann 15 Min. Fußweg). Strecke von Pommern nach Oberfell 20 km. Der ›Themenweg Zeitreise‹ ist 6 km lang und nimmt 2–3 Std. in Anspruch.

Lichtempfindlicher Schatz

Hoch über dem Ort in den Weinbergen liegen die Grabkammern von Nehren. Der Begräbnisplatz römischer Landgutbesitzer gilt als archäologische Sensation, denn eine der beiden Kammern birgt einen der wenigen aus der Antike noch erhaltenen Räume, der seine ursprüngliche Wand- und Deckenmalerei an Ort und Stelle bewahrt hat. Die unterirdischen Kammern waren schon lange bekannt. Der Volksmund nannte sie schlicht ›Heidenkeller‹. Erst Ausgrabungen 1973/74 lieferten nähere Erkenntnisse. Danach wurden die Tempel über den Kammern rekonstruiert. Sie machen die antike Kulturlandschaft wieder erlebbar. Die Kammer mit den Ausmalungen wurde fachmännisch restauriert. Ihre Wandmalerei spiegelt mediterranes Lebensgefühl wider: Rote Girlanden, grünes Blattwerk, Blumen, Früchte und andere Pflanzenornamente schmücken den Raum. Um die empfindlichen Kunstwerke vor schädlichen Einflüssen und Vandalismus zu schützen, wurde die Kammer verschlossen und mit einer Klimaanlage versehen. Die Malereien sind durch eine Luke in der Tür zu besichtigen. Beim Betätigen der Klappe geht automatisch eine solarbetriebene Beleuchtung an (falls es nicht sofort klappt, noch einmal versuchen!).

Über (antike) Glaubensgrenzen hinweg

Selbst wenn der erste Blick auf das riesige, fast leere Plateau mit dem blitzblanken Tempelbau irritieren mag – die rekonstruierte galloriomische Tempelanlage auf dem Pommerner Martberg ist auf jeden Fall einen Besuch wert. Was ist am Martberg so besonders, dass sogar auf der Autobahn große Schilder auf ihn aufmerksam machen? Es ist seine einzigartige Kontinuität als Kultplatz. Der Martberg war eine keltische Stadtanlage (oppidum) mit Tempel für den Heil- und Lichtgott Belenus. Dann wurde der Kult ›romanisiert‹. Aus (Be-)Lenus wurde Mars. Bis heute lebt der Römergott fort in der Bezeichnung ›Martberg‹. Drei Jahrhunderte lang suchten Pilger hier oben Heilung und Rat. Bemerkenswertes Zeugnis dafür ist der Weihestein des Tychikos, der auf dem Berg gefunden wurde (zu sehen im Stiftsmuseum Karden). Tychikos, vielleicht ein griechischer Kaufmann, litt an Leib und Seele, war sogar dem Tode nahe, als er zum Martberg pilgerte. »Rettung fand ich, durch des Mars erhabene Liebe«, ließ er später auf dem Stein einmeißeln.

Nach dem Ende der ›heidnischen‹ Zeiten wanderte die Kultfunktion vom Berg ins Tal: Der heilige Einsiedler Castor soll in einer Höhle unterhalb der römischen Töpfersiedlung Karden gelebt haben. Bei seiner Grabeskirche siedelte der Trierer Erzbischof später eine Gemeinschaft von Klerikern an. Oben auf dem Plateau bekommt man nicht nur eine Vorstellung von den Dimensionen spätkeltischer Stadtanlagen. Man kann auch seine Fantasie schweifen lassen und sich ausmalen, mit welchen Hoffnungen und Wünschen die antiken Pilger sich dem Tempel näherten (Martberg-Tempelanlage: Mai–Okt. Mi 14–20, Do–So 11–17 Uhr, Bewirtung vor Ort). Der ›Lenus-Mars-Weg‹ kann auch als Rundweg genutzt werden. Er führt nach Karden, in dessen Stiftsmuseum Funde vom Martberg ausgestellt sind (s. S. 242), ebenso im Bürgerhaus Pommern (tgl. 10–19 Uhr).

Zwischen Steinzeit und Mittelalter

Zwischen Alken und Oberfell führt der ›Themenweg Zeitreise‹ durch 800 000

Jahre Menschheitsgeschichte. Er verbindet das Plateau des Bleidenbergs mit der Burg Thurant (Einstieg: Oberfell, Kulturzentrum Altes Pfarrhaus; Alken, Michaelskapelle). Hier wanderte schon der *homo erectus*. In der keltischen Epoche (5.–1. Jh. v. Chr.) bauten die Menschen eine Befestigungsanlage rund um die Hochfläche. Eine 2,5 km lange Mauer können die Archäologen nachweisen. Da derartige Relikte im Gelände für das ungeübte Auge schwer zu erkennen sind, wurde ein Teilstück der Befestigung entlang des Weges rekonstruiert. Im Mittelalter tobte rund um die Burg Thurant eine heftige Fehde (1246–1248). Der Bleidenberg trägt seinen Namen von den Wurfgeschützen, sog. Bliden, die die Belagerer, die Erzbischöfe von Köln und Trier, hier gegen die Pfalzgrafen positionierten. Nach dem Sieg erneuerte der Trierer Erzbischof die bestehende Kapelle auf dem Berg, die später zur Wallfahrtskirche wurde und noch heute das Plateau beherrscht.

Geschichte und Gegenwart

Diese drei Ausflugsziele zeigen, wie dicht sich im Moseltal Antike und Mittelalter, Mittelalter und Gegenwart aneinanderfügen. Die Fachleute sprechen da etwas sperrig von ›Altsiedellandschaften‹ – für die Gäste bedeutet dies, historische Zeiträume ganz unmittelbar erfahren zu können. Sie wandern dort, wo schon vor 2500 Jahren keltische Füße gelaufen sind, und können es auch bewusst nachvollziehen.

Alle wichtigen Informationen findet man im Internet unter www.strasse-der-roemer.eu. Die Ferienroute ›Straße der Römer‹ erschließt die römischen Denkmäler entlang der deutschen und luxemburgischen Mosel. Zusätzliche Infos bietet die Tourist-Info Ferienland Treis-Karden, Tel. 02672 61 37, www.treis-karden.de.

In einer der beiden Grabkammern der rekonstruierten Schutztempel wurde die Wandbemalung restauriert

Infos

Verkehr
Bahn: Bf. Neef, Koblenz–Trier (Linie 690).
Schiff: von/nach Zell, Traben-Trarbach, Cochem.

Bremm ▶ G 3

Die Michaelskapelle am Wegrand erinnert an eine mittelalterliche Liebesgeschichte. Nicht immer entsprach das Gelübde adeliger Fräulein dem eigenen Willen, sondern galt eher dem Erbe wie im Falle der Elsa von Treis, die ein böser Oheim ins Kloster Stuben verbannte. Ritter Gottlieb von Schwanau stiftete das Kirchlein, nachdem er in einer Befreiungsaktion sich und die Geliebte durch Wind, Wetter und Moselfluten hier ans Ufer retten konnte.

Das steil zum Fluss sich neigende Bremm ist wie all die Winzerorte rund um den Petersberg eine Siedlung vor der ersten Jahrtausendwende. 2002 wurde es als schönstes Dorf in Rheinland-Pfalz ausgezeichnet, ein wertvolles Kompliment für die gelungene Sanierung der gepflasterten Gässchen und beschaulichen Winkel, Bruchsteinhäuser, Erker und Figuren, des heimeligen Fachwerks, mit Augenmerk auch auf Einzelobjekte wie das ›Storchenhaus‹ (1686) am Moselufer. Über dem Dorf erhebt sich die kath. Pfarrkirche St. Laurentius, deren sterngewölbtes Langhaus (15./19. Jh.), Renaissance-Hochaltar und durch Klangarkaden gegliederter romanischer Westturm von einer reichen Geschichte zeugen, im Schatten des Bergs Calmont.

Die Calmont-Region
Zum Calmont blickt jeder respektvoll hoch. Sein Name leitet sich wohl von *calvus mons* (kahler Berg) oder *calidus mons* (heißer Berg) her. Weitaus mehr als der ›steilste Weinberg Europas‹ (mit bis zu 65° Steigungswinkel), ist er Symbol menschlicher Tugenden wie Hartnäckigkeit und Ausdauer unter schwierigsten Bedingungen. Neuerdings kennzeichnet das Calmont-Logo hochwertigen Steillagen-Wein – ein uralter Kulturboden: 2008 wurde auf dem Calmont-Grat ein römischer Tempel rekonstruiert. Die Ortschaften zu seinen Füßen betreiben gemeinsames Marketing unter dem Namen ›Calmont-Region‹ (www.calmont-region.de).

Diese Landschaft hatte die Dichterin Clara Viebig vor Augen, als sie ihre Liebeserklärung an Bremm und den Calmont niederschrieb: »Ihr goldenen Berge, du Fluss im Tal, geliebtes Land, Land meiner Heimat, gesegnet seist du!« (s. auch den Essay ›Mit einem Moselwinzer im Steilhang‹, S. 51).

Einkaufen

Schiefer-Duft – **Weingut Reinhold Franzen:** Tel. 02675 412, Gartenstr. 14, www.weingut-franzen.de. Seit 2002 rekultiviert das Weingut Franzen auf dem Calmont eine aufgelassene Weinbergfläche. Paten für die jungen Rebstöcke belohnt ein Zertifikat: Riesling vom eigenen Stock.

Aktiv & Kreativ

Hoch hinauf – **Gleitschirmfliegen:** Der Calmont ist für erfahrene (!) Gleitschirmflieger das absolute Erlebnis. Infos bei www.thermik4u.de.

Infos

Tourist-Information
Moselstraße 27, Tel. 02675 370, www.bremm-mosel.de. Die Website bietet

ausführliche Informationen zu den Highlights der Calmont-Region.

Verkehr
Bahn: Bf. Eller (Linie 690), Strecke Trier–Koblenz.
Schiff: von/nach Zell, Traben-Trarbach, Cochem.

Ediger-Eller ► G 3

Eller

Bis ins 4. Jh. reicht Ellers Vergangenheit zurück – ein römischer Münzschatz wurde hier gefunden. Die kath. Kirche St. Hilarius kombiniert einen romanischen Kirchturm mit einem hellbarocken Gotteshaus. Zu sehen sind ein Renaissance-Marienaltar, zwei Gemälde des Kurtrierer Hofmalers Heinrich Foelix (1732–1803) und eine Stumm-Orgel (1828). Hochinteressant ist die nach 1503 gotisch erweiterte St. Arnulfskapelle (Rochuskapelle) gegenüber – dank eines Freskos nach Martin Schongauers Kupferstich. Stattliche Gebäude wie das St. Simeoner Hofhaus (16. Jh.) oder Theys Külwer Haus (16. Jh.) gesellen sich hinzu.

Kaiser-Wilhelm-Tunnel
Mitten in Cochem tauchen die Züge von Koblenz nach Trier in den 4,25 km langen Kaiser-Wilhelm-Tunnel ein, an der Ostflanke des Calmont tauchen sie bei Eller wieder auf. Das Wunderwerk der Ingenieurstechnik hielt von 1887 an rund 100 Jahre lang den Rekord als längster Eisenbahntunnel Deutschlands. Die Trasse führt nach Verlassen des Ellerer Bahnhofs schnurgerade auf die Stahlbrücke über die Mosel und

Im Holle-Häuschen ist die Tourist-Information von Ediger-Eller untergebracht

hinein in den Petersberg, und so wurde die Gesamtstrecke Neef–Cochem von 30 km entlang des Moselkrampens auf 5 km reduziert. Mit dem Bau einer parallelen, 4,3 km langen zweiten Röhre will die Deutsche Bahn die Sicherheit erhöhen.

Ediger !

Das ›Rothenburg der Mosel‹, wie der Historiker Reinhold Schommers Ediger etikettierte, steckt voller malerischer Winkel, hat man erst einmal die lebhafte Uferpromenade zu den stillen Gassen hin verlassen. Ende der 1980er-Jahre schob Norbert Krötz, Chef des Restaurants ›Christoffel‹ und bis Mitte 2009 auch Bürgermeister, einen Prozess an, der das Wir-Gefühl in der Region stärken und Einheimischen wie Touristen die Augen für die Schönheiten des Orts öffnen sollte. Das trägt nun Früchte. Junge Gastgeberfamilien verhelfen Ediger zu einem jungen Image. Und so ist es zweifellos einer der reizvollsten Orte an der Mosel. Eine Stadtmauer des 14. Jh. umfasst den mittelalterlich anmutenden Kern mit Bausubstanz aus dem 15.–18. Jh.

Kath. Pfarrkirche St. Martin
Der spätgotische Turm der **kath. Pfarrkirche St. Martin**, der schönste an der Mosel, gilt in der Fachwelt als Vorzeigebeispiel für eine stilgerechte Restaurierung. Seit 2003 erstrahlt er samt der Maßwerkbrüstung über einem Rundbogenfries, mit Bleikrabben und reich verziertem Schieferhelm in sinnlicher Farbigkeit. Mit dem ›majestätischen‹ Geläut seiner historischen Glocken (1411–1564) macht er nicht nur zum Glockenfrühstück im Haus Christoffel auf sich aufmerksam. Die Hallenkirche aus dem 15. Jh. mit dem kunstvollen Sterngewölbe wurde 1951 um

ein nördliches Schiff erweitert. Sie gibt dem berühmten Steinrelief ›Christus in der Kelter‹ (16. Jh.) eine neue Bleibe.

Kulturweg der Religionen

Der Wanderweg durch Dorf und Flur (ca. 6 km) verknüpft mehrere Stationen miteinander. Dazu gehören die restaurierte Synagoge (Haus der Psalmen), der barocke Kreuzweg (s. S. 71) und die Kreuzkapelle (1488, offen) in den Weinbergen, die mit einer vorzüglichen Kopie des ›gekelterten Keltertreters‹ die alte ideelle Beziehung zu Pfarrkirche und Dorf aufrecht hält. Ob sie aber auch nach Entfernung des Originals ein mystischer Ort geblieben ist, an dem merkwürdige Dinge geschahen (ein Musiker etwa will gregorianische Gesänge aus der Ruine des Klosters Stuben gehört haben), ist bislang ungeklärt.

Ausflug zum Golfen und Gucken

Golf-Club Cochem/Ediger-Eller Mosel: Spiel- und Startzeiten Tel. 02675 91 15 11, www.golf-club-mosel.de
Das hügelige Hochplateau zwischen Ediger-Eller und Cochem lädt zum neuen Golfresort ein. 2006 wurde zusätzlich zum 9-Loch-Executive-Course ein 18-Loch-Championship-Course eröffnet, der mit seinen optimal in die Landschaft eingepassten Holes, Wasserflächen und Bunkern als einer der schönsten weit und breit gilt.

Übernachten

Historisch – **Templerhof:** Familie Probst, Oberbachstr. 10, Ediger, Tel. 02675 12 05, www.templerhof-ediger.de, 2 Pers. ab 52 € (ab 3 Ü) plus 25 € Service. Vier-Sterne-Fewo im denkmalgeschützten Gebäude, dem ältesten am Ort (1424).
Campingidylle – **Zum Feuerberg:** Tel. 02675 701, priv.: Tel. 0160 556 17 94, www.zum-feuerberg.de. Direkt am Moselufer gelegener Campingplatz, mit Fahrradverleih.
Luxus – **Roompot Ferienpark:** Am Kellerborn 1, Moselhöhe Ediger-Eller, www.roompotparks.de. Luxus-Ferienhäuser am Golfplatz.

Übernachten, Essen

Exravagant & historisch – **Mosel Ferienwohnungen Springiersbacher Hof:** Oberbachstr. 30, Tel. 02675 15 60, www.Moselhof.de, diverse Fewos in der Altstadt ca. 50–80 € plus Endreinigung ab 25 €. Wein-Café im Haupthaus, Mi–Mo 12–19 Uhr, feine hausgebackene Kuchen.
Originell-feinschmeckerisch – **Winzerschänke im gräflich Dauner Hof:** Kirchstr. 10, Ediger-Eller, Tel. 02675 332, www.winzerschaenke.de, DZ ab 40 €. Stammhaus der Winzerfamilie Feiden, heute ein Gourmetlokal, wo Chef Richard Feiden sagt: »Die Speisekarte bin ich«. Beliebt ist: ›Rumfort‹ = ›Was rumliegt, muss fort‹.

Essen & Trinken

Kreative Events – **Gasthof Christoffel:** Ediger, Hochstr. 24, Tel. 02675 255, www.mosel-event.de. Norbert Krötz wartet mit vorzüglicher Küche und Erlebnis-Gastronomie auf, z. B. römisch nach Apicius, Feinschmecker-Menüs, Menue & Comedy, Führungen, Tafel auf der Dorfstraße. Spezialität: Edschara Halsfleisch, Hauptgerichte ab 9,50 €.

Aktiv & Kreativ

Breites Angebot – **www.mosel-event. de:** Das Internet-Portal bietet eine große Auswahl an Veranstaltungen und Führungen, vom römischen Festmahl bis zur ›Nachtwächter-Führung durch Alt-Ediger‹.

Infos & Termine

Tourist-Information
Tourist-Information Mosel-Calmont-Region: Ediger-Eller, Pelzerstr. 1, Tel. 02675 13 44, www.ediger-eller.de. Das Tourist-Büro im schmucken ›Holle-Häuschen‹ informiert z. B. über Stadtmauer-, Nachtwächterführung, durch die Unterwelt von Ediger (mit Weinprobe), Radtouren u. Wanderungen.

Veranstaltungen
Wein- u. Heimatfest des Ediger Osterlämmchen: 2. Augustwochenende, mit ›Edschara Stohlgang‹, einem musikalischen Umzug am Montag in Ediger.
Wein & Mehr: 1. Oktoberwochenende in Ellerer Weinkellern.

Verkehr
Bahn: Bf. Ediger-Eller, Strecke Trier–Koblenz (Linie 690).
Schiff: von/nach Zell, Traben-Trarbach, Cochem.

Ausflug zu den Römergräbern von Nehren ▶ G 3

Ein original römischer Kelterstein ziert den Dorfplatz von Nehren, die ›Römergräber‹ werben für den Ort. Man kann sie durch die Weinberge erwandern oder sich ihnen über die K 22 von oben her nähern (s. Entdeckungstour S. 214).

Senheim-Senhals ▶ G 3

Eine Brücke verbindet die Ortsteile Senheim-Senhals, die beide schon im hohen Mittelalter urkundlich erwähnt werden. Senhals' Gassen besitzen noch etwas vom Flair jener Epoche, nicht so der Nachbar über die Mosel. Das alte Senheim ging um die Mitte des 19. Jh. bei einem Großbrand in Flammen auf. Nur wenige Gebäude, darunter die kath. Pfarrkirche St. Katharina mit dem romanischen Westturm und das Burghaus, ein Wohnturm von 1220 in der Brunnenstraße, überstanden die Feuersbrunst nahezu unversehrt. Das Burghaus wurde als Domizil des Bildhauers Christoph Anders seit 1999 zur künstlerischen Keimzelle eines Skulpturenparks in und um Senheim (Christoph Anders, Brunnenstr. 17, Senheim, Tel. 02673 46 35, Besichtigung nach tel. Anmeldung, Werkstatt-Ausstellung).

Unser Tipp

Wein und Museum
Generationswechsel im Weingut und WeinMuseum Schlagkamp-Desoye in Senheim: 2003 rückte Dieter Schlagkamp-Desoye in die zweite Reihe, Sohn Andreas übernahm die Chefrolle. Der ›Theatersaal‹ im Weingut, das alte Kelterhaus und die VinArena sind Schauplatz des Museums mit mehr als 10 000 Exponaten aus der Welt der Winzer, Küfer, Schröter, Stellmacher usw., die VinArena mit kleinen Terrassen und Gassen ist auch ideal für Veranstaltungen unter freiem Himmel. Der Senior nimmt als WeinErlebnisBegleiter Besucher auf Führungen mit in die Weinberge. (Infos: Zeller Straße 11, Tel. 02673 43 81, www.schlagkamp-desoye. de, Ostern–Nov. 10–16 Uhr. Weinkostungen im Museum nach Anmeldung.)

Übernachten

Kinderfreundlich – **Ferienhaus Sonnet:** Altmai 19a, Senheim, Tel. 02673 41 86, www.sonnet-ferienhaus.de, Apartment ca. 35 €, Fewo (bis 5 Pers.) ca 50 €, beides plus Endreinigung.

Essen, Einkaufen

Deftig – **Schinkenkeller:** Brunnenstr. 9, Senheim, Tel. 02673 42 70, www.schinkenkeller.de, Ostern–Aug. Di–So, Sept./Okt. tgl. ab 11 Uhr, Hauptgerichte ab 9 €. Biergarten, Metzgerei. Berühmt ist Klaus Schinnens traditionell geräucherter Moselländer Landschinken.

Infos

Tourist-Information
Heimat- und Verkehrsverein: Tel. 02673 96 28 20, www.senheim-senhals.de

Verkehr
Bus: Strecke Zell–Cochem (Linie 711). **Schiff:** von/nach Traben-Trarbach und Cochem.

Beilstein! ▶ G 3

Beilstein ist reine Poesie: ein winziger Marktplatz, schmale Gässchen, schnuckelig restaurierte Häuschen, Torbögen, Winkel, die malerische Ruine Burg Metternich, steile Treppen hinauf zum einstigen Karmeliterkloster, einer der vielen göttlichen Blicke von der Klostercafé-Terrasse oder der Burg auf den vor sich hinträumenden Fluss und die Schieferdächer der kleinen Gemeinde, Weinberge, Wälder, Nachbardörfer – und massenweise Touristen. Das ›Dornröschen‹ der Mosel zieht magisch an, jeder möchte es für sich selbst wachküssen.

Touristen trinken ihre Schoppen in urigen Weinstuben oder speisen in fein gedeckten Restaurants, bepacken sich mit Souvenirs und streben zurück zu den Ufer-Parkplätzen oder Ausflugsschiffen. Gewiss weiß man das hier alles, weiß, dass die Gäste kommen, um Beilstein als eine Art Gesamtkunstwerk zu goutieren. Denn Beilstein ist weit mehr als eine Filmkulisse.

Marktplatz
Weinmuseum im Zehnthaus: Öffnung n. V., Tel. 02673 18 50
Nach dem Café-Restaurant ›Altes Zollhaus‹ zeigt sich der kleine Marktplatz, den Burgherr Johann von Braunshorn nach dem Abriss älterer Häuser 1322 für seinen mit Stadtrechten aufgewerteten Besitz anlegen ließ. Teile der in die Anlage integrierten ehemaligen **Christopherus-Kirche** stammen aus dem 14. Jh., Langhaus und Chor wurden im 18. Jh. barock umfrisiert, 1805/06 profaniert und 1975 zum Bürgerhaus saniert. Das 1574–1577 aus Bruchstein erbaute ehem. Winneburger Zehnthaus daneben, eines der architektonischen Glanzlichter an der Mosel, wirkt mit dem fünfseitigen Treppenturm wie aus einem alten Märchen entsprungen. Der **Zehnthauskeller** darin verheißt Genüsse des Weinguts Lipmann, das den Kelterraum zum Weinmuseum umfunktionierte. Der Metternicher Hof, ein teilweise in Fachwerk errichtetes ehem. Amtshaus und Kellnerei (Finanzverwaltung) der Herrschaft, durch einen Verbindungsgang mit der alten Kirche verzahnt, öffnet sich hinter dem Säulenportal von 1727 zum Restaurant-Café Haus Lipmann. Flankiert wird der bildhübsche Platz von der ›Guten Quelle‹ gegenüber.

Ruine Burg Metternich
www.burg-metternich.de/burg, Burgfest mit mittelalterlichem Markt all-

jährlich zu Ostern. Die Burg ist nur zu Fuß erreichbar

Der Aufstieg zur Ruine Burg Metternich führt zurück zu den Anfängen. Anno 1268 ist die Burg als Lehen der Herren von Braunshorn bezeugt, besiedelt war die Gegend bereits in spätrömischer Zeit. Der Platz war ideal, da man alles unter Kontrolle hatte, den Ort und das Tal. Was aber letztlich weder den Braunshornern nutzte, noch den Winneburgern oder den Metternichs. Mehrmals war das Städtchen in Scharmützel und Kriege verwickelt. Der Burg machte 1688/89 die Soldateska Ludwigs XIV. den Garaus. Graf Franz-Georg von Metternich zog um nach Koblenz und verlor 1794 seinen gesamten Besitz an die französischen Revolutionäre – was eine Erklärung sein könnte für die restaurative Politik seines Sohns Clemens Fürst von Metternich, des späteren kaiserlichen Staatskanzlers. Heute ergeben der Burghof, die runden Ecktürme aus dem 14. Jh., der fünfseitige Bergfried (um 1200) und die Reste des Palas ein friedliches Bild.

Jüdischer Friedhof und Synagoge

Von der Burg aus gerade hoch, passiert man die stille Armsünderkapelle. Einige Meter weiter liegt einsam der jüdische Friedhof, der Einblick in die Ortsgeschichte und Durchblick auf den Fluss gewährt. Zwischen 1308 und 1310 hatte Johann von Braunshorn das Recht erwirkt, zehn jüdische Familien anzusiedeln, Start für eine Ortstradition, die sich heute allerdings nur noch am Familiennamen Lipmann ablesen lässt, da die jüdische Gemeinde vor dem Pogrom 1938 schon stark geschrumpft war. Nahe der ›Winzerschenke‹ steht die ehemalige Synagoge im vormals jüdischen Viertel und verleiht einer Galerie Bruchsteinambiente.

Klosterkirche St. Josef

Hier führt auch die filmreife Klostertreppe mit 108 Stufen vorbei, deren Bau sich die Mönche mit einer Treppensteuer bezahlen ließen, als sie im 17. Jh. den Konvent und die kath. Klosterkirche St. Josef (1691–1738) errichteten. Heute speist man im Klostercafé, das den ehemaligen klösterlichen Westflügel gastronomisch nutzt, oder auf der Terrasse und direkt unter dem Schutz und Schirm der lichtdurchfluteten Kirche, die ihre barocke Ausstattung bis hin zur 2002 restaurierten Balthasar-König-Orgel bewahren konnte.

Touristen und Pilger suchen die Kirche vornehmlich wegen des Gnadenbilds der ›Schwarzen Madonna‹ auf, dessen Typus auf die Verehrung der im Hohelied Salomos gepriesenen Königin von Saba zurückgeht. Spanische Soldaten, die während des Dreißigjährigen Krieges 14 Jahre lang in Beilstein hausten, ließen die Figur beim Abzug zurück.

Übernachten

Liebenswert altmodisch – **Hotel Haus Lipmann:** Marktplatz 3, Tel. 02673 15 73, www.hotel-haus-lipmann.de, DZ 100 €. Seit 1795 Familientradition im ehemaligen Metternichschen Amtshaus, Moselblick.

Historisch – **Hotel Altes Zollhaus:** Tel. 02673 18 50, www.hotel-lipmann.de, DZ ab ca. 70 € in dem 1634 errichteten wunderschönen Fachwerkhaus; Infos, auch zum Zehnthauskeller, über Weingut Lipmann.

Echt antik – **Haus Kein Moselblick:** Bachstr. 50, Tel. 02673 90 00 50, www. haus-kein-mosel blick.de, Ferienhaus (2–8 Pers.) ca. 65 € plus Endreinigung, Gebäude aus dem 17. Jh.; altes Mobiliar, Gewölbekeller zum Feiern.

Übernachten, Essen

Gute Nahrungsquelle – **Hotel-Restaurant Gute Quelle:** Marktplatz 34, Tel. 02673 14 37, www.hotel-gute-quelle. de, DZ ab 64 €. Moselländische Küche, Holger Ostermann serviert vor allem Wild- und Fisch-Spezialitäten, ab 10 €.

Die gute Quelle liegt direkt am Marktplatz.
Café mit Kaffeemühlen – **Pension-Café Klapperburg:** Bachstr. 33, Tel. 02673 14 17, www.klapperburg.de. DZ ca. 60 €, Café und Kaffeemühlen-Museum: tgl. 10–18.30 Uhr sind 366 Mühlen aus drei Jh. zu besichtigen.

Beschaulich und beschwerlich – Beilsteins steile Weinberge verlangen den Winzern einiges ab

Filmreif – **Gasthaus Winzerschenke:** Klostertreppe 29, Tel. 02673 13 54, www.winzerschenke-beilstein.de, DZ ab 50 €. Gästehaus, eigener Weinbau, deftig-gemütlich (Speckkartoffelsalat 6,50 €).

Herrlicher Ausblick – **Klostercafé Beilstein:** Klosterstr. 55, Tel. 02673 16 74, www.klostercafe-beilstein.de, Fewo im Karmelitenkloster, 45 €/3 Pers., im Café Karmelitentorte und Deftiges, Infos zur Kirche.

Aktiv & Kreativ

Blick auf die ›kleinen Leute‹ – **Stadtführung:** Bachstr. 50, Beilstein, Tel. 026 73 90 00 50, www.beilstein-stadtfueh rung.de. Sozialgeschichtliche Stadtführung mit Rainer Vitz.

Info

Tourist-Information
Heimat & Verkehrsverein: Bachstr. 47, Beilstein, Tel. 02673 90 01 91, www.beil stein-mosel.de.

Verkehr
Bus: Strecke Cochem–Senheim (Linie 716).
Schiff: von/nach Traben-Trabach und Cochem.
Autofähre: Beilstein–Ellenz-Poltersdorf, Tel. 02673 15 15.

Ellenz-Poltersdorf ▸ G 3

Falls die Fähre von Beilstein nach Ellenz-Poltersdorf nicht in Betrieb ist, bleibt nur der Umweg über die Brücke bei Senheim oder Bruttig. Ansonsten sollte man das Erlebnis nicht versäumen, sich mit einer Drahtseil-Fähre über den Fluss ziehen zu lassen. Böse Zungen behaupten, das Schönste an Ellenz-Polterdorf sei der Blick auf Beilstein. Der Doppelort mit Häuserzeilen aus gepflegtem, teils verputztem Fachwerk ist aber selbst im direkten Vergleich durchaus attraktiv. Und sei es nur die originale Tordurchfahrt in Poltersdorf mitten durch den spätgoti-

225

schen Kirchturm der 1952 neu errichteten kath. Filialkirche St. Andreas, oder in Ellenz das ehem. Rathaus mit dem steilgiebeligen Fachwerk und das Warsburger Burghaus mit dem ellenlangen Schornstein, das einst die Ritter von Ellenz besaßen.

Die neugotische **kath. Pfarrkirche St. Martin** im Tal birgt hinter ihren Bruchsteinmauern eine Kostbarkeit: Das venezianische Tafelbild ›Sacra Conversazione‹ (1480) gab Graf Franz Ferdinand von Metternich-Winneburg-Beilstein offenbar in die Obhut der Sebastianus-Bruderschaft für die 1624 am Ellenzer Moselufer errichtete **Sebastianus-Kapelle**. Damals litten beide Dörfer schwer unter der von Soldaten eingeschleppten Pest, ein weiterer Schicksalsschlag in der wechselvollen Geschichte von Ellenz-Poltersdorf, die einst verheißungsvoll als reichsunmittelbares Königsgut begonnen hatte. (Alte Martinskirche und kath. Pfarrkirche St. Martin, Ellenz: beide Sa/So offen, Schlüssel: R. Berresheim, Weingartenstr. 1, Tel. 02673 18 82; Sebastianuskapelle: Schlüssel W. Conzen, Tel. 02673 16 79)

Infos

Verkehr
Bus: Strecke Zell–Cochem (Linie 711).
Schiff: von/nach Traben-Trarbach und Cochem.
Autofähre: Beilstein–Ellenz-Poltersdorf, Tel. 02673 15 15.

Bruttig-Fankel ▶ G 2/3

Die Zwangsheirat zur Doppelgemeinde im Jahr 1969 stieß vor allem im Ortsteil Fankel auf erbitterte Gegenwehr. Heute ist das Schnee von gestern, denn beide Orte verfügen über genug touristisches Potenzial, um auf diesem sensiblen Terrain punkten zu können.

Fankel

Der kleinere Partner konzentriert sich auf das **Marktplätzchen** und die hinter einer verschachtelten Tordurchfahrt auftauchende **kath. Pfarrkirche Mariä Himmelfahrt**. Deren spätgotisches Kreuz- und Netzgewölbe wurde im 18. Jh. ornamental bemalt, das Interieur samt Empore barock angeglichen. Heimelig sind hübsche Häuser in der **Brunnenstraße**, die ihr Fachwerk zum Teil noch durch Schwebegiebel schützen.

Bruttig

An Bruttigs Uferpromenade bietet das **Bürgerhaus**, ehem. Rathaus, erkennbar am runden Treppenturm und dem massiven Baukörper, seit 1619 allen Wetterunbilden die Stirn. Früher verluden hier die Schröter den aus den Kellern der Winzer geholten Fasswein auf die Schiffe. Der **Brunnen** auf dem Vorplatz preist den Geist des Weins und des Humanisten Petrus Mosellanus (1493–1524) gleichermaßen, der in Bruttig als Peter Schade auf die Welt kam. Der junge Griechischprofessor hielt 1519 bei der ›Leipziger Disputation‹ der Professoren Martin Luther, Dr. Eck und Karlstadt die Eröffnungsrede und leitete das Streitgespräch. 1521 zum Rektor der Uni Leipzig berufen, sah er seine Moselheimat nicht mehr, in der Nikolaikirche ist er beigesetzt. Auf den Ort seiner Geburt verweist die Tafel am ufernahen Fachwerkhaus, das mit einem ortstypischen Schwebegiebel versehen ist. Nahebei fallen beim 1659 aus verputztem Bruchstein erbauten **Schunkschen Haus** die Volutengiebel ins Auge.

In den Gassen schmiegen sich Fachwerk und Bruchstein aneinander. Hier erhebt sich die **kath. Pfarrkirche St. Margaretha,** deren Turm mit den wertvollen alten Glocken anno 1507 und deren Langhaus 1845/47 errichtet wurde. Zum Fest der Heiligen am 20. Juli wird an vier Tagen gedengelt, am Montag um 11 Uhr eine ganze Stunde lang. Das rhythmische Anschlagen der Glocken mit dem Klöppel per Hand, wobei die Margaretha-Glocke, als einzige per Motor angetrieben, den Takt angibt, ist Tradition in Bruttig über Generationen hinweg. Ein Umzug mit Blaskapelle folgt, wobei die Dengler unterwegs von den Bewohnern gelabt werden. Im Festzelt beschließt man den Tag mit dem Denglertanz. Gedengelt wird an allen kirchlichen Hochfesten.

Bruttiger Bahndamm

An ein leidvolles Kapitel erinnert ein vom Senheimer Bildhauer Christoph Anders (s. S. 221) geschaffener Gedenkstein auf dem Friedhof: Bruttig wird von einem Bahndamm mit Viadukten durchschnitten, auf dem nie ein Zug fuhr. 1917 beschloss man eine zweite Trasse Koblenz–Trier als Trumpf gegen den ›Erbfeind‹ Frankreich, vollendete aber nur das Teilstück Treis–Bruttig (Tunnel mit Anschluss). Die Bauruine wurde u. a. für Weinbau auf dem Damm oder Champignonzucht im Tunnel genutzt. 1944 mussten KZ-Zwangsarbeiter des ›Außenlagers Kochem‹ im Tunnel unter unmenschlichen Bedingungen Rüstungsgüter für die Firma Bosch produzieren.

Spaziergang zur Kreuzkapelle

Kreuzwegstationen stimmen auf die schlichte Kreuzkapelle über den Weinbergen ein, die im 18. Jh. einen Vorgängerbau ersetzte. 1580 versetzte hier ein Komet am Himmel Menschenscharen in Angst und Schrecken.

Übernachten

Entspannung und Genuss – **Ferien-Weingut Hess-Becker:** Christopherusweg 8, Tel. 02673 81 17, www.hess-becker.de, Fewo ab ca. 50 €, Ferienhaus ab 80 €, NatUrlaub-zertifiziert, großer Garten, Schwimmbecken.

Aktiv & Kreativ

Für jeden etwas – **Fahrrad- und Kanuverleih Sir Vival:** Brühlgasse 2, Tel. 02671 60 35 25, www.sir-vival-bruttig.de; das Familienunternehmen verleiht Fahrräder und Kanus und organisiert mehrtägige Kanutouren.
Kulturweg – **Erlebnis Moselkrampen:** Wandern durch die Weinberge einiger Orte, die an dieser Flussschleife liegen, www.erlebnis-moselkrampen.de.

Infos & Termine

Tourist-Information

Verkehrsbüro: Peter Kreutz, Brühlgasse 2, Bruttig-Fankel, Tel. 02671 60 35 25, www.bruttig-fankel.de.

Veranstaltungen

Winzerfest Bruttig: 2. Augustwochenende, Festzug am Sonntag. Am Samstag stiegt Gott Bacchus mit Gefolge von der Weinlage Götterlay zum Ufer hinab, setzt in einem Nachen nach Bruttig über und gibt im Festzelt das Signal zum ›Teufelstanz‹.
Kirmes: In Bruttig Mitte Juli (Fest der hl. Margaretha) mit Dengeln, in Fankel Mitte August.

Verkehr

Bus: Strecke Cochem–Senheim (Linie 716).
Schiff: von/nach Traben-Trarbach und Cochem.

Terrassenmosel: Cochem bis Burg Eltz

Highlight!

Cochem: Die Reichsburg ist Blickfang des Städtchens, das Touristen aus aller Welt anzieht. In den engen Gassen, auf dem Markt mit seinen prächtigen Fachwerkbauten, am Moselufer und oben am Pinnerkreuz kann man auf Gesellschaft zählen. S. 231

Auf Entdeckungstour

Mosel-Farben auf William Turners Palette: Auf den Spuren des visionären britischen Landschaftsmalers, der von der Mosel, insbesondere von Cochem, so begeistert war, dass er die Region 1839/40 ein zweites Mal bereiste. S. 236

Mosel-Farben auf William Turners Palette

Kultur & Sehenswertes

Münstermaifeld: Die ehem. Stiftskirche fasziniert durch die harmonische Fülle verschiedenster Stilarten. S. 247

Burgen: Malerische Ansichten vermitteln die **Ruine Coraidelstein** und die Bilderbuchburg **Eltz.** S. 239 und 248

Aktiv & Kreativ

Apolloweg: Der Name des Wanderwegs leitet sich ab von dem für die Weinlandschaft charakteristischen Schmetterling. S. 230

Freizeitzentrum Cochem: eine schöne Badelandschaft für Jung und Alt. S. 239

Wild- und Freizeitpark Klotten: Der Park lockt mit Familien-Belustigungen. S. 240

Buchsbaum-Wanderpfad: Spaß, Muskeltraining und neue Erkenntnisse – zwischen Müden und Karden am wilden Buchsbaum entlang. S. 245

Genießen & Atmosphäre

Natur und Kultur: Vom idyllischen Moselufer bei Treis bestaunt man den **Moseldom**, eine Wanderung zur **Zilleskapelle** bringt neue Ausblicke. S. 242–244

Abends & Nachts

Speisen wie die Ritter: Wie im Flug vergeht die Zeit mit Ritteressen und ›Gastereyen‹ auf der **Reichsburg Cochem** und der **Burg Pyrmont.** S. 231 und 249

Schatztruhe der Mosel

Cochems Schatz ist die Reichsburg, ein Bilderbuch-Bauwerk! Klotten wirbt mit der Ruine Coraidelstein, Treis-Karden mit dem ›Moseldom‹. Die Schätze der vier ›M‹ – Martberg, Müden, Moselkern, Münstermaifeld – sind touristisch noch zu entdecken. Burg Eltz und Burg Pyrmont stehen ganz oben auf der Hitliste.

Ernst ▶ G 2

Führung inkl. Orgel: Wilhelm Basten, Tel. 02671 46 43
Ernst macht laut Werbestrategen Spaß. Es verfügt über eine Reihe schmucker Winzerhäuser. Das Kreuzkuppel-Juwel der Pfarrkirche St. Salvator Mundi (1845/46) von Johann Claudius von Lassaulx ist mit einem königlichen Instrument der Klausener Orgelbauerfamilie Voltmann (1868) bestückt.

Infobox

Tourist-Information Cochem: Endertplatz 1, Tel. 02671 600 40, www.cochem-tourist.de. Infos zur Stadt Cochem, u. a. auch zu Führungen (z. B. Nachtwächterführung).
Ferienland Cochem: Endertplatz 1, Tel. 02671 600 40, www.ferienland-cochem.de. Basisinfos und Links zu Ernst, Valwig, Klotten.
Ferienland Treis-Karden: Hauptstr. 27, Ortsteil Treis, Tel. 02672 61 37, www.treis-karden.de, Basisinfos u. a. zu Treis-Karden, Pommern, Müden, Moselkern. Infos und Ausflugstipps auch zu den Orten im Hunsrück.

Valwig ▶ G 2

Valwig kann wie Ernst mit einer Lassaulx-Schöpfung aufwarten. Mit der kath. Pfarrkirche St. Martin schuf der Architekt 1824–1827 die erste neuromanische Kirche Deutschlands. Valwig wirbt zudem mit dem Apollofalter-Wanderweg. Er führt hinauf nach **Valwigerberg,** wo die gotische Wallfahrtskirche St. Maria und St. Magdalena besuchenswert ist (Wallfahrt: Sept./Okt). Zurück geht's durch den Niederwald (Tel. 02671 915 02 84, www.apolloweg-valwig.de).

Essen & Trinken

Abschalten & Erholen – **ZENZ – Wein Galerie Café:** Moselstr. 44, Ernst, Tel. 02671 73 45, www.ferienweingut-zenz.de, DZ ca. 64, Fewo ab 54 €, April–Nov. Fr–So ab 14.30 Uhr, Kaffee & Kuchen, STEINvielfalt-Ausstellung. Von der DLG als ›Ferienweingut des Jahres‹ ausgezeichnet.

Aktiv & Kreativ

Weinbau hautnah – **BREVA Wein & Weg:** Mit dem 2009 eröffneten Pfad leisten Bruttig, Ernst und Valwig einen Beitrag zur Erhaltung der Kulturlandschaft Mosel. Auf einer Wanderung u. a. durch die Top-Lage Valwiger Herrenberg erlebt man den Steillagenweinbau hautnah. Eine Riesling-Edition soll das Projekt absichern. Info: Tel. 02671 91 67 48; die Website www.brevaweinundweg.de liefert u. a. detaillierte Wanderrouten und Höhenprofile.
Unsinkbare Boote – **www.mosel-kanutours.de:** Moselstr. 45, Ernst, Tel. 02671

55 51. Udo Marx hat einen gesunden Angebots-Mix: Kanuverleih, Fahrradverleih, auch als Kanu & Fahrrad buchbar. Dazu: Bioladen ›Wilder Wein‹, www.bioladen-wilder-wein.de.

Cochem ! ▶ G 2

Zwar sollen die Cochemer ihre lästigen Maulwürfe einst zur Strafe lebendig begraben haben, sind aber offenbar helle genug, einen touristischen Vorteil lange vor dem Boom zu ahnen. Das frappanteste Beispiel ist die Reichsburg. Der Berliner Fabrikant Jakob Louis Ravené (1823–1879) hatte sich zuerst in die Ruine Grevenburg weiter moselaufwärts verliebt, die Trabacher aber lehnten das Ansinnen eines Ortsfremden, hier zu investieren, rigoros ab. Die Cochemer erkannten die einmalige Chance und erhielten einen

Blickfang, der seither Geld in die Kassen spült.

Reichsburg [1]

Schlossstr. 36, Tel. 02671 255, www. burg-cochem.de; Führungen: März–Nov. tgl. 9–17 Uhr, s. Essay ›Zu Besuch bei den Rittern‹, S. 62
Steil geht's hinauf zur Burg, ein Reichsburg-Shuttle-Bus (Linie 781, Mai–Okt. 10.30–17.40 Uhr) erleichtert ab Endertplatz die Exkursion. Rüstigen Spaziergängern sei der Weg über die Schlossstraße empfohlen.

Um das Jahr 1000 von Pfalzgraf Ezzo auf einem exponierten Schieferkegel vor dem Eifelhinterland optimal platziert, Reichslehen bis 1294, von König Adolf von Nassau aus Geldnot an Kurtrier verpfändet, blieb die Burg in allen Bauphasen bis zur Zerstörung 1689 durch Truppen des französischen Sonnenkönigs eine wichtige Bastion.

Cochems Marktplatz ist einer der meistbesuchten Orte an der Mosel

Cochem

Sehenswert
1 Reichsburg
2 Rochuskapelle
3 Lebensbaum der
   Stadt Cochem
4 Bockbrunnen
5 St. Martin
6 Rathaus
7 Kapuzinerkloster
8 Enderttor

Übernachten
1 Moseltal-Jugend-
   herberge
2 Hotel Lohspeicher
3 Waldhotel zur
   Winneburg

Essen & Trinken
1 L'Auberge du Vin
2 Zum Kapuziner
3 Zom Stüffje

Einkaufen
1 Historische Senfmühle

Aktiv & Kreativ
1 Sesselbahn zum Pinner-
   kreuz
2 Burgruine Winneburg
3 Freizeitzentrum Cochem
4 Fahrradverleih

Louis Ravené ließ sie zwischen 1868 und 1877 neugotisch romantisierend wieder erstehen, konnte das Burgherrendasein jedoch nur kurz genießen. Verewigt ist der Kommerzienrat im kostbaren Inventar, mancherlei Balkensprüchen und als Romanfigur Van der Straaten in Theodor Fontanes ›L'Adultera‹ (1880). 1942 wurde die Burg sog. ›Volkseigentum‹, 1978 übernahm die Stadt die Immobilie, eine Reichsburg GmbH kümmert sich nun um Rittermahle und andere Events.

Moselpromenade und Rochuskapelle

Wer allerdings erst das volle **Panorama** des Kreisstädtchens auf sich wirken lassen möchte, sollte mit der Fähre nach Cond übersetzen und den Blick von der malerischen Bilderbuchburg die Moselpromenade entlangwandern lassen. So bewahrt das schmale Häuschen Nr. 22 das Vermächtnis des Malers Josef Steib (1898–1959) in der Galerie Steib (Tel. 02671 609 30). Am Ortsende Richtung Cochem-Sehl fällt etwas erhöht ein leuchtend weißes Kirchlein auf, die dem Pestheiligen geweihte **Rochuskapelle 2**, 1680 zum Dank für die Errettung von der Seuche in die Flur gesetzt.

In der Altstadt

Der Cochemer Künstler Carl Fritz Nicolay (1922–1997) ist auf beiden Seiten der **Moselbrücke** eindrucksvoll präsent: mit einer nach seinem Entwurf von Monika Nicolay-Bolle gestalteten Keramik an der Hauswand des Weinhexenkellers in Cond, eine erste gemeinsame Arbeit von Vater und Tochter. Auf dem Carl-Fritz-Nicolay-Platz steht der **Lebensbaum der Stadt Cochem 3**. Die aus dem gleichen Material gefertigte Wand rekapituliert in einer Art Patchwork Stationen der Stadtgeschichte.

Die ›Perle der Mosel‹ durchlebte ein ständiges Auf und Ab: Pest und Plünderung, Krieg und Kanonendonner, am schlimmsten 1689 und 1944/45, als Bomben die Altstadt verwüsteten, einzig und allein wegen der strategisch wichtigen Bahnlinie, die hier im Kaiser-Wilhelm-Tunnel verschwindet. Auf dem alten Grundriss baute man stoisch wieder auf, mit Sinn für Tradition und die künftigen Gäste. Viele der rund 5200 Einwohner leben vom Aufschwung, der Mitte des 20. Jh. erneut einsetzte.

Der **Bockbrunnen 4** thematisiert eines der selbstironischen ›Stückelchen‹, die wie das Maulwurfsdrama der Stadt den Ruf eines zweiten Schilda einbrachten. Die kath. Pfarrkirche **St. Martin 5** wurde 1944 schwer beschädigt. 1997 erhielt sie eine prachtvolle Oberlinger-Orgel mit 42 Registern, darunter als humorvoller

Gag ein ›Riesling-Register‹, dessen Bedienung ein Kästchen mit einer Flasche Wein und zwei Gläsern öffnet. Am schönsten stimmt von hier aus die Kirchgasse auf den winzigen Markt mit prächtigen Fachwerkbauten ein, mitsamt dem Brunnen des hl. Martin (1767) und dem **Rathaus** 6 (1737). Dessen Tür weist noch immer ein Loch auf, was nicht den Zustand des Stadtsäckels beschreibt, vielmehr das 1923 vollbrachte Werk eines Separatisten ist.

Cochem vermittelt eine eigenartige Spannung zwischen altfränkischer Behäbigkeit und moselfränkischer Leichtigkeit, eine innere Stärke, die der Touristenrummel nie zurechtgebogen hat. In vielen malerischen Winkeln ist das spürbar, selbst in der Fußgängerzone und auf den steilen Treppen. So gelangt man durch die Obergasse und über die Kapuzinertreppen hinauf zum 1625–1692 erbauten **Kapuzinerkloster** 7 und jetzigen Kulturzentrum mit großartigem Blick auf Ort und Burg. In das Kloster der ›Knadeler‹ trat Martin von Cochem (1634–1712) als Novize ein, um dann in einem unruhigen, reiselustigen Leben als wortgewaltiger Prediger und Volksschriftsteller bekannt zu werden.

Der Trierer Erzbischof Balduin (1307–1354) stritt mehr mit dem Schwert als mit dem Wort. Er modernisierte die Stadtbefestigung und zog die Mauern bis zur Burg hoch; elf Tore bewachten das Städtchen. Hinter Kempeln, wo einst eine Burg Kemplone stand, geht's treppab zum **Enderttor** 8. Das mittelalterliche Stadttor ist seit 1625 mit der Alten Thorschenke verzahnt, einst verrufene Spelunke eines Rottmeisters, die der Landsknechtsführer mit Geldern aus Hexenprozessen finanziert haben soll. Ob Liniusstraße, Bernstraße oder Oberbachstraße – Cochem weiß sich urig gut in Szene zu setzen.

Nach 18 Uhr, wenn die Reisebusse abgefahren sind, kehrt noch lange keine Abendstille in Cochem ein. Nun wird in den Lokalen stimmgewaltig der Gemütlichkeit zugeprostet. Warum sich aber nicht einfach mal ausklinken und ganz still für sich den Fluss genießen?

Pinnerkreuz 1

Endertstr. 44, Cochem, Tel. 02671 98 90 63, www.cochemer-sesselbahn.de, Ostern–Mitte Nov. tgl. 9.30–18.30 Uhr
Mit der Cochemer Sesselbahn, deren Talstation über die Endertstraße in Unterquerung der Bahnlinie auch zu Fuß gut zu erreichen ist, schweben Sie auf den Pinnerberg. Die fantastische Aussicht am Pinnerkreuz, das nach einem hier abgestürzten Schäfer namens Pinn benannt sein soll, macht den kleinen Spaziergang dorthin zum Muss! Ein breiter Weg führt zum **Wild- und Freizeitpark Klotten** (s. Unser Tipp S. 240).

Ruine Winneburg 2

Infos: Tourist-Information, s. u.
Die Burg soll der Teufel zwar nicht holen, aber der Sage nach gebaut haben! 1832 erwarb Österreichs Staatskanzler Clemens von Metternich, den wiederum Demokraten des 19. Jh. wegen seiner Restaurationspolitik für einen Teufel hielten, die in den Läuften der Geschichte ziemlich demolierte Stammburg seines Geschlechts von Preußen zurück. Metternichs Nachkommen verkauften die Ruine 1935 an Cochem. Ein Wanderweg durchs Endertbachtal führt zu dem nicht bewirtschafteten Gebäude, das der ›Winneburger Tross‹, eine Spätmittelalter-Interessengemeinschaft, zeitweise wieder zum Leben erweckte.

Übernachten, Essen

Am Wasser – **Moseltal-Jugendherberge Cochem** : Klottener Str. 9, Tel. 02671 86 33, cochem@diejugendherbergen. de. 19 € ÜF p. Pers., im dem supermodern renovierten Haus, barrierefrei und familienfreundlich, am Conder Ufer nahe dem Freizeitzentrum (s. u.).

Stilvoll – **Hotel Lohspeicher** : Obergasse 1, Cochem, Tel. 02671 39 76, www.lohspeicher.de. DZ ab 90 €. Mit Restaurant L'Auberge du Vin (s. rechts).

Erholsam – **Waldhotel zur Winneburg** : Endertstr. 141, Cochem, Tel. 02671 987 30, www.hotelwinneburg.de, DZ ab 75 €, Mi–Mo. Im gemütlichen Restaurant Hauptgerichte ab 10 €, Tipp: Forellen (ca. 15 €).

Essen & Trinken

Fein – **Restaurant L'Auberge du Vin** : s. Hotel Lohspeicher, Do–Di, Hauptgerichte ab 26 €. Ingo Beth kocht als Mitglied der ›Tafelrunde‹ leicht, locker und moselanisch.

Angenehm – **Weinstube Zum Kapuziner** : Pater-Martin-Str. 10, Tel. 02671 14 18, www.moselweingut-ring.de, Ostern-Mitte Nov. Mi-Mo. Spezialität: Wildschweinschinken-Carpaccio ca. 9 €.

Cochemer Institution – **Zom Stüffje** : Oberbachstr. 14, Tel. 02671 72 60, www. zom-stueffje.de, Mi–Mo, Hauptgerichte ab ca. 8 €. Im urigen Restaurant des ältesten Gasthauses Cochems bewirtet die herzliche Familie Franzen mit hausgemachten Suppen und zivilen Preisen.

Einkaufen

Für Gourmets – **Historische Senfmühle** : Stadionstr. 1, Tel. 02671 60 76 65, Cochem, www.senfmuehle.net, tgl. 10–18, Führung 11/14–16 Uhr. Senfmüller Wolfgang Steffens produziert auf einer Mühle von 1810 im Kalt-

Spektakel für Jung und Alt – das Burgfest auf der Reichsburg

Auf Entdeckungstour

Mosel-Farben auf William Turners Palette

Ein Mann in einem Boot, den Zeichenstift in der Hand, die Augen auf die wechselnden Uferansichten gerichtet. Ein knurriger, unfreundlicher Reisender, der die Bootsführer kaum eines Blickes würdigt – aus seinem Malkasten jedoch die durchsichtigsten und leuchtendsten Farbtöne zaubert: Das ist der britische Landschaftsmaler William Turner auf seinen Moselreisen. Ein kleiner Rundgang durch Cochem ermöglicht, Stadt und Landschaft mit seinen Augen zu sehen.

Reisekarte: ▶ G 2

Für wen: Kunstinteressierte und solche, die es werden wollen.

Zeit: etwa eine Stunde

Start: Cochem, Endertplatz

Revolutionär der Malerei

Als visionärer Maler ist William Turner (1775–1851) in die Kunstgeschichte eingegangen. Vor allem im fortgeschrittenen Alter war er seiner Zeit weit voraus: Farbe und Licht entwickeln ein Eigenleben, während die Form sich zunehmend auflöst. Seine Bilder bilden zugleich den Höhepunkt der romantischen Landschaftsmalerei – und läuten den Abschied von ihr ein: Turners Werk ist der Brückenschlag von der Romantik zur Moderne. Obwohl im Umgang ein harter und wunderlicher Mensch, pflegte er zeitlebens Freundschaften. Auch war er sehr kinderlieb und setzte sich für die Abschaffung der Sklaverei ein. Sein liebstes Hobby war jedoch wieder das eines Eigenbrötlers: das Angeln. Als Künstler wusste Turner sich zu verkaufen. Sein wirtschaftlicher Erfolg ermöglichte ihm zahlreiche Reisen auf den Kontinent.

William Turner hat die Mosel zwischen Metz und Koblenz zwei Mal bereist: 1824 und 1839, jeweils im Spätsommer. Auf seiner ersten Reise sah er das Tal nur vom Boot aus – abgesehen von den Übernachtungen in Neumagen, Trarbach und Cochem. Doch die Mosel muss ihn nachhaltig begeistert haben, denn für seine zweite Reise nahm er sich mehr Zeit. Diesmal stieg er auch die Berge hinauf und suchte nach den besten Perspektiven. 1840 machte Turner auf einer anderen Reise noch einmal einen Abstecher an die Mosel. Die Turner-Expertin Cecilia Powell schreibt, »es hat den Anschein, als habe er sich kaum von der Mosel trennen können«. Und sie stellt fest: »Von keinem anderen Ort an der Mosel hat Turner mehr Ansichten gemalt als von Cochem.« Das Moselstädtchen ist also ein ideales Terrain für einen Spaziergang auf den Spuren des berühmten Malers.

Mit Skizzenbuch und Aquarellkasten

Einige der Standorte, an denen Turner 1839 seine Malutensilien ausbreitete, sind heute vergleichsweise unwirtlich: An der Bundesstraße rauscht der Verkehr, in Cochem-Sehl klemmt sich ein kleines Gewerbegebiet zwischen Berg und Fluss. Doch zu Fuß in der quirligen Cochemer Altstadt unterwegs kann man noch Atmosphäre und urige Szenerien erleben, wie Turners Maleraugen sie sahen. Der Rundgang startet am Endertor an der Alten Thorschänke, in die wohl auch Turner eingekehrt ist. Hinter dem Tor geht es die lange Klostertreppe hoch. Vom Aussichtspunkt am Kapuzinerkloster sieht man auf das Dächermosaik hinunter. Von hier aus kann man begreifen, was den Künstler an Cochem so in den Bann gezogen haben muss. Denn es fällt auf, dass Turner seine Cochem-Aquarelle mehrschichtig angelegt hat: Wiederkehrendes Motiv ist der Moselbogen, in dem die Stadt eingeschmiegt liegt, hinterfangen von dem markanten Kegel der Reichsburg. Auch die Tiefenstaffelung von Stadt, Moselbergen und Endertal hat ihn fasziniert, wobei hier die Winneburg den Akzent setzt.

Über den Friedhof geht der Rundgang weiter durch das Balduintor und die Obergasse zum Marktplatz hinunter. Dann führt der Weg durch die Herrenstraße. Während die meisten Touristen rechts Richtung Burg abbiegen, geht es weiter geradeaus durch den ›Burgfrieden‹. Diese stille Straße repräsentiert das ›eigentliche‹ Cochem. Hier scheint die Zeit stehen geblieben zu sein. Fast schon ein wenig düster wirken die schmalen, hochgebauten Häuser. Den südlichen Abschluss des Burgfriedens bildet das Martinstor, überragt von Burg und Pestkapelle. Diesen ›Dreiklang‹ hat Turner vom gegenüberliegenden Moselufer aus aquarelliert. An der Moselpromenade kann man nun gemütlich zum Ausgangspunkt zurückschlendern.

Maler des Lichts

Landschaft, Orte und Gebäude verschmelzen bei William Turner zu einer Einheit. Mit rasch platzierten Linien und Farbflächen schafft er atmosphärische Dichte. Im Kolorit stehen zarte und kräftige Töne nebeneinander. Für jeden Moselbesucher ist dies unmittelbar nachzuvollziehen: Denn je nach Wetterlage kann die vom Fluss aufsteigende Feuchtigkeit innerhalb von Minuten mit klarstem Sonnenlicht abwechseln – vor allem am Vormittag. Im engen Tal bewirken Dunst und Nebel besonders intensive Abstufungen der hintereinander gestaffelten Bergrücken. Da es Turner in romantischer Manier noch darauf ankommt zu zeigen, was die Seele, was das ›innere Auge‹ sieht, neigt er dazu, die Felsabhänge noch etwas schroffer, die Berge noch etwas steiler zu machen, als sie in Wirklichkeit sind.

Der Zillesberg bei Treis wird zur senkrecht aufsteigenden Felswand, Burg Bischofstein 1839 in eine hochalpin anmutende Szenerie versetzt. Auffällig ist, dass er dem Burgberg im darauf folgenden Jahr seine realistischen Konturen verleiht – Turner war kein Dogmatiker. Auch Beilstein, Klotten mit Burg Coraidelstein und Gondorf hielt er 1839 in Deck- und Wasserfarben fest. Burg Eltz besuchte er erst 1840. Hier war es offenbar auch wieder das Wechselspiel zweier Burgen – Eltz und Trutz-Eltz –, das ihn als Maler herausforderte. Turner ließ sich also von den pittoresken Ansichten inspirieren, die auch wir auch heute noch gerne fotografieren.

William Turner ›Cochem aus südlicher Richtung gesehen‹, um 1839
Das kleine Aquarell befindet sich in der Londoner Tate Gallery

mahlverfahren Köstlichkeiten, die im ehem. Winzerhaus am Conder Ufer zu kosten und kaufen sind, zu zivilen Preisen! Spitzengastronomen setzen auf Senf des prominenten Müllers.

Aktiv & Kreativ

Für die ganze Familie – **Freizeitzentrum Cochem** `3`: Moritzburger Straße 1, Cochem, Tel. 02671 979 90, www.moselbad.de. Öffnung (Tageszeit tel. erfragen!): Freibad Juni– Aug. tgl., Hallen-Wellenbad/Erlebnisbad Di–So, Kinderland Di–So. Außerdem: Sauna, Tennis und Minigolf. Ein Bade-Erlebnis im Freien und in der Halle wird garantiert – mit Sprungturm, Rutschen, Wellenbad, Wasserfall und ›Kinderland‹ für Familien und Kids mit Beckenlandschaften, Inseln, Wasserspielen und einer Baby-Mulde zum Plantschen.
Querfeldein – **Fahrradverleih** `4`: Radsport Schrauth, Ravenéstr. 20, Cochem, Tel. 02671 79 74, www.crossladen.de, Workshops Sa/So.

Infos & Termine

Tourist-Information
Tourist Information Ferienland Cochem: Endertplatz 1, Tel. 02671 600 40, www.cochem-tourist.de. Infos auch zu Führungen wie z.B. der Nachtwächterführung.

Veranstaltungen
Sommerliche Orgelmatinee: Samstags in der Pfarrkirche St. Martin, Juni–Aug. 11–11.30 Uhr.
In Cochem ist immer was los, erwähnt seien der **Ostermarkt** (zwei Wochen vor Ostern) die **Weinwerbewoche** am zweiten Juniwochenende, das **Burgfest** am ersten und das **Heimat- und Weinfest** am letzten Augustwochenende.

Verkehr
Bahn: Bf. Cochem, Strecke Trier-Koblenz (Linie 690).
Bus: in der Eifel (Linien 500, 713, 718) und im Hunsrück (Linien 717, 719).
Schiff: von/nach Koblenz (mit Anschluss nach Bonn), Treis-Karden, Beilstein, Traben-Trarbach, Abendfahrten ab Cochem.
Personenfähre: Cochem–Cond, Tel. 02671 15 96, Ostern–Okt. tgl. 10–13 u. 14–18, ab Pfingsten auch 19–20 Uhr.

Klotten ▶ G 2

In Klotten findet das Urlauberherz alles, was es begehrt: einen schmucken Ortskern mit einer spätgotischen Kirche, die Rarität einer echten Seilschleppfähre, köstliche Steillagenweine, das Naturschutzgebiet Dortebachtal, den Wild- und Freizeitpark auf der Anhöhe (s. Unser Tipp, S. 240) und ca. 90 m über dem Ort auf einer Bergkuppe die malerische Burgruine Coraidelstein.

Burg Coraidelstein
Keramikatelier Coraidelstein: Ayca Riedinger, Tel. 02671 45 34, Besichtigung nach tel. Vereinbarung
Kaiser Konstantins Römer überwachten von da oben die Mosel und unterhielten Nachrichtenstafetten, wie Hütten-, Brunnenreste und Keramikscherben nahelegen. Eine Keramikwerkstatt begründete 1952 Else Harney (gest. 1985), Tochter des letzten Burgherrn, zusammen mit dem Töpfer und Schöpfer exquisiter Gefäße und Glasuren Wendelin Stahl. Nach dessen Tod im Jahr 2000 setzt Keramikermeisterin Ayca Riedinger, die eine 13-jährige Partnerschaft mit ihm verband, auf Coraidelstein die Tradition fort. Die auf Kristallglasuren spezialisierte Künstlerin präsentiert eigene Objekte zum

Verkauf und stellt Werke von Wendelin Stahl und Else Harney aus.

1040–1047 lebte die Pfalzgrafentochter, Enkelin Kaiser Ottos II. und polnische Königswitwe Richeza auf der Stammburg der Ezzonen, allseits verehrt wegen ihrer Mildtätigkeit. Nach dem Tod Mieszkos II., mit dem sie im Alter von 16 Jahren vermählt worden war, floh sie vor den Unruhen aus Krakau und kehrte in ihre Heimat zurück. Noch als Leichnam wurde sie Opfer der Politik, da der Kölner Erzbischof Anno sie um des Besitzes des Klottener Guts willen auf seinem Territorium bestattete. Seit 1817 ruht sie im Kölner Dom.

Pfarrkirche St. Maximin
offen, Tel. 02671 41 79
Als auf Pfarrer Helmut Gehrmanns Initiative hin 2002 eine Reliquie der seligen Richeza aus dem Kölner Dom in die Kirche übertragen wurde, baute er da-

Unser Tipp

Park bärenstark
Mitte März–Anfang Nov. 9–18 Uhr, Tel. 02671 60 54 40, www.klotti.de.
Der Familienbetrieb Wild- und Freizeitpark Klotten ist nicht vergleichbar mit den großen Vergnügungsparks, aber mit Attraktionen wie Klotti-Tower, Wasserbob, Riesenrutsche und Bärengehege voll empfehlenswert für Familien mit Kindern von 3 bis 12 Jahren und reizt dank der Achterbahn auch Jugendliche zum Besuch. Das frei laufende Rotwild in dem weitläufigen Gelände darf gefüttert werden. Vor dem Ein- und Ausgang genießen Sie einen herrlichen Blick auf die Mosel und Cochem!

für eigens einen Altar. Das im Wesentlichen spätgotische Gotteshaus hält auf schieferig-schiefem Untergrund die Balance. Romanisch mit aufgesetztem Geschoss (1564) ist der Westturm, polygonal der Chor. Ein Sterngewölbe überspannt zwei Schiffe der Kirche.

Übernachten, Essen

Freundlich – **Hotel & Restaurant Zur Post**: Bahnhofstr. 24, Klotten, Tel. 02671 71 16, www.hotelzurpost-klotten.de, Hotel-DZ ab 80 €, Fewo-Preise erfragen. Ein überaus freundlicher Service von Bettina und Klaus Berens, die in ihrem Bett-&-Bike-Betrieb auch Sonderwünsche kleiner Gäste erfüllen. Auch Biker sind willkommen (Mitglied von Motor Bike Hotels).

Aktiv & Kreativ

Für Groß & Klein – **Der Bootsplatz:** Moselstr. 6, Klotten, Tel. 02671 60 55 18, www.derbootsplatz.de, Kanuverleih u. -kauf (tgl. ab 9.30 Uhr nach Reservierung).

Infos

Tourist-Information
Heimat- und Verkehrsverein: Tel. 02671 51 99, www.klotten-info.de.
Info-Center: Haus Moselschiefer, Moselstr. 27 (nahe der Fähre), Auskünfte auch zur Moselschiefer-Straße (s. S. 57).

Verkehr
Bahn: Bf. Klotten, Strecke Trier–Koblenz (Linie 690).
Schiff: von/nach Koblenz, Cochem, Treis-Karden.
Autofähre: Klotten–NSG-Klotten, Mai–Okt. Tel. 02671 71 99.

Im Schutz des Martbergs

Geduldig fraß sich die Mosel vor Urzeiten durch den Devonschiefer und formte ein enges Tal, das rechtsmoselanisch nicht mal eine Uferstraße trägt. Ein lauschiger Wanderweg, an den man von Klotten aus per Fähre andocken kann, führt hier entlang bewaldeter Bergrücken nach Treis. Unterwegs wird das Naturschutzgebiet Pommerheld durchquert, wo man seltene Wasservögel beobachten kann. Die mit Rebstöcken bepflanzte Sonnenseite des Tals mit Exklusivlagen wie ›Pommerner Sonnenuhr‹ ist erst wieder in Treis über die Brücke nach Karden zu erreichen.

Pommern ►H2

Die Route links der Mosel ist auch nicht ohne Reiz. So bleibt man erst einmal in Pommern hängen, dem *Pomaria* (= Obstgarten) der Römer, das mit steilen Gassen voller gepflegter Fachwerk- und Bruchsteinhäuser aufwartet und dessen Winzer offenbar zumeist Schneiders heißen. Das erzbischöfliche Burghaus (um 1400) mit Stockturm und Fachwerkgiebel und der Spilles, das Rathaus, sind bemerkenswert. Vollends entzückt aber das Flair des ältesten Pfarrhauses im Bistum Trier, der ehem. Himmeroder Hof (1256). Die originelle Torbrücke ist mit der Empore der frühklassizistischen **kath. Pfarrkirche St. Stephanus** (1786–1794) verankert, diese mit dem frühgotischen, spitzhelmigen Glockenturm – und lässt den Pastor nie im Regen stehen.

Ausflug auf den Martberg

Gallorömische Tempelanlage: www.martberg.de, Mai–Okt. Mi 14–20, Do–So 11–17 Uhr, Bewirtung vor Ort

Über dem steil abfallenden Tal von Mosel, Pommerbach und Brohlbach erstreckt sich das Plateau des Martbergs (Pommerer Mart). Koblenzer Archäologen entdeckten auf dem *mons Martis* Spuren eines bis ins 4. Jh. genutzten gallorömischen Kultbezirks, der dem treverischen Haupt- und Stadtgott Lenus Mars (daher Martberg) geweiht war. Eine Wanderung auf dem Lenus-Mars-Weg führt von Pommern oder Karden aus auf das 270 m hohe Bergplateau (s. Entdeckungstour ›Auf den Spuren der Antike‹, S. 214).

Übernachten

Bruchsteinromantik – **Weingut-Winzerhof Schneiders**: Bahnhofstr. 2, Tel. 02672 25 31, www.fewo-direkt.de. Eisenbahnfreaks gefällt die Bahnhofsnähe zum freundlichen Winzerhaus und zur Fewo ›im Landhausstil‹ (2–5 Pers., ab 4 Tage) ab 36 € plus Endreinigung.

Treis-Karden ►H2

Treis auf der Hunsrück- und Karden auf der Eifelseite grüßen sich über die Moselbrücke hinweg. Vom Martberg aus ist Karden durch die Weinberge und auf dem Kreuzweg zu erwandern, dessen Stationen oberhalb der Stiftskirche St. Castor am Stiftsbezirk enden. Die B 49 führt an der Mosel entlang. Treis ohne Umweg über Karden erreichen Sie per Pedes und Pedale durch das Naturschutzgebiet (s. S. 239) oder per Auto von Bruttig-Fankel hoch und quer durch den Hunsrück, am Schluss durch das reizvolle Flaumbachtal (L 202).

Der Stiftsbezirk in Karden

Stiftsmuseum: Ostern/Mai–Okt Fr 14–17, Sa/So 10–12, 14–17 Uhr

Die dreischiffige **Stiftskirche St. Castor**, im Volksmund ›Moseldom‹ oder auch ›Weißer Riese‹ genannt, ist eine romanisch-frühgotische Schöpfung, entstanden in mehreren Bauphasen ab dem 12. Jh. Die Basilika besitzt eine bemerkenswerte Ausstattung. Den Westturm schmücken zwei Sterne als Anspielung auf Bethlehem und ein künstlerisch ungemein wertvolles Dreikönigs-Altarretabel (um 1420) aus mittelrheinischer Terrakotta. Aus der Fülle kunsthistorisch bedeutsamer Werke ragen die beiden Altäre der Trierer Hoffmann-Schule, die Grablegung Christi (alle 17. Jh.) und die restaurierte dreimanualige Orgel Johann Michael Stumms (1683–1747) von 1728 heraus. Grabungen in der Krypta förderten 1966 Mauern einer karolingischen Basilika zutage, in die Erzbischof Wiomad im 8. Jh. die auf wundersame Weise aufgefundenen Gebeine des hl. Castor hatte überführen lassen. Im 9. Jh. kamen sie nach Koblenz.

Noch monumentaler wirkt der ›Moseldom‹ übrigens vom Treiser Ufer des Doppelorts aus (s. S. 244), das saloppe ›Weißer Riese‹ ist aus diesem Blickwinkel mehr als legitim!

Der gotische Kreuzgang der Kirche ist vom **Stiftsmuseum** aus zugänglich. Das früher als Zehnthaus genutzte Gebäude (1238) zeigt nach überaus gelungener Renovierung christlich-kirchliche und gallorömische Schätze, auch vom Martberg. Mit weiteren Stiftshäusern blieb das Gesamtumfeld erstaunlich authentisch, so die Stiftsschule und der 800 Jahre alte Wohnturm des Propstes, der **Korbisch**. Letzteres ist eine Verballhornung des Titels ›Chorbischof‹, den in der Frühzeit die Landbischöfe bzw. Archidiakone trugen, deren Trier fünf besaß.

Wanderung zur Castorhöhle

Keinen Titel nahm Castor, Schüler des Trierer Bischofs Maximin, mit ins Grab, außer dem Ruf eines Missionars unter römischer Herrschaft, wofür er heiliggesprochen wurde. Er soll im 4. Jh. in Karden die erste Gemeinde an der Untermosel gegründet, in einer Höhle gelebt und Wunder vollbracht haben – so habe er einen aufsässigen, später reumütigen Moselfischer erst fast ertrinken lassen, ihn dann aber gerettet. Der Buchsbaum-Wanderpfad (s. Unser Tipp, S. 245) zweigt am Kompuskopf in Richtung Castorhöhle ab.

Treiser Spaziergänge

Kath. Pfarrkirche: offen

Wunder verbucht Treis auf der Hunsrückseite im **Naturschutzgebiet Treiser Schock**, das vor Urzeiten Tummelfeld eines Menschen schockierenden Riesen war, den nur magische Kiesel eines Einsiedlers in Schach und auf ewig in seiner Höhle halten können. So erzählt man es sich auf dem ›Rheinischen Sagenweg‹, der durch Treis bis nach Cochem führt.

In jüngerer Zeit gelang es nicht so leicht, das Böse zu bannen. Wie in Bruttig wurde das Bahntunnel-Terrain 1944 zur KZ-Außenstelle, deren Spuren allerdings verwischt sind. Menschliches Leid zum Ende des Zweiten Weltkriegs ließ sich nicht wegretuschieren, auch alte Bausubstanz fiel den Luftangriffen zum Opfer, darunter das Langhaus der Katharinenkirche. Den Bomben entging im Ortszentrum von Treis die **kath. Pfarrkirche St. Johann Baptist**, ein neugotisches Frühwerk des Architekten Johann Claudius von Lassaulx, der außerdem die Schule (heute Bürgerhaus) auf dem Vorplatz erstellte.

Ausflug zur Zilleskapelle

Ein Kreuzweg leitet von der ersten Kurve der Kastellauner Straße durch die Weinberge auf den Zillesberg mit der dem hl. Cyriacus geweihten Zilleskapelle, ihren leuchtend-abstrakten Fenstern und dem herrlichen Blick ins Moseltal. Auf dem Rückweg können Sie entlang der Kreuzweg-Stationen der ›Sieben Schmerzen Mariens‹ zu einer Wegekapelle gehen und von dort aus die Kastellauner Straße zurück nach Treis wählen.

Ausflug ins Lützbachtal

Kath. Pfarrkirche: gelegentlich offen
Schiefergrubenweg: Tel. 02672 61 37,
www.schiefergrubenweg.de
Ein Augenschmaus ist die Tour ins Lützbachtal, wohin Sie westlich der Staustufe Müden in den Hunsrück abbiegen. In den Hauptort **Lütz** lockt die barocke katholische Pfarrkirche St. Maximin (1752/53) mit ihrem romanischen Kirchturm. Am Ortseingang erinnert neben einer Abraumhalde ein zugemauerter Stollen an Dachschiefer-Bergwerkszeiten, die in den 1950er-Jahren endeten. Wanderer brechen von hier in die wildromantische Lützer Schweiz auf, auch auf dem neuen, 7 km langen ›Schiefergrubenweg‹. Radler durchqueren Lütz auf dem die Muskeln trainierenden Hunsrück-Mosel-Radweg von Treis nach Kastellaun.

Ruinen Treis und Wildburg

Abstecher in die Täler des Flaumbachs und des Dünnbachs lohnen sich um der landschaftlichen Schönheiten willen. Deren Zusammenfluss markieren die sich deutlich abhebenden, privat genutzten Burgen auf dem schmalen Berggrat, die in ihrer ›aktiven‹ Zeit in Schutzfunktion hintereinandergeschaltet waren.

Meditieren in Maria Engelport

Flaumbachtal 4, Tel. 02672 93 50,
www.kloster-maria-engelport.de
Das Kloster Maria Engelport liegt im zauberhaften Flaumbachtal, 10 km von Treis entfernt. Im 13. Jh. als Damenstift eingerichtet und im 18. Jh. dem Verfall preisgegeben, wurde es (bis auf die Kirche) 1903 über den Ruinen von den Hünfelder Oblaten (OMI) neu erbaut. Der Orden öffnet das 1998 renovierte Tagungs- und Exerzitienhaus auch für Einzelgäste (Anmeldung erforderlich). Seminare, Exerzitien, Maiandachten, kirchliche Feste.

Übernachten, Essen

Freundlich und fantasievoll – **Schloss-Hotel Petry:** St. Castorstr. 80, Karden, Tel. 02672 93 40, www.schloss-hotel-petry. de, DZ ab 90 €. Die liebenswürdigen Besitzer bieten sehr guten Service. Für die fantasievolle Küche mit Feinschmecker-Standard sorgt Oliver Bell, Judith Bell für den Gastrobereich.
Niveauvoll romantisch – **Weingut Knaup:** Am Rathaus 6, Treis, Tel. 02672 24 46, www.weingut-otto-knaup. de. 4-Sterne-Gästehaus, DZ ca. 50 €. In der Weinstube Zum alten Pfarrhaus gibt es moselländische Spezialitäten (ab ca. 5 €).
Fangfrische Forellen – **Pulgermühle:** Tel. 02672 20 52, www.pulgermuehle. de. Fewo: 35 € (2 Pers., mind. 3 Tage) plus Endreinigung; Gaststätte: Tel. 13 89, April–Nov. Mi–Mo 10–21 Uhr, sonst

Lieblingsort

Treis-Karden: Moseldom

Die Stiftskirche sollten Sie zunächst vom Treiser Ufer auf sich wirken lassen. Hier passt das Etikett ›Moseldom‹ wie angegossen für die Mischung aus Macht und Kontemplation. In Kardens alten Ortskern eingekeilt, zeigt sich dann das Innere des Gotteshauses als wahres Juwel (s. auch S. 242).

nur Sa/So. Gutbürgerliches Essen ab 12 €, Spezialität des Hauses ist Forelle. Die Mühle liegt im Flaumbachtal, am Zusammenfluss von Mörsdorfer Bach und Flaumbach, Kreuzung K36/L202. Auch geführte Wanderungen.

Aktiv & Kreativ

Radelspaß – **Bikestore:** Hauptstr. 34, Treis, Tel. 02672 91 22 50, www.bikes tore-treis.de. Fahrradverleih nach Reservierung.

Badespaß – **Spiel- und Spaßbad Treis-Karden:** Bruttiger Str., Treis, Tel. 02672 73 31. Beheizte, behindertengerechte Becken, Rutschbahn, Strömungskanal usw.

Infos & Termine

Tourist-Information
Ferienland Treis-Karden: Hauptstr. 27, Ortsteil Treis, Tel. 02672 61 37, www. treis-karden.de, versorgt den Reisenden mit Informationen u. a. zu Treis-Karden, Pommern, Müden, Moselkern. Infos und Ausflugstipps auch zu den Orten im Hunsrück.

Feste
Treiser Weinfest: 2. Wochenende im Sept. auf dem Treiser Marktplatz.

Verkehr
Bahn: Bf. Treis-Karden, Strecke Trier–Koblenz.
Schiff: von/nach Koblenz, Cochem.

Burgen und Dörfer

Malerisch ist die Moselfront in einem vielfach verschlungenen Tal, wo sich der Fluss gegen das ihn erdrückende Gestein wirft. Die Hochfläche des Mai-felds auf der Eifelseite trägt kaum Wälder und zeigt im Winter abgeerntete Äcker und Wiesen. Im späten Frühjahr aber erblüht das Tal in Kontrasten, die ihm von Natur aus innewohnen. Die Dörfer am Fluss präsentieren selbstbewusst ihre baulichen Kostbarkeiten und verweisen stolz auf uralte geschichtliche Wurzeln. Lange abhängig von Klöstern und Adelsgeschlechtern, versuchen sie heute mit ihren eigenen Pfunden zu wuchern. Das ist immer noch zuallererst die Rebe und ihr köstlicher Extrakt.

Müden ▶ H 2

Die kath. Pfarrkirche St. Stephanus, im Kern vor die erste Jahrtausendwende zu datieren und für ihre Glasfenster (13. Jh.) berühmt, ist dank ihres auffallenden Westturms mit dem Rhomben-

Unser Tipp

Auf dem Buchsbaum-Wanderpfad
Informationen/Broschüre zum Streckenverlauf: Tourist-Info Treis-Karden, s. l.
Etwas mehr als 4 km wandern Sie zwischen Müden und Karden auf teils bequemen Wegen, teils schmalen Weinbergspfaden entlang am wilden Buchsbaum. Die ›Palmzweige‹ des immergrünen, in der Hitze duftenden Strauchs werden in der Moselregion noch heute zum Palmsonntag gebunden, geweiht und in Haus und Hof als Schutz vor Krankheiten aufgehängt. Sie dienen in unseren Breitengraden als Ersatz für Palmwedel.

dach ein beliebtes Malermotiv (Anmeldung Tel. 02671 41 79). In Ufernähe macht ein zum Café gewordenes Halfenhaus auf sich aufmerksam, das die Gastro-Tradition vor der Kanalisierung des Flusses repräsentiert. Damals zogen die von den Moselschiffern angeheuerten Halfen (Treidler-Bauern) mit ihren Pferden die Schiffe flussaufwärts und waren auf solche Rastplätze angewiesen.

Gastlich aufgenommen wurde der Legende nach auch Petrus, der in den Zeiten, als Jesus mit seinen Jüngern noch auf Erden wandelte, in Müden einen Holzhumpen randvoll mit Wein erstand und vergeblich versuchte, ihn heil auf holprigem Weg zu befördern, immer wieder die überschwappende Köstlichkeit abtrank und den Becherrand zur Vertuschung mehrmals abschnitt. Seinen Gefährten tischte er die Lüge auf, die Humpen an der Mosel seien miserabel klein. Der HERR habe daraufhin geantwortet, Petrus möge das ›Miseräbelchen‹ behalten. Auf diese Begebenheit soll die moselanische Bezeichnung für kleine Schoppen zurückgehen.

So anfechtbar diese Erzählung auch ist, so sicher ist Müden der Herkunftsort des Koblenzer Publizisten, Professors und Politikers Joseph von Görres, dessen Familie mit dem hiesigen Görres-Haus ein Denkmal gesetzt wurde (s. S. 279).

Essen & Trinken

Gemütlich – **Restaurant Zum Dorfbrunnen:** Silberstr. 19, Tel. 02672 18 66, tgl., Hauptgerichte ab ca. 11 €, gute Auswahl an Vollwertkost ab 8 €.
Angenehm – **Café im Halfenhaus:** Moselstr. 1, Tel. 02672 91 09 60, www.cafe-halfenhaus.de, Mo, Di, Do–Sa 12–20.30 (und später), So 9–18 Uhr, Mittagstisch um 5 €, Halferschnitzel ca. 10 €, Brunch gelegentl. mit Live-Musik.

Einkaufen

Köstliche Moselfische – **Fischerei Barden:** Schleuse Müden, Treis, Tel. 02672 71 37, tgl. 9–18 Uhr, Erlaubnisscheine zum Angeln für Staustufe Müden-Fankel.

Infos

Verkehr
Bahn: Bf. Müden, Trier–Koblenz (Linie 690).

Moselkern ▶ H 2

Gegenüber dräut der Druidenstein, ein dreieckiger Hunsrückberg, der einstmals eine vorgeschichtliche Befestigung trug. Dem folgt in der Hitliste der Sehenswürdigkeiten die Stele von Moselkern bzw. das Merowingerkreuz (um 700). Vor der kath. Pfarrkirche St. Valerius steht eine Kopie der Plastik aus Basaltlava, das Original ist im Rheinischen Landesmuseum in Bonn.

Attraktives Fachwerk, wie der polygonale Erker am historischen Rathaus (1535), dem ältesten der Mosel, mischt sich in dem adretten Winzerdorf mit Bruchstein-Architektur aus der Gründerzeit. Beispielhaft dafür ist das Haus Schunck, über dessen bizarrem Formenreichtum selbst der Park verblasst. Auf der Gartenterrasse des Hauses Scholz, des ehem. Halfenhauses (1738), soll der berühmte Trierer Domorganist Georg Schmitt 1846 erstmals das ›Mosellied‹ geschmettert haben, komponiert zu Theodor Recks Versen: »Oh Moselland, oh selig Land! Ihr grünen Berge, oh Fluss und Tal, ich grüß euch von Herzen vieltausendmal!«

Übernachten

Flussblick – **Hotel Moselkern:** Moselstr. 15, Tel. 02672 13 03, www.hotel-mo selkern.de, DZ ca. 80 €. Restaurant: Mi–Mo gutbürgerliche Küche.

Stilsicher – **Im alten Halfenhaus:** Moselstr. 5, Tel. 02672 91 22 43, www. fewo-halfenhaus.de. Fewo 40 € (2 Pers./ab 2 Tagen) und Gästezimmer DZ ca. 70 € im denkmalgeschützten Haus von Familie Scholz. Ausflugtipps, Fahrradabstellraum.

Aktiv & Kreativ

Kompetent & unterhaltsam – **Moselkern-Führung:** ›historia viva‹, Dr. Ingeborg Scholz, www.historia-viva.de, Info: Tel. 02672 91 22 43 oder Tourist-Information Treis-Karden, s. S. 238.

Infos

Verkehr
Bahn: Bf. Moselkern, Trier–Koblenz (Linie 690).
Schiff: Cochem–Koblenz.

Münstermaifeld ► H 1/2

Wie eine Spinne im Netz sitzt Münstermaifeld im Straßenkreuz auf dem weiten, landwirtschaftlich geprägten Maifeld. Über 700 Jahre Stadtrechte, mehr als 1000 Jahre Markt, Versammlungsgelände der Franken, Königshof, Aufmarschgebiet von Truppen aller Couleur – ein ganzer Stapel von Erwartungen geleitet Besucher in die kleine Stadt. Eventuelle erste Enttäuschung weicht dem Staunen angesichts der kolossalen ehem. Stiftskirche St. Martinus und St. Severus, die man so hier nie vermuten würde.

Die heutige Pfarrkirche entstand im 6. Jh. aus einer Urpfarrei und wurde bald zum Kollegiatsstift der Augustinerchorherren, dessen bedeutendster Propst im 15. Jh. der spätere Kardinal Nikolaus von Kues war. Der Sage nach stammt das Material des Westwerks von einem Moselsteilhang, dessen Gestein beim Hämmern wie eine Glocke klang. Ein Lamm habe einem Steinmetzen die Stelle gewiesen, sei kurz vor einem Bergrutsch rettend wieder erschienen und – die Steine reichten aus. Ein Teil des Westwerks ist tatsächlich aus Bruchstein erbaut, allerdings kombiniert mit Tuff und Buntsandstein.

Fast orientalisch mutet der wehrhafte hochromanische Mittelturm an, von einem frühgotischen Zinnenkranz gekrönt und von schlanken Rundtürmen flankiert. Eine Fülle von Stilarten harmoniert wunderbar miteinander: der spätromanische polygonale Chor, die klaren Formen des früh- bis spätgotischen Langhauses, das hochgotische südliche Paradies, die barocke Stumm-Orgel. Das vertikale Prinzip wird betont, aber immer wieder wirkungsvoll durch Simse und Zwerggalerien zurückgeholt. Andacht und Stille mischen sich wie von selbst.

Kaum vorstellbar, dass das Stift im 17. Jh. in Hexenprozessen aktiv war und Menschen auf den Scheiterhaufen brachte (www.muenstermaifeld.de; Stadt- und Kirchenführung: Claudia Schneider, Tel. 02605 48 64).

Essen & Trinken

Kreativ fein – **Löffel's Landhaus:** Obertorstr. 42, Münstermaifeld, Tel. 02605 95 37 73, www.loeffelslandhaus.de, Mi–Sa ab 17.30, So ab 11 Uhr. Günter Löffel verwöhnt mit Spezialitäten rund um die Maifelder Kartoffel ab 12 €.

Burg Eltz

*www.burg-eltz.de, Ostern–1. Nov. tgl.
9.30–17.30 Uhr, Fax 02672 950 50 50
(Kastellanei); kleine Gerichte in zwei
Self-Service-Gaststätten*
*Anreise: Autofahrer müssen über
Münstermaifeld anfahren, werden
zielsicher zum Parkplatz gelotst und
auf einen Spaziergang zur Burg
geschickt*

Die Wanderschuhe geschnürt, laufen
Sie von Moselkern aus auf einer klei-
nen Straße, dann auf einem lauschigen
Wanderweg durchs idyllische Tal des
Elzbachs direkt ins offene Burgtor.

Die zuletzt als Motiv der 500-Mark-
Note verewigte Bilderbuchburg taucht
unwirklich märchenhaft mit einem
Mal aus den Wäldern auf. Üblicherweise schaut man zu einer Burg auf,
sofern sie nicht in der Ebene liegt und

Eltz ist eine der ganz wenigen Burgen, auf die man herabschauen kann

mit einem Wassergraben umgeben ist. Wenn man als Autotourist vom Parkplatz im Eltzer Wald zur Aussichtsterrasse spaziert, blickt aber auf Burg Eltz hinab und wundert sich umso mehr, dass sie nie erobert wurde, was von hier aus kinderleicht hätte sein müssen. War sie so unbedeutend, dass Kurfürst Balduin seine als Widerpart gegen die Eltzer Grafen 1331 gebaute Burg Trutzeltz auf dem nahen Hang

letztlich nur entnervt aufgab, weil er sich mit der Belagerung lächerlich machte? Ein Sonntagskind? 1689 verhinderte ein Eltz-Bürresheim, General in französischen Diensten, die Zerstörung in äußerst brenzliger Situation. Im Unterschied zu Münstermaifeld, das ein französischer Marschall 1691 aus purer Dummheit niederbrannte, weil er es mit Münstereifel verwechselte, blieb die Burg immer verschont. 1920 deckte eine Feuersbrunst einige Dächer ab, derer es auf diesem vom Elzbach umflossenen Hügelkegel zahlreiche gibt. Bildschön ist die Burg, im Innern reich ausgestattet, bezaubernd dank der Fachwerkpartien, Erkerchen und der auf ihrer Vergangenheit als Ganerbenburg basierenden Türme, in denen die Eltz-Familien einträchtig lebten. Die Linie Eltz-Kempenich zählt zu den ältesten deutschen Adelsgeschlechtern.

Burg Pyrmont

www.burg-pyrmont.de, Besichtigung: Juni–Aug. Mi–So 11–17, Mai/Sept.–Okt. 11–16 Uhr, Tel. 02672 23 45, allerlei Events, u. a. Rittermahl
Burg Pyrmont, im 13. Jh. weiter hinten im Tal über dem Wasserfall des Elzbachs errichtet, wurde nach der Zerstörung 1689 zu einem behäbig-barocken Schloss unter Beibehaltung des Bergfrieds aufgebaut. 1810 als französisches Nationaleigentum auf Abbruch verkauft, erlebte sie ein wechselvolles Schicksal – u. a. 1902 durch den kurzzeitigen Inhaber Kapitän Scharmberg, der in der Ruine im Verlies als Einsiedler hauste. In den 1960er-Jahren von den Architekten Hentrich und Petschnigg sorgsam restauriert, wird die Burg in geglückter Balance zwischen Alt und Neu nun zu einer atmosphärisch intensiven Erlebnisburg umgemodelt.

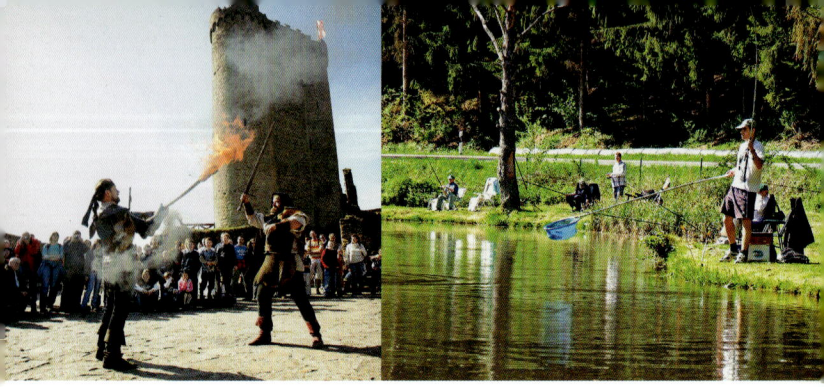

Terrassenmosel: Hatzenport bis Winningen

Highlight!

Ehrenburg: Die malerische Ruine im Ehrbachtal wurde 1992 aus dem Dornröschenschlaf geweckt, mit Events wie ›Lebendige Burg‹ und ›Traumzeit‹; sonntags Mitmachprogramme für Familien. S. 259

Auf Entdeckungstour

Durchs Baybachtal zur Waldeck: Das Baybachtal ist zu jeder Jahreszeit zauberhaft. Unterwegs erwartet die Wanderer ein Forellenschmaus und auf Burg Waldeck vielleicht sogar ein Ohrenschmaus. S. 256

Kultur & Sehenswertes

Burgen: Sie prägen die Landschaft: Bischofstein bei Lasserg, Alkens Thurant, Kobern-Gondorfs Oberburg und Niederburg. S. 252, 261 und 262

Winningen: Der Ort wirbt nicht nur mit Hex und Horch, sondern auch mit der exorbitanten Weinlage Uhlen, einem Natur- und Kulturdenkmal einsamen Ranges. S. 265

Aktiv & Kreativ

Paradies für Wanderer: Sei es auf dem WeinWetterWeg auf der Eifelseite oder in den Tälern des Baybachs, Brodenbachs und Ehrbachs auf der Hunsrückseite – hier lässt es sich überall gut wandern. S. 252, 256 und 259

Genießen & Atmosphäre

Kapelle Unterbischofstein: Der Blick ins Moseltal entschädigt für den Aufstieg zu Fuß. S. 252

Gutsschänke Schaaf: Hier in Winningen laden gemütliche Gaststuben und ein zauberhafter Innenhof zum Verweilen ein. S. 266

Abends & Nachts

Sommersonnenwende: Die Kulturreihe in Hatzenport bietet ein breites Spektrum in Kombination mit ›Küche und Keller‹. S. 254

Sommertheater in der Scheune: Das Weingut Freiherr von Schleinitz als Inspirator und Motor der Verbindung von ›Kulinarisch und Kultur‹. S. 265

Chöre und Cañons

Steil ragen auf der Eifelseite die terrassierten ›Chöre‹ auf, mit dem Uhlen bei Winnigen als absolutem Höhepunkt. Die Hunsrückdörfer werben mit cañonartigen Bachtälern.

Hatzenport ▶ H 2

Das malerische Hatzenport besitzt zwei Wahrzeichen: Die kath. Kirche St. Johannes Apostel und Evangelist (›Alte Kirche‹, Ostern–1. Nov. So 9–18 Uhr) steht weithin sichtbar in den Weinbergen und reckt ihren moseltypisch ungegliederten romanischen Westturm mit Schallarkaden, achteckigem Helm und restaurierter Turmuhr über dem Friedhof empor. Der spätgotische Innenraum fasst die Kreuzigung Christi in ein kostbares Glasfenster (15. Jh.). Von der um 1600 angefertigten Kanzel ist Gottes Wort nur mehr selten hören, die St.-Rochus-Kirche hat diese Aufgabe übernommen. Vergangen auch

die Zeiten, als der Fährturm von 1863, das zweite Wahrzeichen, für die Flussquerung der Postlinien vom Hunsrück in die Eifel zuständig war.

Ausflug zur Burg Bischofstein

Burggelände: nicht zugänglich
Kapelle Unterbischofstein: offen; Parken an der B 416, Zugang nur zu Fuß
Die kurz vor Lasserg und Hatzenport auftauchende **Burg Bischofstein** ist ein Blickfang, vor allem wegen des rätselhaften ›Halskragens‹ am Bergfried, den sie im 12. Jh. erhielt. Vermutlich sicherte sie für Kurtrier den Aufgang nach Münstermaifeld, was Ludwig XIV. 1689 nicht an ihrer Zerstörung hinderte. Ein Schullandheim wie Burg wünsche-te man sich als Pennäler! Sie gehört dem Krefelder Fichte-Gymnasium, wird auch an Gruppen vermietet, ist aber für Normalbesucher mit Ausnahme des Burghofs leider geschlossen.

Dafür entschädigt die **Kapelle Unterbischofstein** (Pauluskapelle). Etwa auf halber Burgberghöhe lädt sie zur Besinnung auf die christlichen Tugenden *fides, spes* und *caritas* (Glaube, Hoffnung, Fürsorge) ein. Das fast vollplastische Relief (um 1380) schmückt die Kirchenwand, ähnlich den Reliefs der ›Sieben Fußfälle‹, die es vordem an Kreuzweghäuschen zu absolvieren galt. Der Blick ins Moseltal und hinüber nach Burgen ist einfach fantastisch!

Infobox

Heimat- und Fremdenverkehrsverein Hatzenport: Gemeindeverwaltung, Moselstr. 70, Tel. 02605 95 23 71, www.hatzenport.de.
Touristik Alken: Schulstr. 1–3, Dorfgemeinschaftshaus, Tel. 02605 790, www.alken.de.
Tourist-Information Kobern-Gondorf: Abteihof St. Marien, Kirchstr. 1, Kobern, Tel. 02607 10 55, www.kobern-gondorf.de.
Tourismusbüro Winningen: August-Horch-Str. 3, Tel. 02606 22 14, www.winningen.de.

Wandern auf dem WeinWetterWeg

www.weinwetterweg.de; weitere Infos beim Verkehrsverein, s. l.

Der 2008 mit dem Logo eines römischen Fundstücks, ein Trauben naschender Hase, ausgeschilderte Wein-WetterWeg der Gemeinde Hatzenport verbindet einige bedeutende Kulturdenkmäler der Region miteinander, wie die Alte Kirche über dem Dorf und die leider nicht zugängliche Burg Bischofstein. Die Infotafeln entlang dieses neuen Themenwegs erläutern die Zusammenhänge zwischen dem außergewöhnlich günstigen Weinbauklima in Hatzenport und den daraus resultierenden kleinklimatischen Faktoren in der Ausbildung seltener wärmeliebender Flora und Fauna, die dem Naturfreund auf dem Weg begegnen. Vom Hatzenport aus geht es – zum Teil auf gesicherten Kletterpartien – die Rabenlay hoch und in die Weinlagen Kirchberg und Stolzenberg. Auch Jörg Kachelmanns Wetterstation ist Bestandteil des Rundwegs, dessen zwei Teilabschnitte ca. 3,5 km bzw. 6 km umfassen. Auch dank seines Informationswerts erhielt der Weg das Signum ›Traumpfad‹. Weitere attraktive Traumpfade sind Bergschluchtenpfad Ehrenburg, Bleidenberger Ausblicke, Hatzenporter Laysteig, Koberner Burgpfad, Schwalberstieg (www.traumpfade-info).

Radtour

Länge: ca. 16 km; topografische Karte 1:25 000: Maifeld und Untermosel; Café Toscana, Mörz, Tel. 02605 96 21 67, Mai–Mitte Okt. Di–Sa 9.30–19, So 12–19 Uhr

Spätestens seit dem 14. Jh. klapperten Mühlen am Schrumpfbach. ›Schrumpf‹ leitet sich ab vom rheinischen ›schrumpen‹ für reiben, knarren, mahlen. Hauptsächlich Mehl- bzw. Fruchtmühlen, mehr als 15 an der Zahl, zeugten für die Wirtschaftskraft des Tals. Man-

che sind nun verfallen, die meisten aber sorgfältig zu Wohnhäusern restauriert. Die Lieblingsradtour von Ingeborg Scholz führt von Hatzenport (Schild: Schrumpftal-Mühlen) ins idyllische Schrumpftal auf schmaler, kaum befahrener Straße hoch und biegt nach etwa zwei Drittel der Strecke kurz vor Metternich ins Töpferdorf Mörz mit hübsch renovierten Maifelder Bauernhöfen ab. Dort liegt direkt am Weg das Café Toscana, eine originelle Kombination von Kaffeehaus und Blumenladen ›De Dos Clematis‹. Nach Besichtigung der Stiftskirche in Münstermaifeld geht es, abbiegend am Wasserturm, auf beschildertem Radweg nach Metternich und zurück ins Schrumpftal (Schild: Schrumpftal-Mühlen). Hier lässt man das Rad durchs Tal nach Hatzenport rollen.

Alle zwei Jahre heißt es Ende Mai/Anfang Juni: ›SCHROMB MACHT SPASS – Happy Schrumpftal‹. Wie zuletzt 2010 gibt es Action für Jung und Alt. Infos zum Schrumpftal: Jörg Wiederhold, Im Schrumpftal 24, Münstermaifeld, www.schrumpftal.de.

Übernachten, Essen, Einkaufen

Wildromantisch – **Winzerhof Gietzen**: Moselstr. 70, Hatzenport, Tel. 02605 95 23 71, www.winzerhof-gietzen.de, DZ ca. 60 €, Fewo (2 Pers.) ca. 50 €, NatUrlaub auf Winzer- und Bauernhöfen, Bett & Bike. Der Hofausschank lockt ab Ostern Fr ab 18, Sa/So ab 14 Uhr im Innenhof, im Alten Kelterhaus oder in der Cella Rustica mit leichter Winzerküche wie Riesling-Kräutersuppe mit Nussbrot (3,90 €). Maria Gietzens Rezepte lassen sich nach Kochbuch nachkochen (s. S. 61).
Idyllisch – **Weingut Brunnenhof**: Moselstr. 58, Hatzenport, Tel. 02605 95 24

85, www.brunnenhof-hatzenport.de, DZ im Bruchsteinhaus ab 52 €, Fewo (2 Pers.) ab 43 €, Bett & Bike. Mitte Mai–Mitte Sept. Fr–So, Würstchen mit hausgemachtem Kartoffelsalat (5 €), sonst kalte Speisen, serviert in der Straußwirtschaft der Winzerfamilie Bernard Ibald ›Zum Brünnchen‹, Weinklause und Innenhof.

Einkaufen

Alles Apfel – **Alte Apfelwein-Kelterei Hasdenteufel:** Oberstr. 1, Tel. 02605 37 08, www.heimat-schmeckt.com (Fruchtsäfte), Besichtigung nach Vereinbarung. Das denkmalgeschützte ehem. Pfarrhaus aus dem 18. Jh. ist Sitz der Kelterei, die spät reifende Äpfel von Streuobstwiesen verarbeitet und kein Konzentrat verwendet. Produkte in Mehrwegflaschen: Apfelwein, Apfelsaft, Apfelsekt.

Aktiv & Kreativ

Dem Himmel näher – **Wandertipp:** Von Hatzenport mit dem Zug nach Moselkern, durchs Elztal am Bach entlang zur Burg Eltz wandern, von da auf dem Moselhöhenweg (M) das Maifeld nach Lasserg und zum Küppchen überqueren, dem ›Schoppenstecher‹-Zeichen nach Hatzenport folgen.

Abends & Nachts

Kunst & Kultur – **Hatzenporter Sommersonnenwende:** Infos: Heimat- und

Der Turm von St. Johannes in Hatzenport stammt aus dem 13. Jh.

Fremdenverkehrsverein und Winzerhof Gietzen (s. S. 253); s. auch Feste und Veranstaltungen, S. 29).

Infos & Termine

Tourist-Information
Heimat- und Fremdenverkehrsverein: s. S. 252.

Feste
Weinfest: Ende Juli, mit Abholung des Bacchus, Krönung der Weinkönigin und Festzug.

Verkehr
Bahn: Bf. Hatzenport, Koblenz-Trier (690).
Schiff: Von/nach Koblenz, Cochem, Treis-Karden.

Burgen ▶ H 2

Vom Startplatz auf dem Maifeld bei Lasserg heben die Drachen- und Gleitschirmfliegerfreunde Rhein-Mosel-Lahn ab in die Lüfte, um die manchmal turbulente, aber fantastische Thermik zur Überquerung der Mosel zu nutzen und schließlich auf den Wiesen bei Burgen zu landen. Das ist seit der Stilllegung der Fähre die einzige direkte Verbindung zwischen der Eifel- und der Hunsrückseite an dieser Stelle. Den Ortskern mit der Pfarrkirche St. Sebastian (18./19. Jh.) prägen Fachwerkhäuser in engen Gassen. Spielte Burgen einst eine Rolle als Station auf dem Weg zum Maifeld – als Sicherung wurde die Burg Bischofstein gegenüber erbaut –, so ist er heute Ausgangspunkt für Wanderungen in den Hunsrück (s. Entdeckungstour S. 256).

Übernachten, Essen

Frische Forellen – **Hotel-Restaurant Forellenzucht:** Baybachtal, Burgen/Macken, Tel. 02605 46 40, www. hotel-fo rellenzucht.de, DZ um 65 € (bei 1 Ü), Fewo 2 Pers. 49 €, Di–So, Hauptgericht ca. 9 €, lebendfrische Forellen ab 6,50 € (je nach Größe) als Wegzehrung zur Waldeck (s. S. 256).
Lecker – **Hotel / Restaurant Schmausemühle:** Baybachtal, Gondershausen, Tel. 06745 270, www.schmausemuehle.de, DZ ab 60 €, Hauptgerichte, z. B. Forellen ab 9 €, Vegetarisches ab 5 €. Die ehem. Mehlmühle, seit 380 Jahren im Familienbesitz, liegt im Tal östlich der Burg Waldeck.
Erholsam – **Steffenshof:** Hof 8, Steffenshof, Tel. 06762 7342, www.beep world.de/members16/steffenshof, Fewos (2 Pers.) ab 28 €, ideal für Familien, Radler, Wanderer. Garten, Hunsrück-Natur, Burg-Waldeck-Nähe.

Auf Entdeckungstour

Durchs Baybachtal zur Waldeck

Das Baybachtal hat zu jeder Jahreszeit seinen Zauber! Im Sommer ist es erfrischend kühl, im Herbst wandert man in glasklarer Luft durch farbenprächtiges Laub. Der Winter formt an den Felshängen bizarre Eisskulpturen. Im Frühjahr braust das Wasser zu Tal. Ein Stück heile Welt!

Reisekarte: ▶ H 2

Für wen: alle, die zu der Quelle der Liedermacher-Bewegung wollen.

Zeit: 2–3 Stunden reine Laufzeit (einfach).

Planung: Bus 301 von Burgen zur Forellenzucht; Übernachtung (Vollpension möglich) auf der Waldeck: Burgvogt Happy Freund, Tel. 06762 79 97, www.burg-waldeck.de. Zur Vorbereitung sei Hotte Schneiders Buch ›Die Waldeck‹ empfohlen.

Start: Hotel-Restaurant Forellenzucht im Baybachtal.

An einem Bächlein helle ...

Von Burgen sind es ca. 3 km zum Hotel-Restaurant Forellenzucht (s. S. 255), dem idealen Ausgangspunkt für die Wanderung durchs Baybachtal. Die Spezialität des Hauses sind lebendfrische und geräucherte Forellen sowie Wildgerichte aus eigener Jagd. Forellen brauchen immer fließendes Wasser. Zwei Jahre dauert es, bis ein Ei zu einem verzehrfähigen Fisch heranreift. Familie Bals achtet bei der Zubereitung darauf, den zarten Geschmack des Fisches optimal zur Geltung zu bringen. Forellen darf man nicht überwürzen, eine Prise Salz reicht. Geräuchert wird lediglich mit Buchenmehl und einigen Wacholderbeeren. Derart gestärkt, geht es mit dem Wanderzeichen B weiter zur Burg Waldeck.

Von der Schlucht auf die Hochfläche

Kurz nach einer Brücke zweigt man rechts mit Wegweiser ›Burg Waldeck‹ (Wanderzeichen 8) ab, steil geht es in Serpentinen den Hang hoch. Zunächst taucht die frei zugängliche Ruine der Unterburg auf. Der Wald scheint sich hier die Mauerreste zurückholen zu wollen. Fantasiebegabte Wanderer könnten meinen, gleich bögen ein paar Hobbits um die Ecke. In Mengen wächst eine unheimlich aussehende Pflanze in den Mauern, die ›stinkende Nieswurz‹, eine alte Zauberpflanze (giftig!). Tief unten rauscht der Bach und ein Kuckuck ruft.

Am Säulenhaus

Sitzt man auf den berühmten Wiesen vor dem Säulenhaus der Waldeck, hüllt einen der eigenartige Zauber dieses Ortes ein, der so still sein kann, dass man die Windspiele am Säulenhaus wispern hört. Hier konkretisiert sich Anfang der 1960er die Idee eines Festivals ›Chanson

Folklore International‹, das dann 1964 so richtig aufhorchen lässt, als mitten in den Wäldern des Hunsrücks die Lieder der Liedermacher laufen lernen. Peter Rohland, Hannes Wader, Reinhard Mey, Franz Josef Degenhardt, Hein und Oss Kröher, Christof Stählin, Witthüser & Westrup, Walter Mossmann, Schobert & Black, Bömmes, Hai und Topsy Frankl, John Pearse, Colin Wilkie und Shirley Heart treten auf. Katja Ebsteins und Ivan Rebroffs Karrieren nehmen hier oben ihren Anfang. Wolfgang Niedecken (BAP) intoniert 1995 Bob-Dylan-Songs, Richie Havens die Woodstock-Hymne ›Freedom‹.

Freiheit von Zwängen, die Zauberformel der 68er, reagiert auf kleinbürgerliche Enge, politisiert sich und radikalisiert sich 1968. Hanns Dieter Hüsch kapituliert vor einem Pfeifkonzert, andere verweigern Auftritte, konfrontiert mit endlosen Diskussionen über Faschismus, Imperialismus und Klassenbewusstsein. Trotzdem verbuchen Insterburg & Co. mit Nonsens einen Riesenerfolg. Zu Tangerine Dreams psychodelischem Sound tanzen verzückte Hippies ums Lagerfeuer.

Die Jugendburg

Der aus der Jugendbewegung hervorgegangene Nerother Wandervogel hatte in den 1920ern Teile des Burggeländes gekauft. Als sich der Wiederaufbau verzögert, errichtet die bündische Jugend mithilfe von Spenden und dem Erlös aus Kulturfilmen und Straßenmusik auf Weltfahrten 1930 das erste ›Säulenhaus‹. 1933 werden die Nerother von den Nazis zwangsaufgelöst, 1935 die daraufhin gegründete ABW (Arbeitsgemeinschaft Burg Waldeck). 1941 wird Robert Oelbermann im KZ ermordet. Sein Zwillingsbruder Karl überlebt in Südafrika, erweckt nach dem Zweiten Weltkrieg den Wander-

Nichts für Kleingeister – das Pfingstfestival auf der Burg Waldeck zieht alljährlich Tausende von Folk-Fans in seinen Bann

vogel auf der Burg zu neuem Leben – und macht als ABW-Vorsitzender dieser die Rechtsnachfolge streitig. Der jahrelange Prozess endet zugunsten der ABW. Den Nerothern bleibt die Oberburg, die mittlerweile fast im Wald verschwindet. Ein ›Ehrenhain‹ mit Gedenksteinen gemeinsamer Ahnen der Jugendbewegung ist der einzige Kontakt – ansonsten herrscht Funkstille.

Die Atmosphäre

2004 feierten alte und junge Barden auf Einladung der ABW das 40-jährige Bestehen des Folk-Festivals – das Pfingstfestival ist seither fest im Programm. Der offene Geist hatte die Waldeck nie ganz verlassen, heute ist er wieder das Markenzeichen. Wer etwas Kreatives plant, kann sich hier entfalten. Inzwischen gibt es ein festes Bühnenhaus. Theatergruppen proben, es wird zuweilen bis in die späte Nacht

getrommelt und gepfiffen, gewerkelt und getanzt, Projekte kommen zur Reife, spontane Sessions entstehen. Wer nicht mitmacht, hört einfach zu. Da schwingt noch viel von der Urkraft mit, die vor Zeiten freigesetzt wurde. Originelle Hütten, zum Teil mit atemberaubendem Ausblick ins Tal – wie das von ehemaligen Zivis gebaute ›Baumhaus‹ – bieten Unterkunft. Wanderer und Wandervögel jeder Art sind willkommen.

Wandern und Schmausen

Bei einer mindestens zweitägigen Bleibe auf der Waldeck empfiehlt sich ein ca. 5 km (einfach) langer Ausflug zur Schmausemühle (s. S. 255), die kurz nach dem Felsen der Rabenley auftaucht. Eine schöne Ergänzungstour, denn das Seitental der Mosel steckt wie so viele andere voller alten Mühlen, wovon dieses exzellente Landhotel ein gelungenes Beispiel ist.

Aktiv & Kreativ

Hoch hinauf – **Gleitschirmfliegen:** www.thermik4u. de, Infos der Drachen- und Gleitschirmfliegerfreunde Rhein-Mosel-Lahn e. V., Anfang Aug. findet das Fliegerfest Lasserg/Burgen statt.

Brodenbach ▶ I 2

Zwischen Treis-Karden und Löf am linken Ufer bzw. Brodenbach und Alken rechts der Mosel gibt es keine Brücke, die Wahl zwischen Eifel und Hunsrück ist also zwingend. Ihre raue Schönheit zeigt die Terrassenmosel auf beiden Ufern – ein zweites Hingucken ist deshalb keinesfalls verkehrt!

Brodenbach ist das Eingangstor zu zwei Tälern, die dem Ort nicht nur Wasser, sondern auch viel Frischluft bescheren: das reizvolle Brodenbachtal und das traumhafte Ehrenburger Tal, eines der attraktivsten Ausflugsziele der Region, mit der Ehrenburg als absolutem Highlight. Eine Wandertour lässt sich hervorragend kombinieren: Hinein in den Hunsrück durchs Brodenbachtal (Moselhöhenweg M) und zurück durchs Ehrenburger Tal, immer den Bach entlang (www.ehrenburger tal.de).

Ehrenburg !

Ostern–2. Nov. Mi–Sa 10–16, So 11–18 Uhr, Tel. 02605 30 77, www.ehrenburg. de, s. Essay S. 62
Im 12. Jh. romanisch von den Rittern von Ehrenberg im herrlich wilden Ehrbachtal erbaut, wurde die Burg 1331 erweitert, 1495 auf den neuesten wehrtechnischen Stand gebracht, 1689 von den Franzosen z. T. gesprengt. Heutzutage hausen wieder wilde Rit-

Unser Tipp

Ehrbachklamm-Tour
Von Brodenbach reist man per Bus (301) nach Koblenz Hbf, steigt um in den Zug nach Boppard und in die Hunsrückbahn hoch nach Buchholz. Vom Wanderparkplatz gegenüber dem Bahnhof, wandern Sie mit dem Zeichen ›E‹ zur Hierer Mühle (Di–So.), Daubisbergermühle (tgl.), an Wasserfällen und Strudellöchern vorbei, über Holzbrücken, Treppen und an Felsen entlang durch die Ehrbachklamm zur Eckmühle (Di–So) und durch das Tal nahe der Ehrenburg nach Brodenbach (Anreise ca. 90 Min., Wegstrecke 14 km).

tersleut' auf der Ehrenburg, jedenfalls zu Zeiten der ›Lebendigen Burg‹ oder ›Traumzeit‹. Der Freundeskreis Ehrenburg weckte gemeinsam mit den neuen Besitzern die malerische Ruine 1992 aus dem Dornröschenschlaf und ein reges Interesse fürs Mittelalter. Ob Sonntags-Mitmachprogramme für Familien (11–18 Uhr!), Feste oder ›Tafeleyen‹, die Abenteuerburg bietet eine optimale Kulisse!

Übernachten, Essen

Spektakuläre Naturidylle – **Hotel-Restaurant Dähler Stuben:** Ehrenburgertal 30, Tel. 02605 30 22, www.daehler-stu ben.de, DZ um 40 €, Do–Di. Regional typische Speisen, ab 9 €, Spezialität: Wild. Alles mit viel Liebe gemacht im Fachwerkhaus zu Füßen der Ehrenburg. Optimaler Startpunkt für Wanderer!

Aktiv & Kreativ

Sportiver Genuss – **Yachthafen und Segelclub Brodenbach**: Tel. 02605 13 11 (Manfred Rath), www.mannirath.home page.t-online.de. Infos zu Gastliegeplätzen, Anmeldung zur Weinleseregatta.

Nervenkitzel – **Abenteuer- und Erlebnisparcours:** FlusS e. V., Tel. 02654 88 28 28, www.fluss-ev.de, Erlebnispädagogik u. a. im Waldgelände des Brodenbachtals, für Gruppen, Schulklassen usw.

Infos

Verkehr

Bus: von/nach Koblenz (Linie 301) und Emmelshausen (630).
Schiff: von/nach Koblenz, Cochem.

Alken ► I 1/2

Vom Eifelufer aus ist der Blick auf Alken und die Burg Thurant besonders eindrucksvoll, die das Ortsbild prägende

Zum Glück mehr Schein als Sein – kämpfende Ritter auf der Ehrenburg

Wehranlage mit den seltsam anmutenden zwei Bergfrieden von einer geradezu augenfälligen Schönheit. Man glaubt fast die Aura des Orients zu spüren. Der Seitenwechsel ans Hunsrückufer lässt zunächst den Zoll- und Signalturm an der Moselstraße näher rücken, heute eine Gourmetadresse.

Alte Wehrtürme wie das Fallertor (1256), lauschige Winkel wie Blumengasse, Laacher Hof (ab 1093) und Wiltburg Burghaus (1585–1696) fordern zu einer Entdeckungsreise auf. Steile Treppen geleiten im Baumschatten entlang an Kreuzwegstationen zum Ehrenfriedhof mit der ehem. kath. Pfarrkirche St. Michael (12. Jh.), die von der Alkener St. Michaelsbruderschaft gepflegt wird. Das durch ein Gitter einsehbare Beinhaus unter der Kapelle beschwört die Vergänglichkeit allen Lebens (Ostern–Ende Okt. So 14–17 Uhr, Führung G. und P. Deisen, Tel. 02605 83 60).

Burg Thurant

März/April 10–17, Mai–Nov. 10–18 Uhr, Tel. 02605 20 04, www.thurant.de, Führungen (auch im Winter) ab 20 Pers. n. Anmeldung. s. Essay ›Zu Besuch bei den Rittern‹, S. 62

Oben auf dem Bergsporn begann die Ortsgeschichte, vermutlich in antiker Zeit, spätestens mit der Errichtung der Burg Thurant. Ein idealer Ausguck nach allen Seiten, auf Alken natürlich und weit hinüber aufs Maifeld der Eifel. Spätestens 1197 setzte der Kreuzzug-Heimkehrer Heinrich, Pfalzgraf bei Rhein, auf antike Fundamente eine Burg, die er Thurandt nannte, vielleicht aus Respekt vor der vergeblich belagerten Festung Thuron im Hl. Land. Kaum hundert Jahre später eroberten die Erzbischöfe von Köln und Trier das angebliche Raubritternest, teilten das Areal unter sich auf, vermieden Zwistigkeiten durch eine Trennmauer, bauten zwei Wohn- und Wehrbereiche und zwei Bergfriede. Die Burg wurde 1911 und 1973 restauriert, ist bewohnt, in Teilen als Ferienwohnung zu mieten und zu besichtigen.

Zum Brauchtum im Zusammenhang mit der Burg Thurant s. Stichwort Moosemannfest, S. 262.

Dreifaltigkeitskirche

Dreifaltigkeitsprozession: Trinitatissonntag (Sonntag nach Pfingsten), vom Nachbarort Oberfell aus

Von Alken und Oberfell aus führen jeweils Kreuzwege zur Dreifaltigkeitskirche auf dem Bleidenberg, wo Fluss und Burg Thurant optimal ins Visier kommen. Die strategisch günstige Lage des Plateaus ließ auch die Archäologen nicht ruhen, die 2001 prompt Reste eines keltischen *oppidum* ausgruben. Eine frühromanische Marienkapelle ersetzte der Trierer Erzbischof Arnold II. mit dem Sieg in der Thuranter Fehde 1248 durch einen Neubau. Der Legende nach soll an dieser Stelle der Ritter Moosemann, von Vogt Zorno wegen angeblichen Verrats mit einer Blide aus der belagerten Burg geschleudert, nach Anrufung der Gottesmutter unverletzt in den Büschen auf dem Bleidenberg gelandet sein.

Übernachten, Essen

Köstlich-klassisch – **Turm-Gasthaus Burg Thurant**: Moselstr. 14, Alken, Tel. 02605 35 81, DZ ca. 65 €. Sie erleben im mehrfach ausgezeichneten Haus (und idyllischen Hof) regional-saisonale Küche, Hauptgänge ab 11,50 €. Köstlich ist z.B. die Maifelder Entenbrust an Brombeerjus. Küchenchef Peter Kopowski ist u.a. Gründungsmitglied der ›Tafelrunde‹ (s. S. 22), Bett & Bike.

Essen & Trinken

Urig-lauschig – **Straußwirtschaft Schweisthal:** Moselstr. 22, Oberfell, Tel. 02605 33 71, www.weingut-schweisthal.de, Pfingsten–Okt. Di–Sa ab 17, So ab 15 Uhr, Nov. Fr–So. Auch im lauschigen Garten fühlt man sich bei Riesling-Käse-Suppe für 3,50 € pudelwohl.

Aktiv & Kreativ

Geschichtsträchtig – **Themenwanderweg ›Zeitreise‹:** ›800 000 Jahre Menschheits- und Siedlungsgeschichte‹ zwischen Oberfell und Alken, www.themenweg-zeitreise.de.
Sportiv – **Fahrradverleih:** R. Ammann, Mittelstr. 9, Tel. 02605 96 02 41, Ostern bis Mitte Nov. ab 9 Uhr.

Infos & Termine

Tourist-Information
Touristik Alken: s. S. 252.

Feste
Moosemannfest: 3. Fastensonntag, von den Heimatfreunden Alken ausgerichtetes, traditionsreiches Fest auf dem Moselvorplatz zur Erinnerung an die Erstürmung der Burg Thurant, kostenlose Besichtigung der Burg (ab 10 Uhr), Festumzug im Ort, Brezeln für die Kinder, Infos: Tel. 02605 17 26.

Verkehr
Bus: von/nach Koblenz (Linie 301).
Schiff: von/nach Koblenz, Cochem.

Kobern-Gondorf ► I 1

Malerisch ist die Komposition aus Landschaft, Ortssilhouette und der Niederburg, Oberburg und Matthias-kapelle Koberns, die auf den zur Eifel hochstrebenden Hangterrassen bewundernde Blicke auf sich ziehen. Trotz der Nähe zu Koblenz, dem geschäftigen Rheintal und den Fernstraßenexzessen auf der Hunsrückseite gibt sich der Doppelort betont gelassen, pflegt feine Weine der Lage Uhlen und schöpft touristisch aus dem Füllhorn der Geschichte.

Gondorf

Eine überaus attraktive Mischung aus Sehenswürdigkeiten und relaxtem Urlaubsgefühl bietet Gondorf, wartet u. a. mit dem neugotischen Schloss Liebieg auf, leidet am Moselufer aber ziemlich unter Durchgangsverkehr. Ein Stück zurück Richtung Lehmen steht auf Felsen fest am Ufer die Oberburg (Schloss von der Leyen), im Volksmund als ›Wasserschloss‹ bezeichnet (1560), nun Außenstelle des Koblenzer Landeshauptarchivs. Seit 1876 wird das kolossale Gemäuer von der Bahnlinie durchschnitten, seit 1971 von der Bundesstraße untertunnelt. Das ist so kurios, dass es fast schon wieder Stil hat!

Kobern

Als einer der früh missionierten Winkel des Moseltals hatte Kobern der Überlieferung nach zwei Heilige unter seinem Dach: den Kopf des Apostels Matthias und den ganzen hl. Lubentius. Die **kath. Pfarrkirche St. Lubentius** ist dem Schüler des hl. Maximin geweiht, der im 4. Jh. durch die Lande zog. Johann Claudius von Lassaulx, der renommierteste Baumeister der Region im 19. Jh., schuf 1826–1829 mit dem Saalbau bis in die gestalterischen Details hinein und unter geschickter Einbindung von Kunstgegenständen

Lieblingsort

Matthiaskapelle über Kobern-Gondorf
Die Matthiaskapelle krönt eine herrliche Landschaft und fasziniert durch
ihre besondere Architektur und die Geschichte ihrer Entstehung. Zusammen mit den Ruinen von Ober- und Unterburg bildet sie ein Ensemble,
das immer wieder zum Verweilen oder Erwandern einlädt (s. auch S. 264).

der Vorgängerkirche ein Meisterwerk. Die Gebeine des Heiligen waren damals längst schon ins Stift Dietkirchen an der Lahn übertragen, in Kobern war nur ein Arm des Lubentius als Reliquie verblieben. Der Glockenturm aber verkündet auf einem Felsgrat seit dem 12. Jh. aus Klangarkaden über einem ungegliederten Baukörper das Lob Gottes.

Lassaulx war auch an einer Restaurierung eines der schönsten Baudenkmäler des Mosellands beteiligt: Heinrich II. von Isenburg-Kobern erbaute um 1230 für das Haupt des Apostels Matthias, das er aus dem Heiligen Land entführt hatte, über Kobern die **Matthiaskapelle**, einen sechsseitigen Zentralbau mit einer von Lisenen geschmückten Apsis. Sie verleugnet auch im Innern nicht den Typus einer Reliquienkapelle. Ob nun in den Säulengruppen oder im Rippengewölbe, alles verengt sich auf die zentrale Funktion hin. Orientalische Einflüsse sind unverkennbar, Anklänge an die Jerusalemer Grabeskirche oder portugiesische Vorbilder wahrscheinlich. Seit dem 14. Jh. verwahrt Triers Abtei St. Matthias den Apostelkopf, der Kapelle blieb ein Sandsteinrelief der Enthauptung des Matthias. Zuletzt drohte das landeseigene Bauwerk wegen Durchfeuchtung zu verfallen und wurde in einer dramatischen Rettungsaktion saniert. Die Kapelle übernimmt seither die Funktion eines Konzertraums, schmiedet Ehen und bildet mit der spät-staufischen Oberburg ein attraktives Ensemble für Gäste aller Art. In den Bergfried integriert ist das winzige Burgrestaurant Zur Oberburg (Tel. 02607 86 47, Mi–So, ab 10 [außen u. unterer Turm], ab 18 Uhr [oberer Turm]; Matthiaskapelle: April–Allerheiligen So 11–17 Uhr, Führung nach Anmeldung beim Besucherdienst, Tel. 0261 66 75 40 00).

Spaziergang durch Kobern

Zu Fuß bergab, die restaurierten Kreuzwegstationen und das wunderschöne Panorama vor Augen, kommt die malerische Ruine der Niederburg immer näher, die um 1200 ebenfalls von den Isenburg-Koberner Herrschaften mit einem seltenen trapezförmigen Bergfried auf den Fels gesetzt wurde. Im Ort selbst lohnt ein Gang zum fachwerkreichen Marktplatz mit dem Tatzelwurmbrunnen (1961), der den geschlängelten Lauf der Mosel symbolisiert, zum einstigen Burghaus, einem Bruchstein-Wohnturm des 15. Jh., und natürlich zur Tourist-Information im Abteihof St. Marien, der mit der Datierung 1320/21 wahrscheinlich Deutschlands ältestes erhaltenes Fachwerkhaus ist.

Ausflug in die Vergangenheit

Goloring Förderverein: www.goloring. com

Der **Goloring** nördlich von Kobern ist etwas für eingefleischte Keltenfans. Die Kultanlage der Urnenfelder- und Hunsrück-Eifel-Kultur (9.–4. Jh. v. Chr.) ordnen Archäologen wie Axel von Berg den Henge-Heiligtümern (wie Stonehenge) zu. Grabungen seit 2004 können den Traum touristischer Erschließung in Zukunft einmal wahr werden lassen …

Doch auch die Römer waren hier. Über Kobern-Gondorf soll ein römisches Kastell gestanden haben, das der Feldherr Germanicus mit seinem Söhnchen Gaius, genannt Caligula, bewohnte, wenn er das ›Soldatenstiefelchen‹ nicht gerade auf Feldzüge mitnahm. »Weiterhin führt mich der Strom dem von Kähnen überquellenden Contrua zu, wo sich aus alter Zeit berühmt die Feste erhebt«, besang der dichtende Bischof Venantius Fortunatus im 6. Jh. die Gegend von Gondorf (Contrua).

Übernachten, Essen

Reizvoller Kultimix – **Restaurant und Hotel Kastanienhof:** Moselstr. 47, Niederfell, Tel. 02607 86 80, www.kastanienhof-mosel.de, von Kobern etwa 3 km entfernt. DZ ca. 60 €, Mi–Sa ab 17, So auch 11.30–14.30 Uhr, Hauptgerichte ab 11 €. Chef und Koch Stefan Schreiber kreiert feine Regional- und Multikultimix-Überraschungen (die Chefin ist Japanerin). Gratis ist der Blick von der Terrasse an der Mosel auf Schloss der Leyen Gondorfer Ufer gegenüber.

Essen & Trinken

Anheimelndes Niveau – **Halferschenke:** Hauptstr. 63, Dieblich, Tel. 02607 10 08, www.halferschenke.de, Di–Sa ab 17.30, So auch 11.30–15 Uhr, Hauptgerichte ab 20 €. Das Ambiente im Bruchsteinhaus und Thomas Balmes' Kochkunst sind den Wechsel auf die Hunsrückseite wert (von Kobern ca. 5 km entfernt).

Einkaufen

Top und engagiert – **Lubentiushof:** Kehrstraße 16, Niederfell, Tel. 02607 81 35, www.lubentiushof.de. Andreas und Susanne Barth erwarben 1994 in Niederfell auf der Hunsrückseite der Mosel das Weingut und sich seither mit exquisiten Rieslingen höchste Anerkennung.
Künstlerisch aktiv – **Weingut Freiherr von Schleinitz:** Kirchstr. 15–17, Kobern, Tel. 02607 97 20 20, www.vonschlei-

nitz.com. Konrad Hähns Weingut gehört zu den Spitzenbetrieben an der Terrassenmosel.

Abends & Nachts

In der Winzerscheune – **Sommertheater:** Tel. 0261 579 30 57, www.sommertheater-kobern.de. Konrad Hähn vom Weingut Freiherr von Schleinitz stellt mit seinem Theater seit Jahren auf hohem Niveau Kontakte zwischen kulinarischen und kulturellen Genüssen (Theater, Musik) her.

Infos

Tourist-Information
Tourist-Information Kobern-Gondorf: s. S. 252. Vermittlung geführter Weinbergwanderungen.

Verkehr
Bahn: Bf. Kobern-Gondorf, Strecke Koblenz–Trier (690).
Schiff: von/nach Koblenz, Cochem.

Winningen ▶ I 1

Reinhard Löwenstein gehört zu den Winzern, die den Moselwein nachhaltig rehabilitierten. Schon früh warb er dafür, die Untermosel in ›Terrassenmosel‹ umzubenennen, um die Charakteristika der Landschaft zu betonen. Der Uhlen, die renommierteste Weinlage, ist ein einzigartiges, ohne Mörtel errichtetes Terrassenkunstwerk auf Böden des Devon-Schiefers. Das imposante Massiv mit bis zu 45° Hangneigung spiegelt die für die Untermosel typische Kleinstruktur der Böden wider, was sich hier in unterschiedlichen Bereichen von blauem, grauem und rotem Schiefer festmachen lässt.

Unser Tipp

Horch, ein Audi!

Audi und Trabi – dazwischen lagen Welten, zumindest politisch. Und doch wurzeln der Mittelklassewagen und das DDR-Kultauto mit der Duroplast-Karosserie in Winningen. Hier wurde 1868 August Horch geboren. Im Fachwerkhaus der heutigen Horch-Pension, eingerichtet mit zum Teil originalen Möbeln, können Sie in Horchs Bett schlafen.

Der Schmiedegeselle und Ingenieur gründete in Zwickau 1904 die August Horch AG und 1909 die Firma ›Audi‹ (= ›Horch‹ auf Lateinisch). 1932 fusionierten Audi, Horch, DKW und Wanderer zur Auto Union mit den vier Ringen. Nach 1945: In der BRD produzierte man Audi, in der DDR wurden Audi und Horch zum VEB Sachsenring, der 1958 den Trabi auf die Straße schickte.

Horch starb 1951 in Münchberg, sein Ehrengrab ist auf dem Winninger Friedhof.

Horch-Pension Wagner, Fährstr. 19, Winningen, Tel. 02606 22 84, www. horchpension.de, DZ ab 52 €.

Ausstellung: Wein- und Heimatmuseum Winningen, s. r; Landesmuseum Koblenz, s. S. 271, bis zur Eröffnung der BUGA 2011 geschl.

Winningen liegt in direkter Nachbarschaft zu Koblenz, damit nahe genug an den städtischen Zentren am Rhein, hat sich aber ›ländliche‹ Idylle bewahrt. Uralt ist der Ort, seine Geschichte reicht mindestens in die Römerzeit zurück, renommierte Adelsgeschlechter tauchten hier aus dem Dun-

kel auf, balgten sich erbteilend um Besitz und Macht. Die Kirche romanischen Ursprungs spiegelt mehrere Epochen wider, ist aufgrund der Sponheimer Herrschaft evangelisch in einem katholischen Umfeld. Hübsche Bürgerhäuser prägen das Ortsbild, opulente Villen und Gutshöfe geben ihre Visitenkarte ab, ein umgestalteter Marktplatz verlockt zum Verweilen.

Ein Schmuckstück ist die ehemalige ›Große Schule‹, 1833/34 von Johann Claudius von Lassaulx in der Schulstr. 5 erbaut, heute Domizil des Wein- und Heimatmuseums (Infos im Tourismusbüro, Mai–Mitte Nov. Mi/Sa 15–16.30 Uhr und n. V.). Hier erfährt man viel über die Ortsgeschichte, auch die Hexenprozesse werden nicht ausgespart (S. 66).

Trotz guter Verkehrsanbindung hält Winningen Abstand zur Autobahn und der berühmten, das Moseltal überspannenden Brücke.

Übernachten

Wellness – **Hotel Moselblick:** An der B 416, Tel. 02606 92 08 10, www.hotel-moselblick.de, DZ ab 105 €. Kosmetik und Massage u. a. gegen Stress (ab 49 €).

Essen & Trinken

Schnörkellos gemütlich – **Gutsschänke Schaaf:** Fährstr. 6, Winningen, Tel. 026 06 597, www.gutsschaenke.com, Di–Sa ab 17, So ab 12 Uhr. Chef Stefan Pohl kreiert delikate Hauptgerichte ab 11 €, dazu vortreffliche Weine, auch im zauberhaften Innenhof.

Regional-rustikal – **Winzerwirtschaft Barz:** Osterstraße 5, Winningen, Tel. 02606 17 51, www.heimat-schmeckt. com, Fr–Mi nachm., Hauptgerichte um 6 €. Christian Müller verarbeitet Produkte von ›Heimat schmeckt‹-Betrieben (s. S. 22), z. B. zu ›Barz-Hausplatte‹ oder Flammenkuchen (ab 4,70 €).

Einkaufen

Pionier und Starwinzer – **Weingut Heymann-Löwenstein:** Bahnhofstr. 10, Winningen, Tel. 02606 19 19, www.hey mann-loewenstein.de. R. Löwensteins Uhlen Laubach (2002) gewann 2005 in Paris den ›Wein-Oscar‹ für den besten ausländischen Wein. Weinprobe nach Vereinbarung.

Aktiv & Kreativ

Uralter Brauch – **Eierkibben:** Am Ostersonntag werden am Weinhexbrunnen 6000 gekochte und gefärbte Eier gegeneinander geschlagen, wobei das Ei des Kontrahenten an beiden Enden eingedellt werden muss, um es zu ergattern. Dazu wird Winninger Eierwein (ein Gemisch aus Wein, geschlagenen Eiern und Zucker) ausgeschenkt.

Loopings – **Flugsport:** Rhein-Mosel-Flug GmbH, Flugplatz Koblenz-Winningen, Tel. 026 06 866, www.rhein-mosel-flug.de. Flugschule, Charter; Rundflüge, auch mit Kunstflug-Einlagen.

Infos & Termine

Tourist-Information
Tourismusbüro: s. S. 252.

Feste
Moselfest: Ende Aug./Anf. Sept. ältestes Winzerfest Deutschlands (s. Feste und Veranstaltungen, S. 28).

Verkehr
Regionalflughafen Koblenz-Winningen: www.rhein-mosel-flug.de.
Bahn: Bf. Winningen, Koblenz–Trier (690).
Schiff: von/nach Koblenz sowie Cochem.

Zu Ehren der Weinhex – Trachtenfest in Winningen

Koblenz

Highlight!

Deutsches Eck: Ideal als Start für eine Erkundung: Rhein und Mosel in Rufweite, freie Sicht auf die Feste Ehrenbreitstein, die Stadt im Rücken, mit dem Ludwig Museum und der ›Basilika minor‹ St. Kastor als erste Stationen, nicht zu vergessen die Biergärten am Ufer des Rheins. S. 273

Auf Entdeckungstour

Peter Ludwigs Lust – Kunst am Deutschen Eck: Das Ludwig Museum möchte mit seiner eindrucksvollen Sammlung zeitgenössischer Kunst »völkerübergreifend relevante Positionen der Kunst zeigen und fördern«. S. 274 und 280

Kultur & Sehenswertes

Basilika St. Kastor: Das Gotteshaus mit romanischer Doppelturmfassade und spätgotischem Sterngewölbe wurde zur ›Basilika minor‹ erhoben. **8** S. 275

Altstadt: Die sorgfältig restaurierte Altstadt besticht durch Häuser, die vom Reichtum der Kaufmannsstadt in der Vergangenheit zeugen, lebhafte Plätze, Kirchen und das Schloss. S. 276

Aktiv & Kreativ

Kufa – Quelle der Kreativität: Die Kulturfabrik Koblenz überzeugt mit eigenen Produktionen und Gastspielen in allen Sparten der Kleinkunst. **1** S. 283

Museumspädagogik: Ein reiches Angebot bietet nicht nur das **Landesmuseum 2** auf der Festung Ehrenbreitstein, sondern auch das **Ludwig Museum. 7** S. 271, 274 und 280

Statt-Strand: Er lädt u. a. zum Beachvolleyball ein. **2** S. 283

Genießen & Atmosphäre

Koblenz im Freien: Vom Florinsmarkt aus über die Liebfrauenkirche die quirligen urbanen Treffpunkte Münzplatz, Am Plan, Jesuitenplatz und Josef-Görres-Platz ansteuern! Auf den Plätzen der Innenstadt versprühen originelle Brunnen Charme und urbanes Feeling. Ab den ersten schönen Frühlingstagen ist ganz Koblenz draußen unterwegs! S. 276

Abends & Nachts

Kultur und Kneipen: Das Angebot passt zur Großstadt mit Uni: Dreisparten-Stadttheater und Rheinische Philharmonie, Clubs und Kneipen mit Live-Musik von Indie bis Blues, Events auf Ehrenbreitstein, in der Altstadt und allen Stadtteilen. S. 283

Stadt an Rhein und Mosel

Confluentes, die Stadt am Zusammenfluss von Rhein und Mosel, hat sich immer stärker zum Mittelrhein hin orientiert, den die UNESCO im Jahr 2002 in den Rang eines Welterbes erhob. Die Mosel wurde eher als Hinterland empfunden, obwohl hier die römischen Wurzeln der über 2000 Jahre alten Stadt zu suchen sind.

Stadtgeschichte

Als Kaiser Heinrich II. 1018 die Trierer Erzbischöfe mit dem Königshof Koblenz beschenkte, setzte er eine Entwicklung in Gang, die den strategisch wichtigen Ort 1690 schließlich zur Kurfürstlichen Residenz aufsteigen ließ. Von Anfang an wurden hier weitreichende politische Entscheidungen getroffen: So wurde 842 die Reichsteilung verhandelt, 1137 Konrad III. in St. Kastor zum König gekrönt. Trotz heftiger Proteste konnte die Bürgerschaft zwar nie den Status einer Freien Reichsstadt gewinnen, ab 1815 aber war man immerhin Regierungssitz der preußischen Rheinprovinz. 1947 konstituierte sich der Landtag von Rheinland-Pfalz im Rathaussaal, 1948 beschloss die sog. Rittersturz-Konferenz im Berghotel Rittersturz die Bundesrepublik Deutschland, 1947–1950 spielte Koblenz die Rolle der Landeshauptstadt, 1962 übersprang es die Latte zur Großstadt. Die Ernennung zur Universität, wenn auch im Tandem mit dem pfälzischen Landau, gab 1990 einen weiteren Innovationsschub.

Garnisonsstadt war Koblenz seit seiner Gründung, schon die Römer sicherten ihren Machtbereich an der Mosel um 30 n. Chr. durch Kastelle. Der Bau des Limes an der Rheingrenze 82 n. Chr. sollte die herandrängenden germanischen Völker in Schach halten. Nach Römern, Franken, Bischöfen, Franzosen, wieder Bischöfen, wieder Franzosen, Preußen, wieder Franzosen, Drittem Reich und Franzosen wurde Koblenz 1957 erneut Garnisonsstadt. Bis heute ist es der größte Standort der Bundeswehr in Deutschland, u. a. Sitz des Heeresführungskommandos und der Bundeswehrfachschule. Und neuerdings auch: Blumen statt Kanonen! Das Plateau der Festung Ehrenbreitstein wurde zusammen mit dem Blumenhof am Deutschen Eck und dem Kurfürstlichen Schloss zu einem wichtigen Kernbereich für die Bundesgartenschau (BUGA) 2011 in Koblenz.

Festung Ehrenbreitstein

*www.festungehrenbreitstein.de, www.
buga2011.de; das außer dem Schloss-
hof bereits 2010 geschl. Plateau ist
während der BUGA (15. April–16. Okt.
2011) nur mit Ticket zugänglich*

Die um 1000 erwähnte Burg eines Eren-
bert bauten die Trierer Bischöfe im 12.
Jh. um und aus. Ihre Qualität bewies
die im 16. Jh. zur Festung erstarkte Burg
zweimal auf spektakuläre Weise mit
umgekehrten Vorzeichen, denn beide
Male geschah ihre Übergabe erst nach
Aushungern der Besatzung: 1633 kapi-
tulierten die französischen Besatzer
nach einjähriger Belagerung durch kaiserliche Reichstruppen, 1799 die kurtrierische Besatzung vor den französischen Revolutionstruppen, welche die
Zitadelle 1801 in die Luft sprengten.
Kurtrier verlor Macht, Besitz und die Residenz Koblenz. Die Stadt wurde 1815
preußisch und neu befestigt. 1815–1833
erstand die Festung nach Plänen des
Generals Ernst Ludwig von Aster, der
auch die südlichere Rotunde Fort Aster-
stein auf der Pfaffendorfer Höhe konzipierte. Nach 1918 wurden die Werke
in der Altstadt, auf der Karthause und
dem Maifeld abgetragen, nicht aber
die Zitadelle. Neueste Ausgrabungen
belegen auf dem Gelände eine Flucht-
und Schutzburg schon vor 3000 Jahren.

Das einst größte Bollwerk am Rhein
wurde längst zur **Jugendherberge**, zur
Landesdenkmalpflege-Außenstelle und
zum **Landesmuseum Koblenz** 2 zivili-
siert, u. a. mit archäologischen Funden
aus der Region, einer Schau handwerk-
licher Berufe und Autos von August
Horch (s. S. 266; Landesmuseum bis zur
Eröffnung der BUGA 2011 geschl.) Für
die BUGA ist braches Gelände unter
ökologischen Gesichtspunkten zum
Landschaftspark umgewandelt worden, Festung und Vorplatz ergeben ein
attraktives Ensemble. 2011–2013 verbindet eine Seilbahn kurzzeitig die Fes-

tung mit dem Deutschen Eck. Vom Pe-
gelhaus aus kann man weiterhin mit
der Fähre nach dem Stadtteil Ehrenbreitstein übersetzen (Nov. 8.30–17,
April bis 18, Mai–Okt. 8–19 Uhr) und
sich von dort aus mit einem neuen, auf
Dauer installierten Schrägaufzug auch
nach Ende der BUGA zur Festung hie-
ven lassen.

Unterhalb der Festung

Schon vom Konrad-Adenauer-Ufer aus
fällt das leuchtend-barocke **Dikasterialgebäude** 3 ins Auge, die ehemalige erzbischöfliche Zentralbehörde,
an deren Planung Balthasar Neumann
1739 beteiligt war. Heute ist hier das
Landesmedienzentrum untergebracht.

Der Pulverdampf in und um Ehrenbreitstein hat sich verzogen, kulturelle
Spuren werden umso deutlicher: Im
ehemaligen Schulhaus, dem heutigen
Rhein-Museum 4, dessen Ausstel-
lungsschwerpunkt der Rhein als Wasserstraße ist, kam 1903 der Schriftsteller und Publizist Joseph Breitbach auf
die Welt (Charlottenstr. 53a, KO-Ehrenbreitstein, Tel. 0261 70 34 50, www.

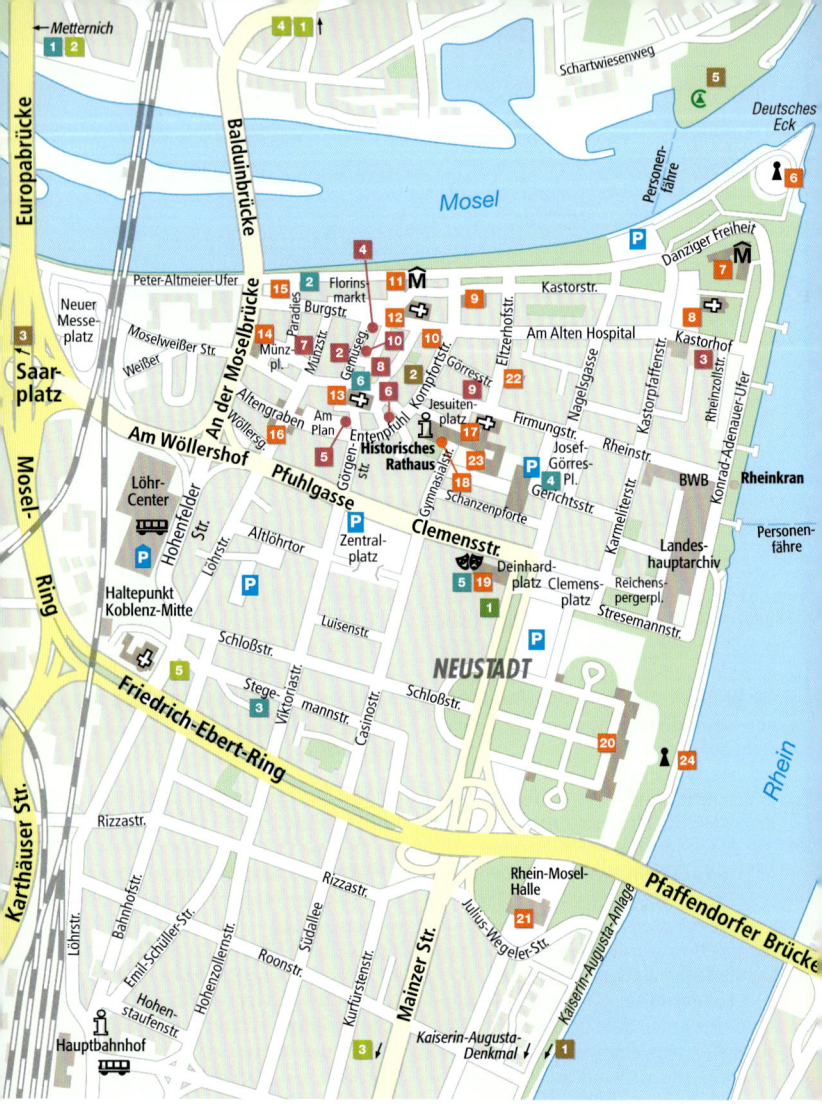

rhein-museum.de, Di–So 10–17 Uhr). Die Dichterin Sophie La Roche lebte im Stadtteil Ehrenbreitstein, ihr Enkel Clemens Brentano wurde hier geboren. Ihre Enkelin Bettina von Arnim errang ebenfalls literarischen Ruhm. Im **Mut-**

ter-Beethoven-Haus 5 ist u. a. Sophie La Roche und der kurfürstlichen Residenz eine Ausstellung gewidmet. Der Schwerpunkt liegt aber auf Dokumenten zu der 1746 hier geborenen Maria Magdalena Keverich, deren familiäre

Koblenz

Sehenswert

1 Festung Ehrenbreitstein
2 Landesmuseum Koblenz
3 Dikasterialgebäude
4 Rhein-Museum
5 Mutter-Beethoven-Haus
6 Kaiser-Wilhelm-Denkmal
7 Ludwig Museum
8 Basilika St. Kastor
9 Wirtshaus Deutscher Kaiser
10 Dreikönigenhaus
11 Mittelrhein-Museum
12 Florinskirche
13 Liebfrauenkirche
14 Haus Metternich
15 Alte Burg
16 Vier Türme
17 Jesuitenkirche (Citykirche)
18 Schängelbrunnen
19 Stadttheater
20 Kurfürstliches Schloss
21 Rhein-Mosel-Halle
22 Görreshaus
23 Görres-Gymnasium
24 Görres-Denkmal

Übernachten

1 Hotel Kleiner Riesen
2 Hotel Kornpforte
3 Hotel-Weinhaus Zum Schwarzen Bären
4 Jugendherberge Festung Ehrenbreitstein
5 Campingplatz Rhein-Mosel

Essen & Trinken

1 Restaurant ClemenS
2 Dormont's
3 Winninger Weinstuben
4 Weinhaus Hubertus
5 Wirtshaus Alt Coblenz
6 Altes Brauhaus
7 Kaffeewirtschaft
8 Pfefferminzje
9 Eiscafé Brustolon
10 Café Miljöö

Einkaufen

1 Deinhard-Vinothek

Aktiv & Kreativ

1 Kufa
2 Statt-Strand
3 Freibad Oberwerth
4 DB-Museum Koblenz
5 Fahrradverleih
6 Kletterwald Sayn

Abends & Nachts

1 Café Hahn
2 Irish Pub
3 Circus Maximus
4 Zenit
5 Stadttheater Koblenz
6 Zum Schiffchen
7 Theater im Konradhaus

Wurzeln in Köwerich (Mosel) zu suchen sind, und auf der Lebenswelt ihres berühmten Sohns Ludwig van Beethoven (Wambachstr. 204, Tel. 0261 973 06 69, www.mittelrhein-museum.de, 15. April–15. Okt. Di–Sa 12–17, So 12–16 Uhr).

Am Deutschen Eck!

Einen »Faustschlag aus Stein« nannte Kurt Tucholsky 1930 nach dem Ende einer feucht-fröhlichen Moselreise den ›Tortenaufsatz‹ und meinte damit das 1897 errichtete **Kaiser-Wilhelm-Denkmal** 6 an der Mündung der Mosel in den Rhein. Am 16. März 1945 holten die Amerikaner die ؞25 t schwere Kupferblechfigur des 1871 in Versailles gekrönten Hohenzollern vom Sockel. Die zweite Deutsche Einheit lieferte 1990 Argumente für die Rückkehr des nun 63,5 t schweren, in Bronze gegossenen Kaisers, die 1993 erfolgte. Seither sitzt er wieder fest im Sattel und ist ein gefragtes Fotomotiv. Der Donnerhall braust nicht mehr, der Rhein ist zur europäischen Schlagader geadelt. Kaiser, Pferd und Siegesgöttin haben den Fluss im Auge, die Stadt im Rücken –

und damit auch das **Ludwig Museum** 7 auf dem Gelände des altehrwürdigen Deutschherrenhauses (Danziger Freiheit 1, Tel. 0261 30 40 40, www. ludwigmuseum.org, s. Entdeckungstour S. 280. Vom 15. April–16. Okt. 2011 tgl. 9–20 Uhr nur mit BUGA-Ticket; danach: Öffnungszeiten erfragen).

In dessen Innenhof reckt sich als origineller Kontrast zum pompösen Gestus des Denkmals als Zeugnis zeitgenössischer französischer Kunst der überdimensionale ›Daumen‹ des Bildhauers César empor. Das Gebäude gehörte der 1216 gegründeten Ballei, die direkt dem Hochmeister unterstellt

Eine der berühmtesten Ecken des Landes – am Deutschen Eck fließt die Mosel in den Rhein war. Es war die erste Niederlassung des Deutschen Ordens im Rheinland, sie gab der Landzunge an Rhein und Mosel den Namen ›Deutsches Eck‹.

Das Ludwig Museum steht mitten im **Blumenhof**. Die vielfarbig blühende Anlage erhielt unter Berücksichtigung ihrer historischen Bausubstanz nicht nur für die BUGA ein neues Gesicht. Die engere Verzahnung mit dem Ludwig Museum u. a. in Form eines Skulpturenparks bedeutet eine optische und funktionale Aufwertung. Weichen dazu stellte vor einigen Jahren schon Architekt Alexander von Canal der über eine malerische Ruine eine gläserne ›Vitrine‹ stülpte und diese origi-

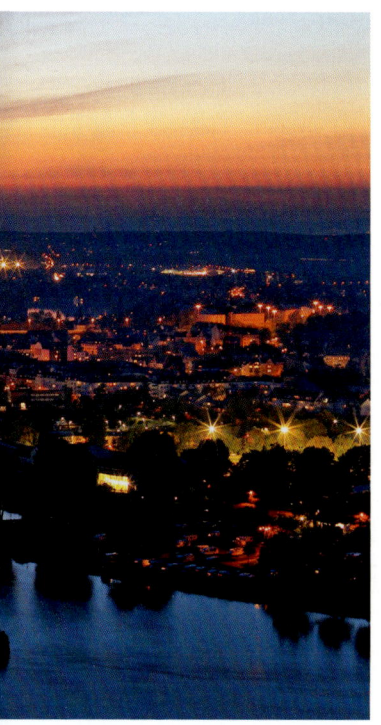

nelle Kreation als Büro nutzt. Ebenfalls auf Ruinengelände etablierte sich das schicke Café Blumenhof (Tel. 0261 973 26 98).

Basilika St. Kastor 8
tgl. offen 9–18 Uhr
Durch den Blumenhof gelangt man zur kath. Pfarrkirche St. Kastor. 1944/45 ging die Altstadt in Flammen auf, die ehemalige Stiftskirche kam einigermaßen glimpflich davon. Erzbischof Hetti von Trier hatte den karolingischen Vorgängerbau 836 geweiht und die Gebeine des hl. Castor von Karden hierher übertragen. 842 brüteten die Enkel Karls des Großen an diesem Ort die Reichsteilung aus.

Nach mehreren Um- und Neubauten setzte das prachtvolle spätgotische Sterngewölbe (1499) den Schlussstein einschneidender baulicher Veränderung im romanischen Gotteshaus mit der charakteristischen Doppelturmfassade. Nach umfassenden Renovierungen ab 1978, die Licht und Farbe in den dreischiffigen Baukörper brachten, erhielt die älteste Kirche von Koblenz eine hohe Auszeichnung: In Würdigung ihrer Bedeutung für Stadt und Region »als Zelt Gottes unter den Menschen« wurde sie 1992 zur päpstlichen ›Basilika minor‹ erhoben.

Auf dem Vorplatz erregt eine echte Kuriosität Ratlosigkeit: ein Brunnen mit Denkmalsockel ohne Denkmal! Die Rhein-und-Mosel-Darstellung, die wohl einst darauf stand, verwitterte schon 1817, die Lobpreisung auf den Kaiser der Franzosen blieb. Napoleons Russlandfeldzug scheiterte bekanntlich. Als die Koalitionstruppen 1814 die Stadt einnahmen, nahm's der russische Stadtkommandant mit trockenem Humor und fügte der Eloge auf den Kaiser sozusagen amtlich die Bemerkung hinzu: ›Vu et approuvé‹ (gesehen und genehmigt).

Altstadtpfade

Immer wieder schiebt sich die **Balduin-brücke** ins Bild, die Kurfürst Balduin um 1340 nahe dem zu Römerzeiten auf Holzpfählen ruhenden Moselüber-gang erbaute. Etwa 200 Jahre jünger ist das einstige **Wirtshaus Deutscher Kaiser** 9, das älteste der Stadt, ein imposanter spätgotischer Wohnturm nahe dem Moselufer – trotz Restaurierung mit ungewisser Nutzung. Im **Dreikönigenhaus** 10 von 1701 logiert jetzt die Stadtbibliothek, nahebei erlebte das ehem. Krämerzunfthaus von 1708 eine stilvoll farbige Restaurierung.

Häuser verschiedenster Epochen in der Eltzerhof-, Görres- und Kornpfort-straße erinnern an den Reichtum der von einer tüchtigen Kaufmannschaft gelenkten Stadt. Zeitweise war Koblenz der bedeutendste Umschlag-platz für Wein. Schon ab der Eltzer-hofstraße taucht man ein in die pitto-resken Altstadtviertel, die in ihrer verwirrenden Verwinkeltheit bezau-bern. Im Grunde ist es nun völlig egal, auf welche Gasse die Wahl fällt, sehr stimmungsvoll aber ist z. B. die Gasse Unterm Stern mit dem ehem. Hafen-amt aus dem Jahr 1768.

Hier und auf den lebhaften Plätzen schlägt das urbane Herz von Koblenz. Hier stoßen Sie auf Traditionslokale und angesagte Locations.

Mittelrhein-Museum 11

Mittelrhein-Museum: Florinsmarkt, Tel. 0261 129 25 20, www.mittelrhein-museum.de, Di–Sa 10.30–17, So 11–18 Uhr, Museumspädagogik

Der Florinsmarkt, der frühere Frucht- und Kornmarkt, strahlt eine gewisse Beschaulichkeit aus. Das Schöffenhaus (16. Jh.) und das alte Kauf- und Danz-haus (15. Jh.) sind Domizil für die Kam-merspiele und das Mittelrhein-Muse-um. Irritierend und belustigend zu-gleich ist die metallene Fratze des ›Au-genrollers‹ über der Eingangspforte, die durch das Uhrwerk mit dem Ziffer-blatt gekoppelt ist, in Sekunden-schnelle die Augen bewegt – und halb-stündlich die Zunge herausstreckt. Der Darstellung liegt die Moritat vom Rit-ter Johann Lutter von Kobern zu-grunde, der 1536 auf den bloßen Ver-dacht der Räuberei hin gefoltert und enthauptet wurde und noch gedroht haben soll, nur sein Kopf garantiere Si-cherheit für Stadt und Bürger.

Florinskirche 12

Ev. Florinskirche: Pfingsten–Erntedank tgl. 10.30–17.30 Uhr geöffnet; Aus-stellungen: Mitte Mai–Ende Sept.

Eine prominente Persönlichkeit prägte St. Florins Geschick fast zwei Jahr-zehnte lang: Der Theologe, Philosoph und spätere Kardinal Nikolaus von Kues (1401–1464) wurde zuerst Stifts-herr, dann mit 26 Jahren Dekan des Stifts, was er bis 1445 auch blieb, trotz weiterer Ämter andernorts. Das Er-scheinungsbild der Kirche wandelte sich durch mehrere Umbauten von der um 1100 errichteten dreischiffigen Stiftskirche hin zur gotisierten romani-schen Pfeilerbasilika um 1600. Sehr schön ist der gotische Christus-Zyklus in den Außenwandfenstern, ein Ge-schenk des preußischen Reformers Frei-herr vom Stein (1820). Unter der Ägide preußischer Könige wurde die Kirche 1818 evangelisch. Neben kostbaren Wandmalereien zeigt sie im Innern zart angepasste Gewölbeornamentik.

Liebfrauenkirche 13

Tgl. 9–18 Uhr

Die Einheimischen nennen sie liebevoll ›Owerpfarrkerch‹. Sie besetzt den höchsten Punkt der Altstadt, stützt sich auf die Grundmauern eines römischen Saalbaus des 5./6. Jh. und gilt als die ei-gentliche Urkirche der Siedlung. Der spätromanische Bau mit der eindrucksvollen Doppelturmfassade und den Emporen in voller Höhe über beiden Seitenschiffen erfuhr immer wieder Veränderungen, zuletzt historisierend im 19. Jh. Das 1944 stark zerstörte Gotteshaus wurde Anfang der 1950er-Jahre rekonstruiert, 2000 im Innern farblich sehr schön gefasst, wirkt hell und leuchtend lebensfroh, was kostbare Chorfenster (1992) verstärken. Das faszinierende Umfeld der Kirche kann um 22 Uhr die mahnende ›Lumpenglocke‹ durchaus vertragen, denn hier ist das Entree in die Kneipenkultur der Stadt. Nicht fern steht z. B. das Alte Brauhaus, Stammhaus der Koblenzer Königsbacher Brauerei.

Originale am Münzplatz

Die schönsten der opulenten Koblenzer Originale, über die man beim Durchstreifen der Gassen stolpert, stehen auf dem Münzplatz, die ›Maatfrau‹ Ringelstein nämlich und der Schutzmann Otto. Beide Skulpturen nehmen Bezug auf den früheren Markt und die

ehem. Polizeiwache, die alte Münze. Auf der Westseite macht das 1674 erbaute ehem. **Haus Metternich** 14 auf sich aufmerksam, Geburtshaus von Fürst Clemens Wenzeslaus von Metternich, dem umstrittenen ›Architekten Europas‹. 1815 brillierte der Staatskanzler beim Wiener Kongress, später initiierte er die Karlsbader Beschlüsse gegen die ›Demagogen‹. Heute teilt sich eine Jugendbegegnungsstätte das Gebäude in Kombination mit dem Ausstellungshaus und der Wohnung Manfred Gniffkes, eines weiteren Kowelenzer Originals.

Alte Burg und Vier Türme

Die Römer sicherten ihren Machtbereich an der Mosel um 30 n. Chr. durch ein Erdkastell am Münzplatz, dem bis ins 4. Jh. massive Steinkastelle folgten. Die mittelalterlichen Herrschaften schützten ab dem ersten Jahrtausend wichtige Überlandstraßen durch Burgen. Im 13. Jh. stellten die Trierer Bischöfe die **Alte Burg** 15 an die Mosel. Bei einem Abstecher kann man einen

St. Kastor, seit 1992 mit dem päpstlichen Titel ›Basilika minor‹ geehrt

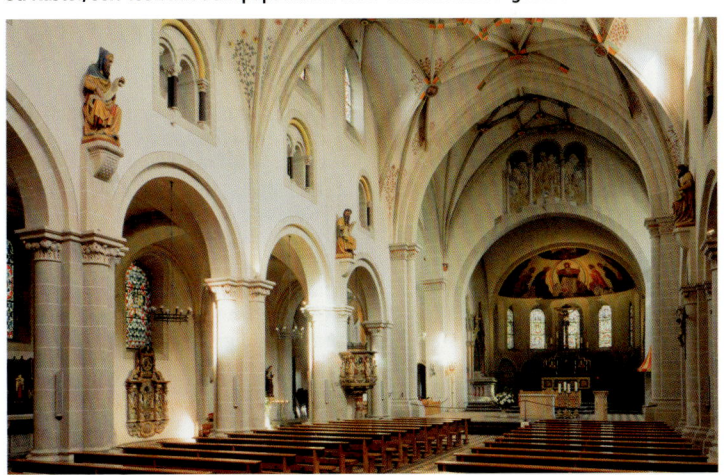

Blick auf das Burghaus werfen, das sie bis ins 17. Jh. bei Koblenz-Visiten bewohnten, ehe sie auf den Ehrenbreitstein umzogen und sich das Schloss am Rheinufer maßschneidern ließen.

Die Marktstraße, eine locker-lebhafte Einkaufsmeile, inspiriert zu Abweichungen von der Kultur. An der Kreuzung zum Altengraben faszinieren die **Vier Türme** 16 mit ihren Prachtfassaden und der Laternenbekrönung über den Erkern dann doch. 1689–1692 baute der Hofbaumeister Johann Christoph Sebastiani die markanten, einander zugeneigten Eckhäuser, die beispielhaft ein weiteres Stück ›altes Koblenz‹ zeigen. Und so zweigt man ab und steht Am Plan, dank der vielen Straßencafés wohl noch immer die (informelle) Nachrichtenbörse der Stadt.

Jesuitenplatz

Feine Läden säumen die Firmungstraße. Die **Jesuitenkirche** (Citykirche) 17 schiebt sich ins Bild. Im Juni 2003 verließen die Jesuiten Koblenz nach über 400 Jahren, 2004 traten Arnsteiner Patres an ihre Stelle und halten das Gotteshaus zum täglichen Beicht- und Gesprächsangebot offen. Im weitläufigen Komplex des ehem Jesuitenkollegs (1588–1701) regiert die Stadtverwaltung. Mitten auf dem Jesuitenplatz behauptet sich der Mediziner Johannes Müller (1801–1858), der die naturwissenschaftlich orientierte Physiologie begründete, auf dem Podest. Jenseits des Rathaustors lauert der Schängel.

Lausbub Schängel

Ihm ist mit dem **Schängelbrunnen** 18 ein Denkmal gesetzt. Dieser steht etwas versteckt im Rathaushof und das mit gutem Grund. Spuckt doch klar von Carl Burger 1940/41 erschaffene bronzene Bengel auf dem Brunnen frech und überraschend Wasser auf Passan-

ten! Schängel kommt von Jean, Jean heißen angeblich alle Franzosen, und so manche Beziehungskiste in der Franzosenzeit hatte Folgen. Der Schängel ist für die Einheimischen der ›Kowelenzer‹ schlechthin.

Stadttheater und Kurfürstliches Schloss

Kurfürst Clemens Wenzeslaus (1768–1794) lebt in so manchen architektonischen Glanzlichtern fort. Das 1787 eröffnete **Stadttheater** 19, der einzige noch original klassizistische Theaterbau am Mittelrhein, ist ein Schmuckstück, auch in der Innenausstattung mit Illusionsmalerei. Es wird von einem festen Ensemble in den Sparten Schauspiel, Musiktheater und Ballett bespielt, die Rheinische Philharmonie (s. S. 279) sitzt im Orchestergraben (www.theater-koblenz.de, Clemensstr. 5, Tel. 02 61 129 28 40, Mo–Fr 10–18 Uhr, Öffentliche Führung/Anmeldung: 1. Do im Monat, Tel. 129 28 07).

Kurz vor der Französischen Revolution war das **Kurfürstliche Schloss** 20 nach Plänen von Antoine-François Peyre d. J. vollendet, die Flucht des letzten Erzbischofs von Trier vor den anrückenden Truppen jedoch nur eine Frage der Zeit. Nach 1815 wurde das Schloss Lazarett, Kaserne und später preußische Residenz im Rheinland, 1944 bei Luftangriffen bis auf die Außenmauern zerstört. Die seit 1960 von Bundesbehörden genutzte, bislang nicht frei zugängliche Anlage öffnet sich ab der BUGA für kulturelle Veranstaltungen (Info/Karten bei der Koblenz-Touristik s. S. 270). Mit dem klassizistischen Terrassengarten zu den neuen Rheinstufen hin und einem Bürgerpark als grüner Achse zur Innenstadt wird das Schloss städtebaulich aufgewertet. Selbst die multifunktionale **Rhein-Mosel-Halle** 21 nahebei, ein Kind der 1960er-Jahre, wurde renoviert.

Spaziergang mit Görres

Im Café am **Josef-Görres-Platz** räkeln sich zufriedene Gäste und beachten kaum die filigrane ›Historiensäule‹, die Jürgen Weber als Reminiszenz an die Stadtgeschichte für diesen Platz schuf, vom römischen Weinschiff aufsteigend bis zur Jetztzeit. Unter all den Koblenzer Intellektuellen genießen nicht die Dichter höchstes Ansehen, auch nicht der Verleger Karl Baedeker oder der geniale Architekt Johann Claudius von Lassaulx, der immerhin den Vorzug genoss, mit ›ihm‹ verwandt zu sein: Joseph Görres (1776–1848), Verleger des ›Rheinischen Merkurs‹ 1814–1816 in Koblenz, vehementer Verfechter einer freien Presse, katholischer Publizist, Meister der politischen Satire und Mitschöpfer der deutschen Romantik, taucht im Bild seiner Heimatstadt allenthalben auf. Es lohnt sich daher, ihm einen eigenen kleinen Spaziergang zu widmen, der in der Altstadt beginnt.

Die 1876 in der Geburtsstadt gegründete Görres-Gesellschaft hat ihren Sitz heute zwar in Bonn, aber es gibt in Koblenz eine Görres-Apotheke, einen Görres-Preis und eine **Görresstraße**, von der aus man direkt auf das **Görreshaus** 22 stößt. In die kulturhistorisch hochinteressante neugotische Architektur investierte der Katholische Leseverein 1865 einiges Kapital – und damit viel in die Bildung. In Landesbesitz übergegangen, ist es seit 1985 Domizil des 1945 gegründeten Staatsorchesters Rheinische Philharmonie, das hier nicht nur probt, sondern im prächtigen Großen Saal auch konzertiert (Görreshaus: Eltzerhofstr. 6a, Infos & Karten: www.rheinische-philharmonie. de, Tel. 0261 301 22 72,).

1948 wurde die 1582 gegründete Jesuitenschule in der Gymnasialstr., die älteste Schule dieser Art am Ort, in **Görres-Gymnasium** 23 umbenannt. Auf dem **Görres-Denkmal** 24 schließlich, das 1928 am Rheinufer errichtet wurde, steht der Jüngling riesig groß, stolz und sehr pathetisch mit Adler, spreizt die fünf Finger einer Hand zum Rhein hin. Fünf Pils heiße das, sagen die Koblenzer respektlos – und suchen einen der schönen Biergärten auf, die es entlang dem Ufer bis zum Deutschen Eck gibt.

Übernachten

Gediegen-freundlich – **Hotel Kleiner Riesen** 1: Kaiserin-Augusta-Anlagen 18, Tel. 0261 30 34 60, www.hotel-klei nerriesen.de, DZ ab 90 €. Der Kleine Riesen liegt reizvoll am großen Rhein; Radler sind willkommen.

Optimale Lage – **Hotel Kornpforte** 2: Kornpfortstr. 11, Tel. 0261 311 74. www.hotel-kornpforte.de, DZ 90 €, komfortable Zimmer in der Altstadt.

Rustikal – **Hotel-Weinhaus Zum Schwarzen Bären** 3: Koblenzer Str. 35, Moselweiß, Tel. 0261 460 27 00, www. zumschwarzenbaeren.com, DZ ab 80 €, Di–So (mittags), Bett & Bike, Gerichte ab 8 €, z. B. Moselhechtklößchen.

Oben auf dem Berg – **Jugendherberge Festung Ehrenbreitstein** 4: Tel. 0261 97 28 70, koblenz@diejugendherberge n.de. Für 18 € ÜF p. Pers. hat man eine fantastischen Blick auf die Stadt, Anreise mit Bus (Linien 7, 8, 9) und sogar per Sessellift (Mitte Sept.–Okt. und 15. März–Mai 10–16.50, Juni–Mitte Sept. 9–17.50 Uhr).

Nicht parzelliert – **Campingplatz Rhein-Mosel** 5: Schartwiesenweg 6, 0261 827 19, www.camping-rhein-mosel.de, April–Mitte Okt. Urwüchsiger, aber moderner Platz an der Moselmündung mit prächtiger Sicht auf die Festung Ehrenbreitstein und das Deutsche Eck. Fähre zur Innenstadt.

Auf Entdeckungstour

Peter Ludwigs Lust – Kunst am Deutschen Eck

Plätze für seine Kunstschätze hat der leidenschaftliche Sammler Peter Ludwig allenthalben aufgespürt, wenn auch Städte und Gemeinden seine Bedingungen anfangs eher zähneknirschend akzeptierten. Heute ist Koblenz froh um das Museum im Deutschherrenhaus am Deutschen Eck.

Für wen: Alle, die mehr über Peter Ludwig erfahren wollen.

Zeit: nach Gusto.

Planung: Öffnungszeiten und Eintritts-preise s. S. 274, Sonderaktionen zur BUGA. Museumspädagogik: Mitt-wochsmalwerkstatt, Samstagskinder-malclub (ab 6 Jahren), ›Jump in Art‹ (zeitgenössische Kunst zum Mitreden).

Start: Ludwig Museum, Danziger Freiheit 1.

Ludwig als Markenzeichen

Sammeln ist eine Form von Sucht, Naschen auch. Peter und Irene Ludwig machten daraus eine Kunst für die Kunst. Der ›süße‹ Familienkonzern mit Marken wie Trumpf und Novesia lieferte den finanziellen Nachschub für die Ankäufe, die die deutsche Museenlandschaft nachhaltig zum Blühen brachten. Die Ludwigs verlangten allerdings immer eine kommunale bzw. staatliche Gegenleistung für die Überlassung ihrer Exponate, meist in Form von Bereitstellung eines adäquaten Gebäudes oder der Beteiligung an Folgekosten. Die Vorleistungen der Stifter waren aber stets großzügig bemessene, thematisch gut abgestimmte Schenkungen bzw. Dauerleihgaben, bildeten mehr als nur einen Grundstock für inzwischen weltweit renommierte Ausstellungsorte. Heute sind Städte von Köln bis Peking froh um ihre Museen und Institutionen, die in irgendeiner Form den Namen Ludwig tragen.

Das 1992 eröffnete Ludwig Museum in Koblenz hat als Bezugspunkt die konfliktreiche deutsch-französische Vergangenheit und setzt den Kontrapunkt dazu mit einer Sammlung zeitgenössischer Kunst, von den Nouveaux Réalistes und Fluxus über Pop-Art-Künstler bis zu den ›jungen Wilden‹ der ›Figuration libre‹ in den 1980er-Jahren.

Der Schwerpunkt auf zeitgenössischer französischer Kunst verführt die Macher jedoch nicht zur Nabelschau: Der Blickwinkel des Museums ist global, will »völkerübergreifend relevante Positionen der Kunst zeigen und fördern«. Amerikanische und deutsche Kunst erhält ebenso ein Forum wie die Chinas und der Emirate. Die Who-is-who-Liste der ausstellenden Künstler ist lang und exklusiv. Starkünstler wie Robert Combas (Paris) bilden hier keine Ausnahme. Die Idee zum Museum in seiner Geburts- und Heimatstadt Koblenz fasste Peter Ludwig 1985 anlässlich der Verleihung des Kulturpreises in Dankesworte und ließ alsbald Taten folgen.

Just in jenen Tagen flammte das Koblenzer Dauerthema wieder auf: Wollen wir unsern Kaiser Wilhelm am Deutschen Eck wieder haben? In der ihm eigenen nonchalant weltmännischen Lebensart, die ihn genauso selbstverständlich offizielle wie verfemte DDR-Kunst sammeln ließ, beteiligte sich Peter Ludwig mit seiner Stiftung an der Spendenaktion für einen Neuguss des Reiterstandbilds. Für Beobachter irritierend, hatte doch gerade dieser Kaiser den ›Erbfeind‹ Frankreich 1871 schwer gedemütigt. Wie vertrug sich dieses Engagement mit Ludwigs frankophiler Einstellung? Immerhin hatte er 1950 über ›Das Menschenbild Picassos‹ promoviert. »Mich interessiert Kunst«, antwortete der Mäzen stets kurz und bestimmt auf Kritik.

Wer war Peter Ludwig?

1925 geboren, mütterlicherseits mit der Klöckner-Industriellenfamilie verwandt, studierte er nach 1945 Jura, dann Kunstgeschichte, Archäologie, Vor- und Frühgeschichte und Philosophie. 1951 heiratete er seine Studienkollegin Irene Monheim aus der Aachener Schokoladendynastie. 1957 begannen die beiden promovierten Kunstwissenschaftler mit dem Sammeln von Kunst aller Art – ausdrücklich von Anfang an nicht für den eigenen Panzerschrank, sondern zugunsten der Öffentlichkeit und mit einem sicheren Instinkt für Qualität und Innovation.

1996 starb Peter Ludwig ganz plötzlich an einem nicht rechtzeitig erkannten Blinddarmdurchbruch. An St. Aldegunds Alter Kirche hoch über der Mosel ruht er auf seinen Wunsch nahe zweier seiner Schenkungen (s. S. 213).

Essen & Trinken

Superblick – **Restaurant ClemenS** [1]: Rheinsteigufer 1, Tel. 0261 970 70, www.restaurant-clemens.de, tgl. Vegetarisches ca. 13 €, Fleischgerichte ab ca. 16 €. Restaurant mit Rheinterrasse in Diehl's Hotel.

Kreativ – **Café Bistro Dormont's** [2]: Gemüsegasse 5, Tel. 0261 300 21 10, www.dormonts.mittags.de, tgl. ab 17, Sa/So ab 12 Uhr, Schnitzel ab 9 €. 1. Mo im

---

Unser Tipp

Wo der Hahn kräht …

Café Hahn [1], Neustr. 15, Ko-Güls, Tel. 0261 423 02, www.cafehahn.de, tgl. abends, Quiches 4,50 €, Tapas 9 € u. a. Berti Hahn ist von Haus aus Konditor. Vor über 25 Jahren entschloss er sich zu etwas völlig Neuem – und macht im kultigen Café Hahn in Koblenz-Güls seither ein tolles Kulturprogramm: Kabarett, Rock, Latin bis hin zu Varieté, Comedy und natürlich Jazz jeder Spielart. Spielort ist der umgebaute ehem. elterliche Café-Supermarkt, der 2003 eine Frischzellenkur erfuhr. Als Hahn auf Kultur umstieg, setzte kaum einer einen Groschen auf die Idee. Inzwischen ist bei vielen der Groschen gefallen: Man kann, wenn man's kann, davon leben. Der Chef und sein Team beweisen in ihrem ›Germischtwarenladen‹ ein glückliches Händchen in der Auswahl der Künstler. Newcomer und Stars der Szene fühlen sich wohl. Und das Publikum spürt's. Hahn engagiert sich u. a. auch im Gaukler- und ›Horizonte‹-Festival, Altstadtfest und Schängelmarkt (s. S. 30).

Monat Live-Musik, wechselnde Ausstellungen.

Bodenständig – **Winninger Weinstuben** [3]: Rheinzollstr. 2, Tel. 0261 387 07, www.winninger-weinstuben.net, Di–So ab 16 Uhr. Spezialität: Flammkuchen ab ca. 6 €. Im von Lassaulx (s. S. 262) erbauten Haus Ausschank von Terrassenmosel-Weinen, Verkauf in der Vinothek.

Stimmig – **Weinhaus Hubertus** [4]: Florinsmarkt 6, Tel. 0261 311 77, www.weinhaus-hubertus.de, Di–Sa ab 16, So ab 11.30 Uhr, Hauptgerichte ab 10 € und reiche Weinauswahl in der Traditions-Weinstube im Fachwerkhaus des 17. Jh. in der Altstadt.

Frisch-ländlich – **Wirtshaus Alt Coblenz** [5]: Am Plan 13, Tel. 0261 16 06 56, www.alt-coblenz.de, Di–So, Mo ab 16 Uhr; breites Angebot zu moderaten Preisen, Rieslingsteak 13 €.

Heftig-deftig-preiswert – **Altes Brauhaus** [6]: Braugasse 4, Tel. 0261 133 03 77, www.altesbrauhaus-koblenz.de, tgl., ab 8,50 € im Stammhaus der Königsbacher Brauerei seit 1689.

Authentisch – **Kaffeewirtschaft** [7]: Paradies 1, s. Lieblingsort, S. 285.

Schnuckelig – **Pfefferminzje** [8]: Mehlgasse 12, Tel. 0261 144 57. Die Koblenzer – Singles, Familien, Jung und Alt – mögen das kleine gemütliche Café, benannt nach einem Koblenzer Original (Denkmal in der Mehlgasse). Reiche Kaffee-Auswahl, Pfannkuchen ab 5,50 €, kleine Gaststube und lauschiger Minigarten.

Kultiviert – **Eiscafé Brustolon** [9]: Jesuitenplatz, Tel. 0261 355 17, www.eiscafe-brustolon.de. Im 1934 gegründeten ersten Eiscafé von Koblenz schlecken Sie kühle Kreationen der 3. Generation italienischer Eis-Kultur.

Stylish gemütlich – **Café Miljöö** [10]: Gemüsegasse 8, Tel. 0261 142 37, www.cafe-miljöö.de, tgl. Spezialität: Heißes Pfännchen ab ca. 8 €.

Unser Tipp

Mundart-Führungen: für Gruppen nach dem Motto »Die Leit solle hiere, wo se senn«, auch Nachtführungen, bei Manfred Gniffke zu buchen (Tel. 0261 374 46) oder über Koblenz-Touristik, s. S. 270.
Wein- und Kirchenführung: Mit dem Weinerlebnisbegleiter und Theologen Kalle Grundmann wird eine Weinprobe, Stadt- und Kirchenführung zum Erlebnis, auch mit biblischer Thematik. Termine frühzeitig buchen unter Tel. 0261 80 50 34, www.kalle grundmann.de, z. T. auch bei der Koblenz-Touristik, s. S. 270.

Einfach schön – **Biergärten:** Der Königsbacher Biergarten am Deutschen Eck mit Eiscafé ist wohl der schönste. Empfehlenswert sind auch Pretzers Biergarten und Weindorf, beide Kaiserin-Augusta-Anlagen.

Einkaufen

Weinkultur – **Deinhard-Vinothek** **1**: Deinhardplatz 3, Tel. 0261 91 15 15 10, www.deinhard.de. Ideale Ergänzung zu einer Kellerführung im Stammhaus.

Aktiv & Kreativ

Theater und Kulturzentrum – **Kulturfabrik (Kufa)** **1**: Mayer-Alberti-Str. 11, KO-Lützel, Tel. 0261 852 80, www. kufa-koblenz.de, Anfahrt: Buslinien 2/12, 5/15, 10, Haltestelle Balduinbrücke; Bahn: Bf. KO-Lützel. 1980 entstand im Gründerzeitgebäude einer ehem. Brief-Couvertierfabrik das erste

freie Theater und Kulturzentrum am Mittelrhein. Neben dem Aushängeschild Koblenzer Jugendtheater überzeugt die Mischung aus eigenen Produktionen und Gastspielen in allen Sparten der Kleinkunst.

Moselanisch-mediterran – **Statt-Strand** **2**: www.strand-koblenz.de, tgl., Eintritt frei, am Moselstausee, unterhalb der Universität, u. a. Beachvolleyball-Anlage, eine sommerliche Attraktion.

Für die ganze Familie – **Freibad Oberwerth** **3**: Haydnstr., Tel. 0261 129 15 75, solarbeheizte Becken.

Geschichte auf Schienen – **DB-Museum Koblenz** **4**: Schönbornsluster Str. 3, Tel. 0261 396 13 39, Feb.–Nov. Sa 10–16 Uhr, ehrenamtl. betriebenes Museum in KO-Neuendorf, Außenstandort des DB-Museums Nürnberg, www.dbmu seum-koblenz.de.

Voll im Trend – **Fahrradverleih** **5**: Zangmeister, Löhrrondell, Koblenz, Tel. 0261 323 63.

Über den Wipfeln – **Kletterwald Sayn:** Bendorf-Sayn, Tel. 02622 706 68 52, www.kletterwald-sayn.de. Cooler Parcours im Wald hinter der Abtei Brexbachtal, ca. 15 km von Koblenz.

Abends & Nachts

Stylish – **Irish Pub** **2**: Burgstr. 7, Tel. 0261 973 77 97, www.irishpubkoblenz. de, Mo–Fr ab 16, Sa/So ab 13 Uhr. Shay Dwyers urige Kneipe seit 1985 in der Altstadt, Live-Musik, Karaoke, DJs.

Laut & hipp – **Circus Maximus** **3**: Stegemannstr. 30, Tel. 0261 300 23 58, www.circus-maximus.org, tgl., im Sommer Mo–Fr ab 17, Sa/So ab 18 Uhr, sonst auch mittags. Live-Musik-Zirkus mit Partys, DJs, Poetry Slam – bei Schnitzel, Pizza und Pasta schon ab ca. 5,50 €.

Cool – **Zenit** **4**: Josef-Görres-Platz 18, Tel. 0261 92 17 99 02, www.zenit-kobl

enz. de, tgl. 18 Uhr, Open End. Beliebte Lounge in der Altstadt, kühl-flippige Location mit Liegen, Leder, riesigen Heineken-Kissen und einer Riesen-Cocktail-Auswahl.

Bretter der Welt – **Stadttheater Koblenz** 5: Tel. 0261 129 28 40, www. theater-koblenz.de. Dreispartentheater mit Spielorten am Deinhardplatz (Großes Haus, Probe-Bühne 2) und den Kammerspielen am Florinsmarkt.

Live auf Deck – **Zum Schiffchen** 6: Liebfrauenkirche 21, Tel. 0261 206 22 77, www.schiffchen-koblenz.de, ›Deck‹ tgl. ab 18, ›Außendeck‹ im Sommer ab 16 Uhr. Traditionsreiche Musikkneipe ohne Preispiraterie.

Intim und mit Flair – **Theater im Konradhaus** 7: Kapuzinerplatz 135, Ko-Ehrenbreitstein, Tel. 0261 973 05 51, www.konradhaus.de.

Klassisch – **Staatsorchester Rheinische Philharmonie**: Info/Karten: Tel. 0261 301 22 72, Konzerte u. a. im Görreshaus 22 und der Rhein-Mosel-Halle 21, s. S. 278.

Kulturelle Tradition – **Musik-Institut Koblenz**: www.musik-institut-koblenz. de, Karten: Piano Thilemann, Tel. 0261 30 01 60. 200 Jahre alte Kulturvereinigung, veranstaltet Orchesterkonzerte.

Infos & Termine

Veranstaltungen

Koblenzer Nacht der offenen Kirchen: www.koblenzer-nacht-der-offenen-kirchen.de, kurz vor oder nach Ostern, 20–24 Uhr, Eintritt frei, Initiative des Ökumenischen AK City-Pastoral. Raum der Stille und des Gebetes, Klangcollagen, Lichtinstallationen, geistliche Musik, Gespräch, Information.

Augusta-Fest: 1. So im Juni, zwischen Kaiserin-Augusta-Denkmal und Weindorf, klassische Musik, Weinproben, Führungen, Kinderspiel, Picknickwiese, Gastronomie zu Ehren der Kaiserin Augusta, Schöpferin der Rheinanlagen.

Altstadtfest: Juni/Juli, www.koenigsbacher.de. Traditionsreiches Fest seit 1975 auf Gassen und Plätzen in stimmungsvoller Atmosphäre.

Internationales Gaukler- und Kleinkunstfestival: www.gauklerfest-koblenz.de, seit 1992 alljährlich Ende Juli/Anfang Aug. 3 Tage in der Altstadt.

Weltkulturfestival HORIZONTE: www. horizonte-festival.de, Juli/Aug. Festung Ehrenbreitstein, faszinierende Mixtur aus traditioneller und zeitgenössischer Weltmusik.

Rhein in Flammen: www.rheininflammen.com, 2. Sa im Aug.

Koblenzer Schängelmarkt: Sept. in der Innenstadt.

Koblenzer Mendelssohn-Tage: www. mendelssohn-koblenz.de, Sept., Karten: Koblenz-Touristik und www.koblenzticket.de. An Felix und Fanny Mendelssohns verwandtschaftliche Beziehungen zu Koblenz anknüpfendes Festival an verschiedenen Spielorten.

Verkehr

Bahn: www.bahn.de, IC- und ICE-Strecke, Anschlüssen nach Frankfurt, Köln usw.; IC-Moselstrecke Trier–Koblenz. Haltepunkte: Koblenz Mitte (ab Dez. 2010), Koblenz-Ehrenbreitstein.

Flugzeug: Flughäfen Frankfurt/Main, Frankfurt-Hahn, Köln-Bonn.

Bus: Linienbusse und Stadtbuslinien (privates ›Sightseeing‹ mit Linie 1), vom Zentralplatz bzw. Hauptbahnhof in die Vororte und das Umland.

Nachtbus: www.kevag-busse.de, Fr/Sa-Nacht und vor Feiertagen um ca. 1 Uhr.

Schiff: Fahrplan bei Tourist-Information oder Moselland-Touristik (s. S. 14).

Fähre: Personenfähren Deutsches Eck – Koblenz–Lützel (Mosel) und Konrad-Adenauer-Ufer – Ehrenbreitstein (Rhein).

Taxi: Tel. 0261 194 10 und 0261 330 55.

Lieblingsort

Die rheinische Antwort auf den Wiener Kaffeehaus-Mythos
Kaffeewirtschaft 7 : Das authentische Kaffeehaus-Bistro mit Familientradition seit 1911 ist zum Wohlfühlen gut. Bei Tee & Kaffee, regionalen
Weinen und international-rheinischer Küche ab 8 €, von vegetarisch (Pfannkuchen!) bis Steak. (Koblenz, Paradies 1, Tel. 0261 914 47 02, www.kaffee
wirtschaft.de, Mo–Do 9–24, Fr/Sa bis 2, So 10–24 Uhr)

Register

Alf 24, 200, **210**
Alken 215, 259, **260**
Allmers, Robert 63
Anders, Christoph 221, 227
Andres, Stefan 15, **134,** 140
Angeln 24
Anreise 18
Apicius 15, 22, 61, 102, 126, **220**
Apotheken und Ärzte 31
Ausonius 8, 15, 58, 78, 96, 143, 187
Ayl 117

Bad Bertrich 200, **202**
Baden 24
Balduin von Trier 194
Baybachtal **256**
Beethoven, Ludwig van 72, 139, 272
Beilstein **222,** 238
Bekond 133
Berndorf, Jacques 15, 151
Bernkastel-Kues 18, **158**
Bräuche 70
Brauneberg **153**
Bremm **217**
Briedel **199**
Brockscheid 151
Brodenbach **259**
Bruttig-Fankel **226**
Bullay 18, **210**
Burg Bischofstein 238, **253**
Burg Coraidelstein **239**
Burg Heid 122
Burg Eltz 238, **248**
Burg Pyrmont **249**
Burg Thurant **261**
Burg Waldeck **256**
Burgen (Ortschaft) **255**
Burgen **62**
Butzerbachtal **99**

Calmont 8, **51,** 217, 219
Castorhöhle **242**
Cochem 18, 25, 29, **231**
Curman, Walter 60
Cusanus, Nikolaus 39, 158, 164, **166**

Daun 151
Detzem **139**
Diplomat. Vertretungen 31

Drachen- und Gleitschirm-fliegen 24, 139, 170, 172, 255, 259

Echternach 39, 98, **127**
Ediger-Eller **219**
Ehnen 112
Ehrbachklamm 259
Ehrenburg **259**
Eifel 15, 20, 24, 27, 36, 41, 53, **150,** 200
Elblingroute **109**
Ellenz-Poltersdorf **225**
Enkirch **193**
Erden **176**
Ernst 27, **230**
Essen und Trinken 18
Europa **68**

Feiertage 31
Fell 139
Feste 28–30
Fische 58
Fontane, Theodor 153
Fortunatus, Venantius 144, 265
Franzen, Weingut R. 51, 217
Fremdenverkehrsämter 14
Friedrich Wilhelm IV. von Preußen 65, 159,

Gaertner, Andreas 203
Gassen, Christoph 9, 181
Geschichte 38
Gestrich, Helmut 166
Gilles, Karl-Josef 204
Glauber, Joh. Rudolf 203
Gniffke, Manfred 283
Goloring 264
Görres, Joseph 246, 276, **279**
Graach 24, 29, **173**
Grafschaft Veldenz **148**
Greiffenclau, Richard von 87, 198, 206
Grevenburg **191**
Grevenmacher 114

Haart, Theo 146,
Hatzenport **252**
Hexen 66
Hoffmann, Hans Ruprecht 160, 163, 174

Horch, August 266
Horn, Guildo 72, 73

Igel **98**
Informationsquellen 14
Infos im Internet 14

Jakobsweg **124**
Judas, Jörg 86
Johann der Blinde **64,** 120

Karl-Marx-Haus **88**
Kastel-Staadt 54, **64**
Kell am See 122
Kenn **138**
Kesten **147**
Keverich, Maria 139, 272
Kinheim 17, 27, 177, **179**
Klais, Johannes 87, 98
Klemann, Carsten 15
Klettersteige 53
Klima 16
Kloster Springiersbach 181, **200,** 212
Kloster Stuben **212**
Klotten 234, **239**
Klüsserath **140**
Kobern-Gondorf **262**
Koblenz 18, 29, **268**
Kochen 60
Konstantin 38, 78, 86, 91, 96
Konz **115**
Köwerich **139**
Krötz, Norbert 220
Kröv 177, **180**

La Fontaine, Edmond de 110
Landgasthöfe 22
Lassaulx, Johann Claudius 57, 230, 242, 262, 264, 266, 279, 282
Leiwen **140**
Lesetipps 14
Lieser **170**
Longuich 24, 56, **138**
Loretta von Sponheim 190, **194**
Ludwig XIV. 40, 149, 159, 191, 195, 252
Ludwig, Peter und Irene 213, **280**
Lützbachtal **243**

Maare-Mosel-Radweg 150
Machern 160, **165**, 179
Manderscheid 151
Mannebach 33, 117, 125
Maria Engelport **243**
Marienburg **198**, 201
Martberg 38, 215, **241**
Martini, Mischa 15
Marx, Karl **88**, 93, 94
Maximilian I. 212
Medien 32
Mehring 24, **138**
Meistermann, Georg 115, 152
Mertesdorf 24, 121, 123
Metternich, Clemens Wenzeslaus von 223, 235, 277
Mettlach **120**
Miller, Paulus 146
Möhring, Bruno 57, 187, 190
Mont Royal 159, **191**
Moselkern **246**
Müden **245**
Mülheim **154**
Müller, Johannes 278
Münstermaifeld **247**
Musik 72

Neef **211**
Nehren 215, **221**
Nell-Breuning, Oswald von 89, 122
Nennig 108, **111**
Neumagen **143**
Neumann, Balthasar 271
Nittel **113**
Nollet, Romanus 98
Notruf 32
Noviand 24, 152

Öffnungszeiten 33
Ökosystem Mosel 42
Osann-Monzel 148

Perl 108, **109**
Petrisberg **96**, 99
Pfalzel **98**
Piesport 18, 29, 30, 46, **145**
Pölich **138**
Pommern 215, **241**
Pünderich 30, 71, **198**

Radtour 17, 25, 98, 122, 124, 150, 178, 253
Ravené, Jakob Louis 231, 233
Reil **197**
Reisende mit Handicap 33
Remich **110**
Riedinger, Ayca 239
Riol **138**
Route du Vin 109
Ruine Treis 243
Ruine Wildburg 243
Ruine Winneburg 234
Rundreise 17
Ruwertal 24, 29, **121**

Saarburg 24, 29, **117**
Saarschleife 20, 117, **120**
Saartal **117**
Sauertal **127**
Schengen 36, 68, 69, **109**
Schiefer **55**
Schinkel, Carl Friedrich 120, 273
Schloss Thorn 111
Schmitt, Georg 72
Schneider, Harry 193
Schommers, Reinhold 213, 219
Schroeder, Hermann 72
Schwebsange **110**
Schweich 15, 24, 29, 30, **132**
Segeln 26, 129
Seiz, Johannes 92
Senheim-Senhals **221**
Serrig **119**
Sicherheit 33
Sinz 124, 125, 126
Sommerau 122
Souvenirs 33
Spee, Friedrich 15, 67, 93
Spezialreiseveranstalter 14
Sport 24
St. Aldegund **213**
Steilhang 51
Still, Josef 86
Straußwirtschaften 23
Stumm (Orgelbauerfamilie) 154, 183, 190, 193, 198, 219, 242, 247

Tawern 125
Theis, Helmut 160
Thörnich **139**

Traben-Trarbach 17, 18, 21, 24, 26, 28, 36, 57, **186**
Treis-Karden **241**
Trier 15, 17–20, 28–30, 36–41, 44, 61, 67, 72, **76**, 120, 121, 125, 143, 146
Trithemius, Johannes 140
Trittenheim **140**
Tucholsky, Kurt 273
Turner, William **236**

Übernachten 18
Ürzig 18, 29, 30, **178**

Valwig 57, **230**
Veldenz 155
Verkehr 18
Verkehrsmittel 18
Viebig, Clara 15, 203, 217

Waldrach 123
Wandern 26, 52, 99, 134, 176, 179, 194, 216, 227, 245, 252, 254, 258, 259
Wanderreiten 27
Wasserski 27, 127
Wasserwandern und Kanu fahren 27, 119, 128, 180, 227, 230, 240
Weber, Jürgen 279
Wehlen 38, 165
Wein 45–52
WeinWetterWeg 252
Wetter 16
Willibrord, hl. 39, 98, 127, 133
Wiltingen 117
Wincheringen **113**, 116
Winningen **265**
Wintrich **149**
Winzervereinigungen 22
Wirtz, Reinhold 113
Wittlich 24, 37, 152
Wolf **182**
Wormeldange **112**

Zell 15, 25, 30, 36, 38, 204
Zeltingen-Rachtig 18, 24, **173**
Zierden, Josef 15
Zilleskapelle 243

Abbildungsnachweis/Impressum

Abbildungsnachweis

AKG, Berlin: S. 143, 236 (Lessing); 156 re., 166 (Bildarchiv Steffens); 238
ARNOLDI Grafik- und Fotodesign, Veldenz: S. 9, 12/13, 34/35, 106 re., 112/113, 130 li., 155, 175
Gisela Atteln, Schifferstadt: S. 8
Bildarchiv Monheim, Krefeld: S. 268 re., 277
Bärbel Blees, Leiwen: S. 145
Culinarium, Nittel: S. 60
DuMont-Bildarchiv, Ostfildern: S. 23, 26/27, 43, 53, 70, 107, 111, 122/123, 131, 134, 152, 185, 202/203, 218, 267, Umschlagklappe vorn (Hackenberg)
Werner Dupuis, Hollnich: S. 258
fan travelstock, Hamburg: S. 17 (Lubenow)
f1 online, Frankfurt/M.: S. 184 re., 205 (Koserowsky/AGE), 187 (Otto/AGE)
Ralf Freyer, Freiburg/Br.: S. 80, 168, 235
Rainer Hackenberg, Köln: S. 11 re. o., 66, 141
Huber, Garmisch-Partenkirchen: S. 157 li., 182, 228 li., 230/231 (Schmid)
IFA-Bilderteam, Ottobrunn: S. 10 re.u., 170/171, 211, 228 re., 244 (Eiben)
Kaffeewirtschaft, David Richard, Koblenz: S. 11 re. u., 269 li., 285

Laif, Köln: Titelbild, S. 164, Umschlagrückseite (Eisermann), 50 (Neumann), 68 (Goedan), 74/75 (Galli); 76 li., 84/85, 87, 106 li., 129 (Boenig/Zenit), 209 li., 212/213 (Bialobrzeski)
Look, München: S. 55 (age Fotostock)
Mauritius Images, Mittenwald: S. 11 li. u., 62, 76re., 88, 90, 95, 130 re., 150, 250 li., 251 li., 260, 263 (Imagebroker); 119 (Merten); 156 li., 162/163 (O'Brien); 208 re., 224/225 (Rossenbach); 268 li., 274/275 (Kliem)
H. P. Merten, Kastel-Staadt: S. 10 re. o., 10 li. u., 11 li. o., 48, 64/65, 77 li., 105, 116, 124, 126, 136/137, 184 li., 194, 196, 201, 208 li., 214, 216, 229 li., 248/249, 250 re., 254/255, 256, 280
Picture-Alliance/dpa, Frankfurt/M.: 45
StockFood, München: S. 58 (Shulevsky)
WDR, Köln: S. 73 (Rothe)
Weinstube Kesselstatt, Trier: S. 10 li. o., 100/101

Kartografie

DuMont Reisekartografie, Fürstenfeldbruck
© DuMont Reiseverlag, Ostfildern

Umschlagfotos

Titelbild: Moselschleife bei Bremm
Umschlagklappe vorn: Kröv – Blick auf das Dreigiebelhaus

Hinweis: Autorinnen und Verlag haben alle Informationen mit größtmöglicher Sorgfalt geprüft. Gleichwohl sind Fehler nicht vollständig auszuschließen. Alle Angaben erfolgen ohne Gewähr. Bitte, schreiben Sie uns! Über Ihre Rückmeldung zum Buch und über Verbesserungsvorschläge freuen sich Autorinnen und Verlag:
DuMont Reiseverlag, Postfach 3151, 73751 Ostfildern,
info@dumontreise.de, www.dumontreise.de

2., aktualisierte Auflage 2011
© DuMont Reiseverlag, Ostfildern
Alle Rechte vorbehalten
Grafisches Konzept: Groschwitz/Blachnierek, Hamburg
Printed in Germany